Bologna

Massa-Carrara
Garfagnana
Lucca
Pistoia
Prato
Mugello
Chocolate Valley
Florence
Pisa
Chianti
Arezzo
Livorno
Val di Chiana
Siena
Montepulciano
Montalcino
Maremma
Elba
Grosseto

toskana

Das Kochbuch

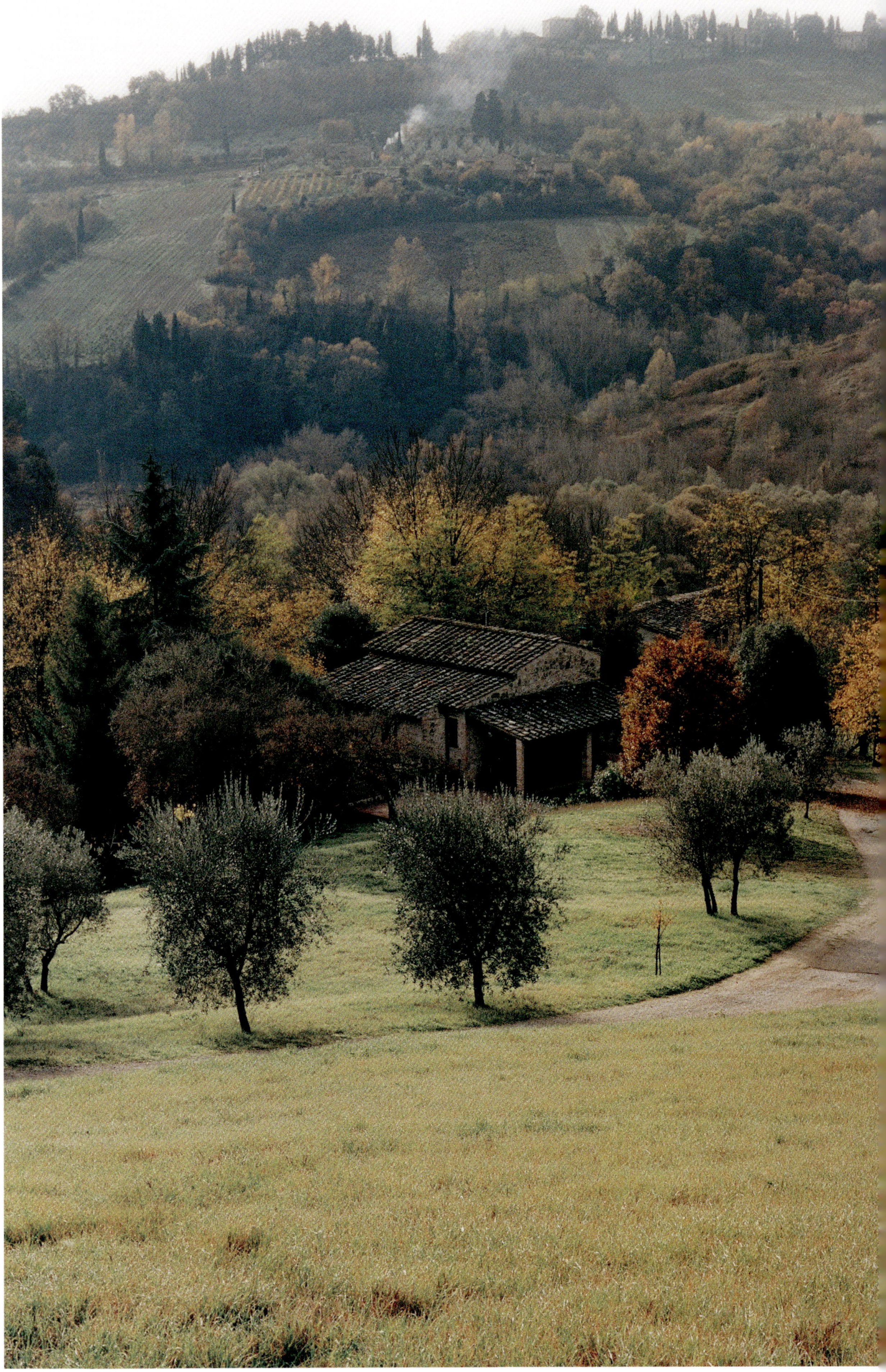

6	Eine Reise durch die Toskana
14	Feste und Märkte

22 MASSA-CARRARA

48 LUCCA

76 PISTOIA

96 PRATO

120 FLORENZ

152 PISA

174 LIVORNO

194 GROSSETO

218 SIENA

246 AREZZO

268 Index

EINE REISE DURCH DIE TOSKANA

Jeder hat seine ganz eigenen Vorstellungen von der Toskana, selbst Menschen, die nie dort waren. Zum Bild der Region, die für ihre Kultur und Geschichte in aller Welt bekannt ist, gehören Haine mit uralten Olivenbäumen, rustikale Bauernhäuschen, schnurgerade Reihen von Zypressen im Morgennebel sowie die herrlichen Gemälde und großartigen Skulpturen, die mittelalterlichen Städte und architektonischen Kleinodien.

Dieses romantische Bild zeigt aber lediglich eine Seite der Toskana. Es gibt nur wenige Orte auf der Welt, wo sich die Einheimischen einerseits als *mangiafagioli* (Bohnenesser) bezeichnen und andererseits im gleichen Atemzug ohne falsche Bescheidenheit erklären, dass ihre Heimat geniale Geister wie Michelangelo und Leonardo da Vinci hervorgebracht hat.

Nirgends kommt das Wesen der Toskana besser zum Ausdruck als in ihrer Küche. Heute wird sie mit ähnlich großem Interesse und Anerkennung betrachtet wie das künstlerische und kulturelle Erbe der Region. Alle Welt schätzt die qualitativ hochwertige, schlichte und aromenreiche toskanische Küche. Aber was zeichnet sie aus?

Zwei verschiedene Traditionen haben die Küche der Toskana geprägt: das Landleben und das Stadtleben. Die Bauernfamilien waren meist arm, brauchten aber Energie für die harte körperliche Arbeit. Ganz im Stil ihrer einfallsreichen Kultur lernten sie, aus dem, was das Land ihnen schenkte, das Beste zu machen. In den Städten entwickelte sich die raffiniertere Küche des Adels mit allen Anzeichen von Prunk und Wohlstand, die man von so schönen Städten wie Florenz, Siena und Pisa erwartet. Diese beiden kulinarischen Traditionen gibt es noch heute. Die noble Vergangenheit zeigt sich in dem allgemein geschätzten Rindersteak nach Florentiner Art (siehe Seite 138), das die

Vorherige Seite:
Sanft geschwungene Hügel mit Weingärten, Olivenbäumen und Zypressen prägen das friedliche Bild der Landschaft.

Die historische Altstadt von Siena mit ihren wunderbar erhaltenen, oft autofreien Straßen hat sich in den letzten sechshundert Jahren kaum verändert.

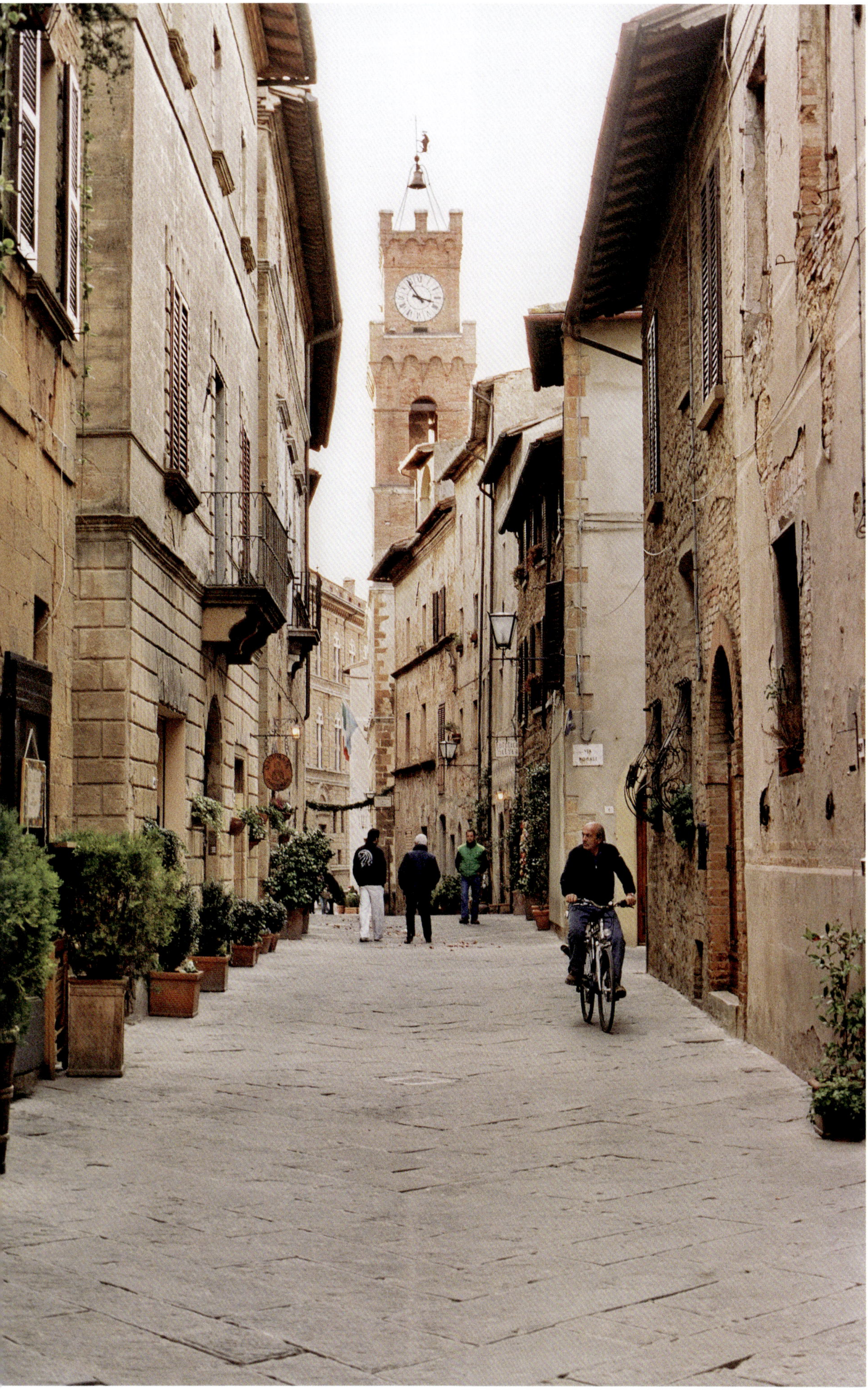

TRATTORIA
MAZZONI

Wie viele ist auch die Trattoria Mazzoni in Arezzo ein Familienbetrieb. Serviert werden hauptsächlich einfache, deftige Gerichte aus der Region.

Einheimischen einfach als Steak oder *fiorentina* bezeichnen. Andererseits sind auch echte Florentiner mit einem einfachen *panino* (Brötchen) mit Kutteln rundum zufrieden und verzehren es gern aus der Hand, vielleicht unter den wachsamen Augen von Michelangelos *David*.

Bemerkenswert ist, dass die toskanische Küche über Jahrhunderte hinweg ihren Wurzeln treu geblieben ist. Was auf den Tisch kommt, stammt vom heimischen Boden – wie seit jeher. Ob in den Apuanischen Alpen und dem Apennin, ob in der hügeligen Landschaft mit Olivenhainen und Weingärten oder an der Küste des Tyrrhenischen Meers: Jedes Gericht ist geprägt von den Aromen der jeweiligen Region. Vor allem auf dem Land werden Traditionen als lebendiges Erbe einer vergangenen Zeit noch gepflegt. Die Oliven werden heute genauso wie vor tausend Jahren geerntet, und der Pecorino wird nach denselben Methoden hergestellt wie zu römischer Zeit. Chianina-Rinder grasen im Val di Chiana. Die Schafhirten aus Zeri hüten auf den Hochwiesen des Apennin ihre Herden. Die Bauern aus Arezzo bauen Zolfino-Bohnen noch auf dieselbe, altbewährte Weise an, die ihre Vorfahren schon vor Jahrhunderten kannten.

Trends und Moden konnten die wesentlichen Elemente der toskanischen Küche nicht beeinflussen. Herzhafte Suppen spielen eine Hauptrolle, oft mit einheimischen Hülsenfrüchten, Getreide, frischem Gemüse oder Zutaten, die wild in der Natur wachsen. Hier lässt man nichts ungenutzt. Zähere Fleischstücke werden langsam gegart und mit viel Liebe, Sorgfalt und Geduld in herrlich mürbe Schmorgerichte verwandelt. Edlere Stücke gibt es nur zu besonderen Anlässen, gern mit duftenden Wildkräutern im Ofen gegart oder über heißen Kohlen kurz gegrillt und vor dem Servieren mit Olivenöl beträufelt. An der Küste wird selbstverständlich viel Fisch gegessen. Der

Folgende Seite:
Olivenbäume mit den silbrigen Blättern und den knorrigen Stämmen können über tausend Jahre lang Früchte tragen.

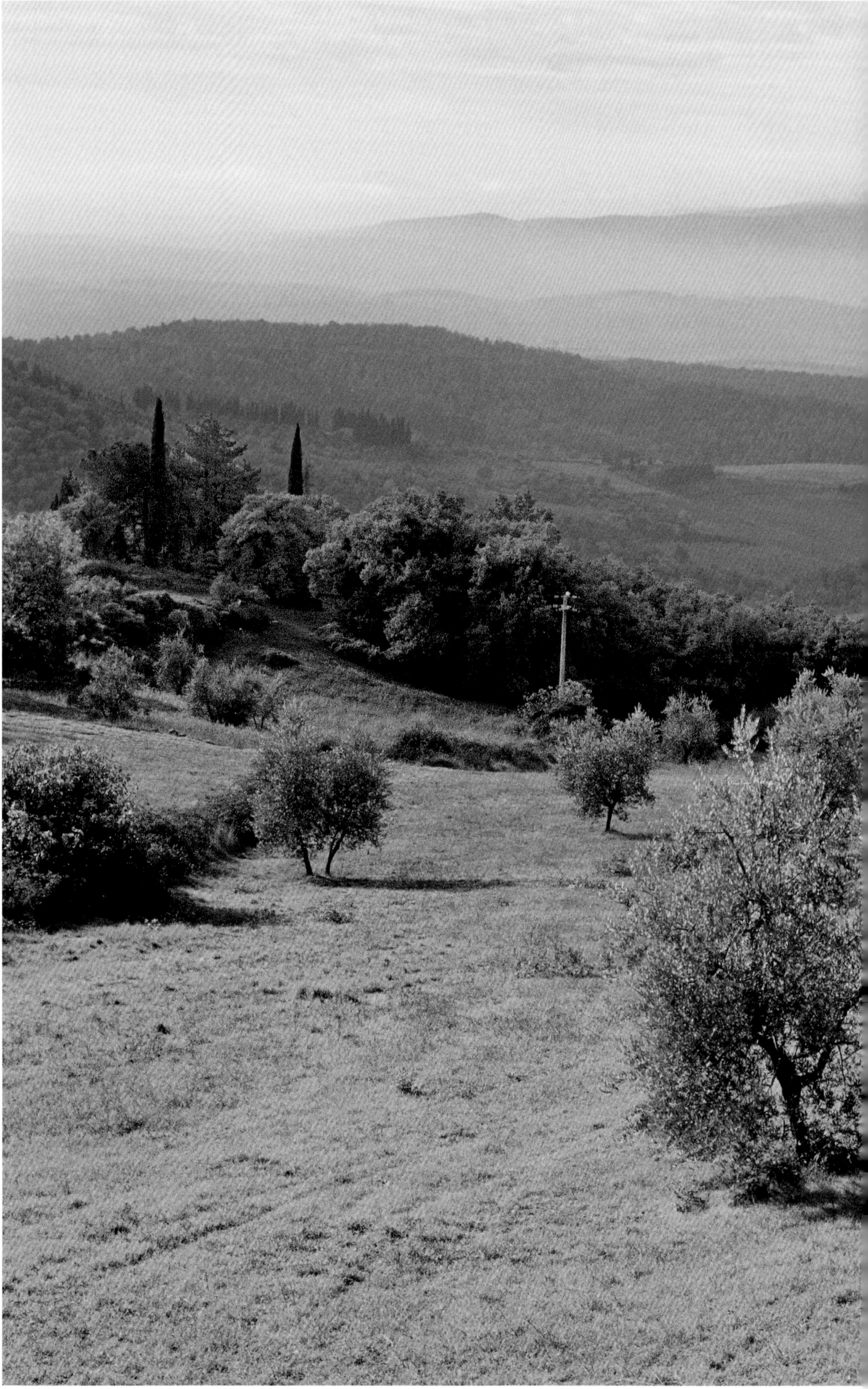

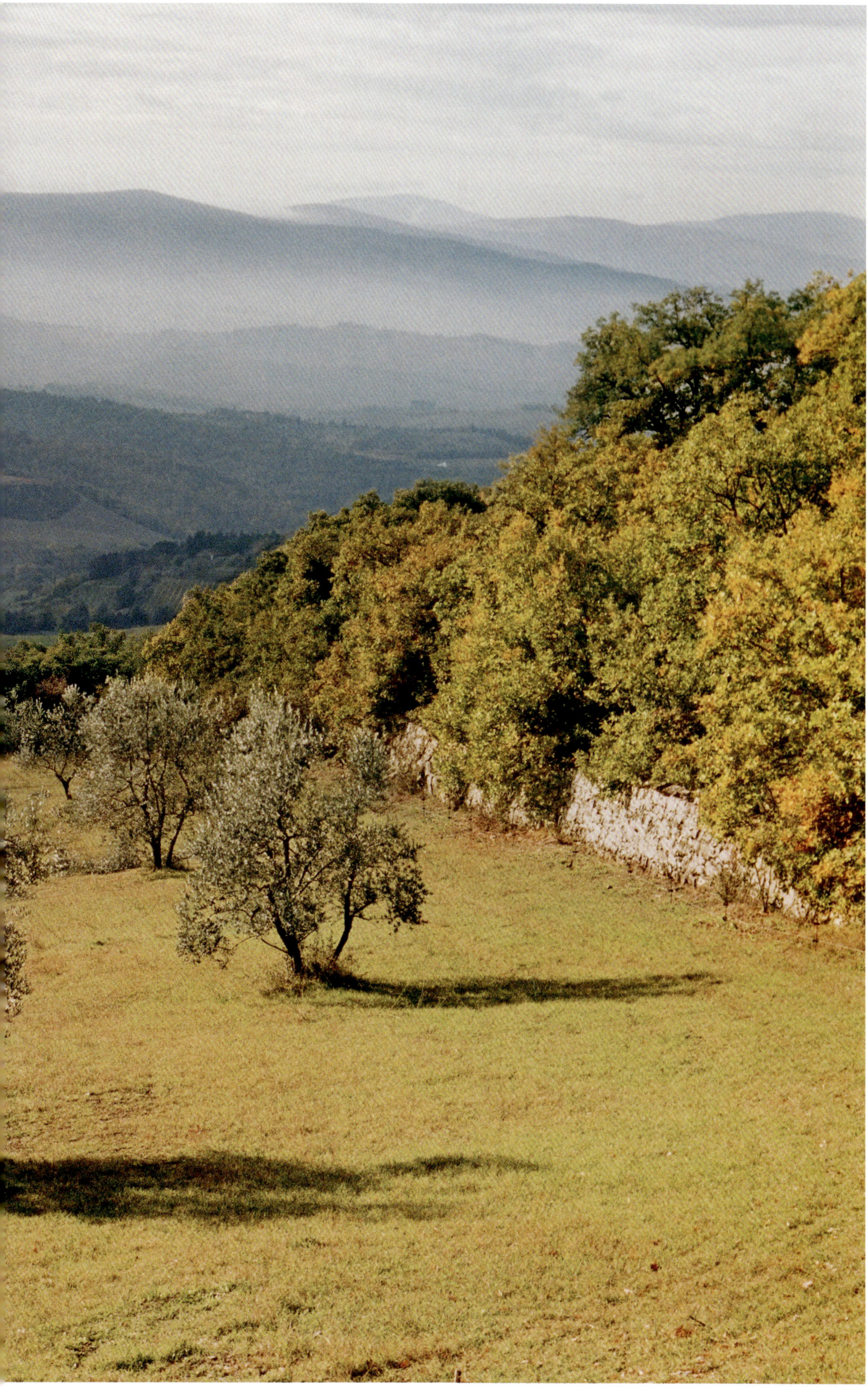

herzhafte Fischtopf *Cacciucco alla livornese* (Fischsuppe nach Livorneser Art, siehe Seite 182) ist eine beliebte Erinnerung an eine bescheidenere Vergangenheit.

Den Anfang einer toskanischen Mahlzeit bildet seit jeher die „heilige Dreifaltigkeit" der Gastronomie: Wein, Olivenöl und Brot. Der Wein spricht für sich selbst: Chianti Classico und Brunello di Montalcino stehen für eine der ältesten Winzertraditionen Europas. Die „Supertoskaner", wie Tignanello und Sassicaia, sind dagegen moderne hochwertige Rotweine, die als einfache *Vini da Tavola* (Tafelweine) bezeichnet sind, da sie nicht nach den klassischen Regeln hergestellt werden. Es überrascht kaum, dass toskanische Weine zu den besten der Welt gezählt werden. Ob zur Aromatisierung der einheimischen Salami, als Saucengrundlage eines Schmorgerichts oder zum Auftunken mit einem *Cantucci* (siehe Seite 115): Wein ist für die Einheimischen viel mehr als ein Getränk zu einem guten Essen.

Und dann ist da das Olivenöl, dessen Farbe und Duft Erinnerungen an die unverdorbene Landschaft und die uralten Olivenhaine weckt. Jede Region produziert Öle mit ganz eigenem Charakter. Die Öle aus Siena und Chianti sind kräftig und pikant, während Öle aus Lucca milder und feiner schmecken. Die Vielseitigkeit spiegelt sich auch in der Verwendung der Öle in der toskanischen Küche wider. Öl kann eine Grundzutat sein, etwa in dem einfachen Gericht *Fagioli nel fiasco* (Bohnen in der Flasche, siehe Seite 267). Es kann aber auch eine bescheidene *Ribollita* (siehe Seite 234) ebenso abrunden wie ein extravagantes *Bistecca alla fiorentina* (Rindersteak nach Florentiner Art, siehe Seite 138). Der legendäre Schnörkel aus Öl, der über die meisten toskanischen Gerichte geträufelt wird, ist beinahe so etwas wie eine Standard-Maßeinheit.

Die dritte Säule der toskanischen Küche bildet das Brot. Es wird ohne Salz zubereitet, denn die Toskaner wissen genau, dass es zu herzhaften Gerichten gegessen

Brot und hochwertiges Olivenöl gehören zu den Grundpfeilern der toskanischen Küche.

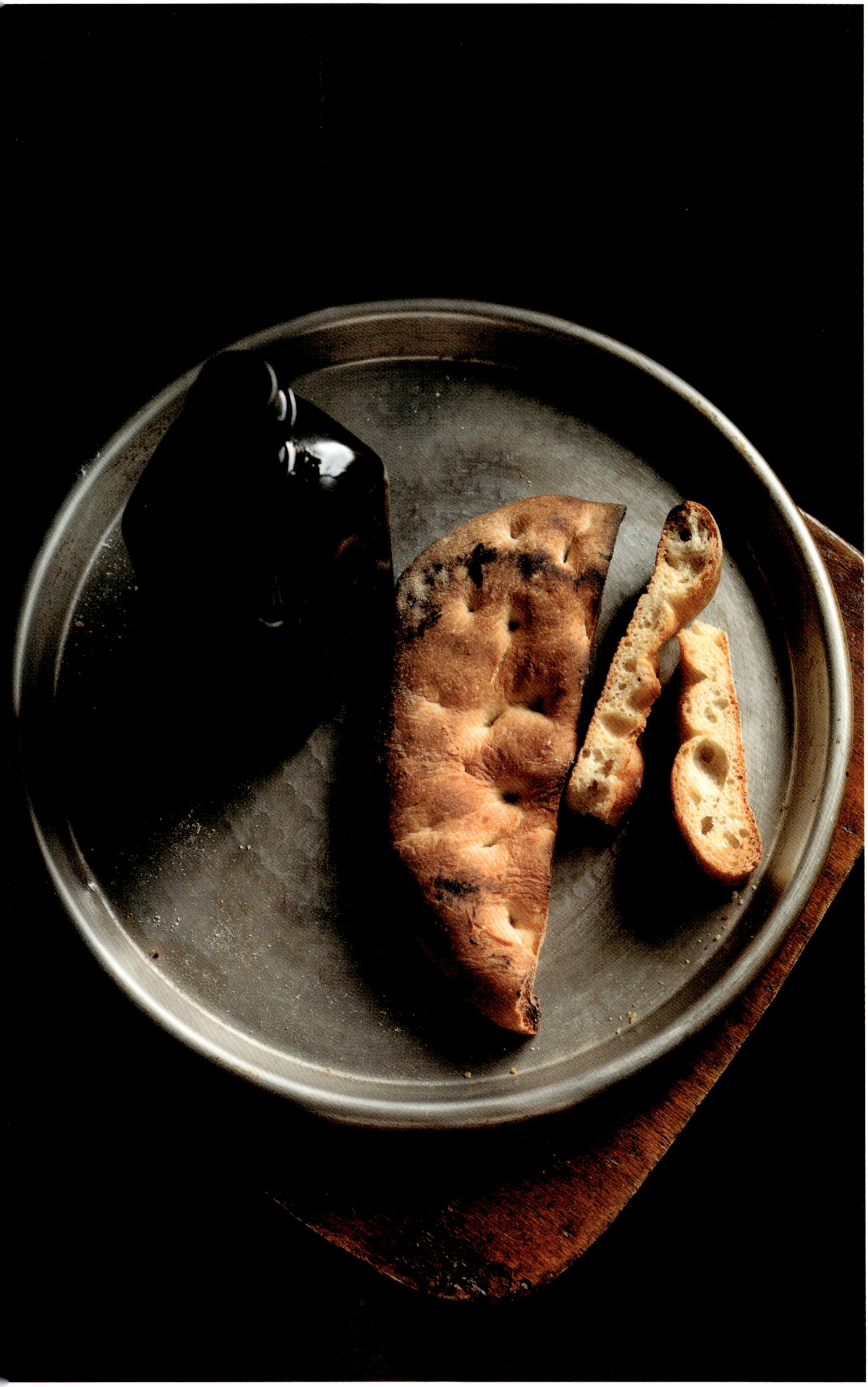

wird und mit diesen nicht konkurrieren soll. Eine toskanische Mahlzeit ohne Brot wäre undenkbar, ebenso wie es für die Toskaner unvorstellbar wäre, Brot wegzuwerfen, nur weil es nicht mehr tagesfrisch ist. Für *pane raffermo* – wörtlich „altbackenes Brot" – gibt es zahllose Verwendungsmöglichkeiten: etwa als *crostini* oder als Beilage zu Suppen und Eintöpfen, mit der die Sauce aufgetunkt wird. Frisches Brot ist die perfekte Ergänzung zu den Räucher-, Wurst- und Käsespezialitäten, die überall in der Region produziert werden.

Die toskanische Küche hat die Jahrhunderte überlebt und blüht noch heute. Wie die Landschaft und die Traditionen, aus denen sie entstanden ist, hat sie die Zeit relativ unbeschadet überdauert. Einfallsreichtum ist typisch für Menschen, die nichts für selbstverständlich hinnehmen, und so beherrschen die Toskaner die kreative Resteverwertung ebenso brillant wie die Kunst, aus unterschätzten Fleischzuschnitten eine Köstlichkeit zu zaubern oder aus bescheidenen Bohnen eine leckere Suppe zu machen. Genau darin besteht das Wesen der toskanischen Küche.

FESTE UND MÄRKTE

Der Stolz der Toskaner auf ihr gastronomisches Erbe drückt sich auch in den vielen Festen aus, die dem Essen gewidmet sind. Mal sind die als *festa* oder *fiera* bezeichneten Veranstaltungen kleine Dorffeste, mal eher Märkte mit Verkostung und manchmal große Festivals. Doch wenn die Toskaner von einer *sagra* reden, weiß jeder, dass es bei dieser Veranstaltung vor allem ums Essen geht.

Auf den zwanglosen, öffentlichen Veranstaltungen geht es familiär und gesellig zu. Man kann keine Plätze reservieren, sondern setzt sich einfach zu anderen an den Tisch. Teller, Becher und Besteck bestehen meist aus Plastik. Für kleines Geld (viel weniger als man in einem Restaurant ausgeben müsste) erhält man eine

Frisches Gemüse in der Auslage vor einem *alimentari* (Lebensmittelgeschäft).

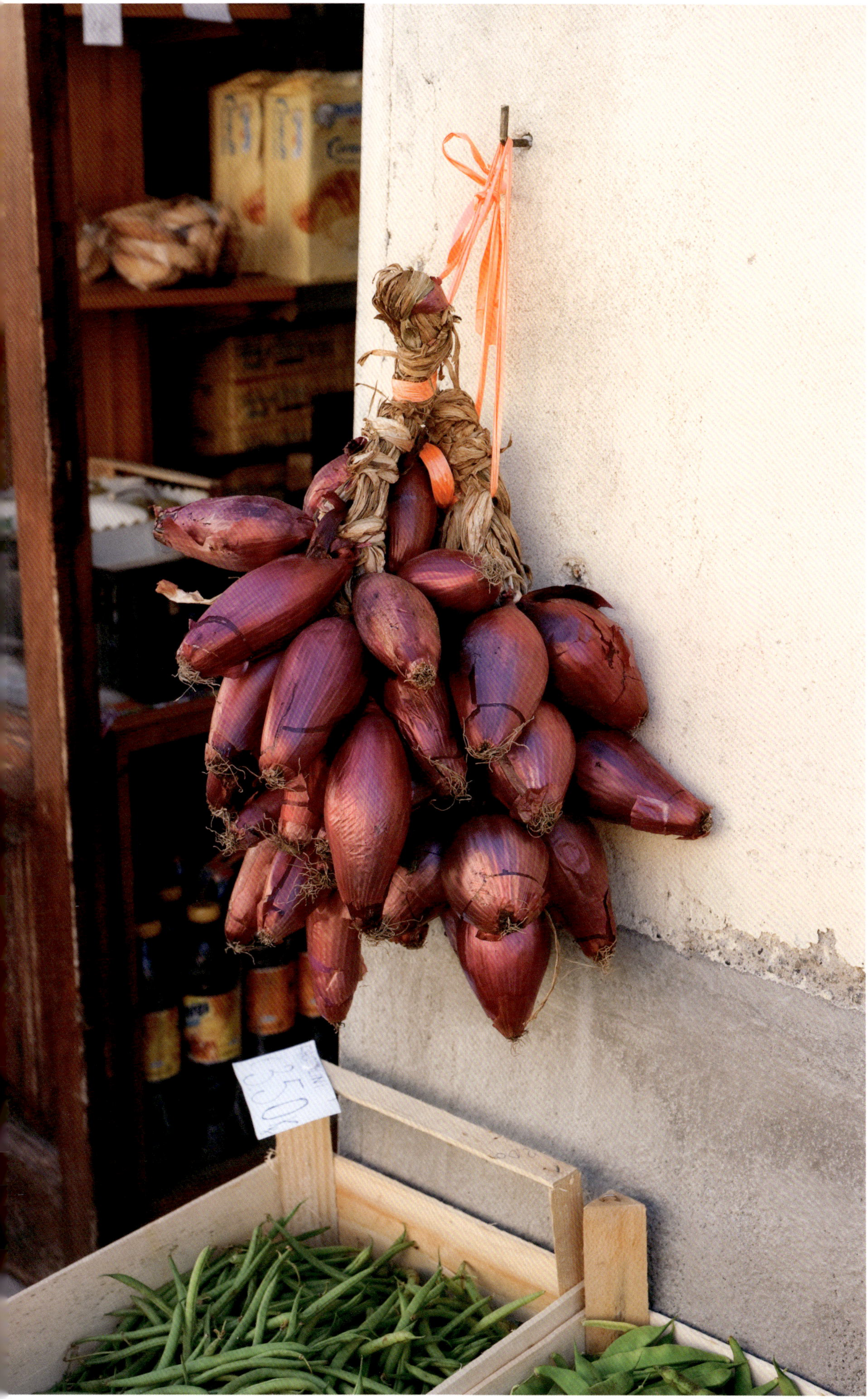

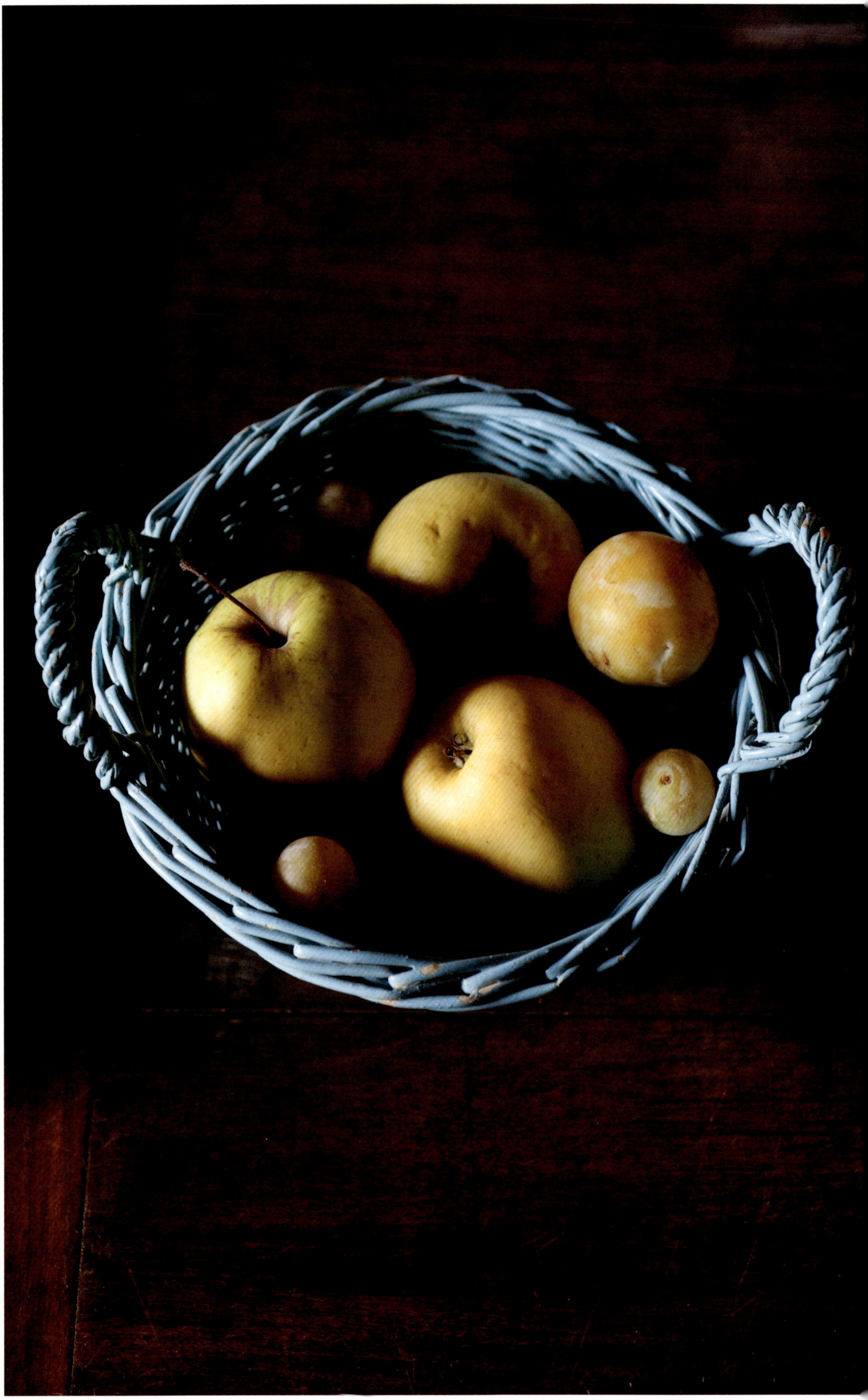

Als Abschluss der Mahlzeit wird oft frisches Obst gereicht, am Ort angebaut und geerntet.

ordentliche Portion toskanisches Leben: eine herrliche Szenerie, großartiges Essen nach Hausmacherart und natürlich die Gelegenheit, ein paar Gläser vom Wein zu probieren, der vor Ort gekeltert wurde.

So reich und vielfältig ist die gastronomische Tradition, dass vor allem in den Sommermonaten fast an jedem Wochenende irgendwo eine *sagra* stattfindet. Manche stehen im Zusammenhang mit den Zeitabläufen der Landwirtschaft, darunter die beiden großen Feste, die in Lucca stattfinden: *Fiera del vino novella* (Fest des neuen Weins), jährlich im November, sowie *Fiera dei fiori e dei dolci di Santa Zita* (Blumen- und Süßspeisen-Fest von Santa Zita) im April. Ob Trauben geerntet werden, ein junger Wein auf Flaschen gezogen wird, ob Eröffnung der Fischfangsaison oder der Jagdsaison – an Anlässen zum Feiern gibt es keinen Mangel.

Andere Feste sind einer ortstypischen Spezialität gewidmet. Da gibt es die *Sagra della fett'unta* (Fett'unta ist eine mit Öl beträufelte Scheibe Brot) in Montecatini Terme, Pistoia; die *Sagra della ribollita* (Ribollita-Fest) in Loro Ciuffienna, Arezzo oder die *Sagra del neccio* (*neccio* ist ein dünnes Fladenbrot aus Esskastanienmehl) in Pescia, Pistoia.

Viele der berühmten Gerichte der Toskana werden irgendwann und irgendwo mit einer *sagra* geehrt. Und wenn die Herkunft einer Spezialität umstritten ist, dann gibt es eben separate Feste in beiden Orten, die Anspruch erheben.

Seite 20–21:
Die zeitlos wirkende und unverwechselbare Landschaft der Toskana mit weich geschwungenen Hügeln, vereinzelten Bauernhäusern und schlank aufragenden Zypressen.

Schließlich gibt es noch Feste zu Ehren besonderer regionaler Produkte oder Spezialitäten, etwa die berühmte *Sagra del tartufo* (Trüffel-Fest), die jährlich im Oktober in San Miniato stattfindet, oder die *Sagra del lardo di Colonnata* (Fest des Lardo di Colonnata), die in der gleichnamigen Stadt meist im August stattfindet.

FESTE UND MÄRKTE

JANUAR

Cioccolosità | Schokoladen-Messe
Monsummano Terme, Pistoia

Fiera del cioccolato artigianale | Schokoladen-Fest
Florenz, Florenz

FEBRUAR

Festa della polenta (pulendina) | Polenta-Fest
Vernio, Prato

MÄRZ

Sagra del neccio | Fest des Esskastanienmehl-Pfannkuchens
Pescia, Pistoia

Capodanno fiorentino | Florentiner Fest der Süßigkeiten und Kuchen
Florenz, Florenz

Festa dei fichi | Fest der getrockneten Feigen
Vicchio, Florenz

Choccolandia | Schokoladen-Fest
Cecina, Livorno

APRIL

Fiera dei fiori e dei dolci di Santa Zita | Blumen- und Süßspeisen-Fest von Santa Zita
Lucca, Lucca

Enolia | Olivenöl-Fest
Seravezza, Lucca

Festa della farina dolce | Fest des Kuchenmehls
Piteglio, Pistoia

Sagra del cinghiale | Wildschwein-Fest
Certaldo, Florenz

Sagra del carciofo | Artischocken-Fest
Piombino, Livorno

Sagra dell'agnello | Lamm-Fest
Manciano, Grosseto

MAI

Sagra della porchetta | Schweinebraten-Fest
Valenza, Massa-Carrara

Sagra del polliglio | Hühner- und Kaninchen-Fest
Montespertoli, Florenz

Festa del pane | Brot-Fest
Certaldo, Florenz

Mostra del Chianti | Chianti-Weinfest
Montespertoli, Florenz

Sagra del prosciutto e baccelli | Prosciutto- und Bohnen-Fest
Boschi di Lari, Pisa

Sagra del pecorino | Pecorino-Fest
Saturnia, Grosseto

Sagra dei pici | Pici-Fest
Celle sul Rigo, Siena

Sapori delle Crete Senesi | Aromen der Crete Senesi
Chiusure, Arbia and Asciano, Siena

Settimana nazionale dei vini | Nationale Weinwoche
Siena, Siena

JUNI

Festa del grano | Getreide-Fest
Fivizzano, Massa-Carrara

Festa della pecora zerasca | Fest der Zerasca-Schafe
Zeri, Massa-Carrara

Sagra dell'oliva dolce | Oliven-Fest
Capannori, Lucca

Sagra del cacciucco | Cacciucco-Fest
Rufina, Florenz

Sagra della bruschetta | Bruschetta-Fest
Campi Bisenzio, Florenz

Sagra del pinolo | Fest der Pinienkerne
San Casciano Val di Pesa, Florenz

Sagra delle ciliegie | Kirschen-Fest
Lari, Pisa

Sagra della pastasciutta | Pasta-Fest
Cortona, Arezzo

JULI

Sagra del pinolo | Fest der Pinienkerne
San Piero in Grado, Pisa

Sagra del fungo porcino | Steinpilz-Fest
Scarperia, Florenz

Sagra del pesce | Fisch-Fest
Piombino, Livorno

Sagra del cinghiale | Wildschwein-Fest
Rispescia, Grosseto

Sagra del cacciucco | Cacciucco-Fest
Renzino, Arezzo

Sagra della ribollita | Ribollita-Fest
Loro Ciuffienna, Arezzo

AUGUST

Sagra del lardo | Lardo-Fest
Colonnata, Massa-Carrara

Festa del fagiolo | Bohnen-Fest
Sorana, Pescia, Pistoia

Sagra del buongustaio | Kulinarisches Fest
San Gimignano, Siena

Sagra della polenta | Polenta-Fest
Manciano, Grosseto

Sagra della trippa | Kutteln-Fest
Vallerona, Grosseto

Sagra della bistecca | Chianina-Steak-Fest
Cortona, Arezzo

Sagra del fungo porcino | Steinpilz-Fest
Corezzo, Arezzo

SEPTEMBER

Sagra del fico | Feigen-Fest
Bacchereto, Prato

Sagra della polenta, dei funghi porcini e del cinghiale | Fest der Polenta, der Steinpilze und der Wildschweine
Poggio alla Malva, Prato

Rassegna del Chianti Classico | Chianti-Classico-Fest
Greve in Chianti, Florenz

Sagra dell'anatra muta | Wildenten-Fest
Empoli, Florenz

Settimana del miele | Woche des Honigs
Montalcino, Siena

Sagra del Vin Santo e del ciambello | Vin Santo- und Kranzkuchen-Fest
Valiano di Montepulciano, Siena

Sagra del fungo porcino | Steinpilz-Fest
Pievescola, Siena

Fiera del cacio | Pecorino-Fest
Pienza, Siena

Sagra della porchetta | Spanferkel-Fest
Monte San Savino, Arezzo

OKTOBER

Festa della castagna | Esskastanien-Fest
Seravezza, Lucca

Festa del vino e dell'olio novo | Fest des neuen Weins und der neuen Oliven
Artimino, Prato

Sagra del tartufo | Trüffel-Fest
San Miniato, Pisa

NOVEMBER

Fiera del vino novello | Fest des neuen Weins
Montecarlo, Lucca

Festa dell'olio | Oliven-Fest
Montemurlo, Prato

Sagra del tartufo | Trüffel-Fest
Florenz, Florenz

DEZEMBER

Mostra mercato nazionale del tartufo bianco di San Miniato | Nationales Fest der weißen Trüffeln von San Miniato
San Miniato, Pisa

Sagra di Suvereto | Fest von Suvereto
Suvereto, Grosseto

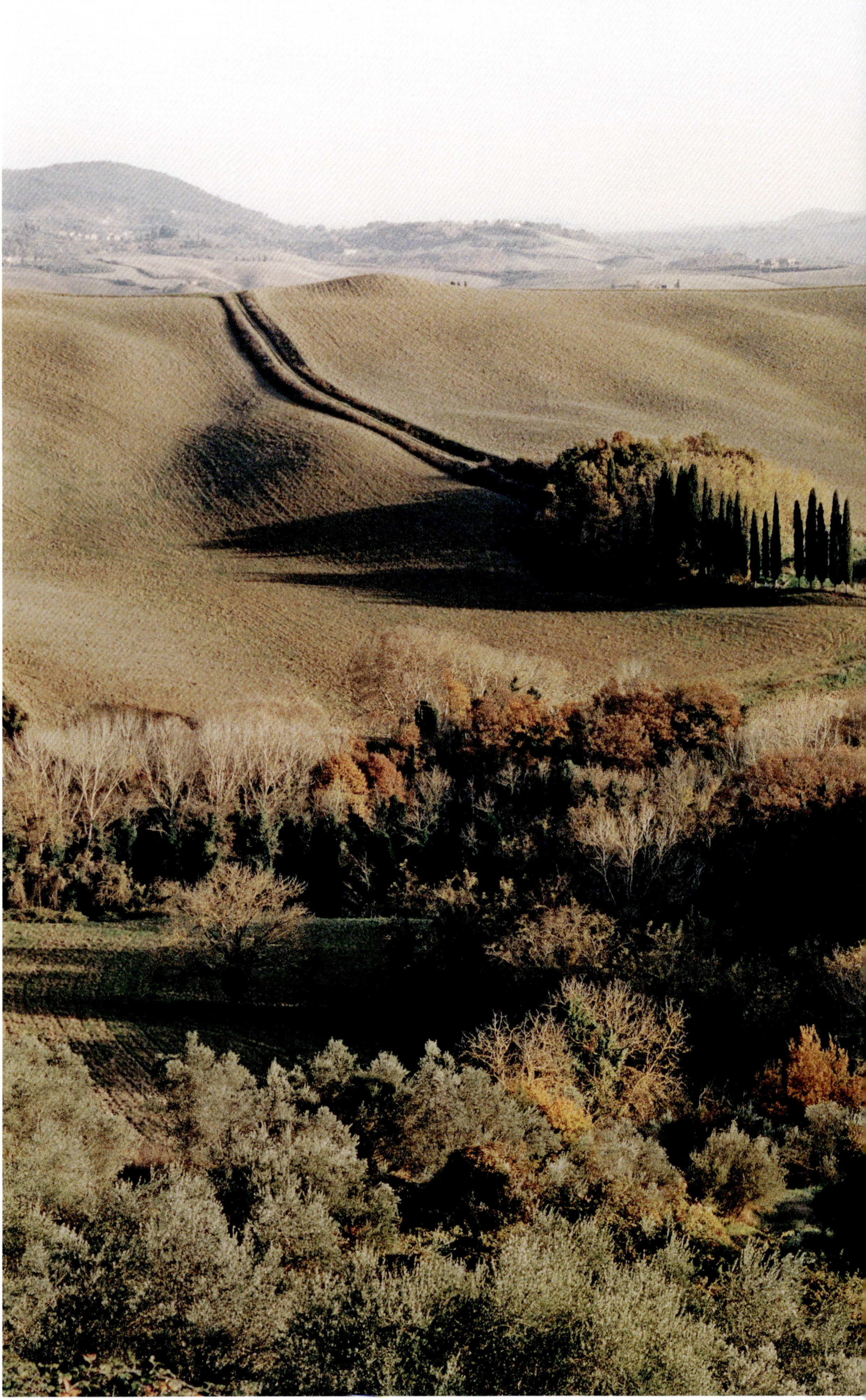

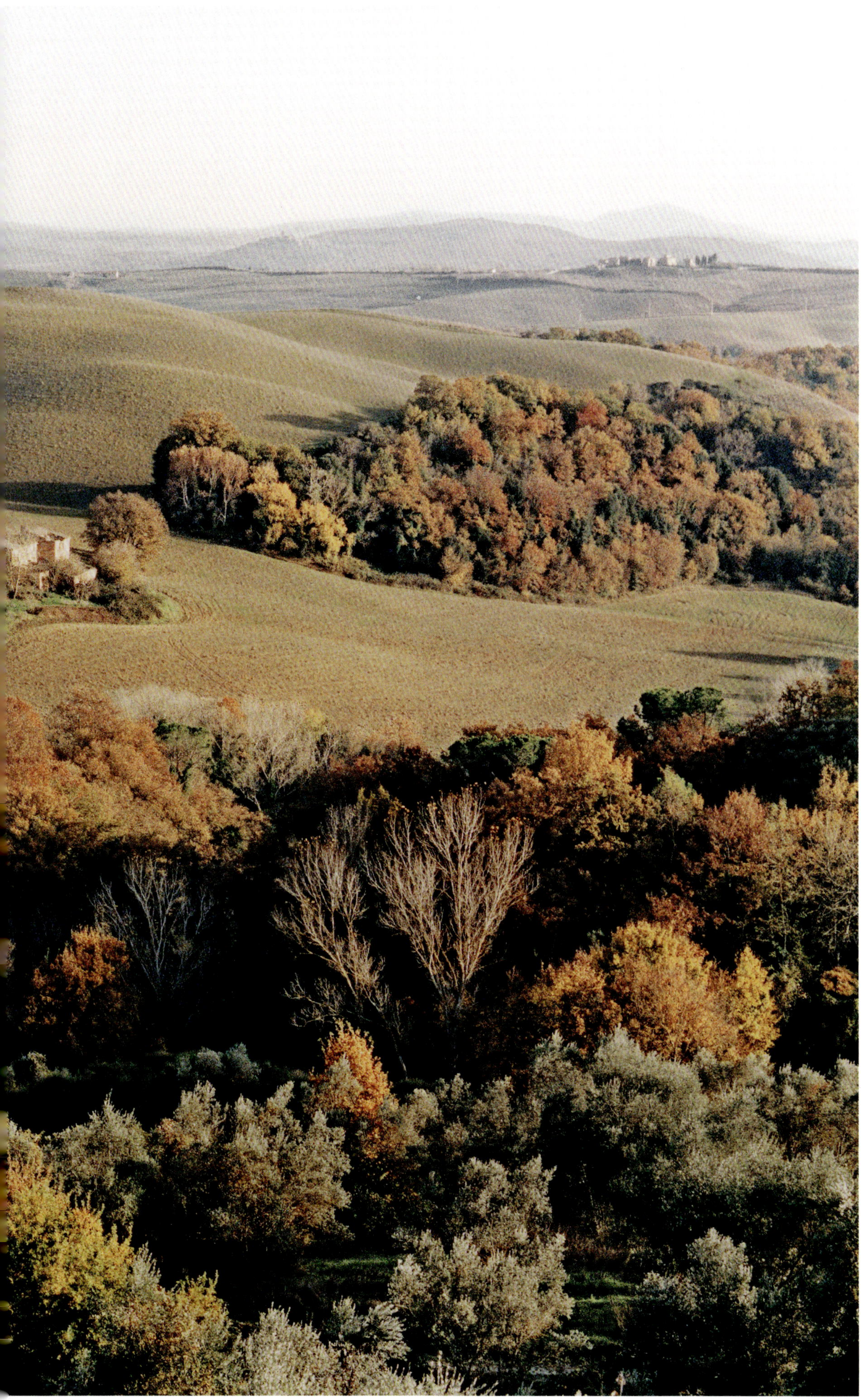

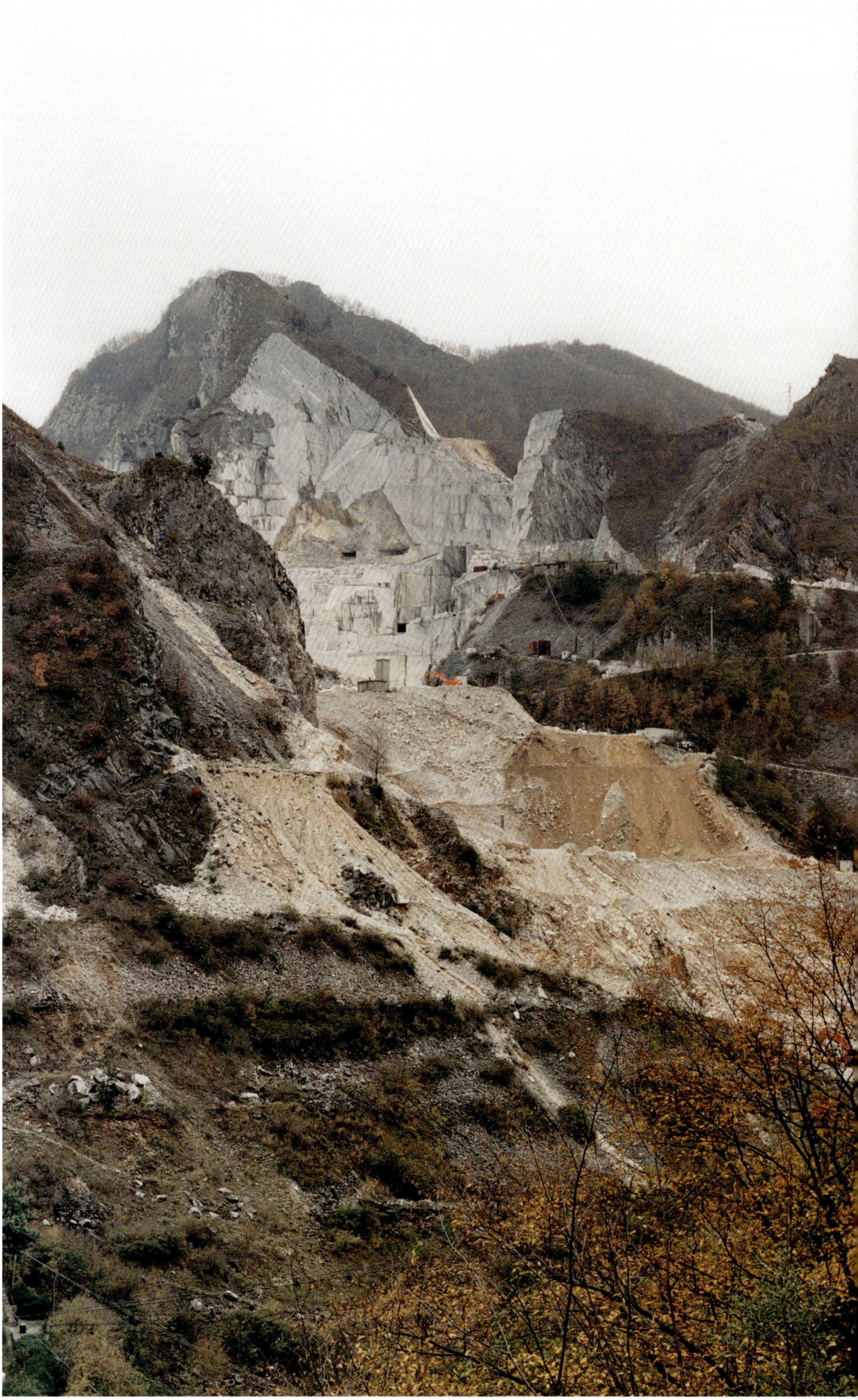

I

MASSA-CARRARA

Testaroli al pesto 28
Testaroli mit Pesto

Polenta pasticciata con il sugo finto 30
Geschichtete Polenta mit Gemüsesauce

Agnello al testo 40
Im testo gebratenes Lamm

Coniglio alle mele 43
Kaninchen mit Äpfeln

Spongata di Pontremoli 46
Weihnachtskuchen aus Pontremoli

Massa-Carrara, die nördlichste und hauptsächlich bergige Provinz der Toskana, wird von Ligurien im Norden, Emilia-Romagna im Osten und dem Tyrrhenischen Meer im Westen umrahmt. Der größte Teil der Provinz liegt in der historischen Region Lunigiana, was soviel wie „Land unterm Mond" bedeutet. Der Name geht auf die römische Siedlung Luna zurück, die 177 v. Chr. gegründet wurde und einmal die wichtigste Stadt an der Küste der nördlichen Toskana war. Möglicherweise bezieht sich der Name Luna tatsächlich darauf, dass der Mond vor dem Hintergrund der weißen Gipfel der Apuanischen Alpen und des Apennin besonders eindrucksvoll aussieht.

Von allen Provinzen der Toskana ist Massa-Carrara noch am wenigsten entdeckt. Bekannt ist sie wohl vor allem wegen des edlen weißen Marmors, der seit über zweitausend Jahren in den Apuanischen Alpen oberhalb der Stadt Carrara abgebaut wird. Aus ihm wurden einige der bekanntesten und bedeutendsten Skulpturen und Bauwerke der Welt geschaffen, darunter der Marble Arch in London und die Trajanssäule in Rom. Seit jeher ist der Marmor für die Wirtschaft der Region sehr bedeutend. Aber er spielt auch bei der Zubereitung eines der bekanntesten Gerichte der Region eine Rolle. *Lardo di Colonnata* (siehe Seite 32) ist fetter Schweinespeck, der in Marmortrögen eingelegt wird.

Ein typisches Merkmal der Regionalküche ist Einfallsreichtum: Man verwendet, was zur Hand ist. Die Küchen der Städte Massa und Carrara, in denen etwa 60 Prozent der Einwohner dieser Provinz leben, haben viele Gemeinsamkeiten. Beide liegen in Küstennähe und vereinen in sich die Aromen von Bergen und Meer – *monti e mare*. Fetthaltige Fische wie Sardinen, Sardellen und Makrelen werden häufig verwendet. Die Zubereitung ist stets einfach. Ein beliebtes Gericht besteht beispielsweise aus frischen ausgenommenen Sardellen, die mit etwas Mehl bestäubt, in Ei getunkt

Vorherige Seite:
In den Apuanischen Alpen wird schon seit der römischen Antike Marmor abgebaut.

und in der Pfanne gebraten werden. Auch in den Bergen hat man gelernt, das Potenzial des unwegsamen Geländes voll auszuschöpfen.

In und um Fivizzano werden verschiedene Käsesorten aus der Milch von Schafen und Ziegen hergestellt, die auf den Gebirgswiesen grasen. Diese Käsespezialitäten zeugen von der Fähigkeit der Bewohner, alles zu nutzen, was das Land ihnen bietet – und das wiederum hat die Küche der Region geprägt. Selbst für den Pastateig wird eine ungewöhnliche Mischung aus Weizen- und Esskastanienmehl verwendet. Kriterien für das Mischungsverhältnis sind, wie man sagt, das Geschick der Köchin und die Haltbarkeit des Mehls, das im Haus ist.

Die Kuchen der Region sind köstlich. Eine gute Auswahl, täglich frisch gebacken, gibt es in der Antica Pasticceria degli Svizzeri in der Altstadt von Lunigianas Hauptstadt Pontremoli, einer kleinen Stadt an der Grenze zur Emilia-Romagna. In dem 1842 gegründeten Familienbetrieb werden bis heute traditionelle Backwaren nach einem Rezeptbuch aus dem Jahr 1841 serviert. Das originelle *caffè* im Art-Nouveau-Stil ist ein beliebter Treffpunkt der Einheimischen, die sich hier bei einem Espresso und vielleicht einem Stück *Pasteriala* (Mandelgebäck) oder einem süßen Stück *Amor di Pontremoli* (zwei Lagen Waffel mit üppiger Creme dazwischen) auf einen ausgiebigen Schwatz treffen.

TESTAROLI

Den *testo*, ein flaches gusseisernes Kochgeschirr mit kuppelförmig gewölbtem Deckel, gibt es vermutlich schon seit der römischen Antike. Früher gehörte er zur Ausstattung jedes Haushalts in Lunigiana, und wegen der Bedeutung dieser Kochtöpfe belegte die Stadt Pontremoli sie im Jahr 1391 sogar mit einer Steuer. Der *testo* wird für verschiedene Zwecke benutzt, beispielsweise zum Braten von Fleisch oder zum Backen herzhafter Gemüse-Tartes. Vor allem wird er aber zur Zubereitung von *Testaroli* (siehe Seite 28) benötigt, einer Art großer Pfannkuchen von etwa 40–45 Zentimetern Durchmesser, der einige Millimeter dick ist. Der Teig, angerührt mit einer Mehlmischung (ursprünglich Emmer-Mehl, siehe Seite 64), Wasser und Salz, wird gegart, in kleine Rauten geschnitten und heiß serviert, meist mit einem Pesto. Während der Steinpilzsaison im Herbst serviert man dazu gern eine Pilzsauce. Einige Historiker meinen, dass *Testaroli* ein Vorläufer der Pasta sind.

In dem Dorf Podenzana wird eine kleinere Version von *Testaroli* hergestellt, die man dort *Panigacci* nennt. Sie werden nicht gekocht, sondern über einem Feuer knusprig geröstet und mit Weichkäse, kaltem Fleisch, Parmaschinken oder Salami serviert – oder in einer Haselnuss-Schokoladencreme gewälzt.

Links:
Alberto Bellotti führt einen von nur drei Betrieben, in denen noch heute *Testaroli* auf traditionelle Weise hergestellt werden.

Gegenüber: Der *testo* aus Gusseisen, in dem der Teig über dem Feuer gegart wird, wiegt etwa 25 kg.

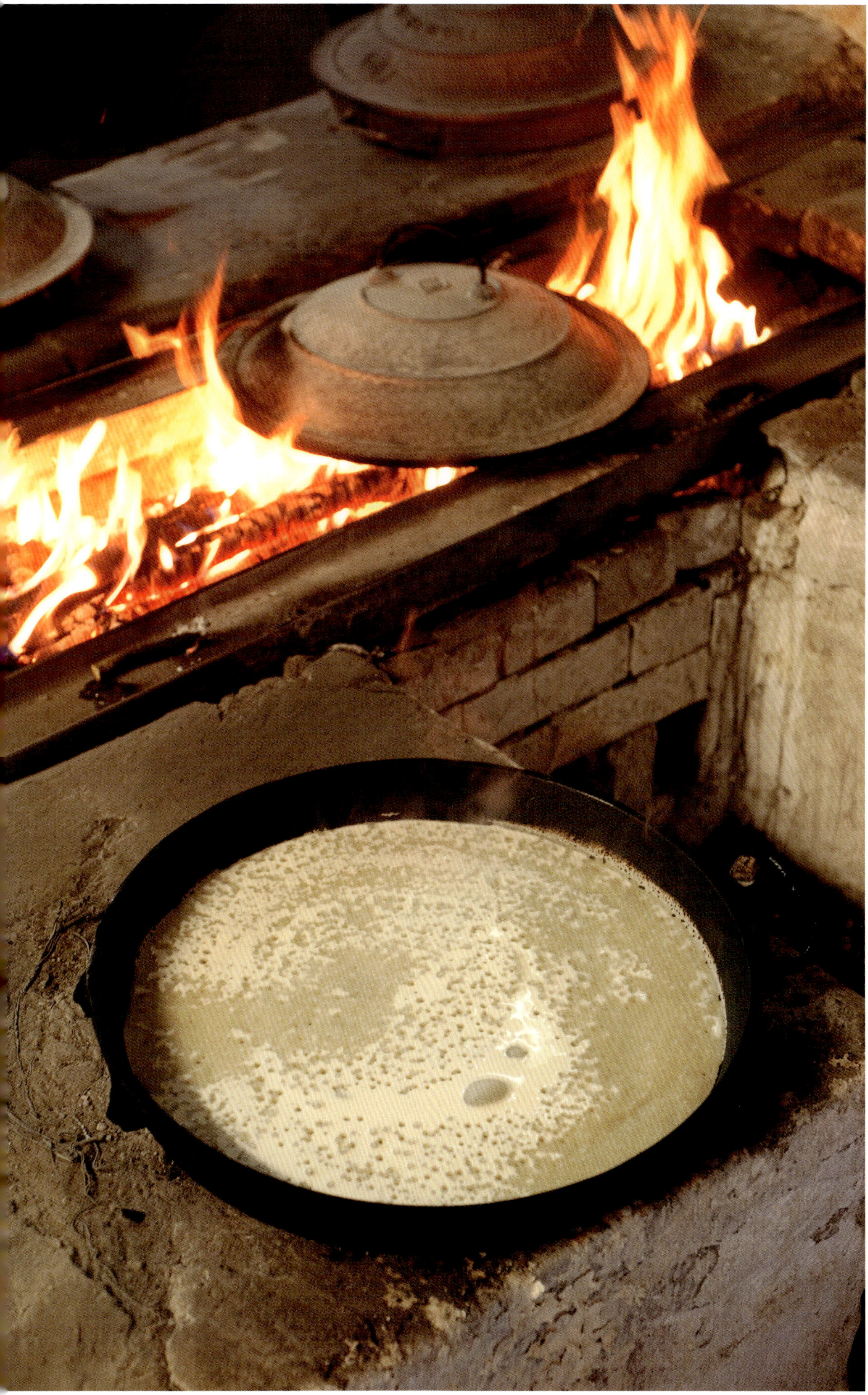

TESTAROLI AL PESTO

Testaroli mit Pesto

Dieses Gericht wurde früher über heißen Kohlen in einer flachen tönernen oder gusseisernen Pfanne mit hohem Deckel, dem *testo*, zubereitet.

Vorbereitungszeit: 40 Minuten
Kochzeit: etwa 20 Minuten
Für 6 Personen

Für das Pesto:
— 50 Blätter Basilikum
— 1 Knoblauchzehe
— 40 g Pinienkerne
— 2 EL Walnusskerne
— 80–150 ml natives Olivenöl extra
— 40 g frisch geriebener Pecorino
— 40 g frisch geriebener Parmesan
— Salz

Für die Testaroli:
— 375 g Weizenmehl (Type 405)
— Salz

Für das Pesto Basilikum, Knoblauch, Pinienkerne und Walnüsse in einem Mörser mit dem Stößel zu einer glatten Masse zerstoßen. Etwa 80 ml Öl, geriebenen Käse und nach Geschmack eine Prise Salz einarbeiten. Falls das Pesto zu dick ist, mehr Öl einrühren.

Für die Testaroli das Mehl mit etwas Salz in eine Schüssel sieben. Nach und nach 750 ml Wasser einrühren, bis ein glatter Teig entsteht. Den Teig 2–3 mm hoch in einen traditionellen italienischen *testo* (siehe Seite 26) oder in eine große beschichtete Pfanne mit Deckel geben. Abdecken und auf mittlerer Stufe auf einem Holzkohlegrill, im Lehmofen oder auf dem Herd 2 Minuten von jeder Seite backen.

Den Teigfladen aus dem Topf nehmen und in etwa 3 cm lange Rauten schneiden. Portionsweise weiterbacken, bis der ganze Teig verbraucht ist.

Einen großen Topf mit Salzwasser zum Kochen bringen. Die Testaroli hineingeben und 2 Minuten köcheln lassen. Abgießen, abtropfen und sofort mit dem Pesto servieren.

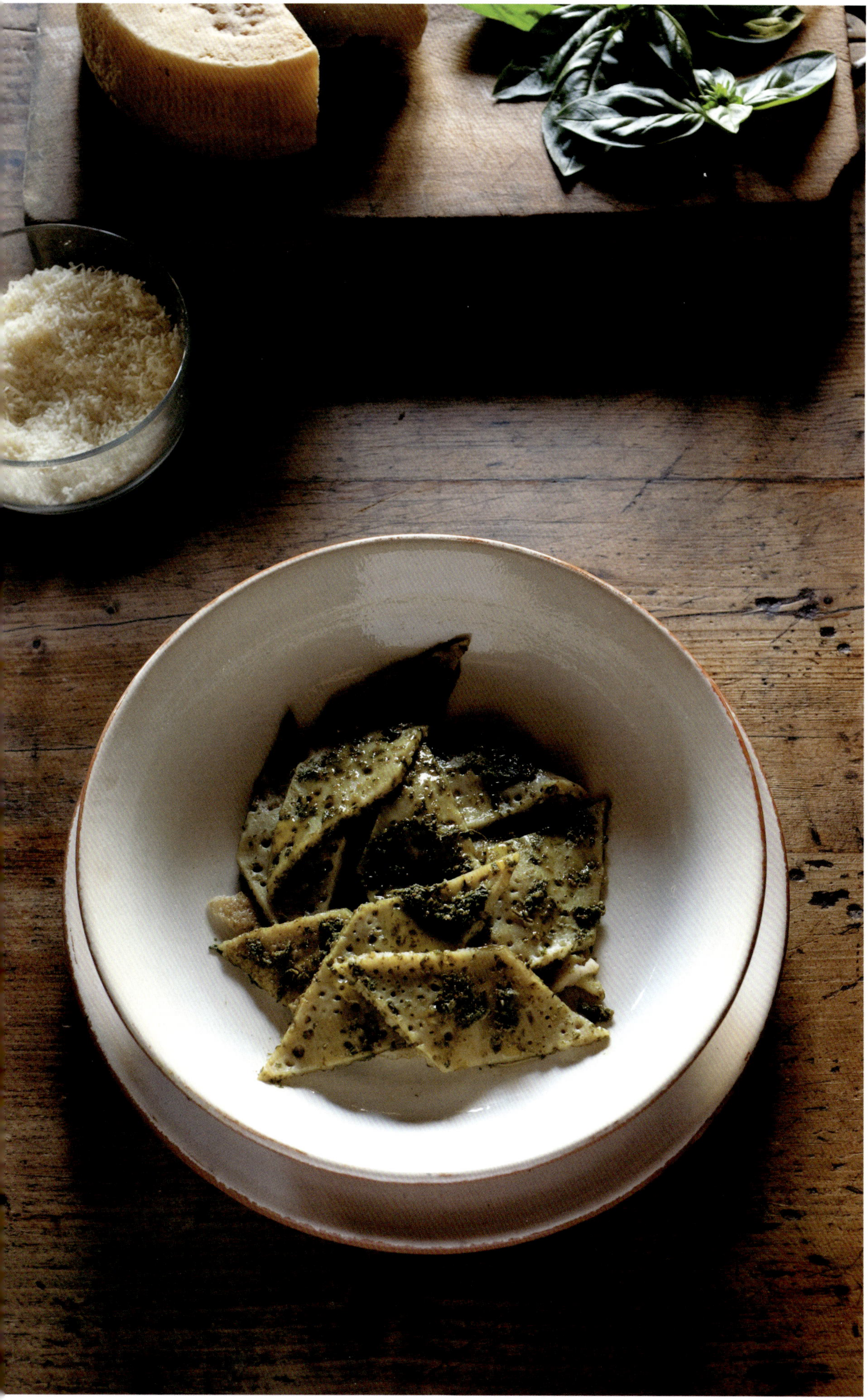

POLENTA PASTICCIATA CON IL SUGO FINTO

Geschichtete Polenta mit Gemüsesauce

Die uns heute bekannte Polenta kam im 18. Jahrhundert auf und wurde rasch zu einem wichtigen Bestandteil ländlicher Mahlzeiten. Polenta ist ebenso vielseitig wie beliebt; man kann sie als Hauptgericht *piatto unico* genießen, als Brei-Beilage zu Fleisch oder in fester Form angebraten.

Vorbereitungszeit: 40 Minuten
Kochzeit: 1 Stunde 5 Minuten
Für 4 Personen

Für die Gemüsesauce:
— 500 g vollreife Tomaten, gehäutet, entkernt und gehackt
— 4 EL Olivenöl
— 2 Selleriestangen, fein gehackt
— 1 Karotte, fein gehackt
— 1 Zwiebel, fein gehackt
— 1 Stängel glatte Petersilie, fein gehackt
— 1 Stängel Basilikum, fein gehackt
— 100 g frisch geriebener Parmesan
— Salz und Pfeffer

Für die Polenta:
— 2 TL Salz
— 400 g Polentagrieß

Für die Gemüsesauce die Tomaten durch ein Sieb in eine Schüssel streichen. Das Öl in einem Topf erhitzen. Sellerie, Karotte, Zwiebel, Petersilie und Basilikum zugeben und auf mittlerer Stufe unter gelegentlichem Rühren 5 Minuten köcheln lassen. Passierte Tomaten unterrühren, salzen und pfeffern, dann den Deckel halb auflegen und 1 Stunde auf sehr niedriger Stufe köcheln lassen.

Inzwischen die Polenta zubereiten. Dafür 2,5 Liter lauwarmes Wasser in einen Topf gießen, das Salz zugeben und zum Kochen bringen. Unter ständigem Rühren den Polentagrieß einstreuen. 30–40 Minuten unter häufigem Rühren köcheln lassen, bis die Polenta eindickt.

Gegarte Polenta, Gemüsesauce und Parmesan abwechselnd in eine vorgewärmte Servierschüssel schichten und das Gericht heiß servieren.

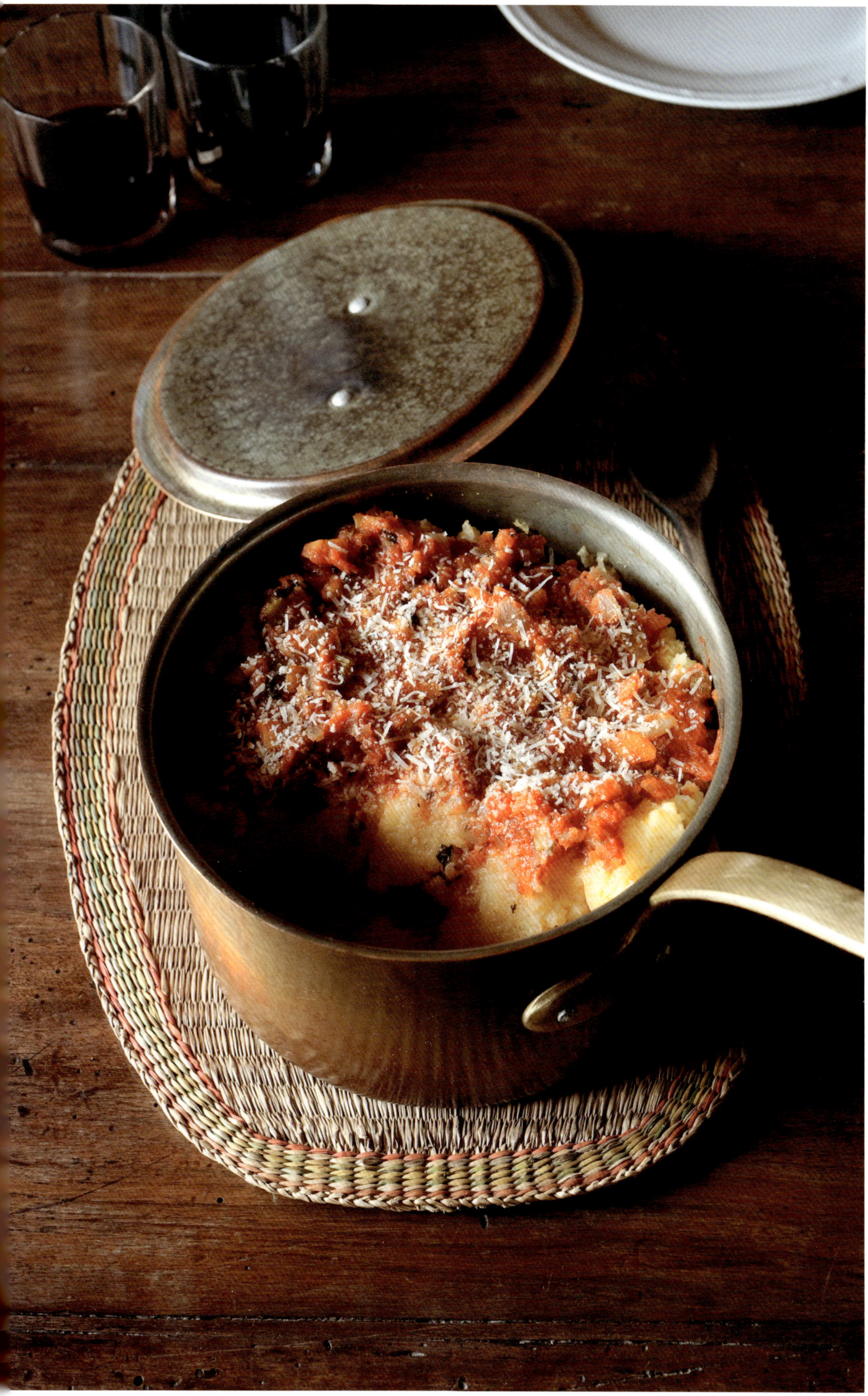

LARDO DI COLONNATA

Dieser würzige Speck gehört zu den wahren Schätzen der toskanischen Küche. Er wird schon seit der römischen Antike in Colonnata, einem kleinen Bergarbeiterdorf am Fuß der Apuanischen Alpen, hergestellt. Das Dorf liegt in der Nähe der Marmorbrüche von Carrara, der Quelle des Marmors, aus dem Michelangelo seinen *David* und andere Meisterwerke geschaffen hat. Dieser Marmor ist auch für die Herstellung von *lardo* erforderlich. Der Rückenspeck von Landschweinen wird auf einem Bett aus Salz mit einer Mischung von Kräutern und Gewürzen, darunter Rosmarin, Oregano, Salbei, Knoblauch, Pfeffer, Muskatnuss, Zimt und Gewürznelken in *concheas* (Tröge aus dem weißen Marmor) geschichtet. Jede Familie verwendet ihre eigene Kräuter- und Gewürzmischung. Diese gut gehüteten Geheimrezepte werden von einer Generation an die nächste weitergegeben.

Es hat viele Versuche gegeben, *lardo di Colonnata* nachzuahmen, doch alle sind mehr oder weniger gescheitert. Das Reifungsverfahren ist vollkommen natürlich, künstliche Zusatzstoffe oder Konservierungsmittel kommen nicht zum Einsatz. Durch das Mikroklima der unterirdischen Höhlen und durch die Tröge aus grobkristallinem Marmor entsteht ein Produkt, das sich so leicht nicht imitieren lässt.

Heute gilt *lardo di Colonnata* als Delikatesse. Manche Puristen meinen, dass man ihn am besten als eigenständiges Antipasto genießt – in hauchdünne Scheiben geschnitten und auf einem Holzbrett serviert. Traditionell war der Speck aber das tägliche Mittagessen der Arbeiter in den Marmorbrüchen, die ihn als *companatico* (Beilage) zu Brot aßen. Heute lassen die Bewohner von Colonnata den Speck aus, und verwenden das Fett, statt Butter oder Öl, um Gemüse zu sautieren oder Fleisch für Schmorgerichte anzubraten. Dünne Scheiben *lardo di Colonnata* können auch vor dem Braten um Fisch oder Fleischstücke gewickelt werden.

Marmor wird wegen seiner einzigartigen Beschaffenheit und farbigen Äderungen seit jeher hochgeschätzt. Der Marmor von Carrara hat seit Jahrhunderten große Bedeutung für die Wirtschaft der Region.

Folgende Seiten:
(Seite 34) Venanzio Vannucci produziert *lardo di Colonnata*. Der Speck wird in unterirdischen Höhlen einem natürlichen Reifungsprozess von etwa sechs Monaten unterzogen.

(Seite 35) Lardo wird nur von September bis Mai hergestellt, also in den kühleren Monaten des Jahres. Nach der Reifung kann die Delikatesse als Antipasto serviert werden.

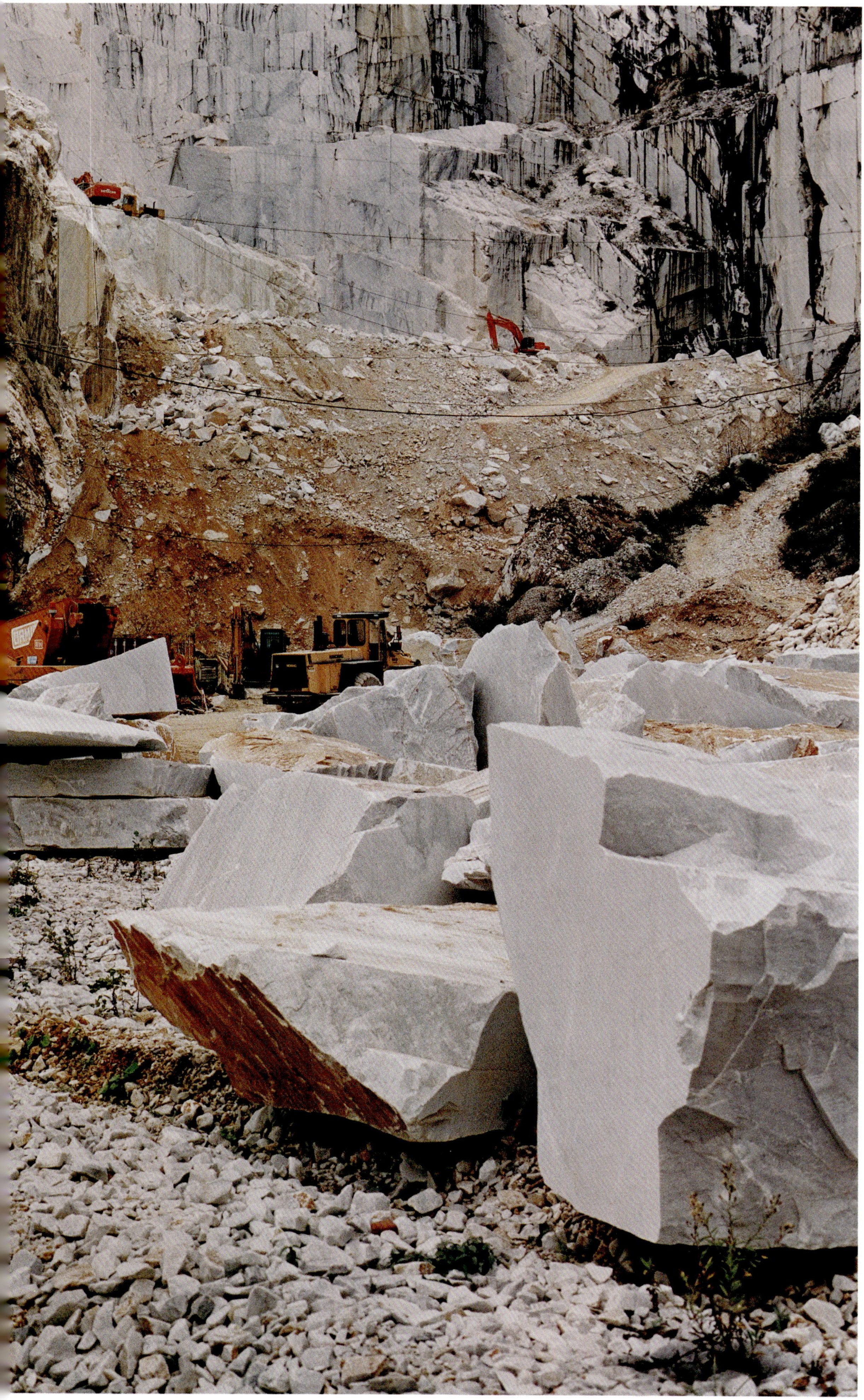

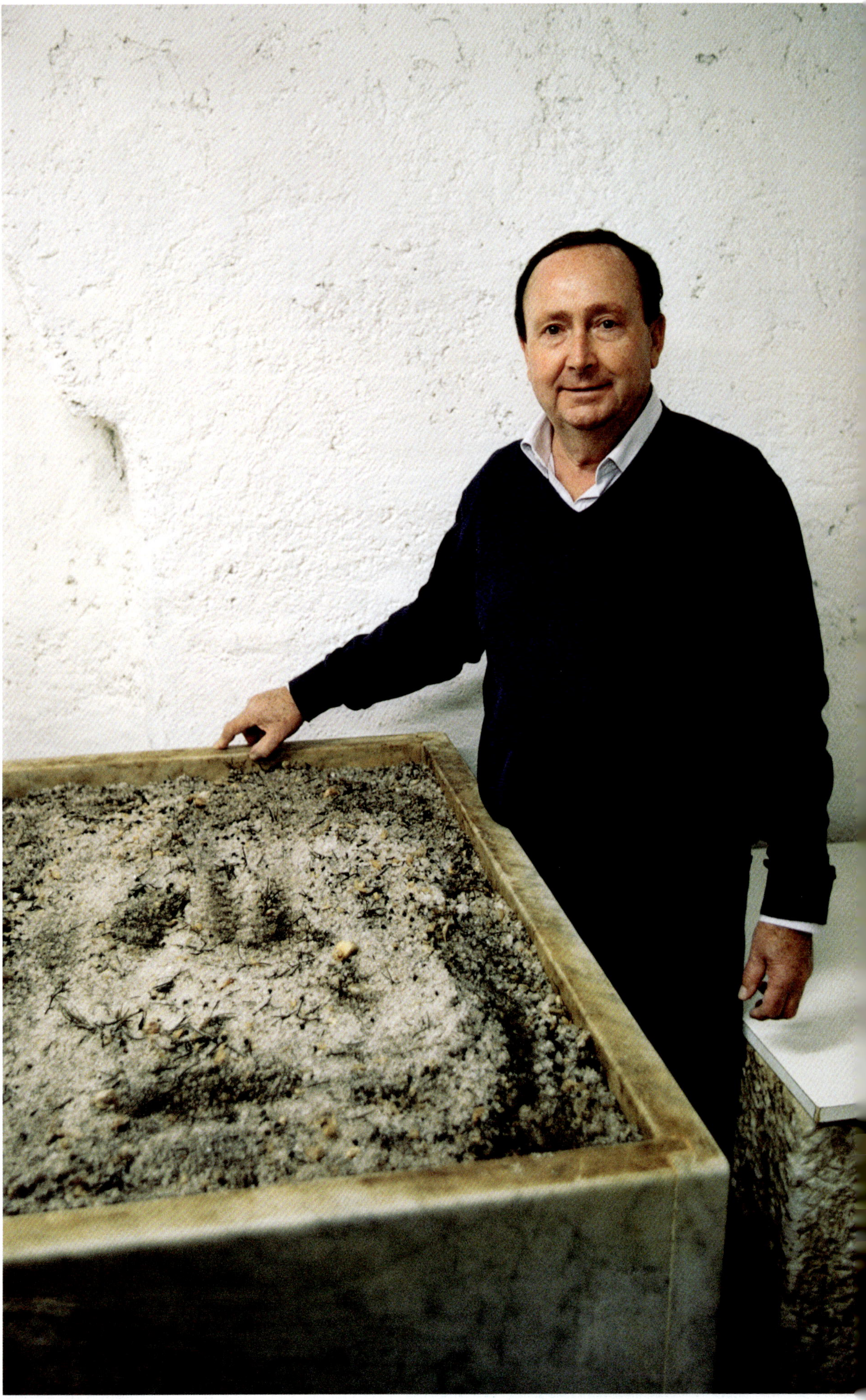

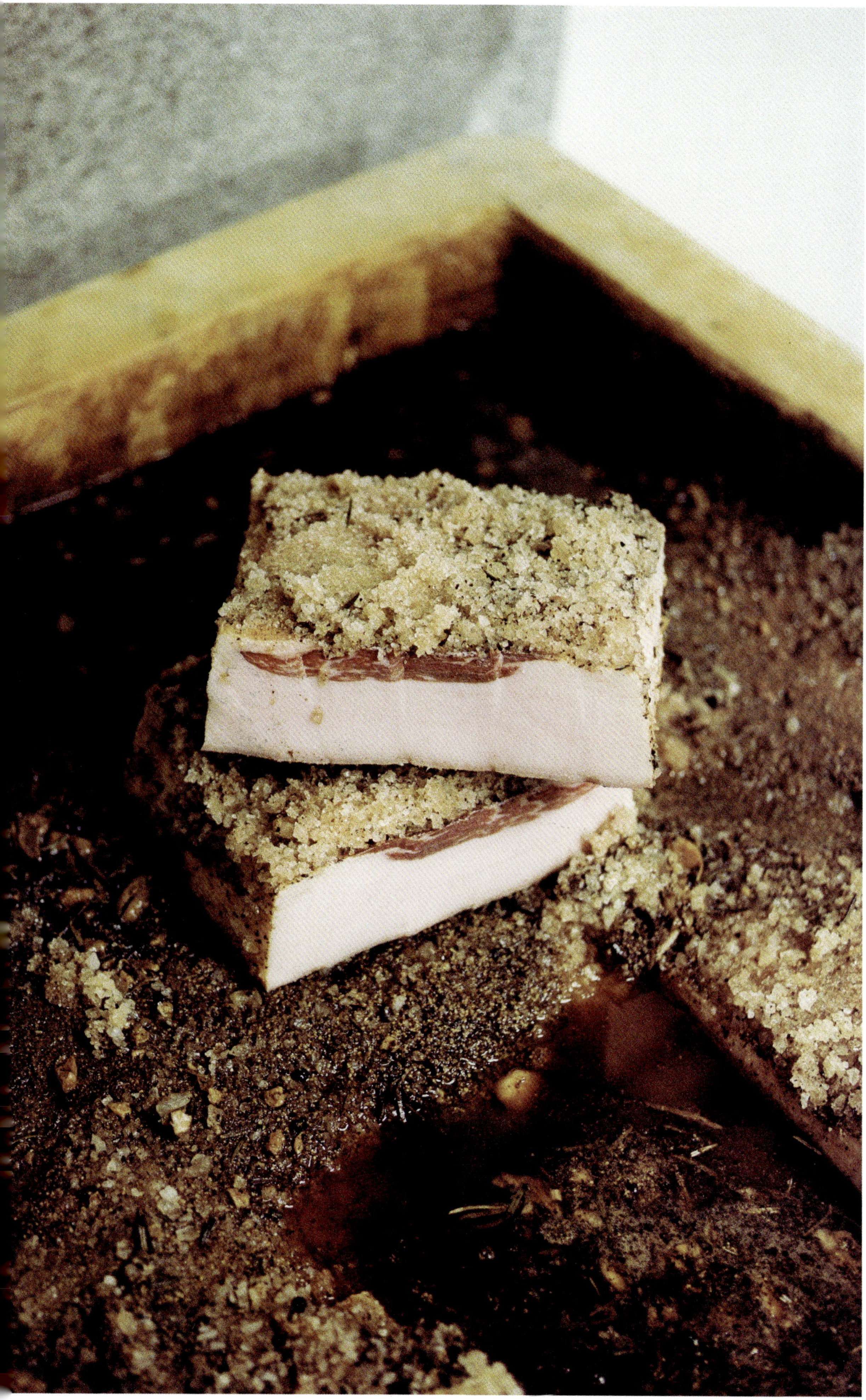

ZERI-LAMM

Das Zerasca-Schaf ist eine widerstandsfähige Rasse, die aus Lunigiana stammt. Gezüchtet werden die Tiere in dem abgelegenen Bergdorf Zeri im Nordwesten Massa-Carraras. Den größten Teil des Jahres grasen die halbwilden Herden auf den von Umweltverschmutzung unberührten Bergwiesen in über 800 Metern Höhe über dem Meeresspiegel. Nur während der kältesten Wintermonate werden sie in Stallungen getrieben und mit Heu von denselben Wiesen gefüttert. Da es nur etwa dreitausend dieser Tiere gibt, gilt die Rasse als selten und die Zucht ist streng reglementiert. Alle Höfe in der Region sind kleine Familienbetriebe, und ihre Herden umfassen 50 bis 250 Schafe.

Die Milch, mit der die Mutterschafe ihre Lämmer säugen, hat einen sehr hohen Proteingehalt. Dieser trägt, ebenso wie die Kräuter und Gräser von den Bergwiesen, zweifellos zum besonderen Charakter des Lammfleischs bei. Es ist sehr zart, leicht süßlich und hat einen typischen Duft. Obwohl das Fleisch hochgeschätzt wird, findet man es nur selten, denn der Großteil wird direkt in der Region an Restaurants und Geschäfte verkauft. Das Lammfleisch schmeckt gebraten und geschmort hervorragend. Es wird auch *alla brace* (auf dem Grill) zubereitet. Traditionell gart man es aber mit Kartoffeln in einem *testo*. Normalerweise wird dazu ein Rotwein aus der Region serviert.

In den kältesten Wintermonaten finden die Zerasca-Schafe in Ställen Schutz.

Folgende Seite:
Schon zur Zeit der Etrusker gehörten grasende Schafherden zum Bild der Toskana.

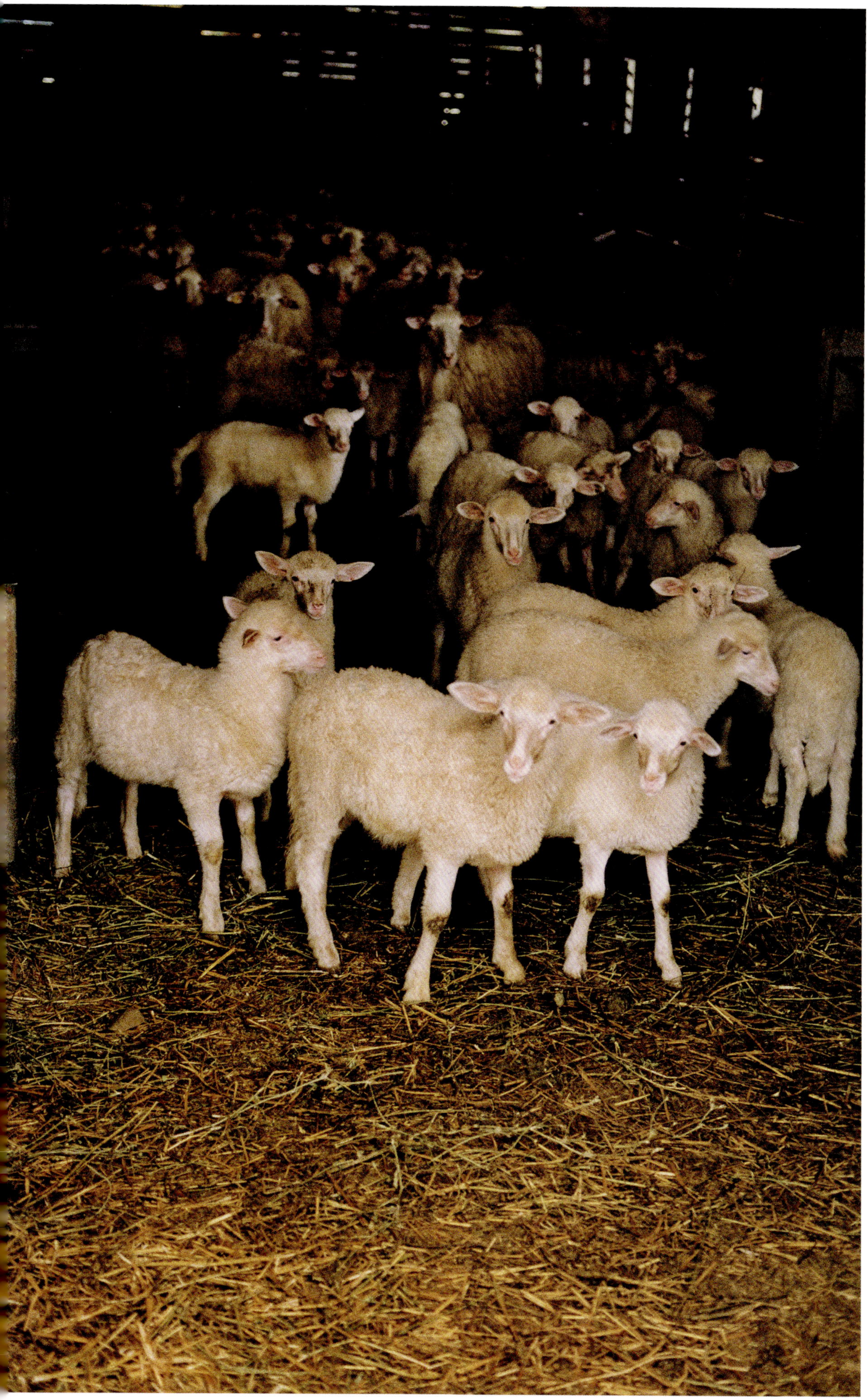

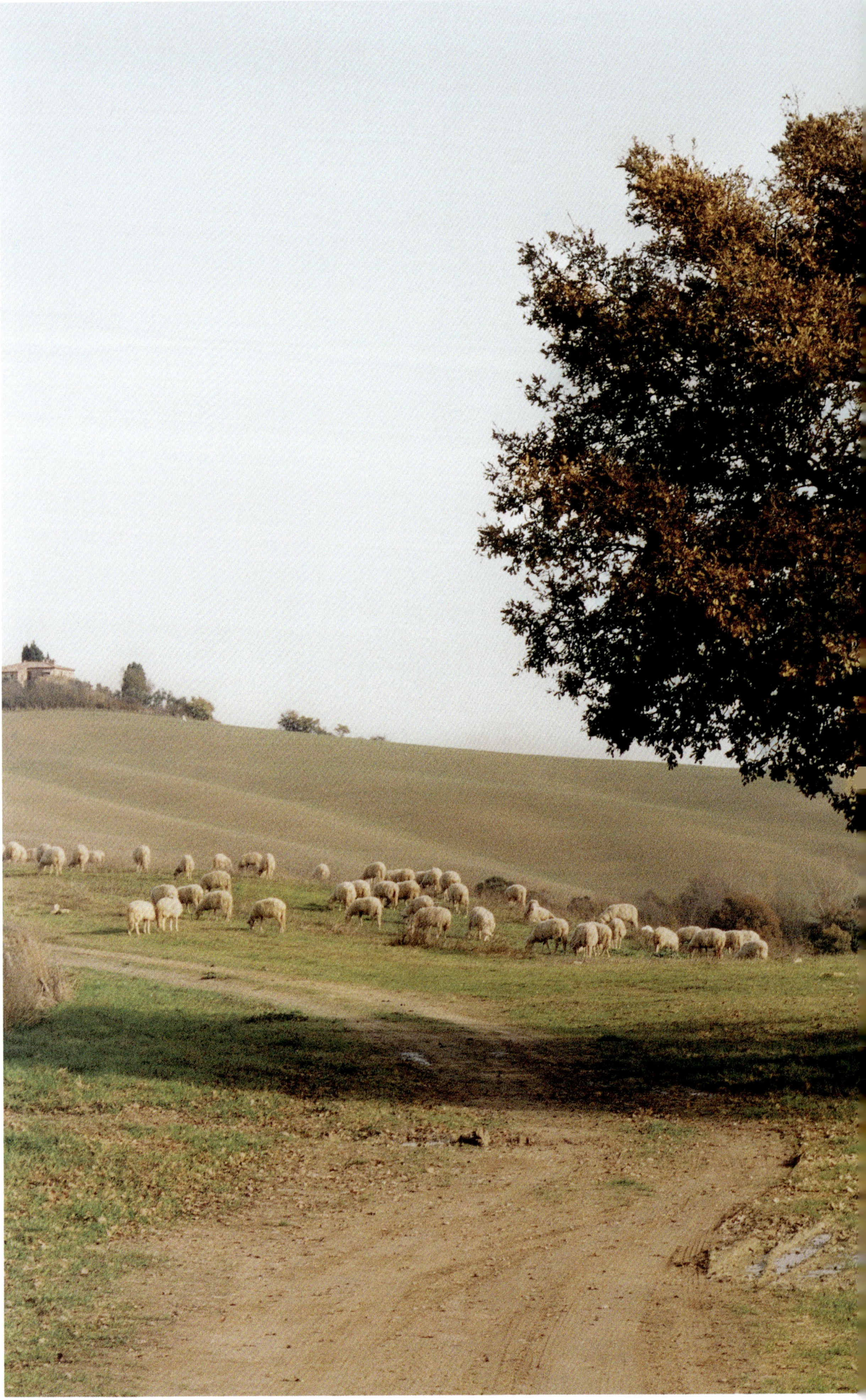

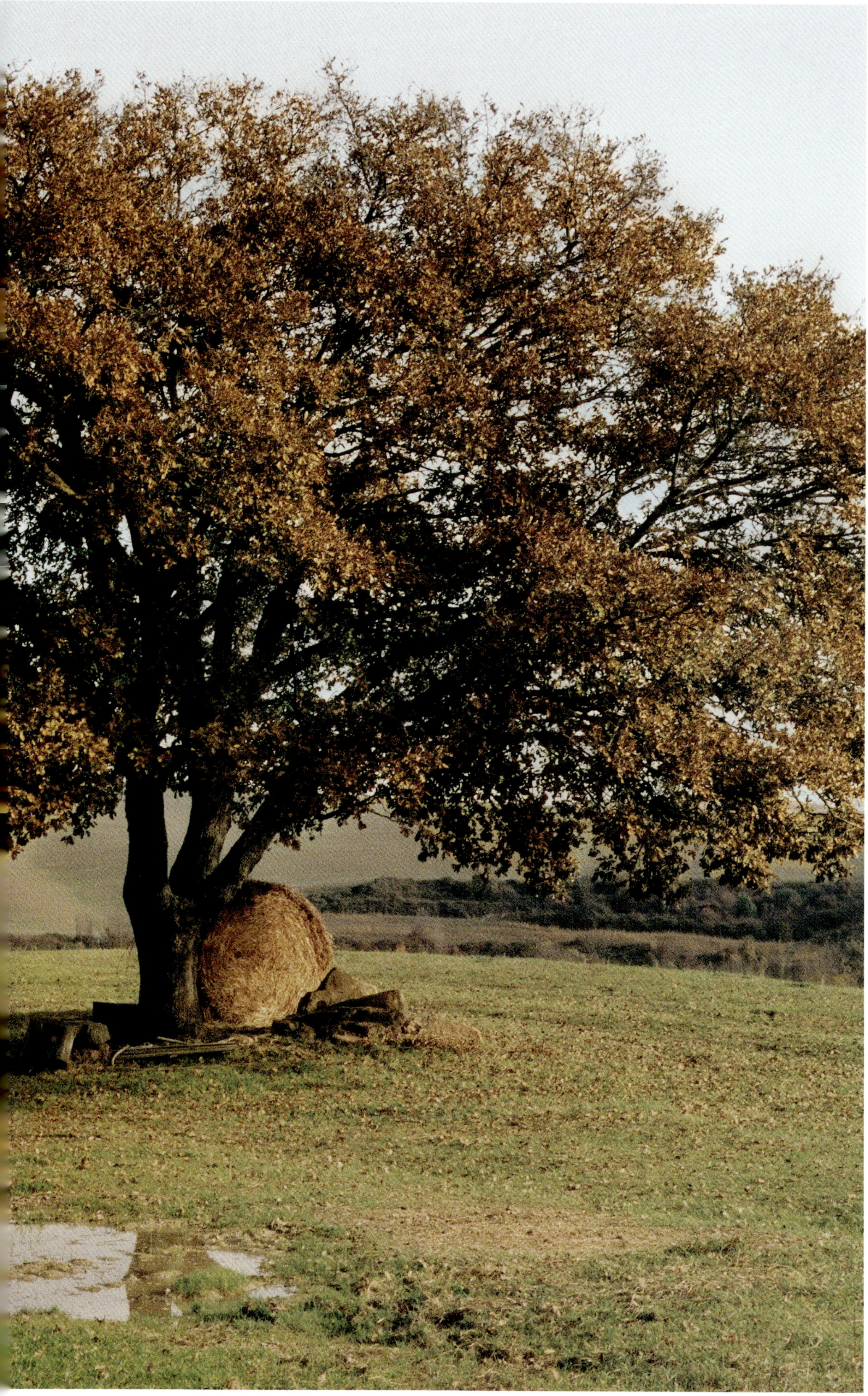

AGNELLO AL TESTO

Im testo *gebratenes Lamm*

Vorbereitungszeit: 30 Minuten
Kochzeit: mind. 1 Stunde + 15 Minuten Ruhezeit
Für 6 Personen

— 30 g Lardo, vorzugsweise aus Colonnata
— 3 Salbeiblätter
— 2 Knoblauchzehen
— 1 Zweig Rosmarin
— 1,5 kg Lammkeule
— 1 kg Kartoffeln, geschält und in 2,5 cm großen Würfeln
— 50 ml Olivenöl
— 50 ml trockener Weißwein
— 1 Lorbeerblatt
— Salz und Pfeffer

Traditionell wurde dieses Gericht über heißen Kohlen in einer flachen tönernen oder gusseisernen Pfanne mit hohem Deckel, dem *testo*, zubereitet. Falls vorhanden, kann ein Lehmofen oder ein Holzkohlegrill dafür verwendet werden. Ansonsten den Backofen auf 200 °C vorheizen. Speck, Salbei, Knoblauch und Rosmarin fein hacken und vermengen. Mit einem scharfen Messer die Lammkeule in kurzen Abständen einschneiden und die Kräuter-Speck-Mischung in die Einschnitte drücken. Das Fleisch kräftig salzen und pfeffern.

Die Kartoffelwürfel in einem *testo* oder in einer Auflaufform verteilen. Olivenöl, Wein und Lorbeerblatt zugeben und die Lammkeule darauflegen. Abgedeckt mindestens 1 Stunde im vorgeheizten Ofen garen. Dann herausnehmen und das Fleisch 15 Minuten ruhen lassen. Die Kartoffelwürfel aus der Form nehmen, auf Küchenpapier abtropfen lassen, salzen, dann auf ein mit Backpapier belegtes Blech geben und weitere 15 Minuten im Ofen garen.

Für blutiges Lammfleisch die Keule 1 Stunde garen, für medium gegart benötigt die Keule 1¼ Stunden und für durchgegart 1½ Stunden.

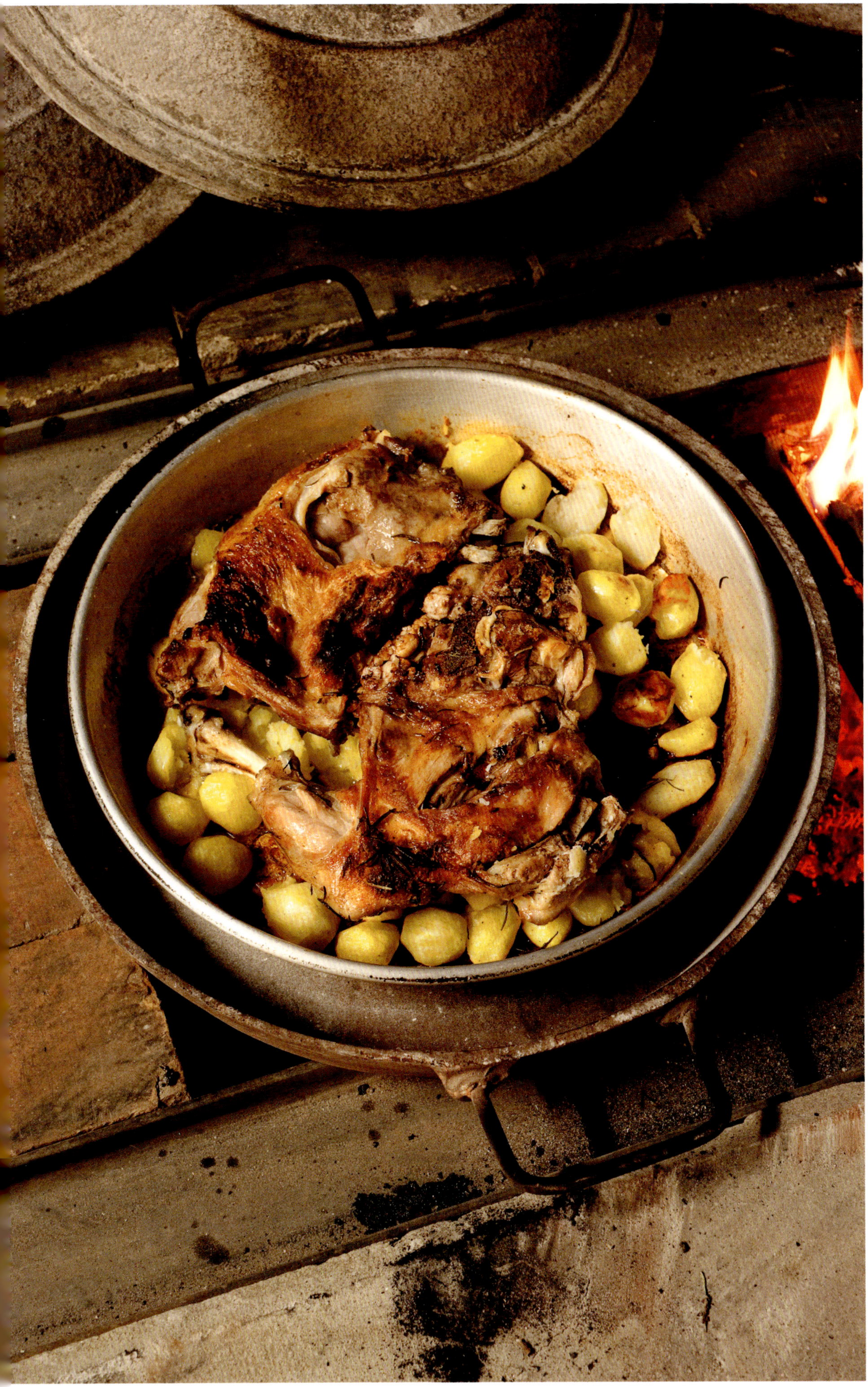

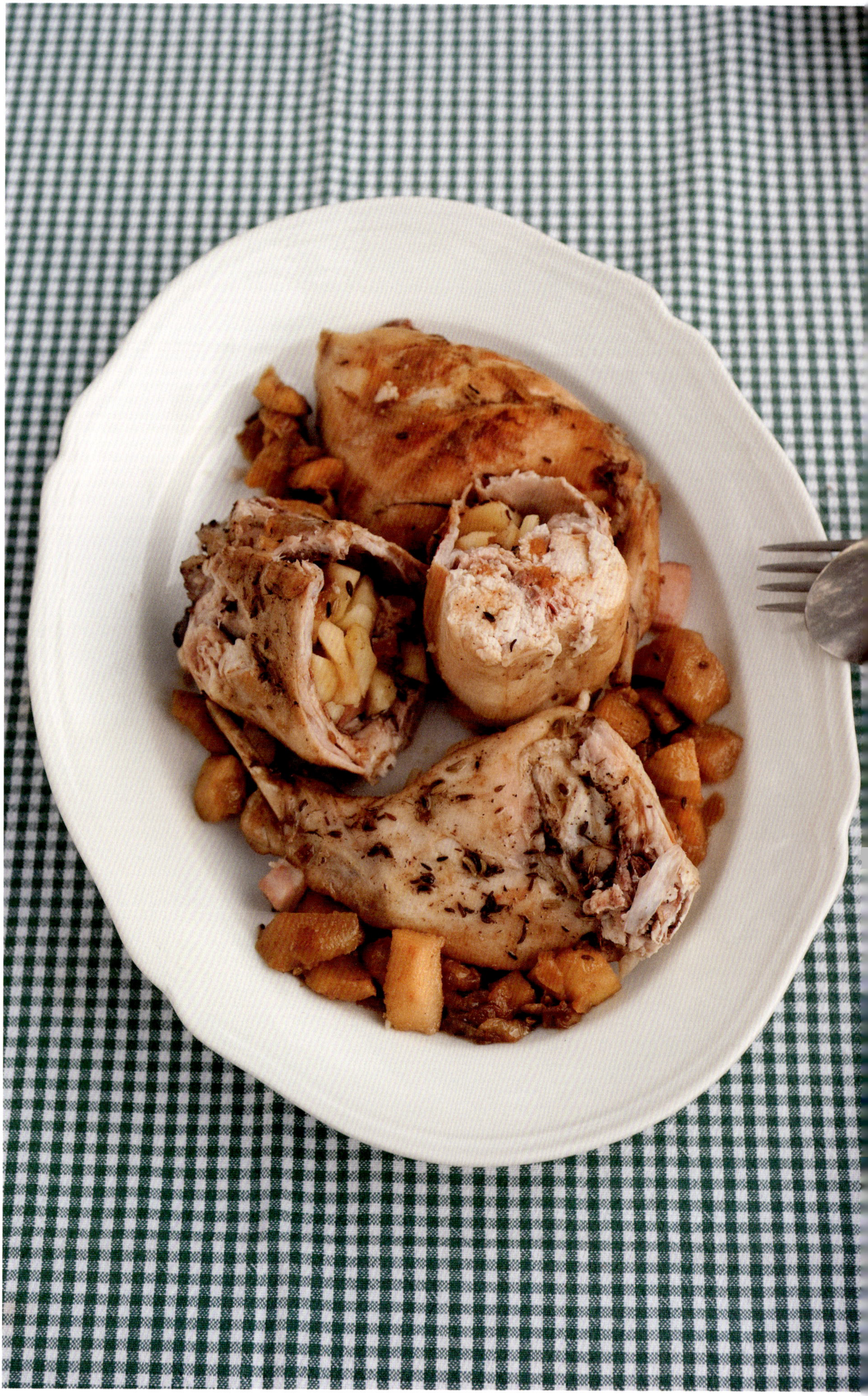

CONIGLIO ALLE MELE

Kaninchen mit Äpfeln

Der Rigatino-Schinken ist eine toskanische Spezialität, die dem Pancetta ähnlich ist, aber durch einen Mantel aus schwarzem Pfeffer und Chili ein einzigartig pikantes Aroma entfaltet. Ersatzweise kann Pancetta verwendet werden.

Vorbereitungszeit: 30 Minuten + 2 Stunden Marinierzeit
Kochzeit: etwa 45 Minuten
Für 4–6 Personen

Mit einer Spicknadel das Kaninchenfleisch mit den Schinkenstreifen spicken. Das Kaninchen innen mit Salz und Pfeffer einreiben. Etwa die Hälfte der Äpfel schälen, entkernen, klein hacken und das Kaninchen damit füllen. Dann die Öffnung mit Küchengarn verschließen. Weißwein und Vin Santo in eine Auflaufform gießen, die Fenchelsamen zugeben und das Kaninchen hineinlegen. Abdecken und mindestens 2 Stunden marinieren.

Die Hälfte der Butter mit dem Öl in einem Schmortopf zerlassen. Die Zwiebeln zugeben und auf niedriger Stufe 5 Minuten anschwitzen. Inzwischen das Kaninchen aus der Marinade nehmen, mit Küchenpapier trocken tupfen und in Portionen zerteilen. Die Kaninchenteile in den Schmortopf geben, die Hitze auf mittlere Stufe erhöhen und 5–8 Minuten bräunen, dabei gelegentlich wenden. Die Hälfte der Marinade zugießen und köcheln lassen, bis der Alkohol verdampft ist.

Die Hitze reduzieren und abgedeckt 15 Minuten köcheln lassen. Die restlichen Äpfel schälen, entkernen und in Stücke schneiden. Zum Fleisch in den Schmortopf geben und die restliche Butter in Flöckchen darauf verteilen. Bei Bedarf noch etwas Marinade zugießen. Abgedeckt weitere 15 Minuten schmoren, bis das Fleisch zart ist.

— 2,5 kg küchenfertiges Kaninchen, ohne Haut
— 100 g Rigatino- oder Pancetta-Scheiben, in dünnen Streifen
— 1 kg Cox Orange oder andere aromatische Äpfel
— 1 l trockener Weißwein
— 150 ml Vin Santo
— 1 EL Fenchelsamen
— 50 g Butter
— 2 EL Olivenöl
— 2 große Zwiebeln, sehr fein gehackt
— Salz und Pfeffer

HONIG AUS LUNIGIANA

Dass die Beziehung zwischen Nahrungsmittelherstellung und Land harmonisch sein kann, zeigt der berühmte Honig aus der Region Lunigiana. Die Imkerei hat in dieser von Baumaßnahmen und Industrie weitgehend unberührten Gegend eine jahrhundertealte Tradition. Eines der ältesten Dokumente, das auf die Honigproduktion verweist, stammt aus dem Jahr 1508. Es ist ein Formular zur Berechnung von Steuern, auf dem die Imkerei als gewinnbringende und somit steuerpflichtige Betätigung aufgeführt ist. Jahrhunderte später verlieh die Europäische Union zwei Sorten von *miele delle Lunigiana* – Kastanie und Akazie – das Privileg, eine geschützte Ursprungsbezeichnung (DOP) zu führen. Diese werden ausschließlich in den 14 Gemeinden von Lunigiana hergestellt.

Auch heute nimmt der Honig in der toskanischen Küche einen wichtigen Platz ein. Lunigiana-Honig schmeckt pur wunderbar, kann aber auch über jungen Pecorino geträufelt oder für regionale Spezialitäten wie *Panforte* (siehe Seite 244) verwendet werden, einen Gewürzkuchen mit Honig, Mandeln und Zitronat. Auch *Spongata* (siehe Seite 46) kommt nicht ohne Honig aus. Der üppige Kuchen mit einer Füllung aus Honig, Pinienkernen und Rosinen wird traditionell zu den Weihnachtsfeiertagen serviert. Meist wird dieses Gebäck zwar mit den Provinzen Parma, Piacenza und Reggio nell'Emilia in der Emilia-Romagna assoziiert, doch auch der *Spongata* aus Pontremoli (einem der wenigen Orte, wo er noch traditionell von Hand hergestellt wird), hat einen sehr guten Ruf.

In der sauberen Bergluft von Lunigiana gehören Wildblüten zum natürlichen Lebensraum von Bienen und Schmetterlingen.

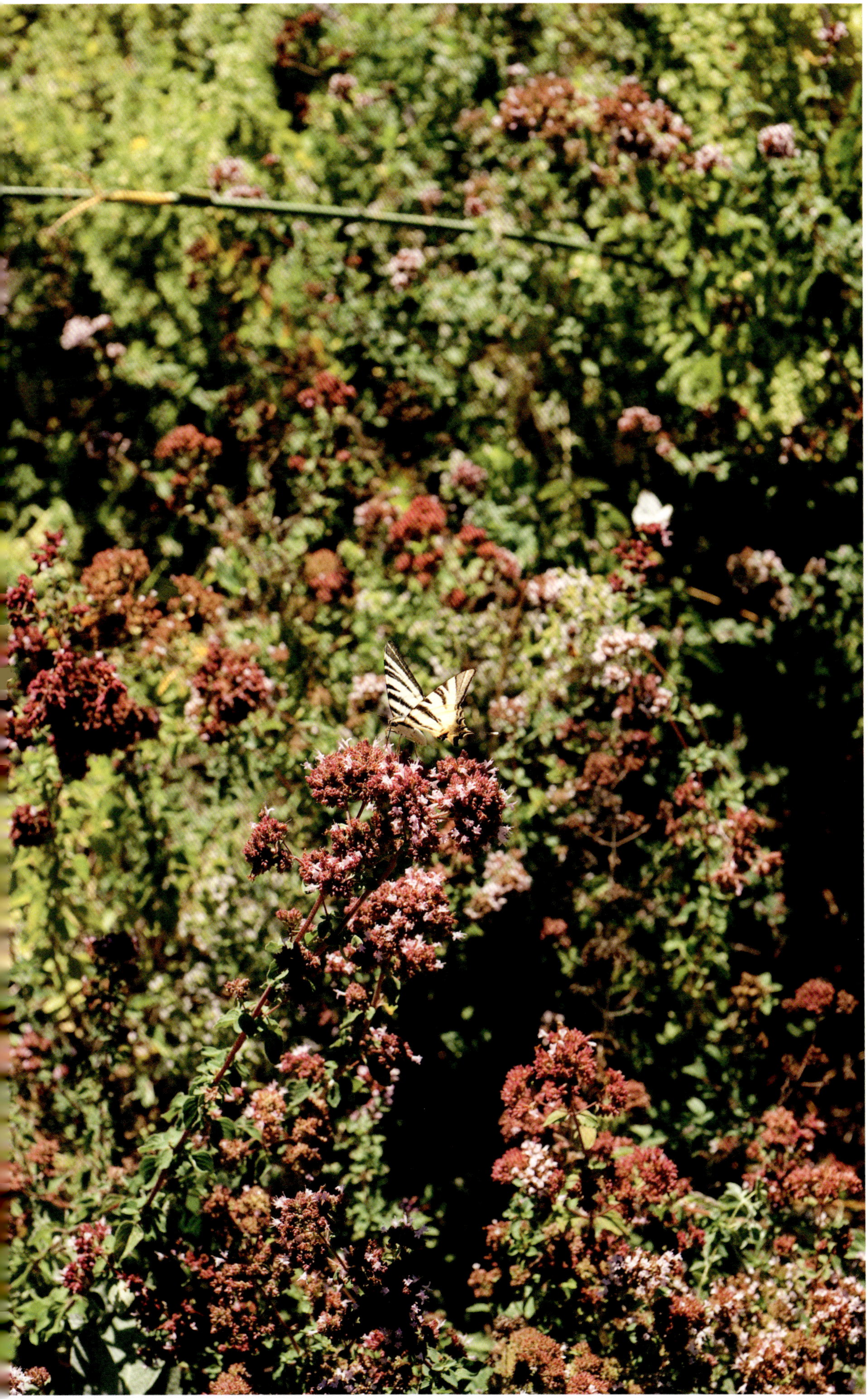

SPONGATA DI PONTREMOLI

Weihnachtskuchen aus Pontremoli

Vorbereitungszeit: 1 Stunde + 24 Stunden Ruhezeit
Backzeit: 30–35 Minuten
Für 4 Personen

Für die Füllung:
— 225 g flüssiger Waldhonig
— 50 ml Weißwein
— 50 g Pinienkerne
— 60 g Sultaninen
— 100 g Butterkekse, zerkrümelt
— Kakaopulver

Für den Teig:
— 300 g Weizenmehl (Type 405)
— 100 g Zucker
— 150 g weiche Butter
— 3 EL Weißwein
— 1 Ei (Größe S), verquirlt

Für die Füllung Honig und Wein in einem Topf verrühren und leicht erhitzen. Dann Pinienkerne, Sultaninen, Kekskrümel und Kakaopulver zugeben. Alles gut verrühren, in eine Schüssel geben und 24 Stunden kalt stellen.

Am nächsten Tag den Backofen auf 180 °C vorheizen. Für den Teig Mehl, Zucker, Butter und Wein verrühren und zu einem glatten Teig verkneten. In zwei gleich große Stücke teilen. Die eine Hälfte zu einem etwa 5 mm dicken Kreis ausrollen und auf ein mit Backpapier ausgelegtes Backblech legen. Die Füllung auf dem Teig verstreichen, dabei einen etwa 2 cm breiten Rand lassen. Den restlichen Teig zu einem gleich großen Kreis ausrollen und über die Füllung legen. Die Ränder der Teigkreise mit den Fingern zusammendrücken.

Den Kuchen mit dem verquirlten Ei bestreichen und mit dem Stiel eines Holzlöffels einige Löcher in den Teigdeckel stechen. Im vorgeheizten Ofen 30–35 Minuten backen. Herausnehmen, abkühlen lassen und servieren.

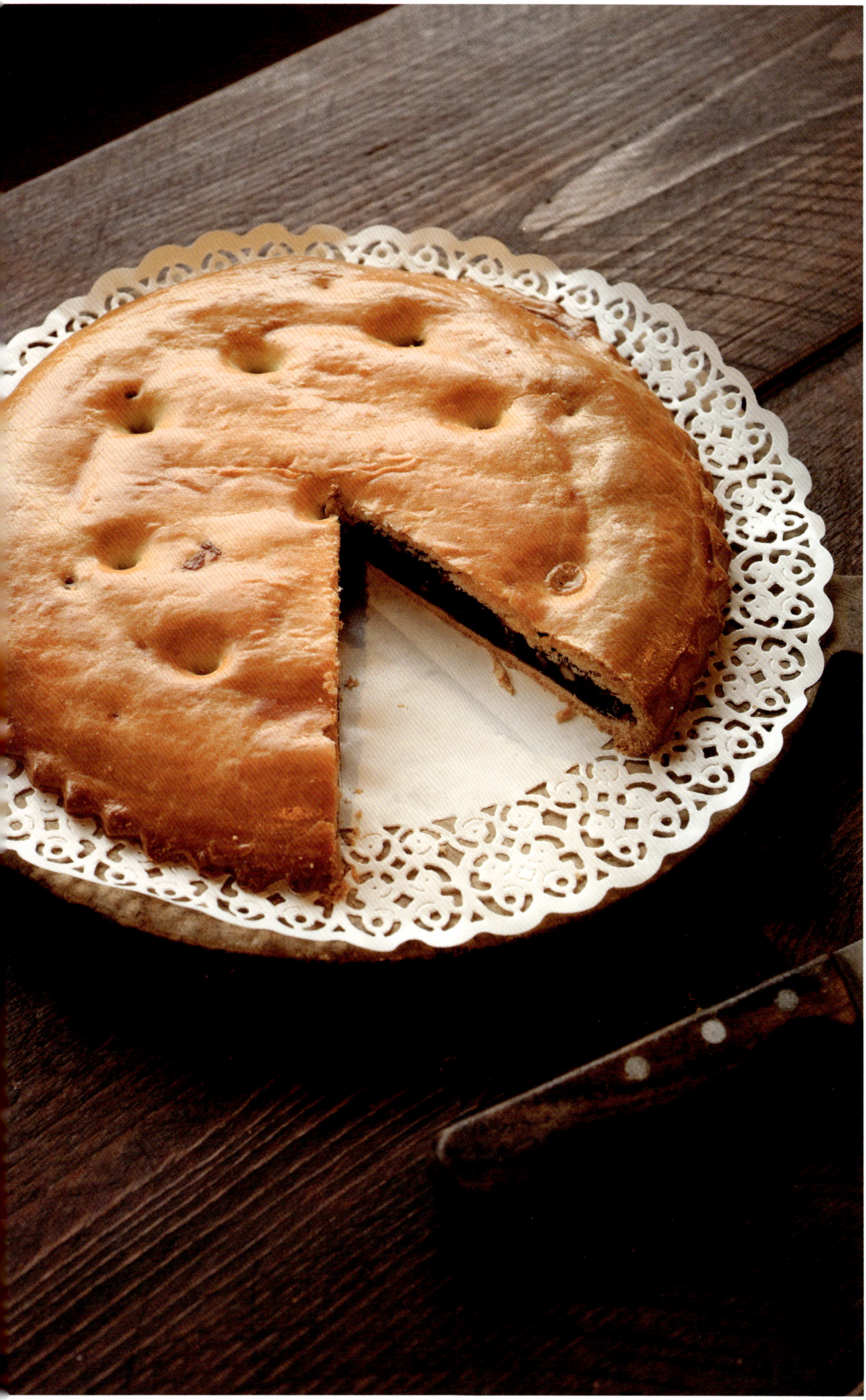

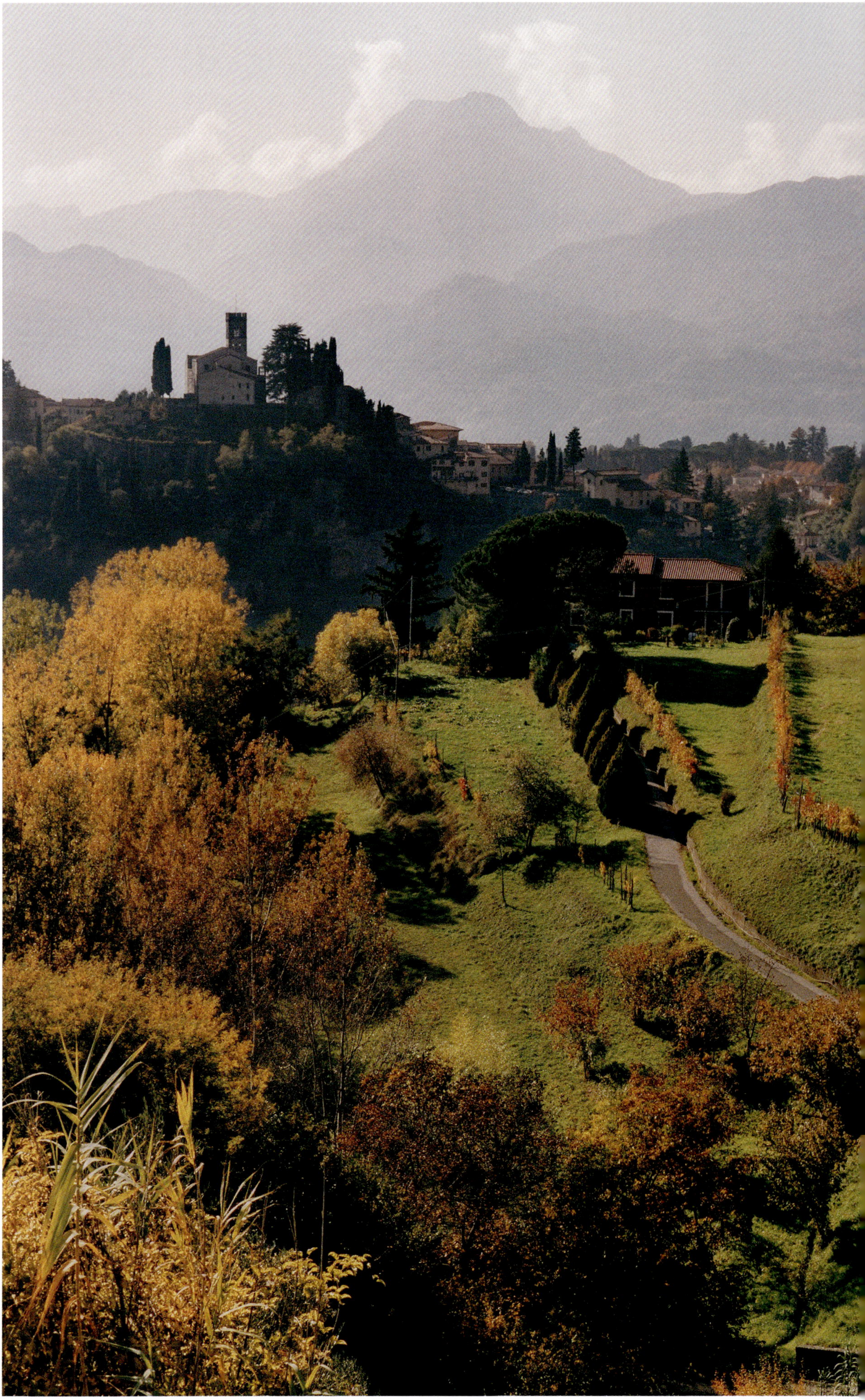

II

LUCCA

Crostini di cavolo nero 60
Crostini mit Palmkohl

Pancotto di Viareggio 63
Brot-Fisch-Suppe aus Viareggio

Minestra di farro della garfagnana 66
Emmer-Suppe aus Garfagnana

Garmugia 70
Garmugia

Arista al finocchio 73
Schweinelende mit Fenchel

Crostata di ricotta garfagnina 74
Ricotta-Tarte aus Garfagnina

Am Ende des Winters kommen unzählige Menschen aus der ganzen Welt in dem kleinen Küstenort Viareggio zusammen, um den Karneval zu feiern und in ausgelassener Stimmung die Festumzüge zu bewundern. Die zwei Kilometer lange Promenade oder *Passeggiata di Viareggio* rückt dabei in den Mittelpunkt. Schon seit 1873 wird hier der Karneval gefeiert.

Der Überschwang des Karnevals steht im krassen Widerspruch zur Küche der bergigen Region Garfagnana, die im Osten der Provinz Lucca liegt. Die Küche ist einfach und gehaltvoll, denn in alten Zeiten ließ der Lebensrhythmus wenig Zeit zur Zubereitung komplizierter Gerichte. Das Leben war hart, und die unwirtliche Gegend mit den unfruchtbaren Böden zwang die Bewohner zur Anpassung. Was immer das Land hergab, wurde – und wird noch heute – voll ausgeschöpft. Das zeigen regionale Produkte wie Esskastanienmehl, Honig und Käse, aber auch die herzhaften, sättigenden Suppen, die so typisch für die Gegend sind. Suppen wie die *Minestra di farro della Garfagnana* (Emmer-Suppe aus Garfagnana, siehe Seite 66) enthalten, was das Land den Menschen schenkte.

Weiter westlich liegen die Wälder der Küstenlandschaft Versilia. Hier lösen die Aromen von Meer und Land die bescheidene Gebirgsküche ab.

An der Küste von Lucca nimmt Fisch eine wichtige Bedeutung ein, sowohl für die einheimische Wirtschaft als auch für die Gastronomie. In Viareggio beispielsweise gibt es einen quirligen Fischmarkt und einige gute Fischrestaurants. Zu den einheimischen Spezialitäten gehört die hervorragende *Cacciucco di Viareggio* (eine mildere Version der berühmten Fischsuppe aus Livorno, siehe Seite 182) und die berühmten *Trabacolara con spaghetti* (Spaghetti mit großen Garnelen). Dieses Gericht verdankt seinen Namen den Booten der Fischer aus dem Küstenort San Benedetto del Tronto in den Abruzzen (einer Region an der Adria), von denen einige in den 1920er- und 1930er-Jahren hierherzogen. Ursprünglich

Vorherige Seite: Malerische Dörfer, hügelige Landschaften und ein mildes Klima machen die Provinz Lucca rund ums Jahr zu einem lohnenden Reiseziel.

war es ein Armeleuteessen, das traditionell aus den Fischen zubereitet wurde, die auf dem Fischmarkt keine Abnehmer gefunden hatten.

In der Stadt Lucca beschließt man üblicherweise eine Mahlzeit mit einer Scheibe *buccellato* (einem süßen Kranzkuchen mit Rosinen und Anis) und einem Glas Vin Santo zum Eintunken. Das Originalrezept dieses berühmtesten Kuchens der Stadt befindet sich im Besitz der Familie Taddeucci, die in ihrer Bäckerei an der Piazza San Michele seit 1881 *buccellato* herstellt. Ein altes Sprichwort lautet: „*Chi va a Lucca e non mangia il buccellato è come se non ci fosse stato*", was soviel bedeutet wie: „Wer Lucca besucht ohne *bucatello* zu essen, ist nicht dort gewesen."

Folgende Seite:
Blick auf Lucca von oben. Die *coppe* (Terrakotta-Dachpfannen) wurden traditionell mit der Hand geformt.

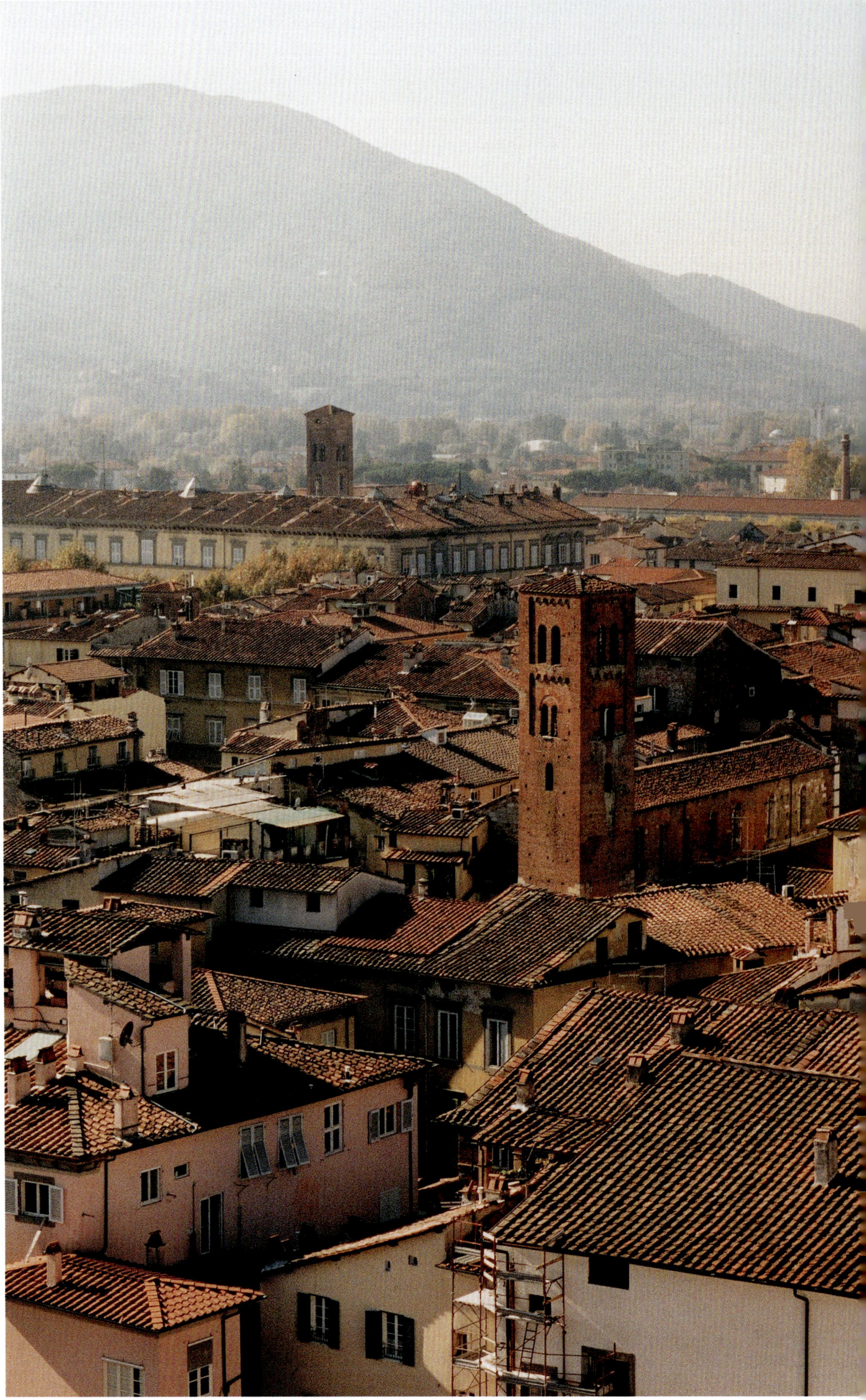

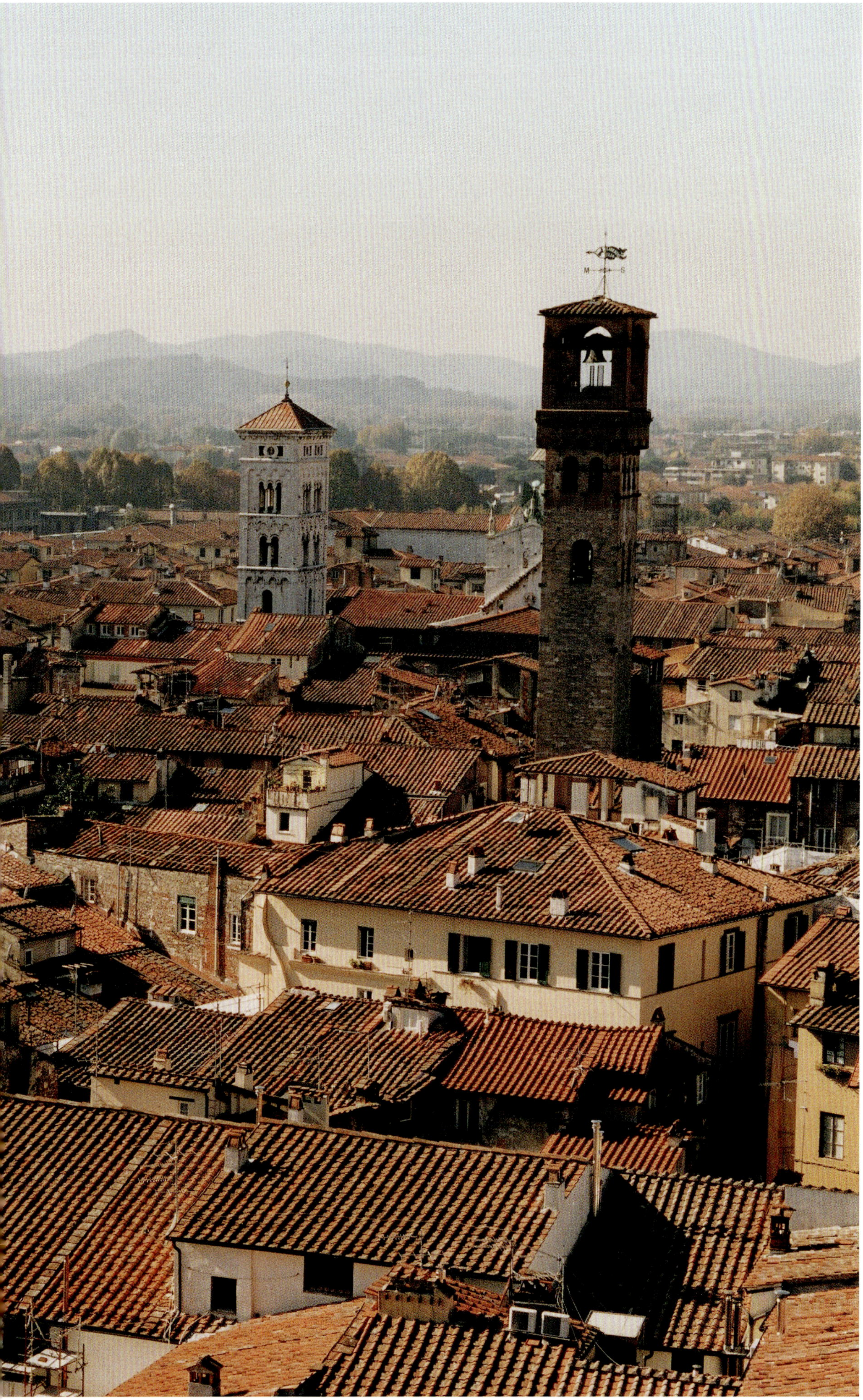

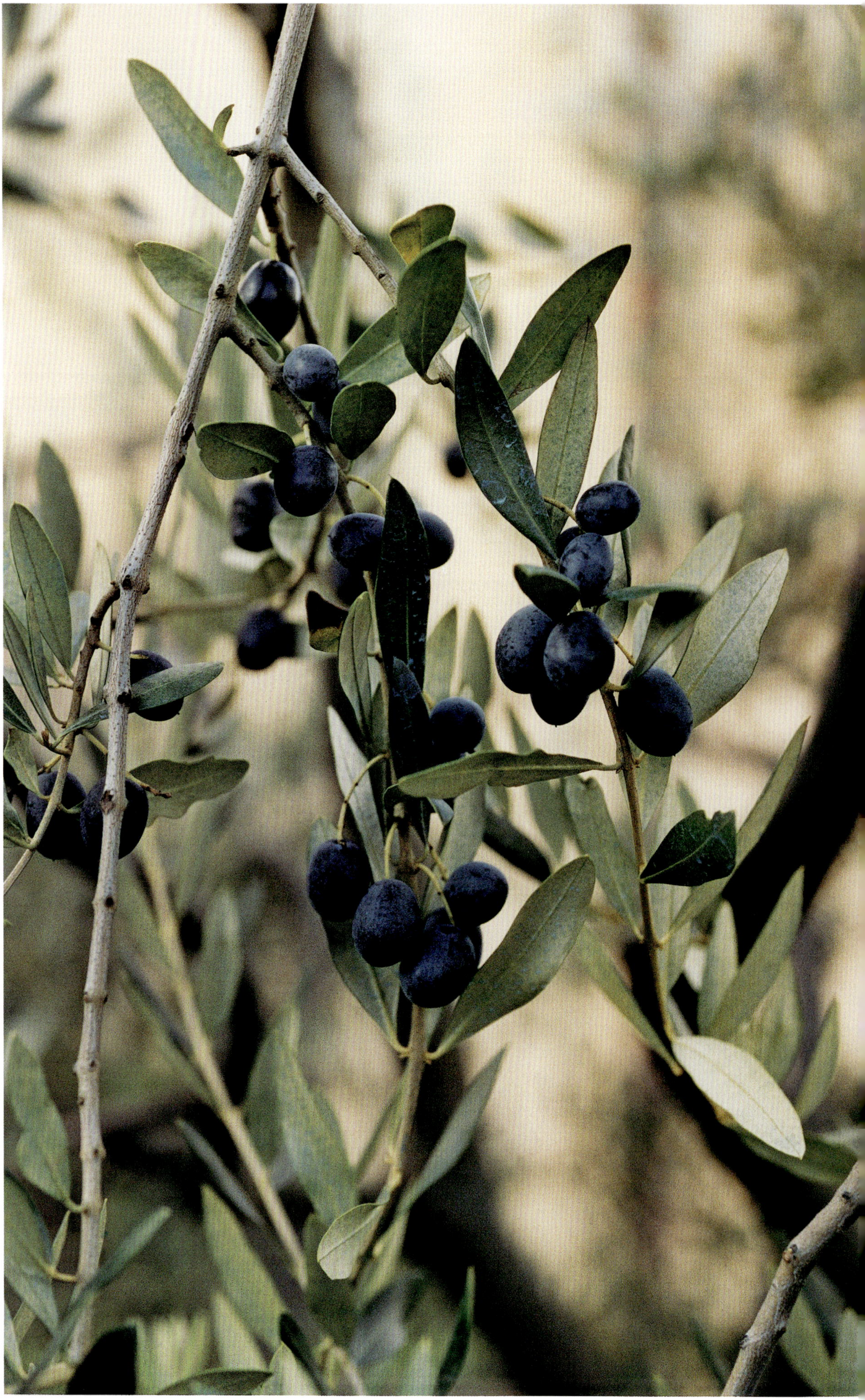

OLIVENÖL

Seit etruskischer Zeit werden in Lucca Oliven angebaut. Die Ernte findet zwischen November und Januar statt, und das Öl aus der ersten Pressung gilt als besonders hochwertig.

Ob als Zutat oder zum Verfeinern: Es wäre schwierig, wenn nicht gar unmöglich, sich die toskanische Küche ohne das toskanische Olivenöl vorzustellen. Die Landschaft von Lucca sieht aus wie ein Patchwork aus Olivenhainen und Weingärten. Überall finden sich Hinweise auf die Bedeutung der Oliven für die Wirtschaft, die Geschichte und das kulturelle Erbe der Region. Selbst Straßenschilder wie „Oliveto", „Olivetecci" und „Ulettori" weisen den Weg zu Ortschaften, deren Namen auf den Olivenbaum anspielen.

In Lucca wird schon immer Olivenöl von hoher Qualität gepresst. Sein Ruf war so gut, dass es schon im 19. Jahrhundert in den USA begehrt war und als eines der ersten Lebensmittel aus der Toskana nach Amerika exportiert wurde. Zahlreiche Dokumente, von denen manche bis ins 11. Jahrhundert zurückreichen, zeugen von einer Vielfalt von Regeln und Bestimmungen, denen Produktion und Verkauf von Olivenöl in Lucca unterworfen war. In einem Dokument vom 12. Januar 1241 wurde die Höchstmenge, die ein Bauer pro Jahr verkaufen durfte, auf 10 kg festgesetzt. War die Qualität schlecht, wurde diese Menge auf 7 kg reduziert, und die Differenz konnte im Folgejahr ausgeglichen werden. Das Erbe dieser jahrhundertelangen strengen Regeln hat sich bis heute in der Qualität des Öls erhalten.

Olivenöl aus Lucca zeichnet sich vor allem durch sein feines Aroma aus. Dass es weniger streng schmeckt als andere toskanische Öle, liegt vor allem am hohen Anteil von Frantoio-Oliven, einer besonders mild schmeckenden Sorte mit feinem Duft. Öl aus Lucca ist leicht fruchtig und hat einen schwachen bis mittleren und bemerkenswert ausgewogenen Eigengeschmack, was es überaus vielseitig macht.

Folgende Seiten:
Oliven werden noch immer auf traditionelle Weise geerntet. Große Netze werden um die Stämme gelegt, um die Oliven aufzufangen, die beim Pflücken herunterfallen.

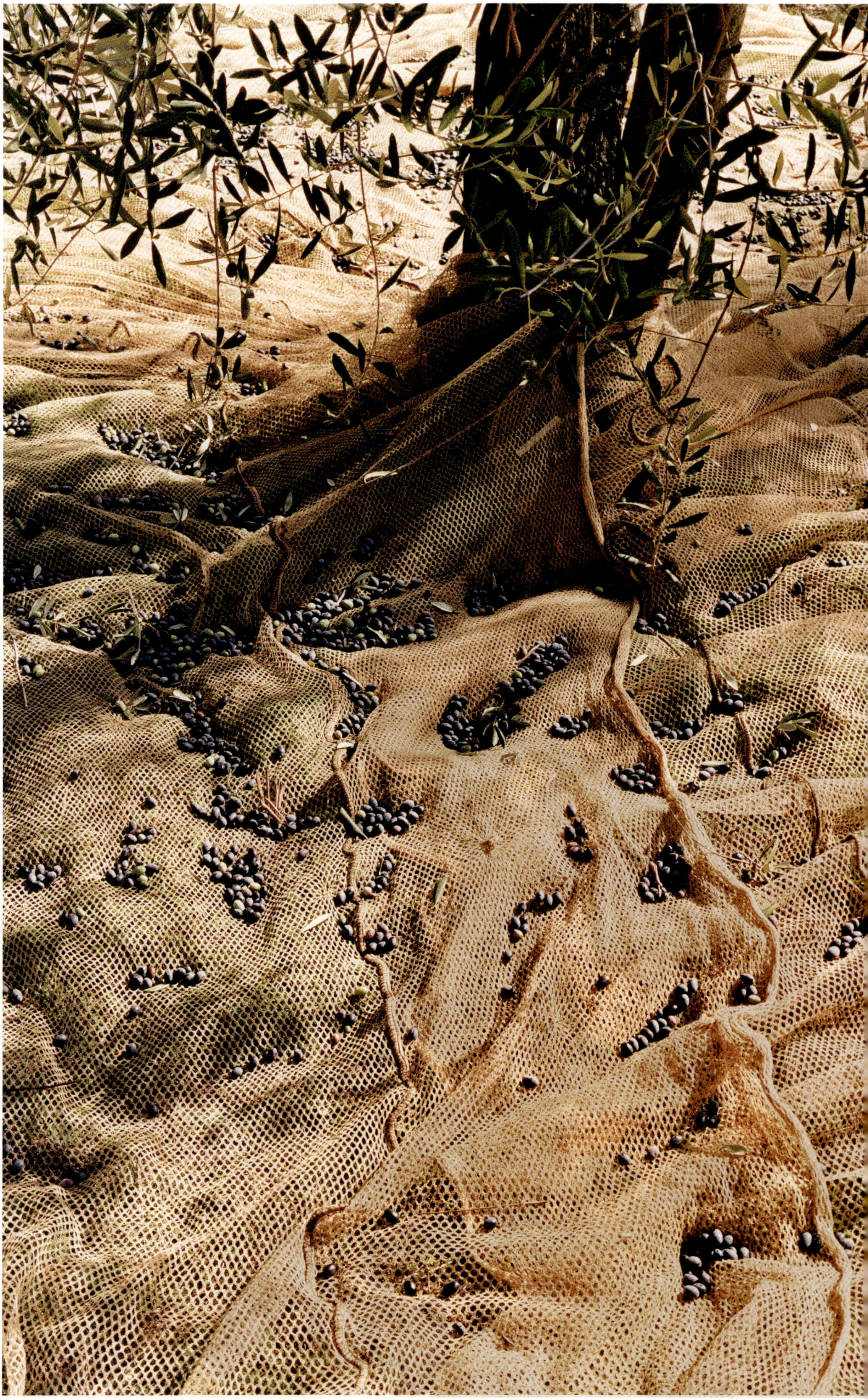

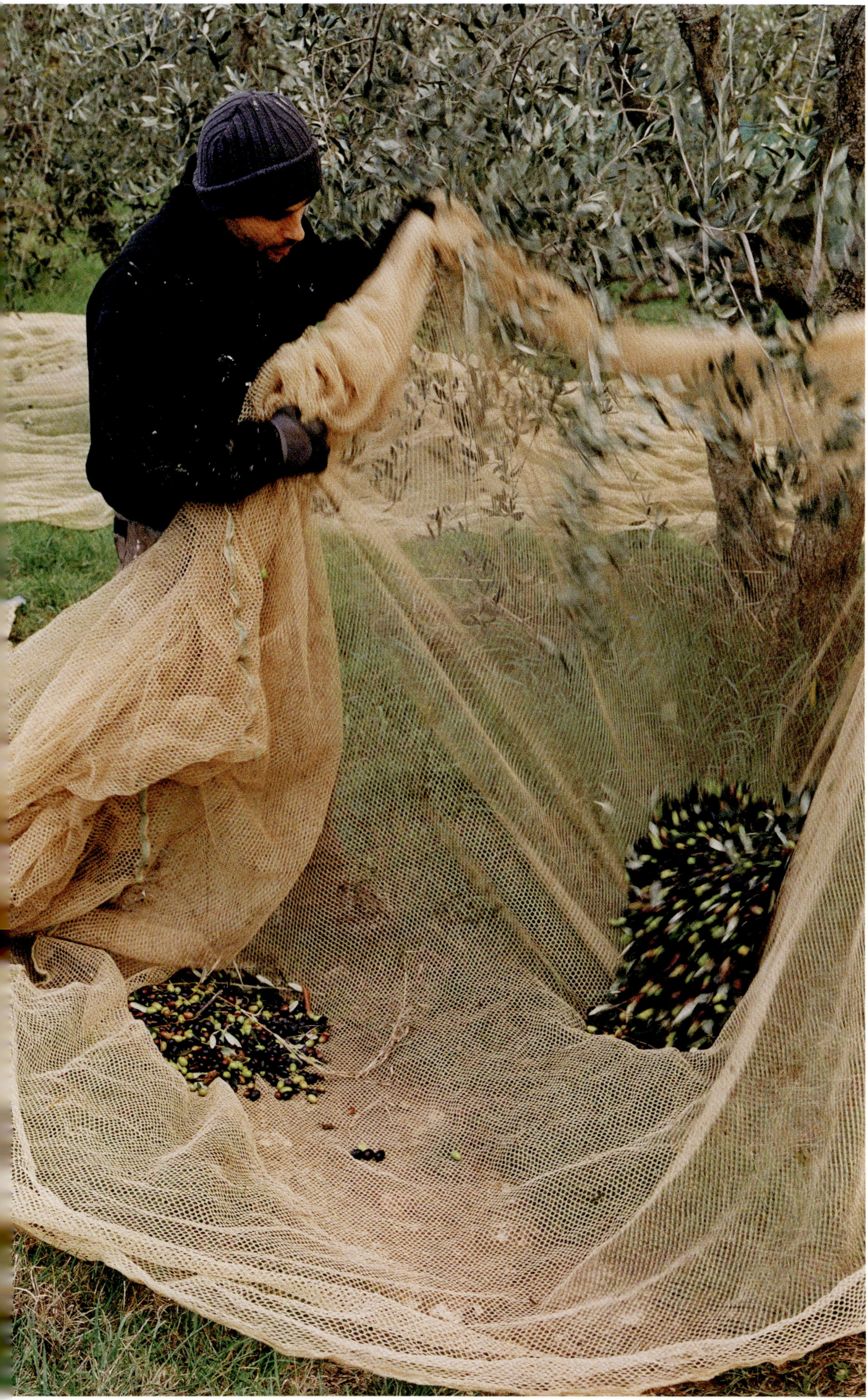

CAVOLO NERO

Der mit dem Grünkohl verwandte Palmkohl (auch Schwarzkohl oder Toskanischer Kohl genannt), wird in der Toskana gern gegessen und ist eine wichtige Zutat für viele bekannte und beliebte Gerichte der Region. In der Toskana werden zwei Arten von Palmkohl angebaut: *cavolo nero di Lucca* und *cavolo riccio nero di Toscana*. Letzterer wird hauptsächlich in den Provinzen Florenz und Arezzo kultiviert. *Cavolo nero di Lucca* wird in dieser Region schon seit dem 19. Jahrhundert angepflanzt. Geerntet wird er von Hand, und auch die Anbaumethoden haben sich über die Jahrzehnte nicht verändert. In Größe und Aussehen unterscheidet er sich vom *cavolo riccio*, der in anderen Gegenden der Toskana kultiviert wird.

Im Gegensatz zu vielen anderen Kohlarten bildet Palmkohl keine Köpfe. Seine schwärzlich-dunkelgrünen Blätter sind wie Palmwedel angeordnet und können bis zu einen Meter lang werden. Sie haben ausgeprägte Rippen und eine „blasige" Oberfläche. Palmkohl ist ausgesprochen gesund. Er enthält die Vitamine A, B, C, D und E, außerdem Kupfer, Mangan und Kalzium sowie wertvolle Antioxidantien und Ballaststoffe. Hinzu kommt, dass er kalorienarm ist.

Die Verwendung von Palmkohl in der toskanischen Küche geht zweifellos auf die *cucina povera* zurück, die Küche der armen Leute. Er wird neben Mangold und Wirsing gern als Zutat in *Ribollita* (siehe Seite 234) genommen, spielt aber auch in vielen anderen Gerichten eine Rolle. In der Provinz Lucca wird Palmkohl traditionell zu Schweinefleisch oder *Baccalà* (gesalzenem Stockfisch, siehe Seite 188) gegessen. In Pistoia ist er unverzichtbare Zutat des Bohnengerichts *Farinata* (siehe Seite 88) .

Cavolo nero mit seinen charakteristischen „blasigen" Blättern wird in der ganzen Region angebaut. Geerntet wird der Palmkohl im Winter, weil er nach dem ersten Frost am besten schmeckt.

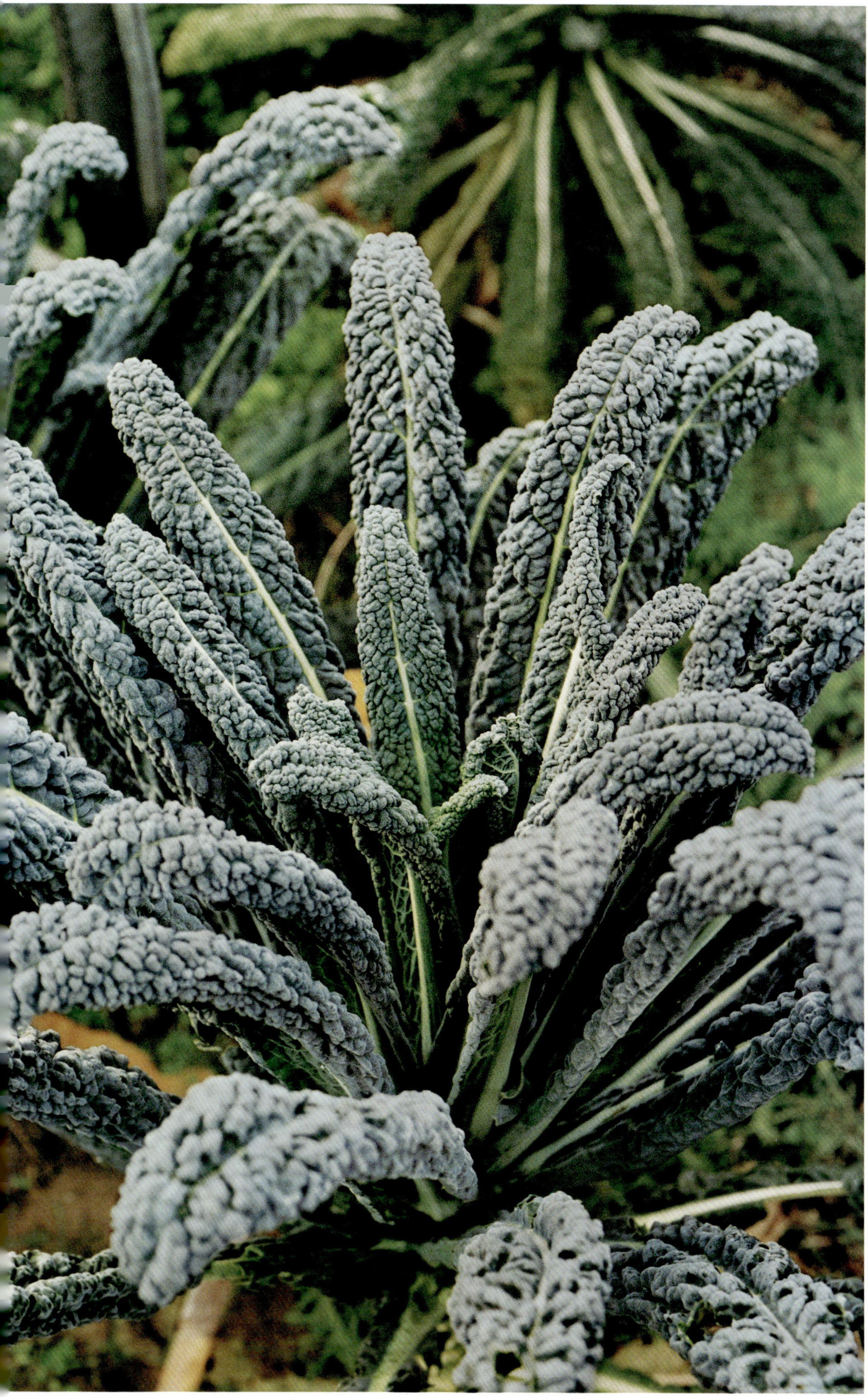

CROSTINI DI CAVOLO NERO

Crostini mit Palmkohl

Vorbereitungszeit: 10 Minuten
Kochzeit: etwa 10 Minuten
Für 6 Personen

— 2 Cavolo nero oder eine andere Palmkohlsorte, geputzt und in einzelne Blätter zerteilt
— 12 Scheiben toskanisches Weißbrot
— 2 Knoblauchzehen, geschält
— Olivenöl, zum Beträufeln
— Rotweinessig, zum Beträufeln (nach Belieben)
— Salz und Pfeffer

Leicht gesalzenes Wasser in einem Topf zum Kochen bringen. Die Kohlblätter hineingeben und 5–10 Minuten kochen, bis sie weich sind.

Den Kohl mit einem Schaumlöffel herausnehmen, nur kurz abtropfen lassen und beiseitelegen. Die Brotscheiben rösten und von einer Seite mit den Knoblauchzehen einreiben. Auf einem Servierteller anrichten.

Jede Brotscheibe mit Kohl belegen. Die anhaftende Flüssigkeit soll von dem Brot aufgenommen werden. Mit Salz und Pfeffer würzen, dann mit Olivenöl und nach Belieben mit etwas Rotweinessig beträufeln.

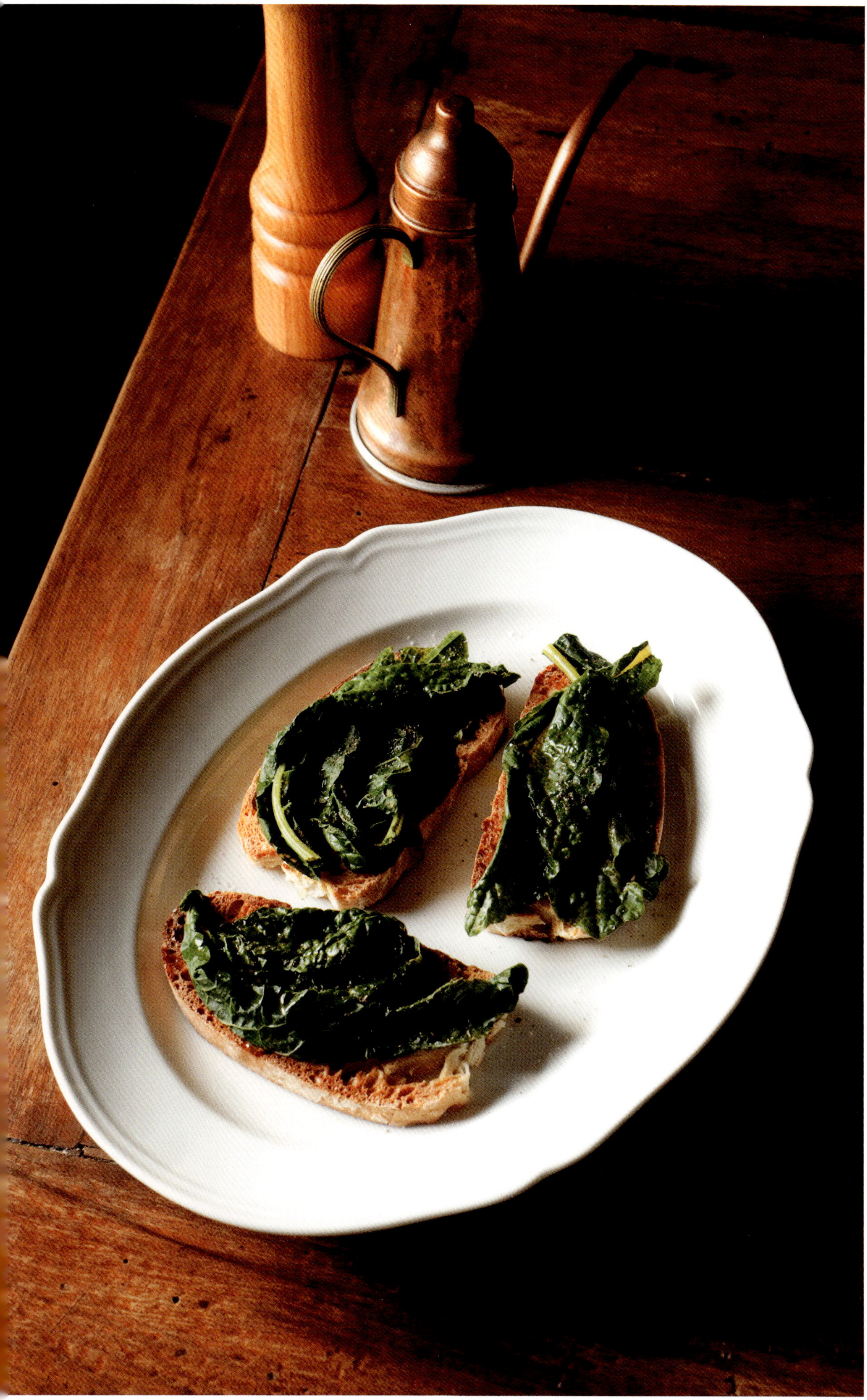

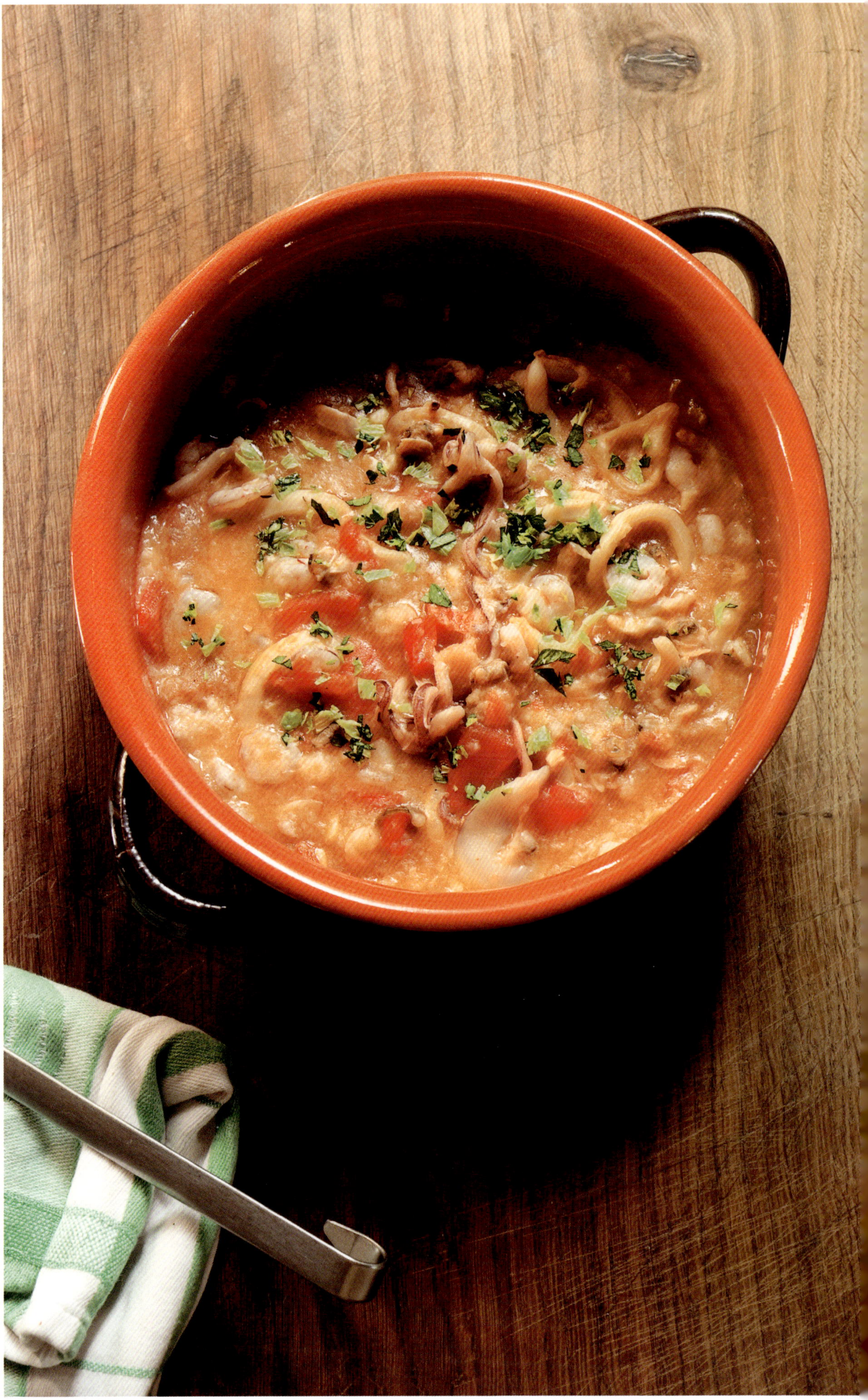

PANCOTTO DI VIAREGGIO

Meeresfrüchtesuppe aus Viareggio

In der toskanischen Küche gibt es oft lange Garzeiten, und aus Resten oder Brot vom Vortag wird ein neues Gericht gezaubert. So verbrauchte man früher alles, was wiederverwertbar war. So wird auch in der Tomatensuppe mit Brot (siehe Seite 130) und in Ribollita (siehe Seite 234) Brot verwendet.

Vorbereitungszeit: 30 Minuten + 1 Stunde Einweichzeit
Kochzeit: etwa 40 Minuten
Für 6 Personen

Das Brot zerzupfen, in eine Schüssel geben und mit Wasser bedecken. Mindestens 1 Stunde quellen lassen.

Inzwischen die Venusmuscheln unter fließendem Wasser säubern und alle zerbrochenen sowie geöffneten Muscheln, die sich beim Antippen mit einem Messer nicht schließen, wegwerfen. Ein scharfes Messer mittig zwischen den Schalenhälften ansetzen und rundherum um die Muschel ziehen, um sie zu öffnen. Die obere Schale abtrennen und das Muschelfleisch mit dem Messer aus der unteren Schale lösen. Den Vorgang mit allen Venusmuscheln wiederholen.

Das Öl in einem großen Topf erhitzen. Knoblauch und Chili zugeben und auf mittlerer Stufe einige Minuten unter häufigem Rühren bräunen. Knoblauchzehen und Chili wieder herausnehmen und wegwerfen. Das Tomatenmark in einer kleinen Schale mit 2 Esslöffeln Wasser verrühren und in den Topf geben, dann den Wein zugießen. Die Hitze erhöhen. Tomaten, Muscheln und Kalmarringe zugeben. Das Brot ausdrücken, ebenfalls in den Topf geben und alles gut verrühren. Die Hitze reduzieren und 30 Minuten köcheln lassen. Dabei häufig umrühren und nach und nach den Fischfond zugießen.

Garnelen und Petersilie unterheben und 1 weitere Minute köcheln lassen. Mit Salz abschmecken und die Suppe heiß oder warm servieren.

— 8–10 Scheiben toskanisches Weißbrot
— 200 g frische Venusmuscheln
— 100 ml Olivenöl
— 10 Knoblauchzehen, geschält
— ½ getrocknete rote Chili
— 1 EL Tomatenmark
— 175 ml trockener Weißwein
— 500 g Tomaten, gehäutet, entkernt und gewürfelt
— 400 g küchenfertiger Kalmar, in Ringen
— 1,5 l Fischfond
— 400 g rohe Garnelen, ausgelöst und Darmfäden entfernt
— 1 Stängel frische glatte Petersilie, fein gehackt
— Salz

EMMER UND KASTANIENMEHL

Emmer ist eine der ältesten Getreidearten, die schon vor etwa 10 000 Jahren im Nahen Osten angebaut wurde. Emmer gehört zur Gattung Weizen und war eines der Grundnahrungsmittel der römischen Legionen. Manche Historiker sind sogar der Meinung, dass der hohe Protein- und Vitamingehalt des Getreides, das gekocht und zu Brot gebacken wurde, ein Grund für die militärische Stärke Roms war.

In Italien werden unter dem Sammelbegriff *farro* verschiedene Getreidearten zusammengefasst: Emmer, Dinkel und Einkorn. *Farro* aus Garfagnana sollte man nicht mit Dinkel verwechseln. Wer jemals mit beiden Getreidearten gekocht hat, weiß, dass sie nicht gleich und nicht austauschbar sind. Emmer wird seit langer Zeit mit der Bergregion Garfagnana in Zusammenhang gebracht. Für seinen besonderen Geschmack, durch den er sich von Emmer aus anderen Regionen unterscheidet, sind vor allem der nährstoffarme Gebirgsboden und die Umwelt- und Klimabedingungen der Gebirgslagen verantwortlich.

Eine weitere Grundzutat aus der Region Garfagnana ist Mehl, das aus Esskastanien hergestellt wird. Kastanien oder *castagni* werden hier seit etwa 1000 n. Chr. kultiviert. Damals pflanzte man die Bäume, um den Nahrungsbedarf der wachsenden Bevölkerung zu decken. Der Esskastanienbaum bekam den Spitznamen „Brotbaum", und die Kastanien nannte man „Baumbrot", weil sie zu Mehl für die Brotherstellung gemahlen wurden. Die Bedeutung der Esskastanien war so groß, dass die Stadt Lucca im Jahr 1489 Gesetze zum Schutz der Kastanienwälder und zur Regelung der Produktion von Esskastanienmehl erließ.

Die kulinarischen Traditionen, die sich an die Esskastanien knüpfen, haben sich bis heute kaum verändert, und noch immer sind Esskastanien in der regionalen Küche von großer Bedeutung.

Am besten schmecken Esskastanien einfach über heißen Kohlen geröstet. Zu Beginn der Erntezeit werden überall in der Region Feste veranstaltet.

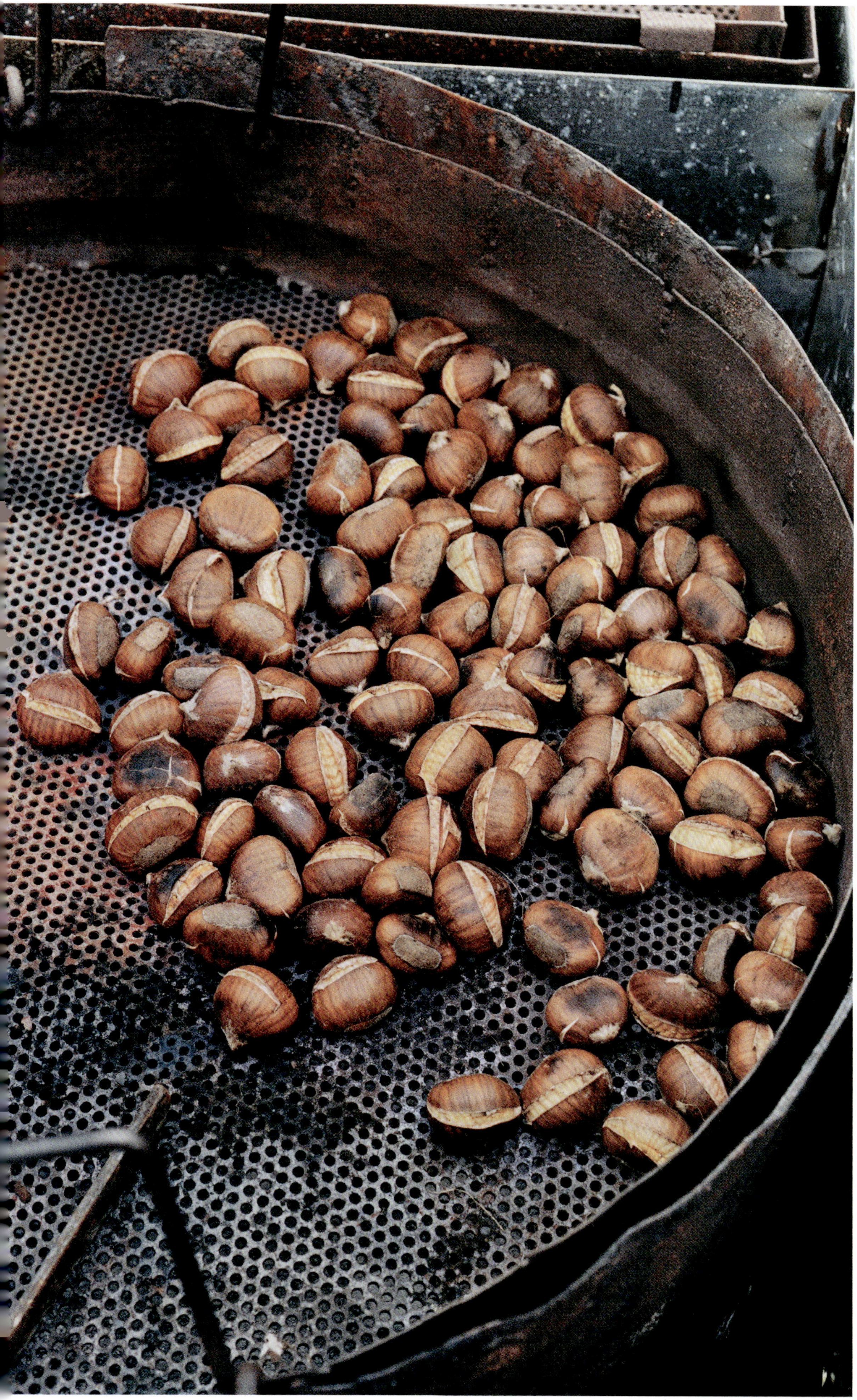

MINESTRA GARFAGNINA DI FARRO

Emmer-Suppe aus Garfagnana

Vorbereitungszeit: 15 Minuten + Einweichzeit über Nacht (nach Belieben)
Kochzeit: etwa 2–3¾ Stunden
Für 4 Personen

— 200 g getrocknete Borlottibohnen, über Nacht in Wasser eingeweicht und abgetropft oder 500 g frische Borlottibohnen
— 150 ml Olivenöl, plus etwas zum Beträufeln
— 50 g Lardo oder Pancetta
— 2 vollreife Tomaten, gehäutet, entkernt und fein gehackt
— 1 Selleriestange, fein gehackt
— 1 kleine Zwiebel, fein gehackt
— 1 Karotte, fein gehackt
— 1 Knoblauchzehe, fein gehackt
— 1 Salbeiblatt, fein gehackt
— 1 Zweige Rosmarin, fein gehackt
— 200 g Emmerkörner, abgespült
— Salz und Pfeffer

Die getrockneten Bohnen in einen großen Topf geben und mit Wasser bedecken. Zum Kochen bringen und 15 Minuten kochen, dann das Wasser abgießen. Die Bohnen zurück in den Topf geben, wieder mit Wasser bedecken und aufkochen. Die Hitze reduzieren und 1½–2 Stunden köcheln lassen. Falls frische Bohnen verwendet werden, das Wasser in einem großen Topf zum Kochen bringen, die Bohnen hineingeben, die Hitze reduzieren und 1 Stunde köcheln lassen.

Inzwischen das Öl in einem großen Topf erhitzen. Lardo oder Pancetta, Tomaten, Sellerie, Zwiebel, Karotte, Knoblauch, Salbei und Rosmarin zugeben und unter gelegentlichem Rühren auf mittlerer Stufe 30 Minuten köcheln lassen. Salzen und pfeffern.

Die weichen Bohnen abgießen, dabei das Kochwasser auffangen. Die Bohnen mit etwas Kochwasser zum Gemüse in den Topf geben und alles mit dem Stabmixer fein pürieren. Alternativ die Bohnen durch ein Sieb streichen und dann zum Gemüse geben.

Alles unter gelegentlichem Rühren 5 Minuten köcheln, dann das restliche Bohnenkochwasser einrühren und aufkochen. Die Emmerkörner zugeben und bei mittlerer Hitze unter gelegentlichem Rühren 1 Stunde köcheln lassen. Die Suppe mit Salz und Pfeffer abschmecken und in eine vorgewärmte Terrine umfüllen. Mit Olivenöl beträufelt sofort servieren.

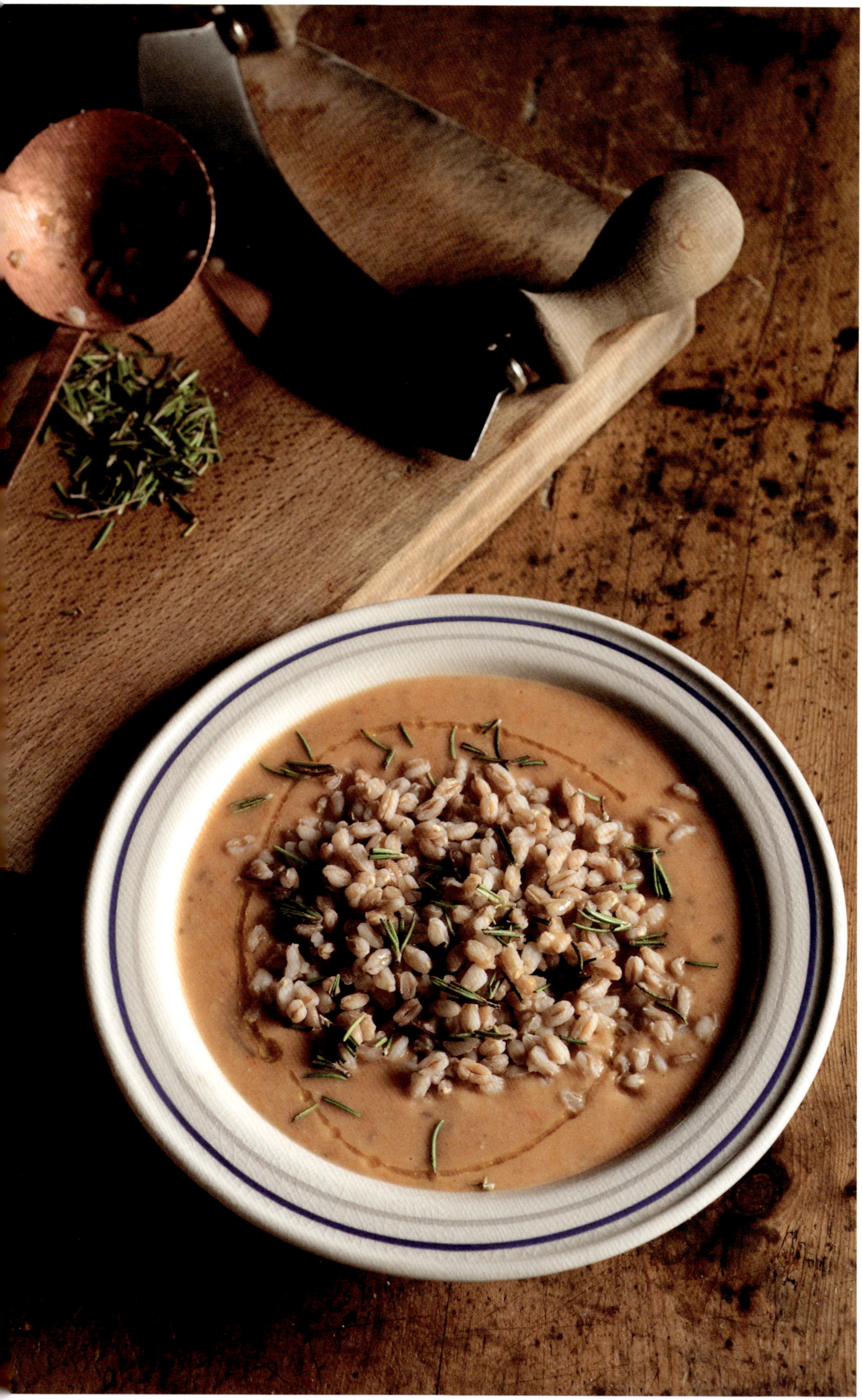

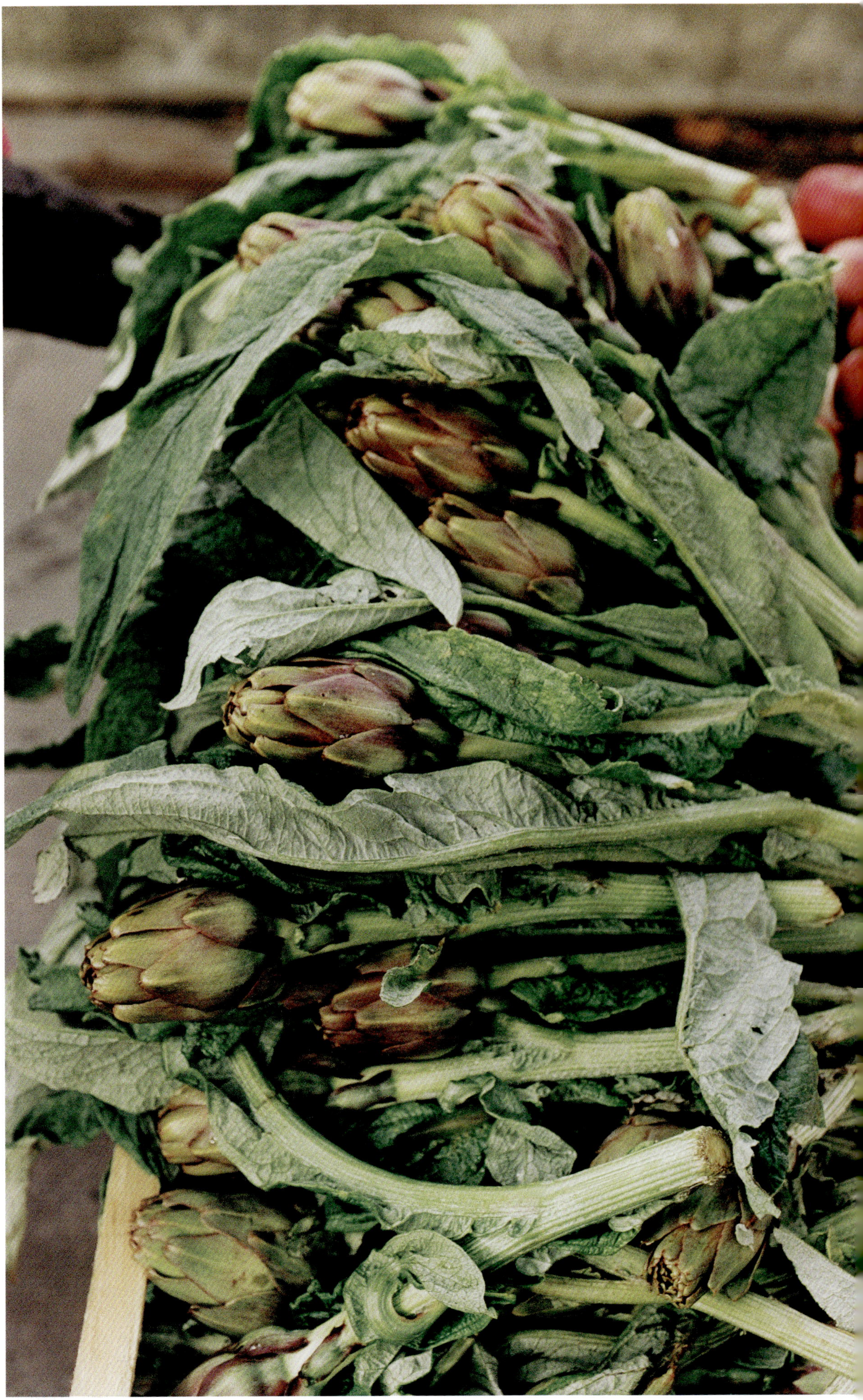

GARMUGIA

Um dieses Gericht (siehe Seite 70) ranken sich allerlei geheimnisvolle Legenden. Manche meinen, der Name leite sich von den Zutaten ab, genauer von dem italienischen Wort *germogli* für Knospen. Tatsächlich legt die Mischung der Gemüsezutaten – Artischocken, Spargel, dicke Bohnen und Erbsen – nahe, dass dieses Gericht im Frühling gekocht wurde.

Während die meisten toskanischen Suppen ihren Ursprung in der *cucina povera* haben, handelt es sich bei dieser vermutlich ursprünglich um ein Gericht der Mittel- und Oberschicht, weil Hackfleisch enthalten ist. Angeblich soll es im 17. Jahrhundert entstanden sein. Dem berühmten toskanischen Autor Mario Tobino zufolge wurde es vor allem in der Mittelschicht von Lucca serviert, um hartnäckige Erkältungen zu bekämpfen. Tobino ist nicht der Einzige, der dieser Suppe Heilkräfte bescheinigt. Noch heute glauben viele Einheimische fest an den Gesundheitswert dieser kräftigen Suppe.

Traditionalisten behaupten, dass *Garmugia* am besten auf einem Holzfeuer gekocht werden sollte. Die altbewährte Methode wurde aber weitgehend durch einen praktischeren Herd abgelöst, und die Suppe wird auf kleiner Flamme gegart. Wie viele toskanische Suppen wird auch diese in Schalen gefüllt, in die zuerst eine Scheibe geröstetes Brot gelegt wird. Häufig wird auch geriebener Parmesan dazu gereicht.

Wenn auf toskanischen Märkten große Berge frischer Artischocken angeboten werden, steht der Frühling vor der Tür.

GARMUGIA

Garmugia

Wie überall in Italien legt man auch in der Toskana Wert auf eine saisonale Küche. Jedes Jahr wird das Frühlingsgemüse freudig erwartet und in der kurzen Zeit, in der es frisch auf dem Markt ist, auf vielfältige Art und Weise zubereitet.

Vorbereitungszeit: 25 Minuten
Kochzeit: 55 Minuten
Für 4 Personen

— 4 EL Olivenöl
— 100 g Lardo oder italienische Wurst, fein gehackt
— 3 Zwiebeln, in feinen Ringen
— 100 g Rinderhackfleisch
— 100 g gepalte dicke Bohnen
— 150 g gepalte Erbsen
— 200 g grüne Spargelspitzen
— 4 Artischocken, Stiel, harte Außenblätter und Heu entfernt, in dünnen Spalten
— 700 ml Rinderfond
— 8 Scheiben Weißbrot, geröstet
— 2–3 EL frisch geriebener Parmesan
— Salz und Pfeffer

Das Öl in einer Kasserolle erhitzen. Lardo oder Wurst und Zwiebeln zugeben und auf mittlerer Stufe unter gelegentlichem Rühren 5 Minuten braten. Das Rinderhackfleisch zugeben und unter ständigem Rühren weitere 4 Minuten braten, dabei das Hackfleisch mit dem Holzlöffel zerbröckeln.

Bohnen, Erbsen, Spargelspitzen und Artischocken einrühren und unter gelegentlichem Rühren 15 Minuten köcheln. Den Rinderfond zugießen und weitere 30 Minuten köcheln lassen. Die Suppe mit Salz und Pfeffer abschmecken und vom Herd nehmen.

Die gerösteten Brotscheiben auf Suppenschalen verteilen, mit dem Parmesan bestreuen und die Suppe darüberschöpfen. Sofort servieren.

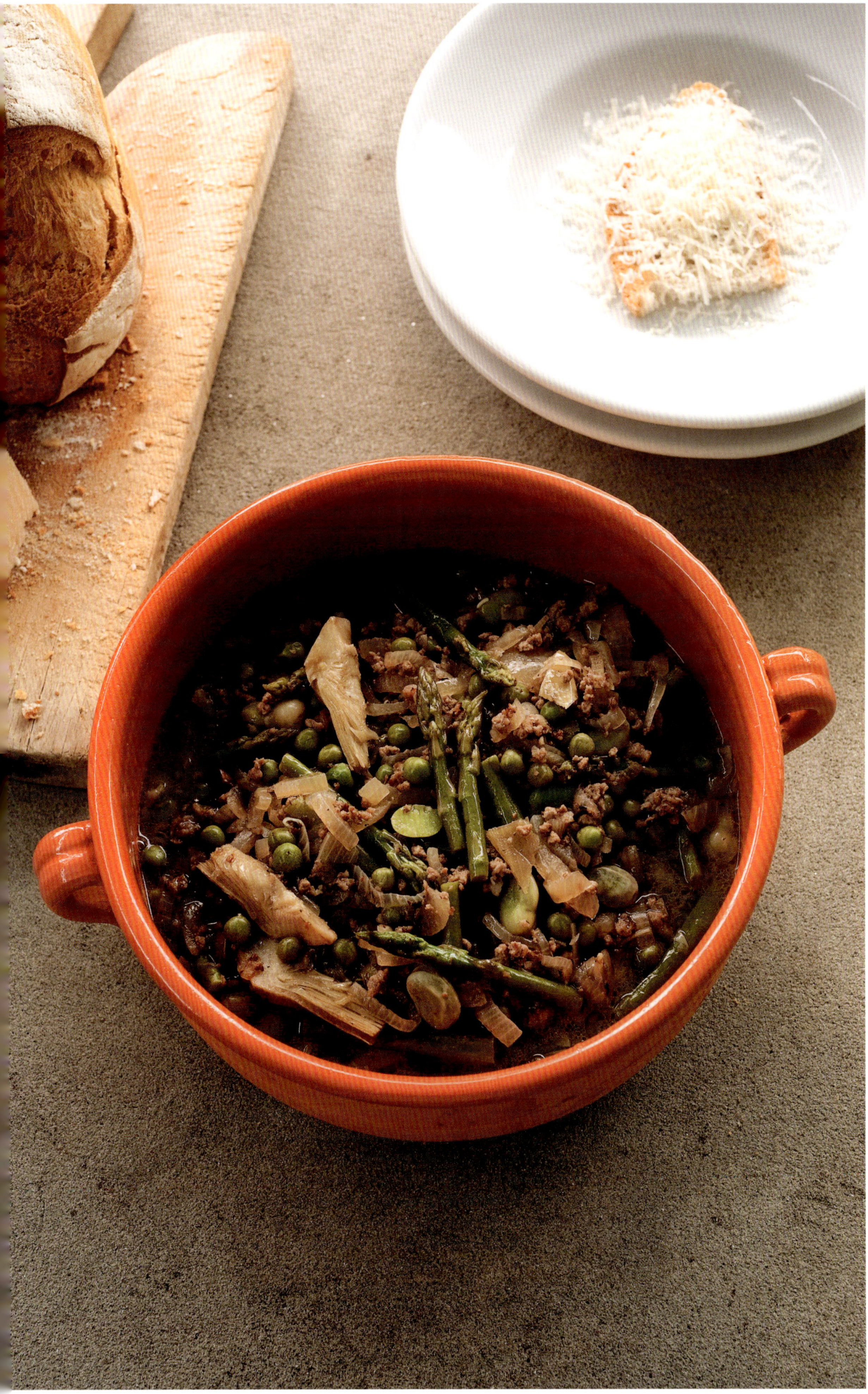

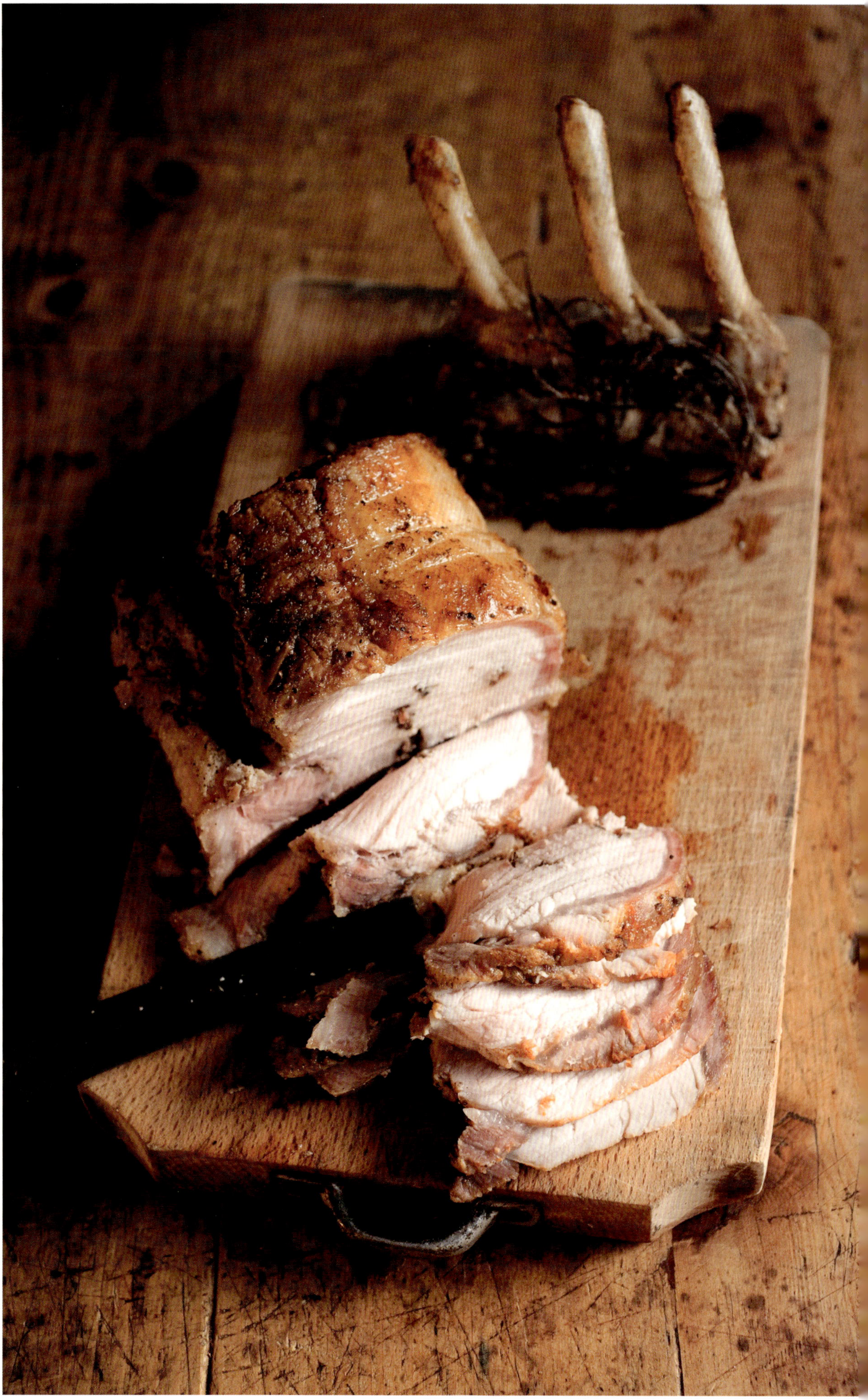

ARISTA AL FINOCCHIO

Schweinelende mit Fenchel

Das griechische Wort *aristos* bezeichnet etwas Vortreffliches. Im Jahr 1440 beschrieben Teilnehmer des ökumenischen Konzils von Florenz die hervorragende Schweinelende, die man ihnen serviert hatte, mit diesem Begriff. Davon soll sich das italienische *arista* für Schweinelende ableiten.

Vorbereitungszeit: 20 Minuten
Garzeit: etwa 1 Stunde + 10 Minuten Ruhezeit
Für 6 Personen

Den Backofen auf 160 °C vorheizen. Das Fleisch mit einem scharfen Messer rundum und gleichmäßig leicht einschneiden.

Pancetta oder Lardo, Knoblauch und Fenchel vermengen und in die Einschnitte im Fleisch drücken. Das Öl in einem Bräter erhitzen, die Schweinelende hineingeben und auf mittlerer Stufe unter häufigem Wenden anbraten, bis das Fleisch gleichmäßig gebräunt ist. Salzen und pfeffern, in den vorgeheizten Backofen schieben und etwa 1 Stunde garen.

Den Gargrad mit einem Holzspieß kontrollieren. Wenn beim Einstich klarer Fleischsaft austritt, ist das Fleisch durchgegart. Alternativ mit dem Fleischthermometer auf eine Idealtemperatur von 80 °C bringen. Den Bräter aus dem Ofen nehmen und das Fleisch 10 Minuten ruhen lassen. In Scheiben schneiden und mit Bratkartoffeln oder mit Rüben- oder Bohnengemüse servieren.

— 1 kg Schweinelendenkotelett ohne Knochen
— 75 g Pancetta oder Lardo, fein gehackt
— 1 Knoblauchzehe, fein gehackt
— 1 großer Stängel Wildfenchel, fein gehackt
— 3–4 EL Olivenöl
— Salz und Pfeffer
— Bratkartoffeln oder gedünstetes Rüben- oder Bohnengemüse, zum Servieren

CROSTATA DI RICOTTA GARFAGNINA

Ricotta-Tarte aus Garfagnina

Ricotta ist eigentlich kein Käse im üblichen Sinne, sondern ein Frischkäseprodukt aus Süßmolke, die bei der Käseherstellung anfällt. Süßlich schmeckender und milder Ricotta ist im Fachhandel aus Kuh-, Schafs- oder Ziegenmolke erhältlich.

Vorbereitungszeit: 40 Minuten
Backzeit: 1 Stunde + 35 Minuten Einweich- und Ruhezeit
Für 6 Personen

— 75 g Rosinen
— 4 EL Marsala
— 500 g Ricotta
— 100 g feiner Zucker
— 1 EL Weizenmehl (Type 405), plus etwas zum Bestäuben
— 4 Eier, getrennt
— 100 g Sahne
— abgeriebene Schale von 1 unbehandelten Zitrone
— 1 TL Zitronensaft
— 250 g Mürbeteig (Fertigprodukt aus dem Kühlregal)

Die Rosinen mit dem Marsala in eine Schüssel geben und etwa 30 Minuten einweichen. Abgießen und dabei den Marsala auffangen.

Den Backofen auf 180 °C vorheizen. Eine runde Backform (26–28 cm Durchmesser) mit Backpapier auskleiden.

Den Ricotta durch ein Sieb in eine Schüssel streichen und mit dem Zucker verrühren. Mehl, Marsala, Eigelb, Sahne, abgeriebene Zitronenschale und Rosinen unterheben und gründlich vermengen. Das Eiweiß in einer Rührschüssel mit 1 Teelöffel Zitronensaft steif schlagen und unter die Ricottafüllung heben.

Ein wenig Mürbeteig für das Deckengitter beiseitelegen. Das größere Teigstück auf einer leicht bemehlten Arbeitsfläche zu einem 30–32 cm großen Kreis ausrollen und die Backform damit auslegen, dabei am Rand etwas nach oben drücken. Die Füllung auf dem Mürbeteig verteilen. Den beiseitegelegten Teig ausrollen und in Streifen schneiden. Die Streifen auf der Füllung zu einem Gitter anordnen, den Rand dabei mit Wasser bestreichen. Im vorgeheizten Ofen 1 Stunde backen. Dann herausnehmen und vor dem Servieren 5 Minuten abkühlen lassen.

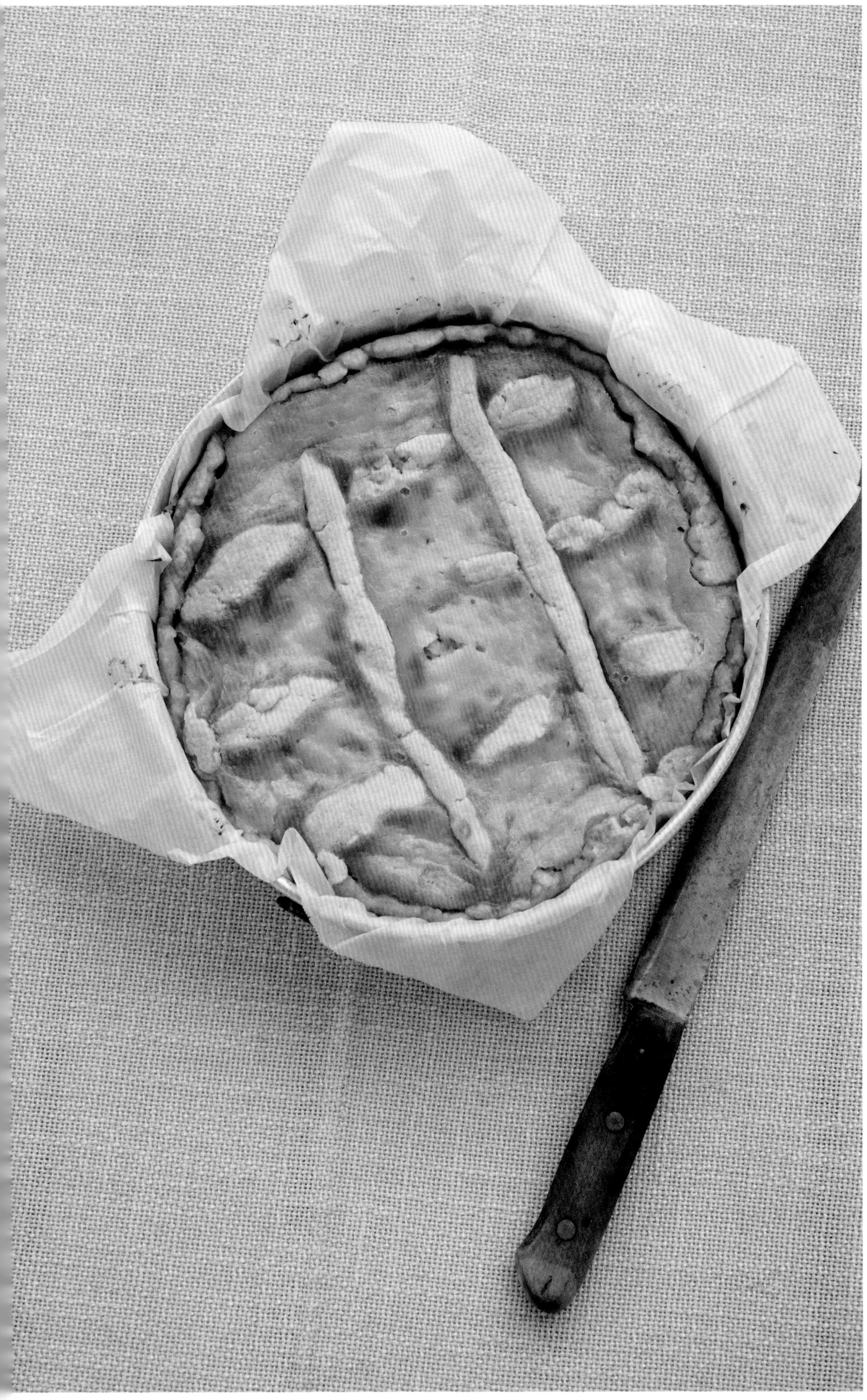

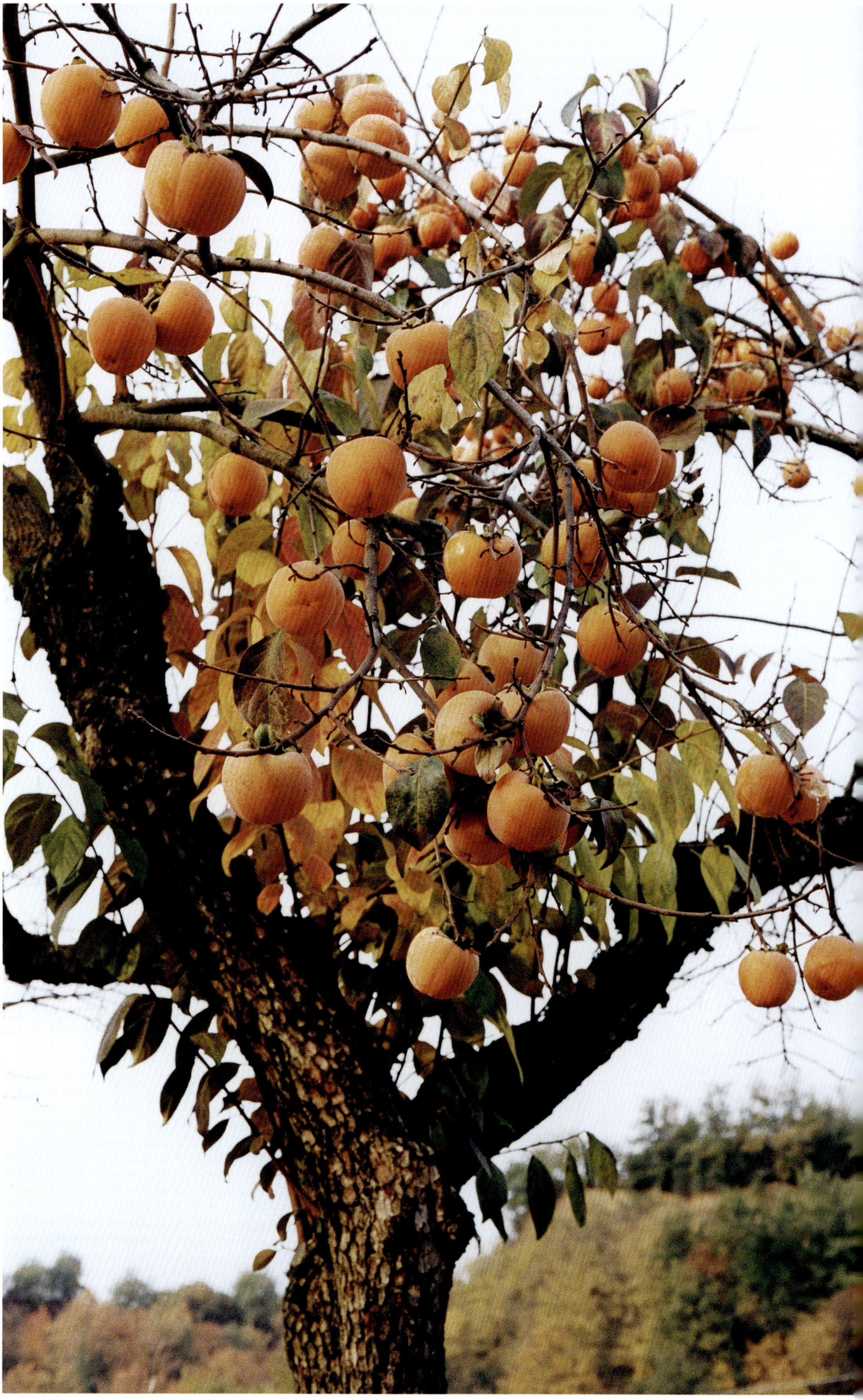

III

PISTOIA

Crostini rossi alla chiantigiana 84
Rote Crostini nach Chianti-Art

Salvia fritta in pastella 87
Frittierte Salbeiblätter im Teigmantel

Farinata 88
Farinata

Pollo fritto in pastella 91
Frittiertes Hähnchen im Teigmantel

Castagnaccio alla pistoiese 95
Kastanienkuchen nach Pistoia-Art

Die natürlichen Ressourcen des Appenin haben die Küche Pistoias in hohem Maß geprägt. Bevor die Stadt im 6. Jahrhundert eine römische Kolonie wurde, lebten hier die Etrusker. Das goldene Zeitalter der Stadt begann aber im Jahr 1177, als sie sich zur freien Gemeinde erklärte und damit das Recht gewann, ihre eigenen Gesetze aufzustellen. Rivalitäten und Kriege zwischen den kleinen Stadtstaaten waren damals an der Tagesordnung, und auch Pistoia war davon betroffen. Anhaltende Kämpfe mit der Nachbarstadt Florenz schmälerten den Wohlstand Pistoias und hatten zur Folge, dass die Region in Florenz in einem sehr schlechten Ruf stand. Dante und Michelangelo äußerten sich negativ über die Provinz. Michelangelo ging sogar so weit, ihre Bewohner als „Feinde des Himmels" zu bezeichnen.

Die ländliche Küche hat in Pistoia eine lange Tradition, und viele Nahrungsmittel wurden in der Natur gesammelt. Aus den Wildfrüchten der Wälder bereitete man Eingemachtes und Marmeladen zu, auch Pilze wurden für viele einheimische Gerichte verwendet. Von besonderer Wichtigkeit für das Überleben waren aber die Esskastanien. Da in Pistoia kein Weizen wuchs, wurden Kastanien zu Mehl verarbeitet. Jedes Jahr vollzogen die Dorfbewohner ein Ritual, das *Maconeccio* heißt. *Maco* bedeutet in diesem Wort so viel wie „Überfluss" und *neccio* ist im regionalen Dialekt das Wort für „Esskastanie". Jedes Jahr am 29. September versammelten sich die Menschen in der Abenddämmerung auf ihrem Dorfplatz. Bewaffnet mit Fackeln, Metalltöpfen, Pfannen und Kuhglocken zogen sie in einer langen Prozession in die Kastanienwälder und riefen aus vollem Hals: „Maconeccio! Maconeccio!" Das Getöse sollte Hexen und böse Geister vertreiben und für eine gute Ernte sorgen, die in früheren Zeiten über Leben und Tod entschied.

Die Resteverwertung, die in Pistoia aus der Not geboren war, hat sich zu einer Art Grundpfeiler der regionalen Küche entwickelt. Berühmte Gerichte wie

Vorherige Seite:
Kaki-Früchte reifen spät und werden erst im frühen Winter von den Bäumen gepflückt.

Frisch gesammelte Steinpilze auf einem Markt in Pistoia.

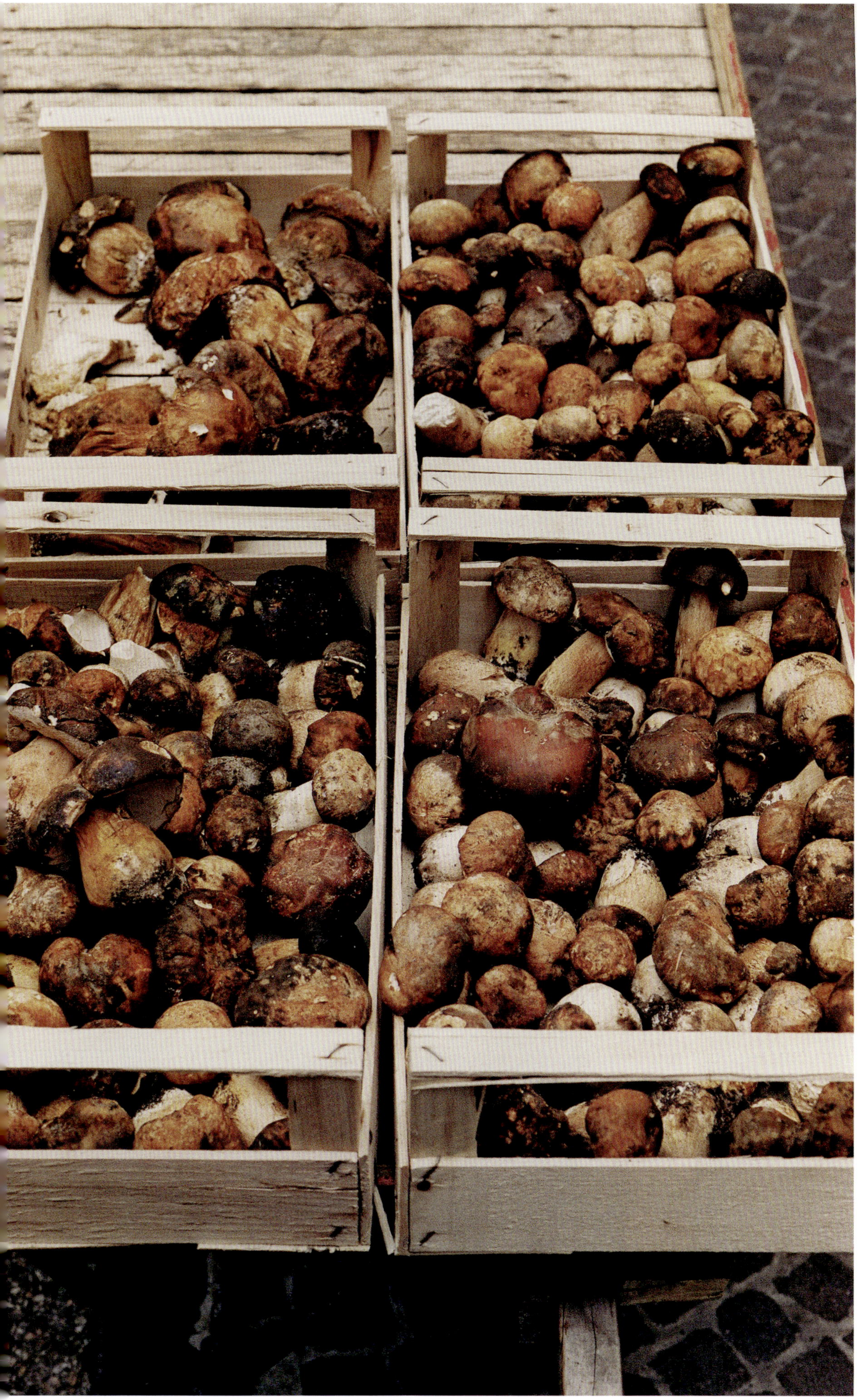

Crostini rossi alla chiantigiana (Rote Crostini nach Chianti-Art, siehe Seite 84) verdanken ihre Entstehung der fantasievollen Verwertung von Resten. Ein anderes Rezept, das aus der Notwendigkeit entstand, nichts verderben zu lassen, war *Il carcerato* (wörtlich „der Eingekerkerte").

Erfunden haben es die Insassen des Gefängnisses von Santa Caterina in Brana, das an einem Flussufer gegenüber einem Krankenhaus stand. Jeden Tag wurden die nicht verkauften Fleischabfälle in den Fluss geworfen. Den Häftlingen war es erlaubt, sie einzusammeln, und sie kochten daraus eine Suppe. Noch heute wird dieses Gericht in vielen traditionellen Trattorien der Region angeboten, allerdings verfeinert mit wilden Kräutern, Knoblauch und einheimischem Käse.

In der Pasticceria Carli in Lamporecchio werden seit dem frühen 19. Jahrhundert mit Waffeleisen hauchdünne Waffeln mit dem Namen *brigidini di Lamporecchio* gebacken. Angeblich wurden die Waffeln im 16. Jahrhundert durch Zufall erfunden, als den Nonnen des Klosters von Lamporecchio bei der Teigmischung für die Hostien, die für die Sonntagsmesse vorgesehen waren, ein Fehler unterlief. Für Hostien konnten sie den Teig nicht mehr verwenden, also gaben Sie Anis dazu und backten Waffeln daraus.

Berühmt sind auch die *birignoccoluti* von Pistoia. Die gezuckerten Mandeln sind auch unter dem Namen *confetti* bekannt. Sie sollen erstmals auf einem Fest gegessen worden sein, das am 25. Juli 1372 zu Ehren des Schutzheiligen der Stadt gefeiert wurde. Die *confetti* von Pistoia sind wegen ihrer unregelmäßigen, igelartigen Form von anderswo hergestellten Zuckermandeln leicht zu unterscheiden. Seit den 1960er-Jahren ist es Brauch, dass frisch verheiratete Paare ihren Gästen eine *bomboniera* schenken – ein Spitzenbeutelchen mit fünf *confetti*, je eine für Gesundheit, Wohlstand, Glück, Fruchtbarkeit und ein langes Leben.

SORANA-BOHNEN

Hinter jedem typischen Produkt der Toskana verbirgt sich eine Geschichte. Das gilt auch für die bescheidene Sorana-Bohne. Rossini, der berühmte Opern wie *Der Barbier von Sevilla* und *Wilhelm Tell* komponierte, ließ sich für die Überarbeitung der Notensätze eines Freundes mit diesen Bohnen statt mit Geld bezahlen. Es ist schwer vorstellbar, dass diese Bohnenart vor einiger Zeit vom Aussterben bedroht war. Nach dem Zweiten Weltkrieg zogen so viele Menschen aus Pistoia in die Städte, um Arbeit zu suchen, dass es in den frühen 1980er-Jahren nur noch einen Bauern gab, der diese Bohnen, die seit Jahrhunderten ein Grundpfeiler der toskanischen Küche gewesen waren, unbeirrt weiter anbaute. Seit jedoch das Interesse an der toskanischen Bauernküche wiedererwacht ist, hat man auch die besonderen Eigenschaften der Sorana-Bohne neu entdeckt.

Heute gibt es auf einer Fläche von kaum mehr als 10 Hektar an den Ufern des Flusses Pescia etwa 20 Produzenten. Der fruchtbare Boden, der bei Hochwasser regelmäßig überschwemmt wird, wird hier als *ghiareto* bezeichnet. Um die Sorana-Bohne ranken sich vielerlei Traditionen und Legenden. Ausgesät wird grundsätzlich beim letzten Vollmond im Mai, jedoch nicht an einem Wochentag, dessen italienischer Name ein „r" enthält (also nur am Sonntag, Montag, Donnerstag oder Samstag). Nach der Ernte werden die Bohnen einige Tage lang getrocknet und dann sorgfältig verpackt, zusammen mit einigen Pfefferkörnern und manchmal Lorbeerblättern, die Ungeziefer fernhalten sollen. Als Echtheitsbeweis werden die Tüten und Gläser mit den Bohnen schließlich mit Wachs versiegelt.

PECORINO

Die Käsehersteller aus Pistoia arbeiten noch immer mit traditionellen, jahrhundertealten Methoden – und genau darum ist ihr Produkt etwas Besonderes. Die Milch stammt von einheimischen Massese-Schafen, einer Wildrasse mit dunkelgrau geflecktem Fell, dunklen spiralförmigen Hörnern und vorgewölbten, hellen Augen. In den wärmeren Monaten grasen sie auf Bergweiden, im Winter werden sie in Ställe gebracht. Etwa 20 Käsehersteller in der Region arbeiten noch nach dem unglaublich strengen Verfahren, das meist damit beginnt, dass die Schafe von Hand gemolken werden. Es wird ausschließlich natürliches Lab verwendet und, was am wichtigsten ist, die Milch wird niemals pasteurisiert, was in der heutigen Toskana selten vorkommt.

Drei Käsesorten werden hauptsächlich produziert: der Frischkäse *formaggio fresco*; ein halbfester Käse namens *abbucciato*, der etwa einen Monat lang reifen muss, und *pecorino*, der zwischen drei Monaten und einem Jahr reifen darf. Alle drei Sorten sind rund. Die Laibe des frischen und halbfesten Käses wiegen etwa 1–1,5 kg, Pecorino-Laibe sind bis zu 3 kg schwer. Aus derselben Milch werden außerdem *Raviggiolo* (siehe Seite 230) und Ricotta hergestellt, die beide innerhalb von ein bis zwei Tagen verzehrt werden müssen.

Eine Platte mit Pecorino-Käselaiben in verschiedenen Reifegraden. Pecorino wird aus Schafsmilch hergestellt. Er ist der beliebteste Käse der Region, der überall erhältlich ist.

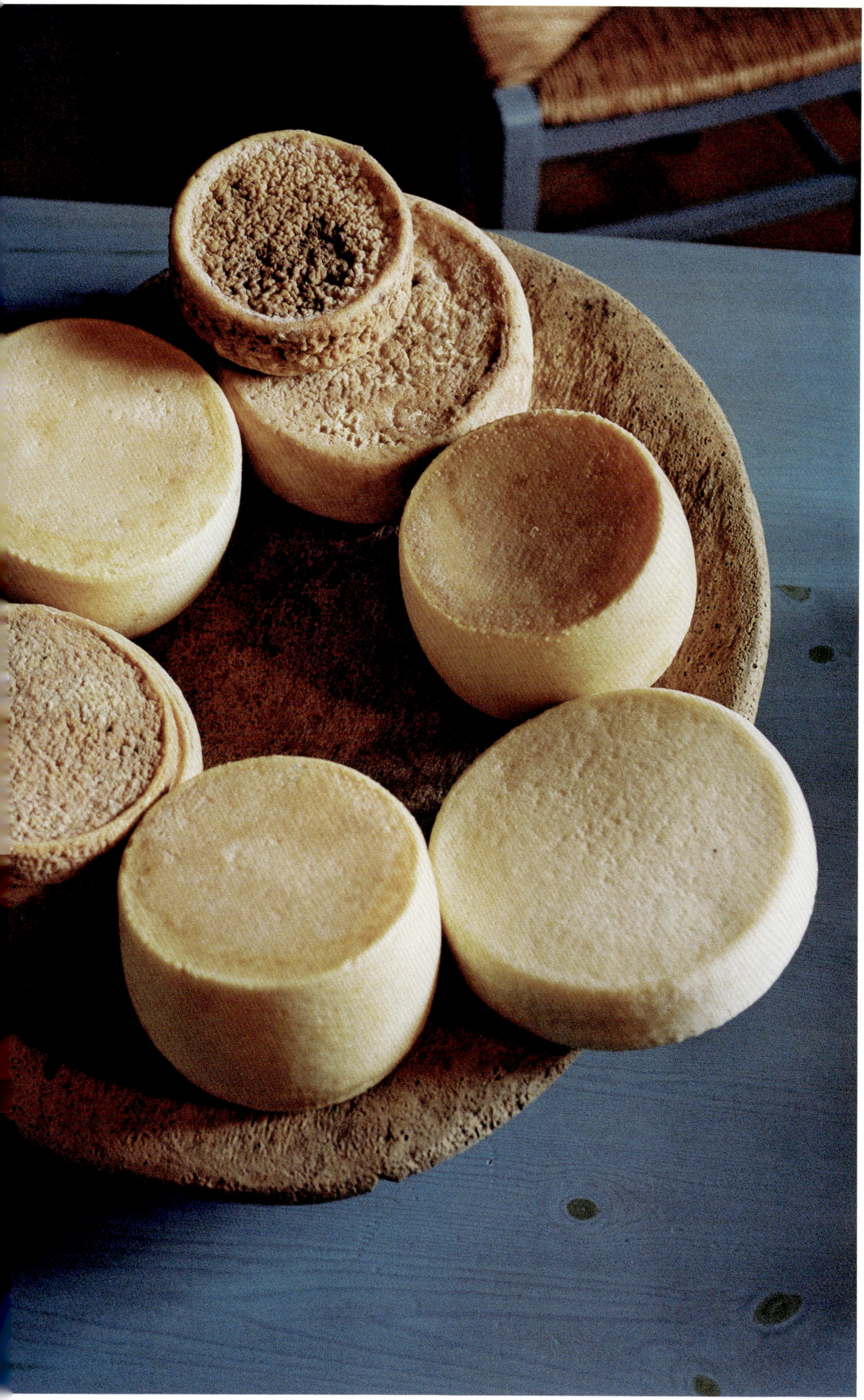

CROSTINI ROSSI ALLA CHIANTIGIANA

Rote Crostini nach Chianti-Art

Es gibt zahlreiche Rezepte für toskanische Crostini, die sich je nach Vorliebe der Köchin oder des Kochs ein wenig unterscheiden. Manche verwenden *pane casareccio*, ein einfaches Landbrot, andere das typische ungesalzene toskanische Weißbrot. Manche rösten das Brot, andere nicht, manche frittieren es oder befeuchten es erst mit Brühe. Im letzteren Fall muss die Brühe heiß und das Brot geröstet sein. Befeuchtet werden sollte das Brot nur von der Belagseite. Der Tomatenbelag kann je nach Geschmack mit den unterschiedlichsten Kräutern gewürzt werden.

Vorbereitungszeit: 25 Minuten
Für 4 Personen

— 200 g Weizenvollkornbrot
— 4 EL Weißweinessig
— 2 große vollreife Tomaten, gehäutet, entkernt und gehackt
— 1 EL abgespülte und gehackte Kapern
— 3 EL frisch gehackte, glatte Petersilie
— 2 EL frisch gehackter Thymian
— 1 Knoblauchzehe, fein gehackt
— 3 EL Olivenöl
— 8 Scheiben geröstetes toskanisches Weißbrot oder gebratene Polenta
— grobes Salz und Pfeffer

Das Weizenvollkornbrot in Stücke zerzupfen und in eine Schüssel geben. Den Weißweinessig zugießen und 5 Minuten quellen lassen. Dann abtropfen und ausdrücken. In einen Mörser oder eine andere Schüssel geben, Tomaten, Kapern, Petersilie, Thymian, Knoblauch und Öl dazugeben und alles salzen und pfeffern. Mit einem Stößel oder mit dem Griff eines Nudelholzes zu einer groben Mischung zerstoßen. Auf den Weißbrot- bzw. Polentascheiben verteilen und servieren.

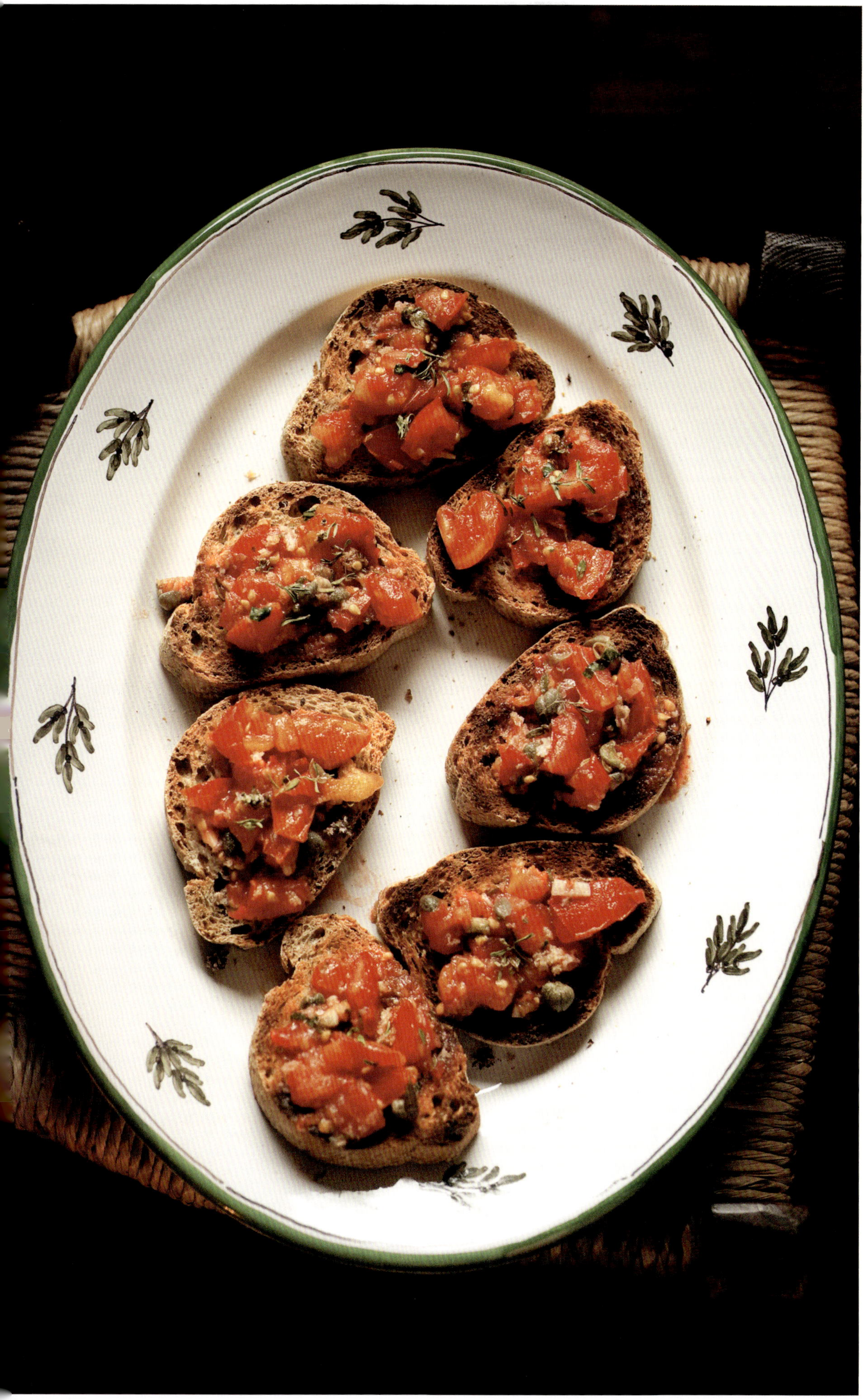

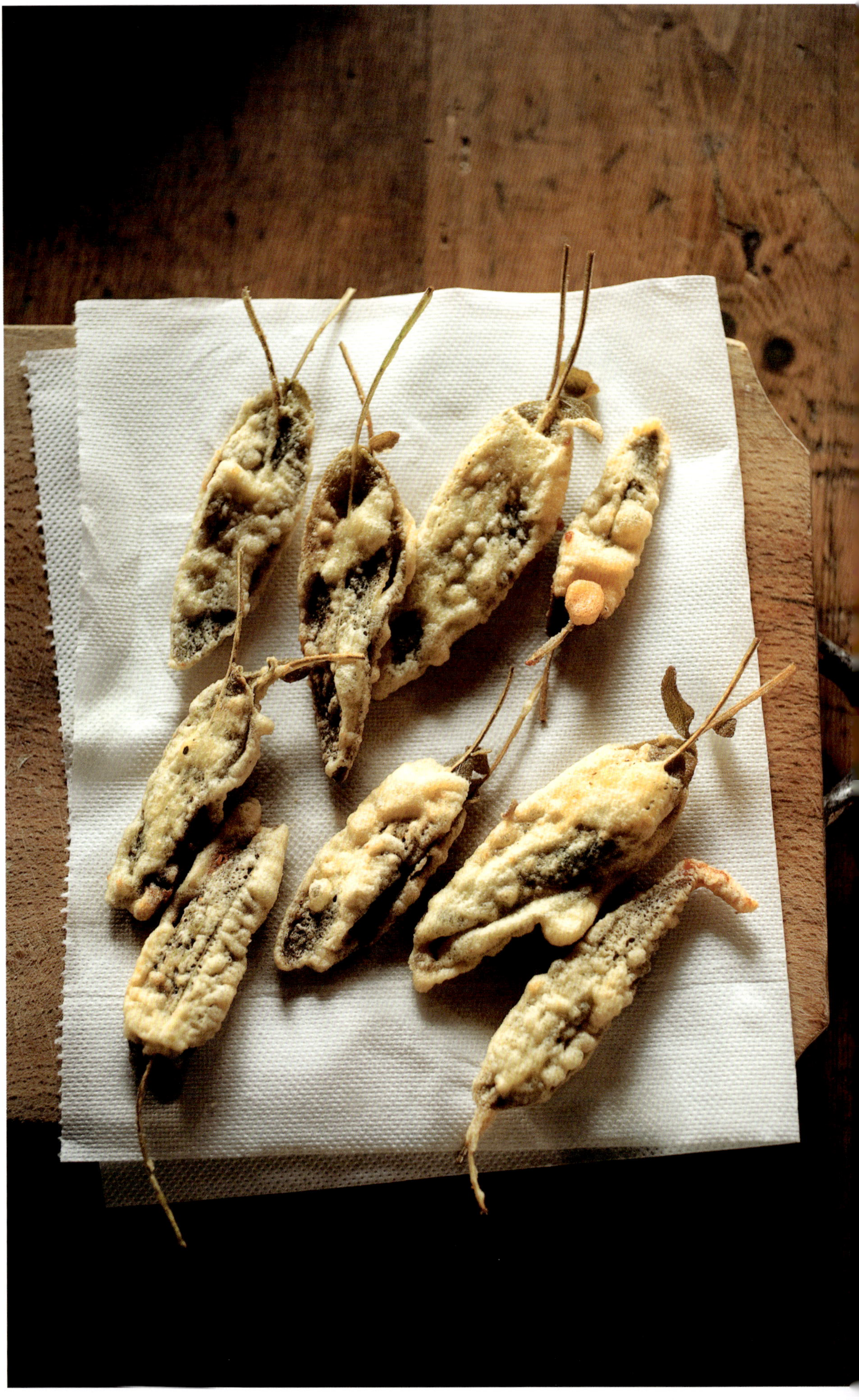

SALVIA FRITTA IN PASTELLA

Salbei, eines der beliebtesten Küchenkräuter der Region, ist in der Toskana seit dem 15. Jahrhundert bekannt. In der toskanischen Küche kommt Salbei sehr oft zum Einsatz: in Eintöpfen, Pastasaucen, zu Kartoffeln, Kichererbsen oder Bohnen – oder ganz für sich kross gebraten als idealer Begleiter zu Fleischgerichten. Diese Zubereitung aus der Renaissancezeit wurde traditionell zu gesalzenen Sardellen gereicht.

Frittierte Salbeiblätter im Teigmantel

Vorbereitungszeit: 25 Minuten
Frittierzeit: 15 Minuten
Für 5 Personen

Für den Teigmantel das Mehl mit einer Prise Salz in eine Schüssel sieben und eine Vertiefung in die Mitte drücken. Das Ei hineingeben und leicht mit einem Schneebesen oder einer Gabel verquirlen. Nach und nach das Eiswasser zugießen, bis ein glatter Teig entsteht.

Etwas Sardellenpaste auf eine Seite von jedem Salbeiblatt streichen und je zwei Blätter zusammendrücken. Das Pflanzenöl in einem Frittiertopf oder einer Fritteuse auf 180 °C erhitzen, sodass ein Brotwürfel in 30 Sekunden braun wird. Die Doppelblätter mit einer Küchenzange in den Teig tauchen und überschüssigen Teig abschütteln. Portionsweise ins heiße Fett geben und einige Minuten goldbraun frittieren. Mit einem Schaumlöffel herausnehmen, auf Küchenpapier abtropfen lassen und heiß servieren.

— 100 g Weizenmehl (Type 405)
— 1 Ei
— 200 ml Eiswasser
— Sardellenpaste, zum Bestreichen
— 20 große Salbeiblätter
— Pflanzenöl, zum Frittieren
— Salz

FARINATA

Farinata

Vorbereitungszeit: 10 Minuten +
Einweichzeit über Nacht
Kochzeit: 3–3½ Stunden
Für 6 Personen

- 250 g getrocknete Borlottibohnen, über Nacht in Wasser eingelegt und abgetropft
- 2 Knoblauchzehen, geschält
- 2 Salbeiblätter
- 100 g Cavolo nero oder eine andere Palmkohlsorte
- 4 EL Olivenöl
- 1 Karotte, gehackt
- ½ Selleriestange, gehackt
- ½ Zwiebel, in feinen Ringen
- 2 große vollreife Tomaten, gehäutet, entkernt und gehackt
- 150 g Polentagrieß
- 4 EL frisch geriebener Pecorino
- Salz und Pfeffer

Die Bohnen in einen großen Topf geben und mit Wasser bedecken. Zum Kochen bringen und weitere 15 Minuten kochen, dann das Wasser abgießen. Die Bohnen zurück in den Topf geben. 1 Knoblauchzehe und die Salbeiblätter zugeben, 2 Liter Wasser zugießen und zum Kochen bringen. Die Hitze reduzieren und 1½–2 Stunden köcheln lassen. Gegen Ende der Kochzeit salzen.

Inzwischen leicht gesalzenes Wasser in einem Topf zum Kochen bringen. Den Kohl hineingeben und 5 Minuten köcheln lassen, dann abgießen und klein schneiden.

Die gekochten Bohnen vom Herd nehmen und Salbeiblätter und Knoblauchzehe entfernen. Abgießen, dabei das Kochwasser auffangen. Die Hälfte der Bohnen durch ein Sieb in eine Schüssel streichen.

Die zweite Knoblauchzehe fein hacken. Das Olivenöl in einem großen Topf erhitzen. Karotte, Sellerie, Zwiebel, Tomaten und Knoblauch zugeben und auf mittlerer Stufe unter gelegentlichem Rühren 10 Minuten köcheln lassen. 400 ml Kochwasser, Bohnenpüree, restliche Bohnen und Kohl einrühren. Alles 30 Minuten auf niedriger Stufe köcheln lassen.

1 Liter Kochwasser in den Topf gießen, mit Salz und Pfeffer bestreuen und den Polentagrieß einrieseln lassen. Unter ständigem Rühren weitere 40 Minuten köcheln lassen, bis ein dicker Brei entsteht. Bei Bedarf mehr Kochwasser zugießen. Dann den Pecorino einrühren und die Farinata auf Servierschalen verteilen. Heiß oder kalt servieren.

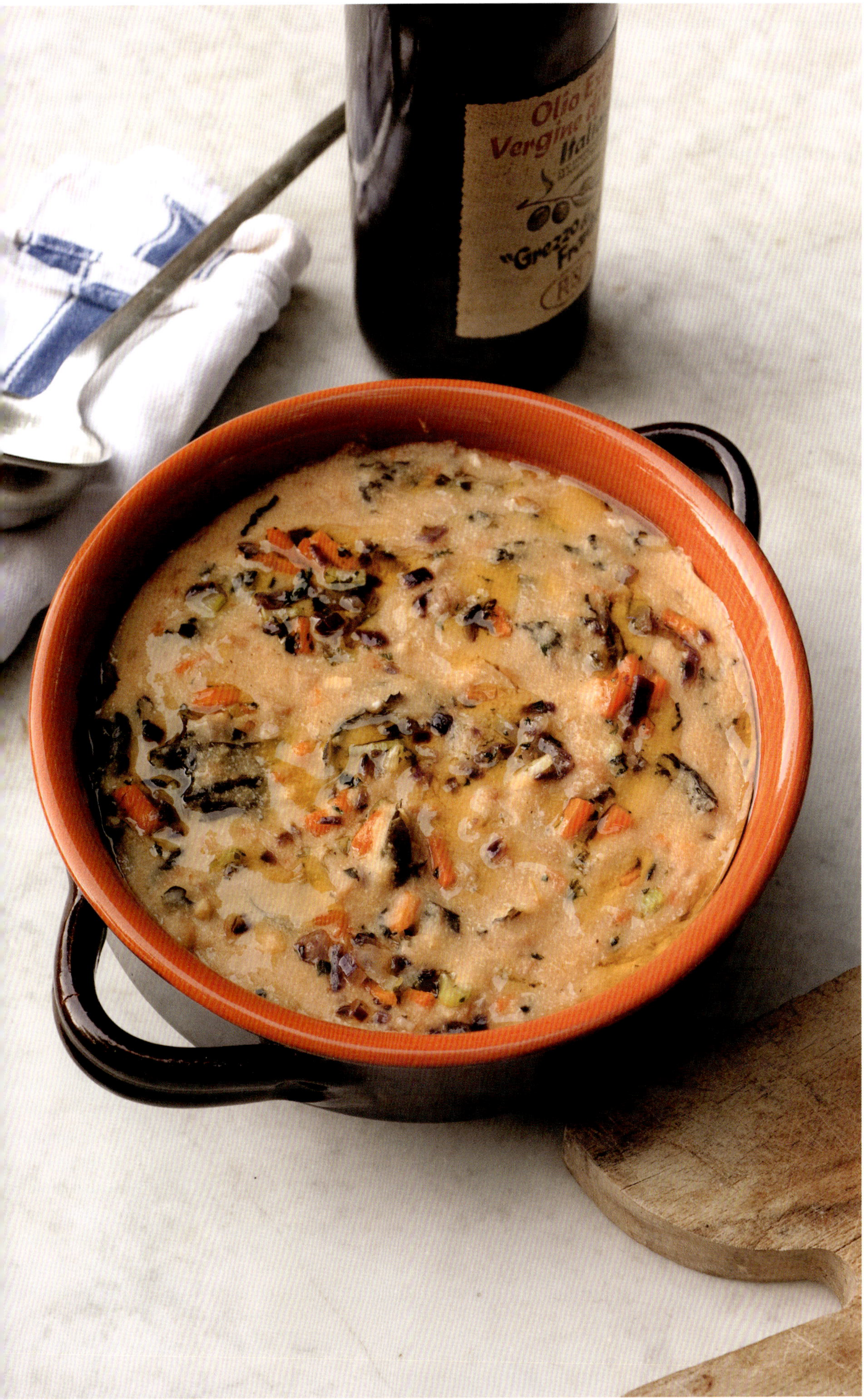

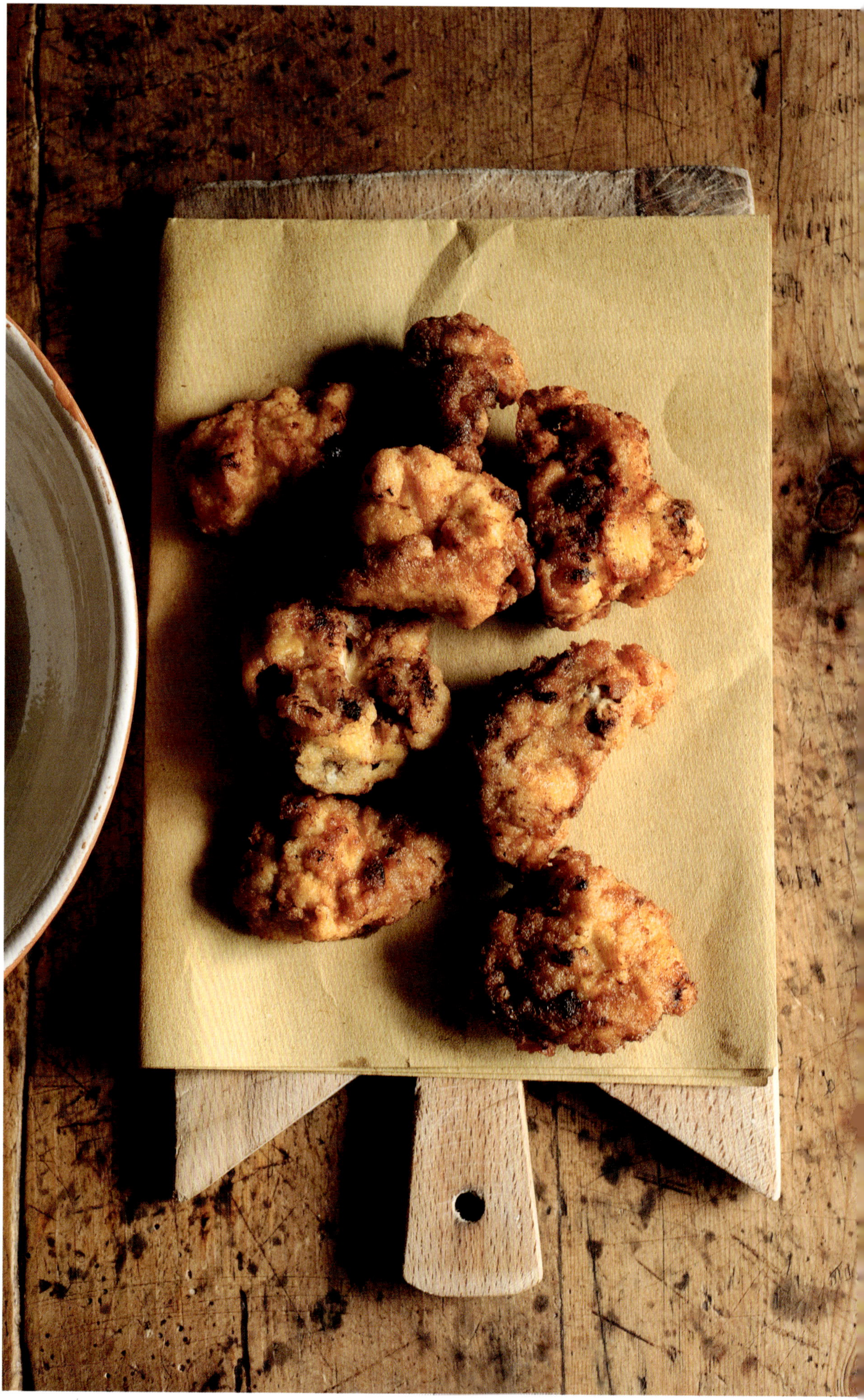

POLLO FRITTO IN PASTELLA

Vorbereitungszeit: 30 Minuten + 1 Stunde Ruhezeit
Kochzeit: 40 Minuten
Für 6 Personen

Frittiertes Hähnchen im Teigmantel

Für den Teig:
— 400 g Weizenmehl (Type 405)
— 3 Eier, getrennt
— 50 ml trockener Weißwein
— 1 EL Olivenöl
— abgeriebene Schale von ½ unbehandelten Zitrone
— 1½ Hähnchen (à 1,5 kg)
— 1 TL Zitronensaft
— Pflanzenöl, zum Frittieren
— 2 unbehandelte Zitronen, in Scheiben
— Salz und Pfeffer

Für den Teig das Mehl mit einer Prise Salz in eine Schüssel sieben und eine Vertiefung in die Mitte drücken. Eigelb, Wein und Öl hineingeben und mit einem Schneebesen oder einer Gabel verquirlen. Nach und nach so viel Wasser zugießen, bis ein glatter Teig entsteht. Pfeffern und die abgeriebene Zitronenschale einrühren, dann mindestens 1 Stunde ruhen lassen.

Inzwischen die Haut von den Hähnchen entfernen, dann die Hähnchen entbeinen und in kleinere Teile schneiden.

Das Eiweiß mit 1 Teelöffel Zitronensaft in einer Schüssel steif schlagen und vorsichtig unter den Teig ziehen. Das Pflanzenöl in einer Fritteuse auf 180 °C erhitzen, sodass ein Brotwürfel in 30 Sekunden braun wird. Die Hähnchenteile portionsweise in den Teig tauchen und mit einem Schaumlöffel wieder herausnehmen, dabei den überschüssigen Teig abschütteln. Portionsweise ins heiße Öl geben und goldbraun frittieren.

Die Hähnchenteile mit einer Küchenzange herausnehmen, auf Küchenpapier abtropfen lassen und warm stellen, während die anderen Portionen frittiert werden. In eine vorgewärmte Servierschüssel geben, mit den Zitronenscheiben garnieren und sofort servieren.

CASTAGNACCIO

Castagnaccio alla pistoiese (Kastanienkuchen nach Pistoia-Art, siehe Seite 95) ist ein typisches toskanisches Dessert, das mit Esskastanienmehl hergestellt wird. Es ist unter verschiedenen Namen bekannt, darunter *migliaccio, baldino* (in Arezzo), *pattona* (in Livorno), *ghiriglio* (in Teilen der ländlichen Umgebung von Florenz) und *ghirighio* (in Prato).

Das Dessert ist braun, hat eine feste Konsistenz mit einem weichen Inneren und sollte frisch – spätestens drei Tage nach der Zubereitung – gegessen werden. Es lässt sich nicht mit einem Kuchen aus Rühr- oder Biskuitteig vergleichen, sondern eher mit einem kompakten Kastanienpüree, das in der Konsistenz einem gebackenen Käsekuchen ähnelt.

Die traditionelle Version des *castagnaccio*, war als Arme-Leute-Kuchen bekannt und unterschied sich erheblich von seinem heutigen Äquivalent. Sie war wesentlich schwerer und nicht süß – also eher dafür gedacht, den Magen zu füllen, statt den Gaumen zu erfreuen. Heute tragen Zutaten wie Rosinen, Pinienkerne und manchmal Zucker dazu bei, dass das Dessert wieder Anhänger gefunden hat.

Viele toskanische Familien stellen *castagnaccio* noch selbst her. Man kann die Spezialität aber auch im Winter, wenn die jährliche Produktion von Esskastanienmehl beendet ist, in Bäckereien und anderen Geschäften kaufen. Serviert wird das Dessert in Stücken oder in dünnen Scheiben, oft zu Ricotta oder Mascarpone und einem Glas Wein.

In den Bergregionen waren Esskastanien das wertvollste Lebensmittel. Frisch und getrocknet sowie zu Mehl gemahlen stellten sie rund ums Jahr eine wichtige Nahrungsquelle dar.

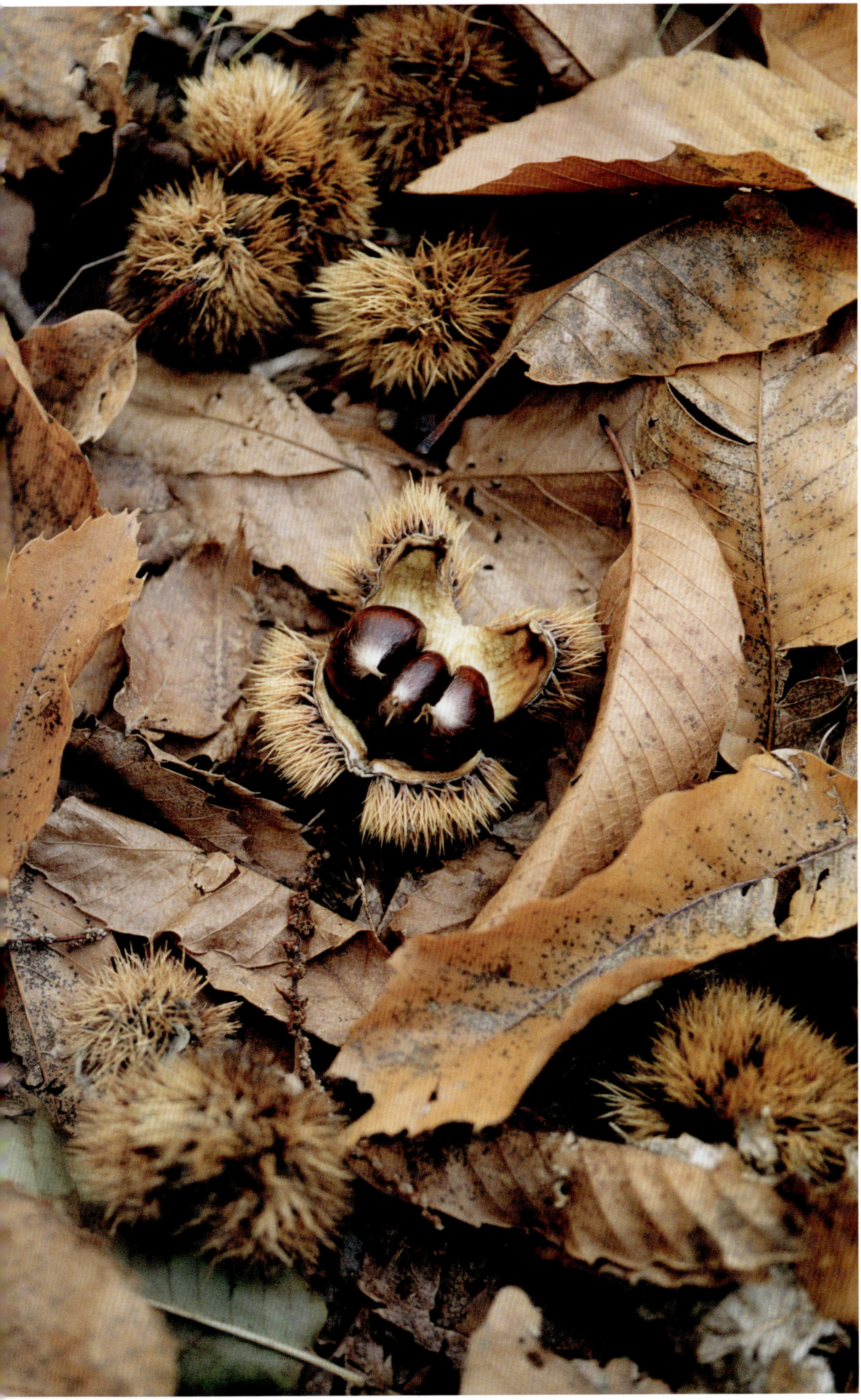

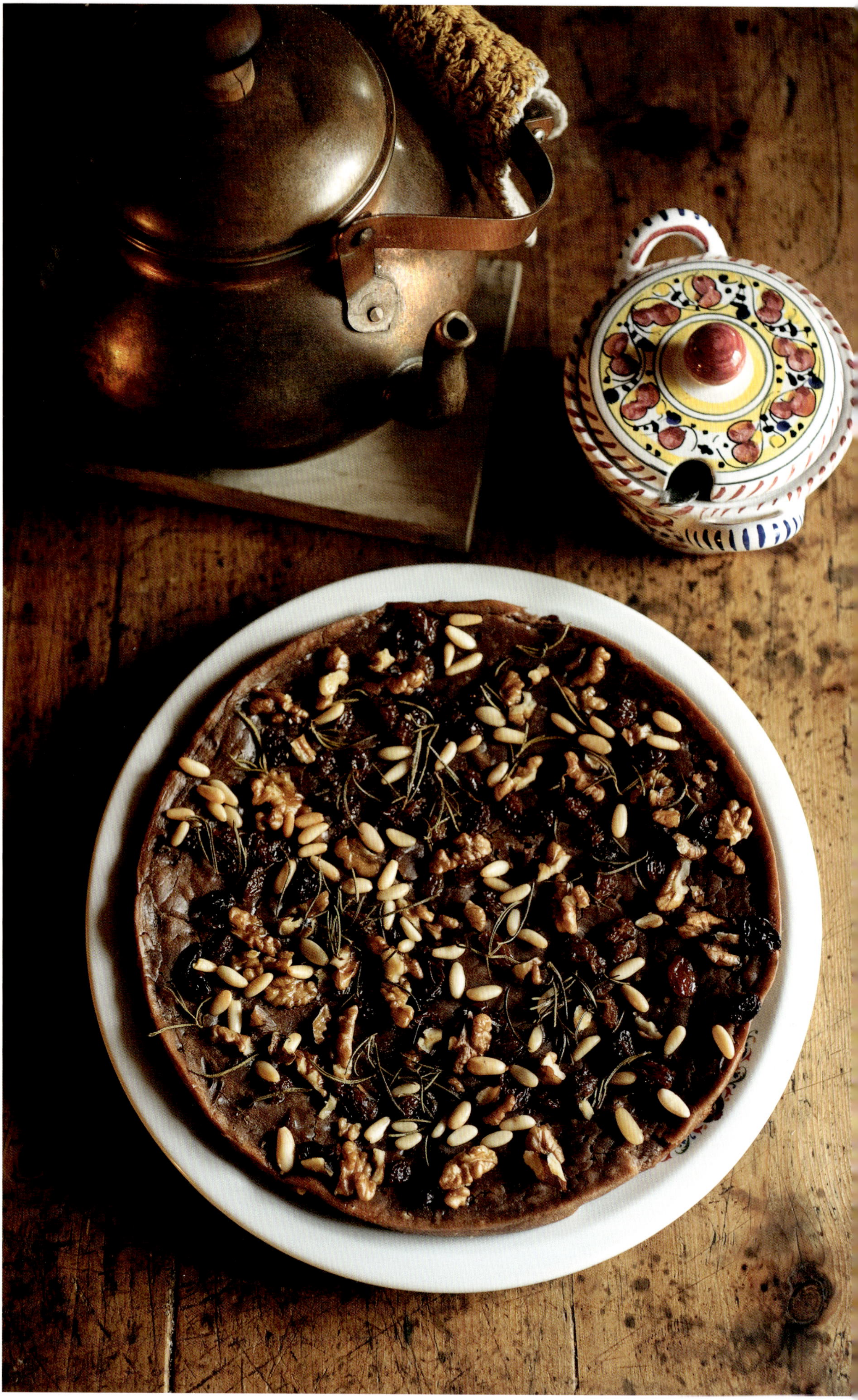

CASTAGNACCIO ALLA PISTOIESE

Kastanienkuchen nach Pistoia-Art

Das ideale Kastanienmehl für dieses Rezept kommt aus Monte Amiata. Kastanienmehl sollte immer im Kühlschrank aufbewahrt werden.

Vorbereitungszeit: 5 Minuten +
15 Minuten Einweichzeit
Backzeit: 40 Minuten
Für 6–8 Personen

- 50 g Rosinen
- 3 EL Olivenöl, plus etwas zum Einfetten
- 600 g frisches Kastanienmehl
- 1 TL Salz
- 100 g Pinienkerne
- 100 g Walnusskerne, grob gehackt
- 1 kleiner Zweig Rosmarin, Blätter abgezupft

Die Rosinen in eine Schüssel geben, mit warmem Wasser bedecken und 15 Minuten einweichen. Dann abgießen, ausdrücken und mit Küchenpapier trocken tupfen.

Den Backofen auf 220 °C vorheizen. Eine runde Backform (30 cm Durchmesser) mit 3 Teelöffeln Öl einfetten.

Das Kastanienmehl in eine Schüssel sieben und nach und nach 900 ml Wasser zugießen, bis ein glatter Teig entsteht. Salz, Pinienkerne und Rosinen zugeben und gut vermengen. Die Teigmischung in die Backform geben und mit Walnüssen und Rosmarinblättern bestreuen.

Den Kuchen mit dem restlichen Olivenöl beträufeln, dann im vorgeheizten Ofen 40 Minuten backen, bis die Oberfläche goldbraun und etwas aufgesprungen ist. Herausnehmen und kurz abkühlen lassen. Warm servieren.

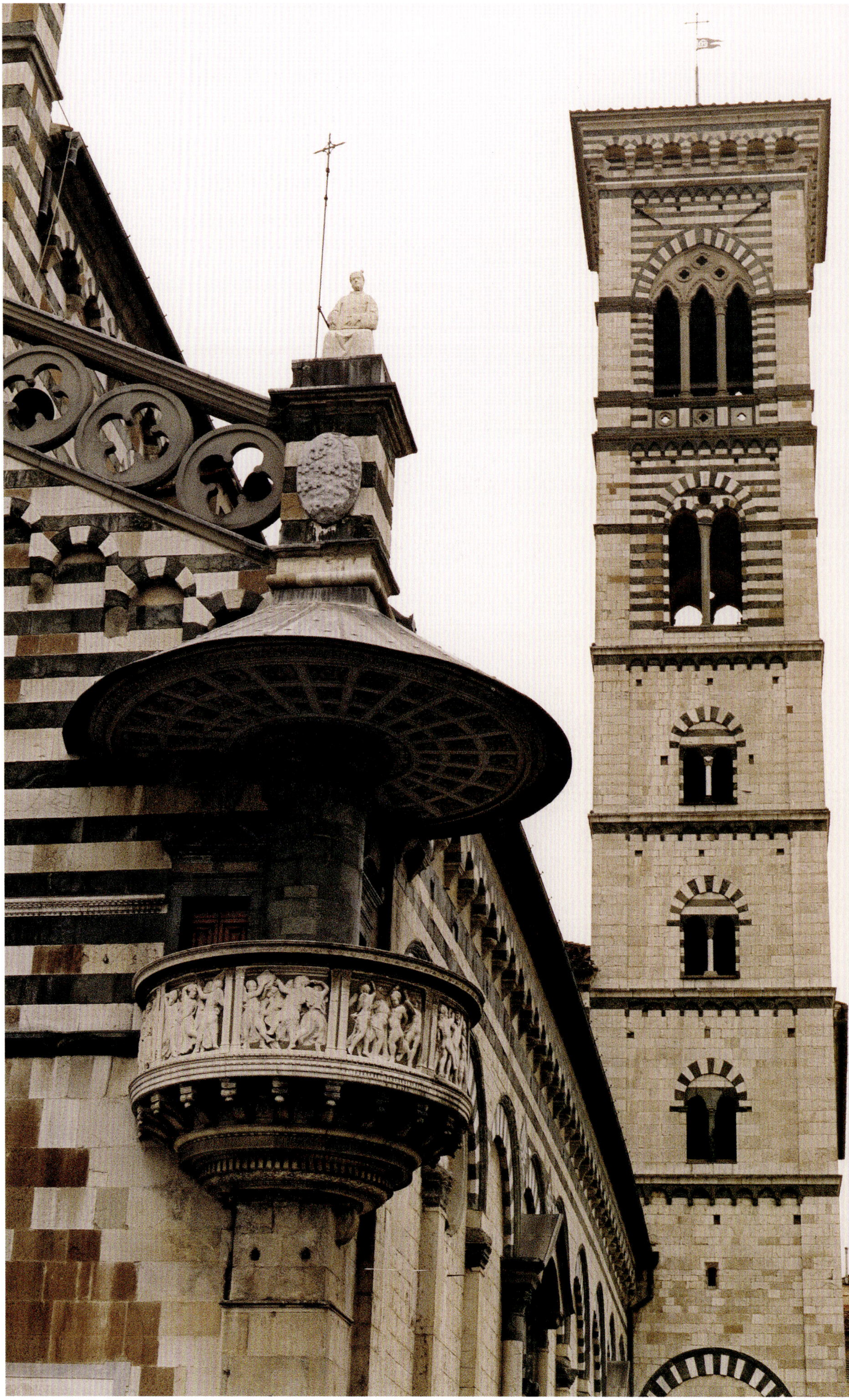

IV

PRATO

Lesso rifatto con patate 100
Haschee mit Kartoffeln

Sedani ripieni alla pratese 104
Gefüllter Sellerie nach Prato-Art

Cavolfiore in umido 107
Blumenkohlpfanne

Cantucci 115
Cantucci

Zuppa inglese con spumoni al caramello 118
Zuppa inglese mit Karamellschnee

Die Provinz Prato wurde am 16. August 1992 gegründet und ist somit die jüngste Region der Toskana. Wie nicht anders zu erwarten, reichen die Küchentraditionen von Prato aber viele Jahrhunderte in die Vergangenheit zurück. Es gibt sogar historische Dokumente, die belegen, dass schon im Jahr 804 Wein und Öl in der Region produziert wurden.

Die kleinste Provinz der Toskana liegt im Nordosten zwischen den Provinzen Pistoia und Florenz. Die Stadt Prato liegt südlich an der Mündung des Bisenzio-Tals, das sich mitsamt dem gleichnamigen Fluss durch die ganze Länge der Provinz erstreckt. Im Osten der Stadt befinden sich die hohen, kahlen Gipfel der Calvana-Berge und im Westen die Hügel von Monteferrato. Die landschaftliche Vielfalt hat zur Entwicklung einer bemerkenswerten, variantenreichen Küche geführt, die gleichwohl typisch für die Toskana ist. Schafskäse aus den Calvana-Bergen, Esskastanien aus dem oberen Bisenzio-Tal, Pökelfleisch aus den Ebenen von Prato und Weine aus Carmignano sind hervorragende Beispiele für die wunderbaren Produkte, derer sich dieses Gebiet rühmen kann.

Wie die gesamte toskanische Küche geht auch die Küche von Prato in hohem Maße auf die *cucina povera* zurück. Beispielhaft dafür sind zwei Hauptzutaten: *bozza*-Brot und Sellerie. *Bozza* ist der ganze Stolz der Bäcker von Prato. Das Brot enthält kein Salz, und die Einheimischen schwören, dass es deshalb zu süßen und herzhaften Belägen gleichermaßen gut passt. Die ältesten Dokumente, in denen *bozza* erwähnt wird, stammen aus dem 16. Jahrhundert. Damals wurde es bereits an Marktständen in Florenz verkauft und war überaus begehrt. Frisch wird es oft mit würziger *mortadella* (würzige Wurst aus Schweinefleisch) gegessen. Und wenn es altbacken ist, wirft man es nicht weg, sondern verwendet es für Klassiker wie *Pappa col pomodoro* (Tomatensuppe mit Brot, siehe Seite 130).

Vorherige Seite:
Erstmals erwähnt wurde die Kathedrale von Prato, die Santo Stefano (dem Heiligen Stefan) geweiht ist, im 10. Jahrhundert. Der *campanile* (Glockenturm) wurde im 14. Jahrhundert fertiggestellt.

Sedani ripiene alla pratese (Gefüllter Sellerie nach Prato-Art, siehe Seite 104) ist ein weiteres Gericht, das in mageren Zeiten entstand. Statt die harten äußeren Stängel der Staudensellerie wegzuwerfen, erfanden die Hausfrauen von Prato dieses köstliche Gericht. Die Stangen werden mit Hühnerleber oder *mortadella di Prato*, Eiern und Parmesan gefüllt, dann in Mehl gerollt, in Ei getaucht und gebraten. Traditionell bereitete man das Gericht zum Fest der *Madonna della Fiera* im September zu, und es wird bis heute in einigen Restaurants in Prato angeboten.

Fährt man von der Stadt Prato nach Süden in die Region Carmignano, verlocken *amaretti di Carmignano* (eine Art von Mandelmakronen) alle, die es süß lieben. Das Originalrezept geht auf das 19. Jahrhundert zurück und wurde angeblich von einem gewissen Giovanni Bellini erfunden, der wegen seines berüchtigten Temperaments den Spitznamen *I'Fochi* (der Feurige) trug. Außerdem werden in der Region *fichi secchi di Carmignano* produziert – getrocknete Feigen der Sorte *dottato*. Zur Erntezeit isst man die Feigen frisch mit *mortadella di Prato* oder gefüllt mit Frischkäse und Pinienkernen.

In einer Gegend, die für ihre Weine bekannt ist, verdienen die Lagen aus Carmignano besondere Erwähnung. Wein wird hier schon seit römischer Zeit gekeltert. 1716 wählte Cosimo III. de' Medici Carmignano-Weine unter die vier besten des Landes und verschaffte ihnen lange vor Chianti und anderen Weinen aus der Toskana einen geschützten Status.

Im Val Tiberina ist *Friggione del contadino* oder „Bauernpfanne" ein typisches Restegericht. Als es noch eine Tugend war, nichts zu verschwenden, zeigten sich die Hausfrauen in der Kunst der Resteverwertung überaus kreativ und geschickt.

LESSO RIFATTO CON PATATE

Haschee mit Kartoffeln

Vorbereitungszeit: 20 Minuten
Kochzeit: 35–40 Minuten
Für 4 Personen

- 3 EL Olivenöl
- 1 Zwiebel, fein gehackt
- 500 g gekochtes Fleisch nach Wahl, in kleinen Stücken
- 500 g gekochte Salzkartoffeln, in Scheiben
- 3–4 Salbeiblätter oder 1 Zweig Rosmarin
- 500 g Tomaten, gehäutet, entkernt und gewürfelt
- Salz und Pfeffer

Das Öl in einem großen flachen Topf erhitzen. Die Zwiebel zugeben und auf mittlerer Stufe unter gelegentlichem Rühren 5 Minuten anschwitzen. Das Fleisch zugeben und unter häufigem Rühren 5 Minuten anbräunen. Das Fleisch mit einem Schaumlöffel aus dem Topf nehmen, beiseitestellen und warm halten.

Kartoffeln und Salbei oder Rosmarin in den Topf geben und alles gut vermischen, dann die Tomaten einrühren und alles nach Geschmack salzen und pfeffern. Die Hitze reduzieren und weitere 5 Minuten köcheln lassen.

Das Fleisch zurück in den Topf geben und weitere 15–20 Minuten köcheln lassen, bis das Haschee etwas eindickt. Sofort servieren.

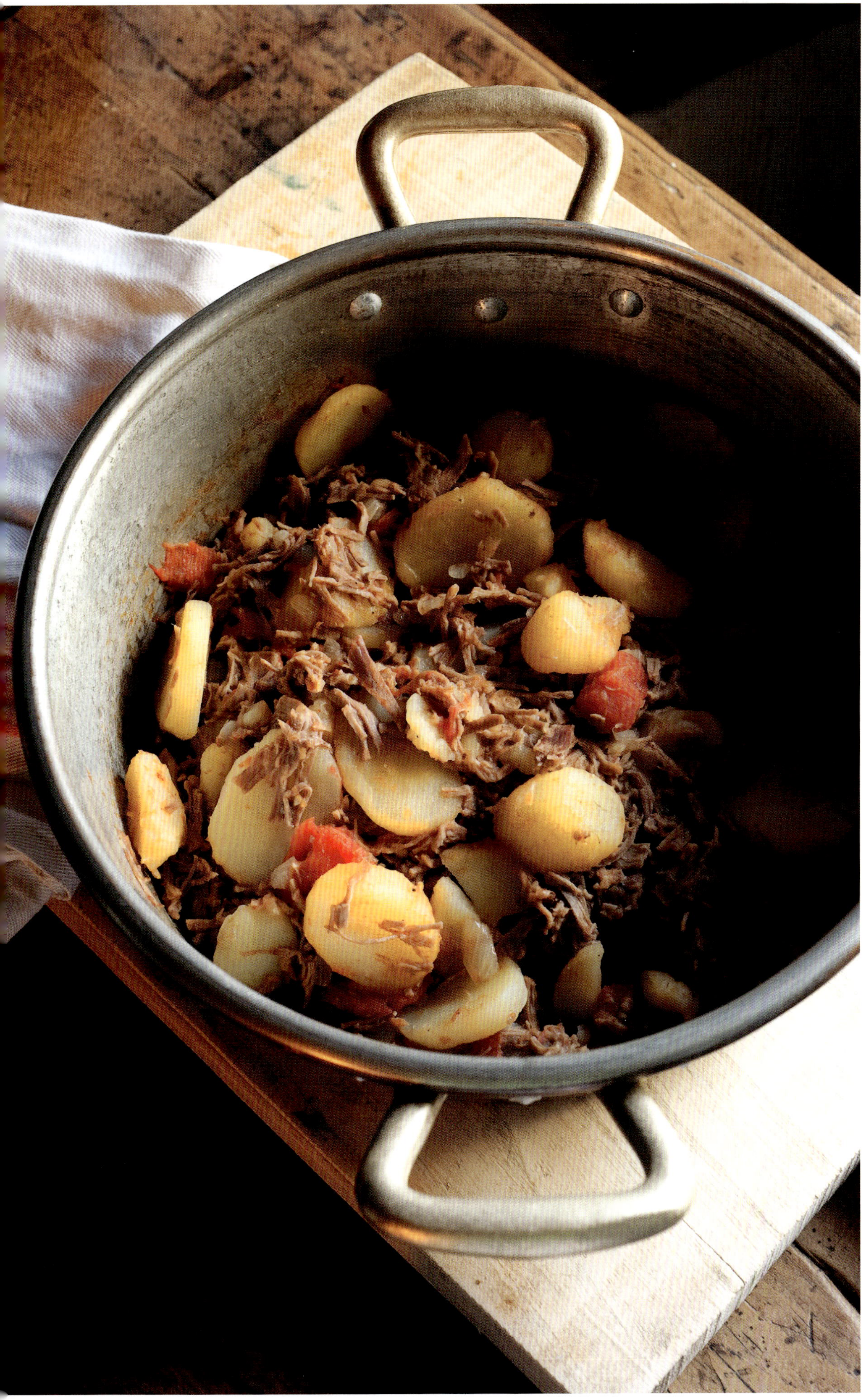

MORTADELLA

Mortadella di Prato ist eine gekochte Wurst aus Schweinefleisch, die Anfang des 20. Jahrhunderts erstmals in Prato hergestellt wurde. Wie bei vielen toskanischen Spezialitäten spielt in ihrer Anfangsgeschichte Mangel und Sparsamkeit eine wichtige Rolle. Ursprünglich diente sie zur Verwertung von Resten und minderwertigen Fleischstücken, die für hochwertige Würste wie *finocchiona* nicht gut genug waren. Also mischte man unter die Fleischmasse eine besonders intensiv schmeckende Gewürzmischung und einen süßen Likör namens Alchermes – vermutlich um unerwünschte Geschmacksanteile zu überdecken.

Heute finden es die Wurstproduzenten zum Glück nicht mehr notwendig, den Geschmack ihrer Mortadella zu verfremden. Das liegt daran, dass für die Produktion heute sorgsam ausgewähltes Fleisch verwendet wird, darunter magere Stücke aus der Schulter und fettere wie Backe und Rückenspeck. Alchermes wird nach wie vor als Geschmacks- und Farbzutat verwendet, und zu den typischen Gewürzen gehören Pfeffer, Zimt, Knoblauch, Gewürznelken und Koriander. Je nach Hersteller ist die Wurst eher schlank wie eine Salami oder dicker wie eine klassische Mortadella, und das Gewicht liegt meist bei etwa einem Kilogramm. Wer zufälligerweise am Geschäft eines *salumiere salumificio* (Wurstmachers) vorbeikommt, wenn die Mortadella gerade frisch gegart ist, sollte sie einmal warm probieren: köstlich! Aber sie schmeckt auch auf die traditionelle Weise wunderbar, und zwar in dünnen Scheiben zu *bozza*-Brot und Feigen aus Carmignano.

Finocchiona ist eine weitere Delikatesse der Toskana. Die Wurst wird mit wilden Fenchelsamen gewürzt und reift zwischen fünf Monaten und einem Jahr.

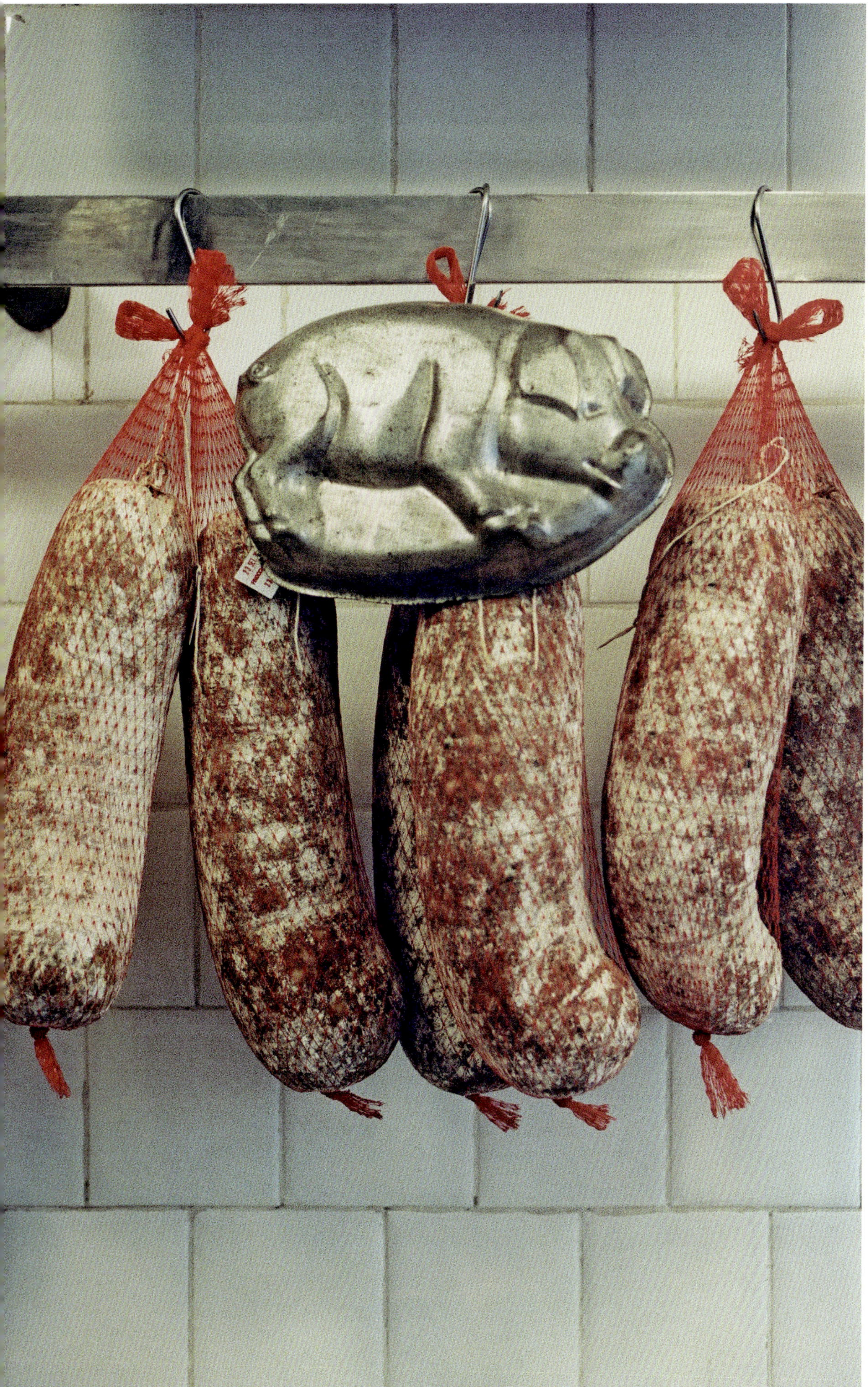

SEDANO ALLA PRATESE

Gefüllter Sellerie nach Prato-Art

Vorbereitungszeit: 1 Stunde
Kochzeit: 30–40 Minuten
Für 4 Personen

— 8 große Selleriestangen, geputzt
— 50 g Butter
— 1 kleine Zwiebel, fein gehackt
— 75 g Mortadella oder Geflügelleber, gehackt
— 125 g Kalbfleisch, durch den Fleischwolf gedreht
— 3 Eier
— 80 g frisch geriebener Parmesan
— 4 EL Weizenmehl (Type 405)
— Olivenöl, zum Braten
— 400 g Fleischsauce vom Vortag
— Salz und Pfeffer

Die Selleriestangen in 8 cm lange Stücke schneiden. Leicht gesalzenes Wasser in einem Topf zum Kochen bringen und den Sellerie darin 5 Minuten garen. Abgießen, dann in eine Schüssel mit Wasser legen. Die Selleriestücke in ein sauberes Küchentuch wickeln und mit Gewichten wie etwa vollen Konservendosen beschweren, damit möglichst viel Flüssigkeit austritt.

Inzwischen die Butter in einer Pfanne zerlassen. Die Zwiebel zugeben und 10–15 Minuten auf niedriger Stufe unter gelegentlichem Rühren dünsten. Die Mortadella oder Geflügelleber und das Kalbfleisch zugeben und 10 Minuten unter Rühren köcheln lassen.

1 Ei mit dem Parmesan in einer Schüssel verrühren und mit Salz und Pfeffer würzen. Die Mischung zum gegarten Fleisch geben, verrühren und vom Herd nehmen. Ein Stück Sellerie mit etwas von der Mischung füllen, dann ein zweites Selleriestück darauflegen, zusammendrücken und mit Küchengarn festbinden. Fortfahren, bis Selleriestücke und Füllung verbraucht sind.

Das Mehl in einem tiefen Teller streuen und die restlichen Eier in einem anderen tiefen Teller verquirlen. Den Sellerie erst im Mehl wenden, dann in Ei tauchen.

Olivenöl 1 cm hoch in eine Pfanne gießen und erhitzen. Den Sellerie darin portionsweise goldbraun braten. Mit einem Schaumlöffel aus der Pfanne nehmen und beiseitestellen. Die Fleischsauce in einem Topf erhitzen, bei Bedarf etwas Wasser zugeben. Den Sellerie hineingeben und 20–30 Minuten auf niedriger Stufe ziehen lassen. In eine vorgewärmte Servierschüssel geben und vor dem Servieren das Garn lösen.

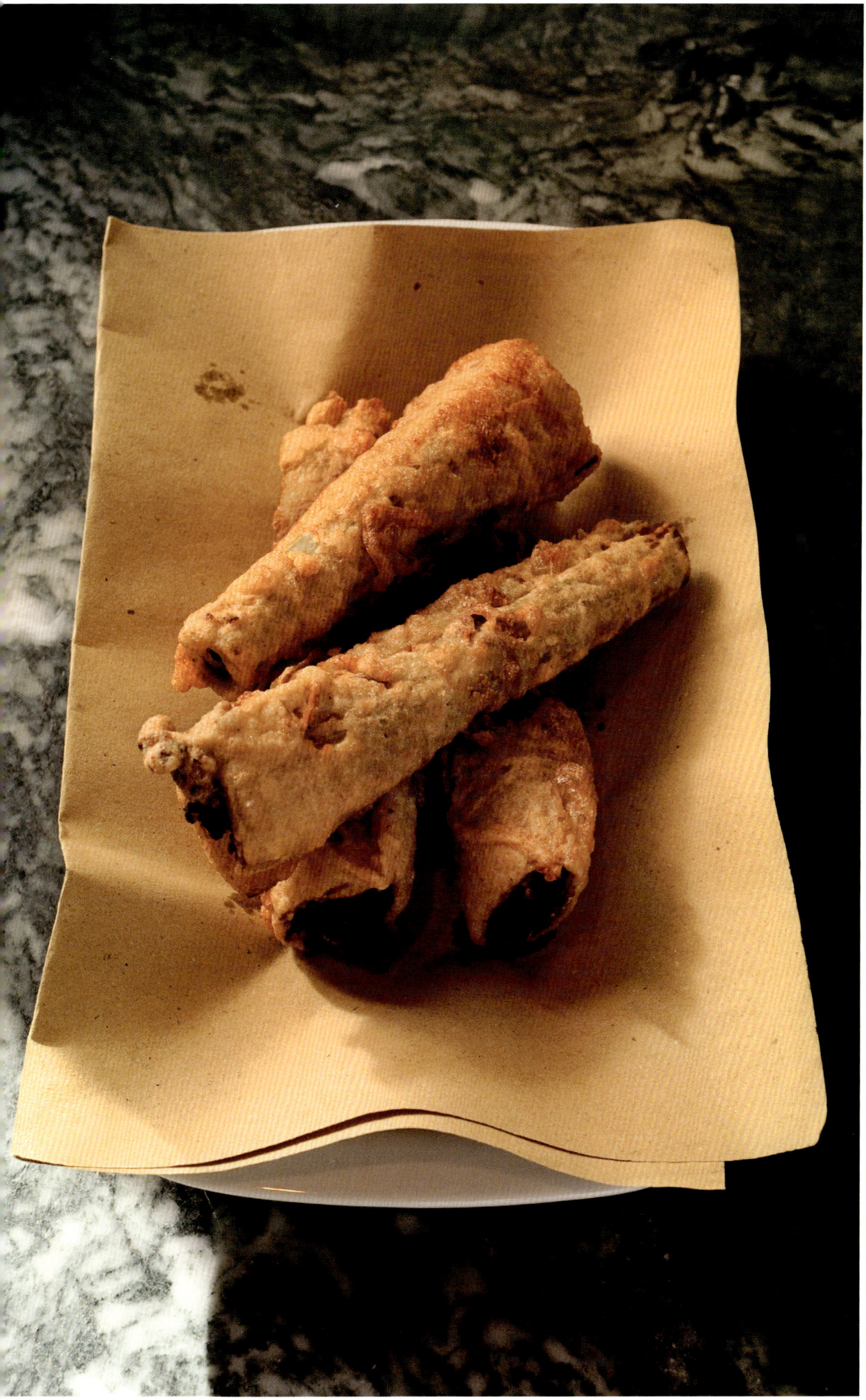

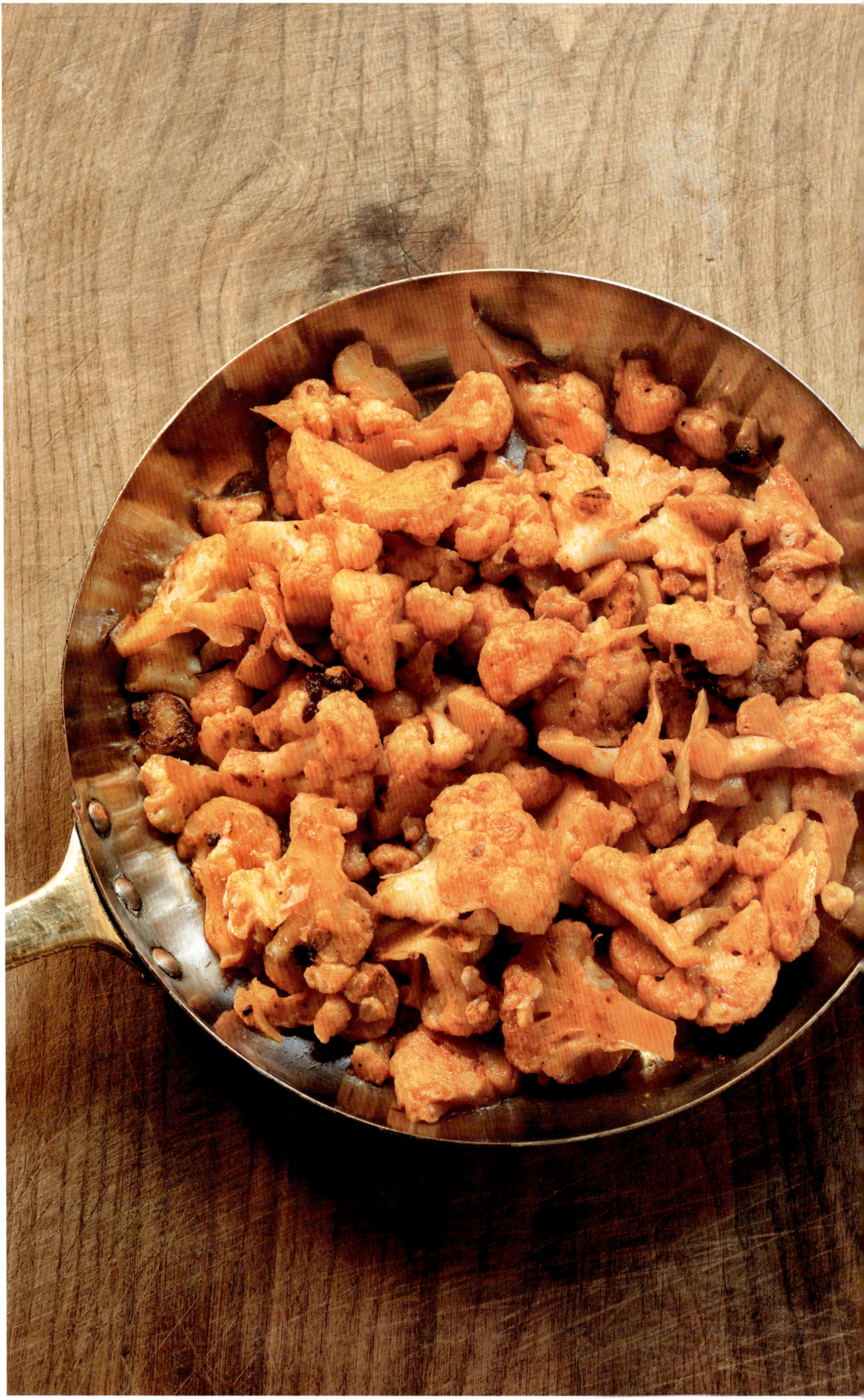

CAVOLFIORE IN UMIDO

Blumenkohlpfanne

In der Toskana werden zwei Sorten Blumenkohl angebaut, die von November bis April geerntet werden. Der *cavolfiore precoce toscano* ist zu Beginn der Saison erhältlich, der *cavolfiore fiorentino tardivo* gehört zur späten Ernte. Die toskanische Küche kennt nur gekochten Blumenkohl, der später zu anderen Zutaten dazugegeben oder zusätzlich gewürzt wird.

Vorbereitungszeit: 10 Minuten
Kochzeit: etwa 1½ Stunden
Für 4 Personen

Leicht gesalzenes Wasser in einem großen Topf zum Kochen bringen. Den Blumenkohl hineingeben und 25–30 Minuten auf mittlerer Stufe köcheln lassen. Abgießen, in Röschen zerteilen und diese waagerecht in Scheiben schneiden.

Das Öl in einer tiefen Pfanne erhitzen. Die Knoblauchzehe hineingeben und einige Minuten bräunen. Dann mit einem Schaumlöffel herausnehmen und wegwerfen. Den Blumenkohl zugeben und auf mittlerer Stufe unter gelegentlichem Wenden einige Minuten anbräunen. Salzen und pfeffern. Das Tomatenmark in einer Schüssel mit der Gemüsebrühe verrühren und in die Pfanne gießen.

Das Pfannengericht abgedeckt auf niedriger Stufe 1 Stunde köcheln lassen. Bei Bedarf etwas Wasser zugeben. Dann vom Herd nehmen, in eine Servierschüssel füllen und sofort servieren.

— 1 Blumenkohl, geputzt und ohne Strunk
— 3–4 EL Olivenöl
— 1 Knoblauchzehe, geschält
— 1 EL Tomatenmark
— 150 ml heiße Gemüsebrühe
— Salz und Pfeffer

CANTUCCI

Gerade wenn man zufällig in Prato ist, gibt es eigentlich keinen passenderen Abschluss für ein toskanisches Menü als ein Glas Vin Santo und ein besonderes Stück süßes Gebäck. Die Spezialität der Region nennt man *Cantucci* (siehe Seite 115) oder *Cantuccini*. Der Teig besteht aus Mehl, Eiern, Zucker, Mandeln und manchmal Pinienkernen. Er wird zu schlanken Rollen geformt, etwas flach gedrückt, gebacken und nach dem Abkühlen schräg in Scheiben geschnitten. Manche Bäckereien backen die Scheiben nochmals, damit sie schön trocken und knusprig werden. Andere halten das nicht für notwendig. Wichtig ist aber, dass Konsistenz, Geschmack und Knusprigkeit stimmen. Denn diese Eigenschaften verleihen dem Gebäck seine Hauptfunktion: in ein Glas Vin Santo getunkt zu werden. Der knusprige Teig saugt den Wein auf, der seinerseits die äußere Schicht des Gebäcks aufweicht. Das Innere soll trocken und knusprig bleiben, damit der Kontrast der Konsistenzen die Aromen ergänzt.

Der Ursprung dieses Gebäcks geht auf das Jahr 1858 zurück. Damals eröffnete Antonio Mattei seine kleine *biscottificio* (Keksbäckerei) in der Via Bettino Ricasoli Nr. 20. Das Schild über dem Geschäft, das noch heute existiert, sagt alles: „Antonio Mattei, Fabbricante di Cantucci". Zu Ehren ihres Erfinders werden die knusprigen Bissen von den Einheimischen auch liebevoll *mattonelle* genannt, und über 150 Jahre nach der Eröffnung des kleinen Geschäfts in der Via Bettino Ricasoli werden sie noch immer nach demselben traditionellen Rezept hergestellt. Heute reist kaum ein Besucher aus Prato ab, ohne mindestens eins der blauen Päckchen mit Antonio Matteis berühmten *cantucci* im Gepäck zu haben.

DAS TAL DER SCHOKOLADE

Das kulinarische Erbe und die guten Weine haben der Toskana einen Spitzenplatz auf der gastronomischen Weltkarte verschafft. Dazu haben vor allem jahrhundertealte Handwerkstraditionen beigetragen. Die Hersteller von herausragendem Wein, Käse oder Olivenöl sind bestens bekannt, aber es gibt noch eine weitere Spezialität, die auf dem Weg ist, zum Synonym für toskanische Qualität zu werden. Nur wenige ahnen, dass es sich um Schokolade handelt.

Hinter verschlossenen Türen unscheinbarer toskanischer Bauernhäuser hat eine stille Revolution stattgefunden. Sie war so erfolgreich, dass heute das Valdinievole und die Umgebung, die auf einer Verbindunglinie zwischen Prato und Pistoia liegt und sich südwärts bis an den nördlichen Rand von Pisa erstreckt, den Spitznamen „Tal der Schokolade" trägt.

Die Anfänge dieser Revolution liegen in der Mitte der 1970er-Jahre. Damals kehrte der in Pistoia geborene Roberto Catinari nach Hause zurück, nachdem er 20 Jahre bei Schweizer Chocolatiers gearbeitet und von ihnen gelernt hatte. Er machte sich ans Werk und brachte sein Wissen über Schokolade mit den Aromen der toskanischen Landschaft in Einklang. Seine Schokolade, die in einem kleinen Geschäft in der Stadt Agliana noch heute verkauft wird, wurde ein großer Erfolg, und bald folgten andere seinem Beispiel nach.

In nur wenigen Jahren konnte toskanische Schokolade bemerkenswerte Erfolge erzielen. Heute haben einige der renommiertesten Chocolatiers der Welt ihren Sitz im Tal der Schokolade. Neben dem „Urheber" Catinari in Agliana sind da beispielsweise Amedei in Pontedera, de Bondt in Pisa, Mannori in Prato und Slitti in Monsummano. Gemeinsam haben sie ein Exzellenzzentrum geschaffen, das sich mit seinem engsten Rivalen Piemont ebenso messen kann wie mit den traditionell führenden Ländern Schweiz und Belgien.

Folgende Seiten:
(Seite 110) Der Chocolatier Paul de Bondt wurde in den Niederlanden geboren, lebt aber jetzt im Tal der Schokolade. Die Fotos zeigen ihn bei der Arbeit in seinem Laboratorium bei Pisa.

(Seite 111) Verschiedene fantasievolle Schokoladenkreationen von de Bondt, darunter Zartbitterschokolade mit Zitronenschale, Orangenschale oder getrockneten Birnen sowie Vollmilchschokolade mit getrockneten Feigen.

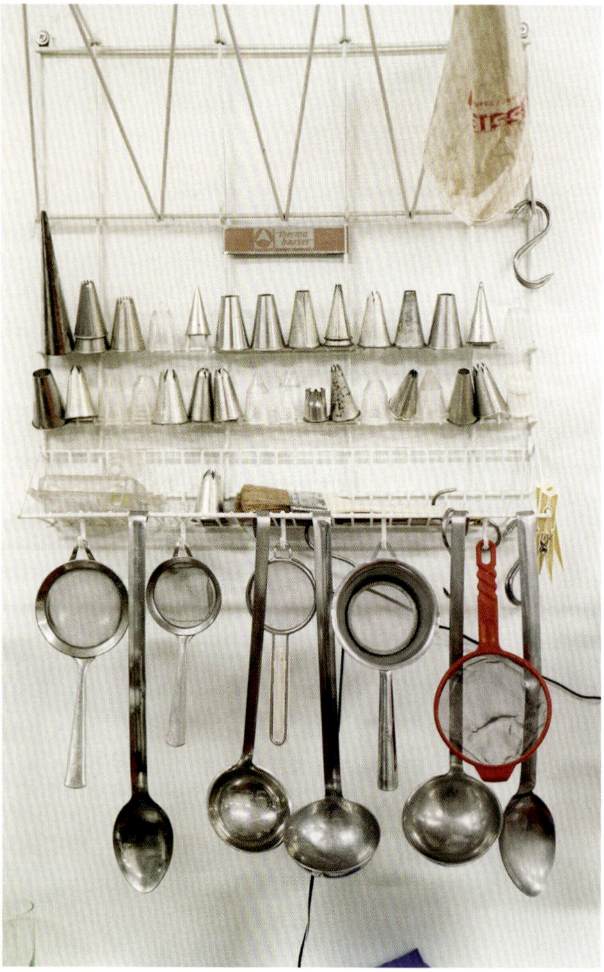

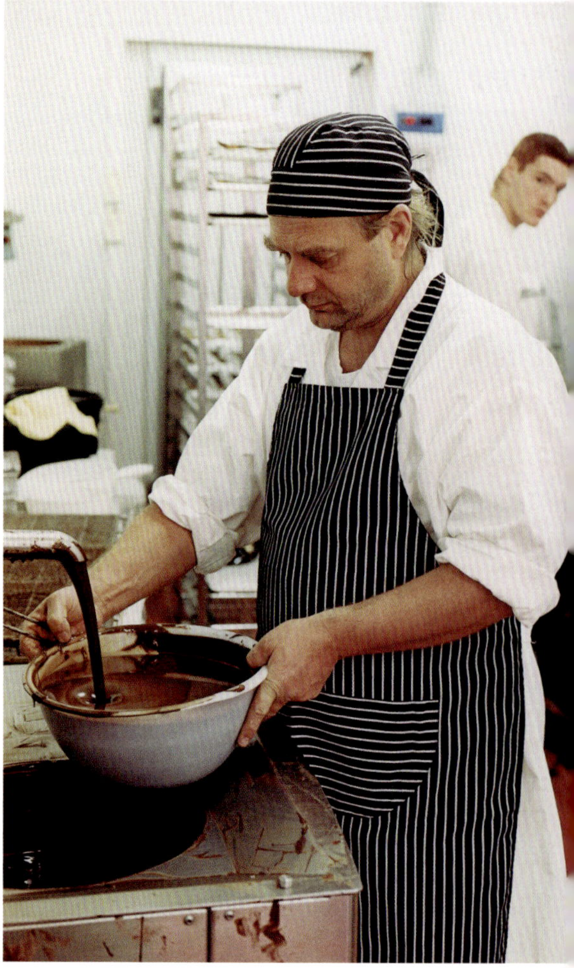

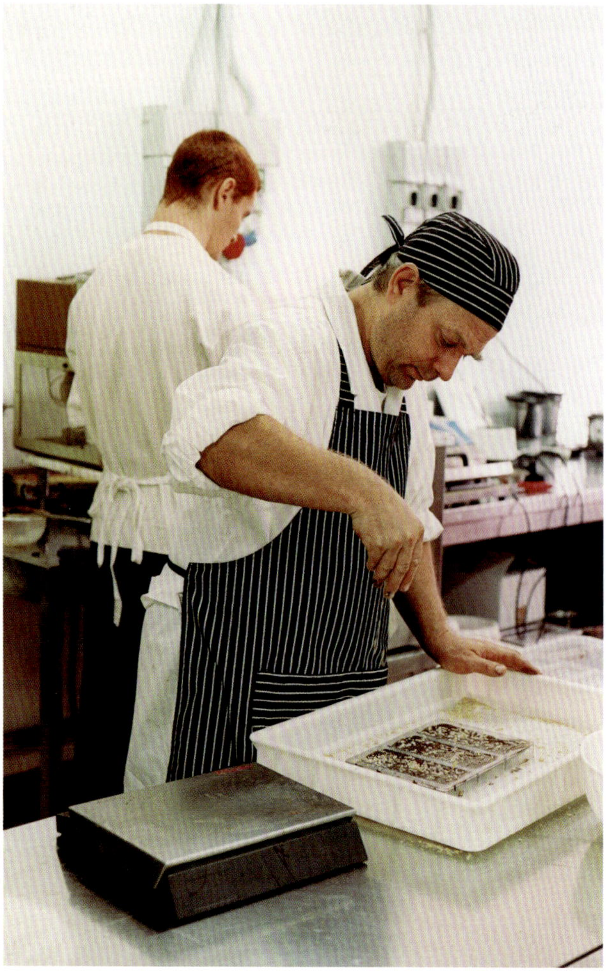

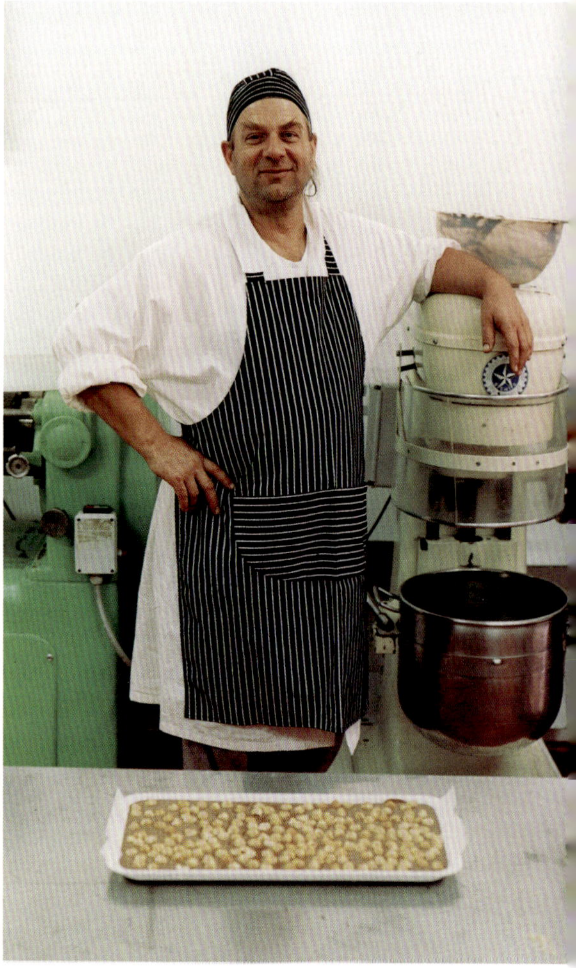

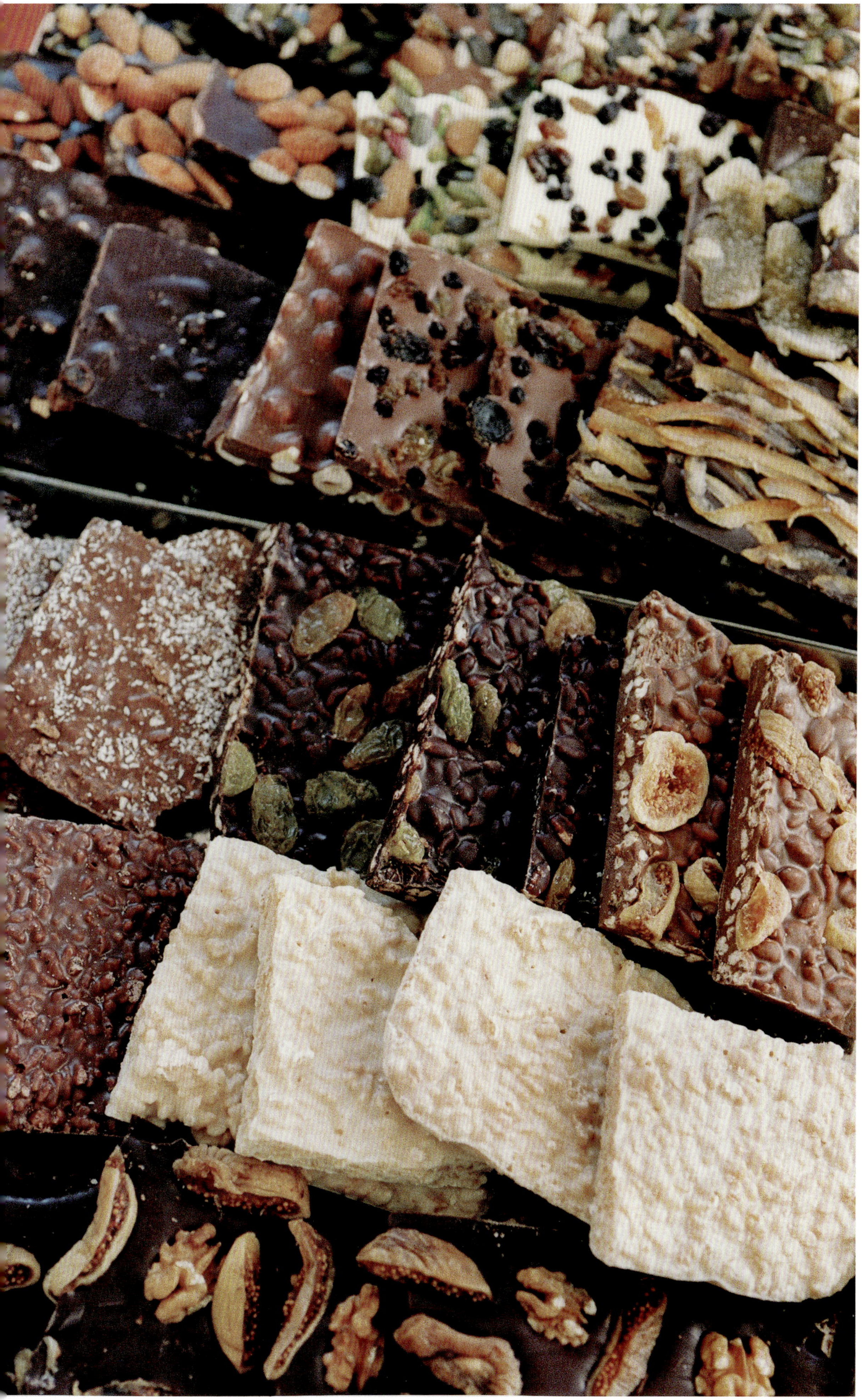

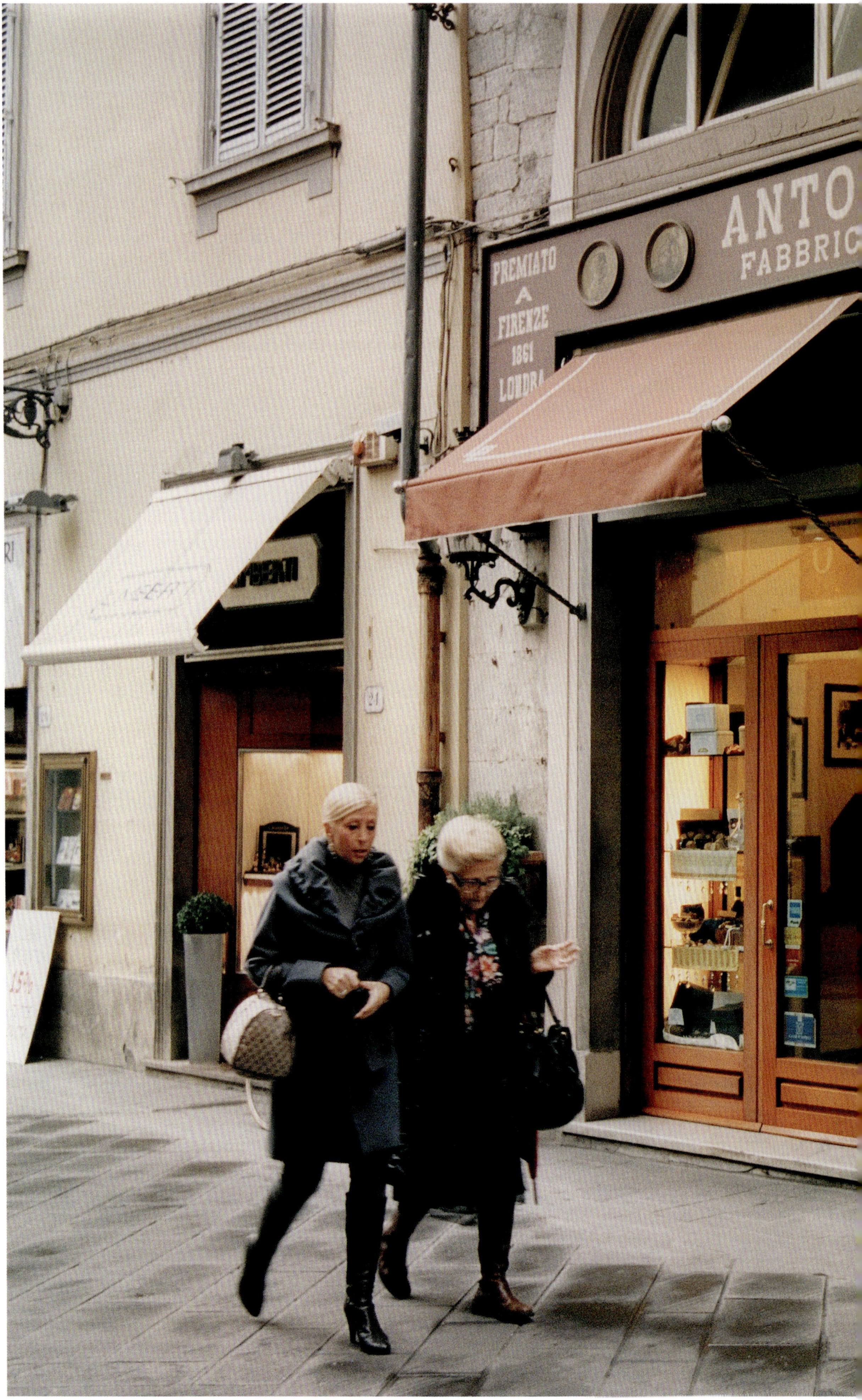
PREMIATO
A
FIRENZE
1861
LONDRA
ANTO
FABBRIC
21

MATTEI
DI CANTUCCI

PARIGI
1867
FIRENZE
1870
PISTOIA

20

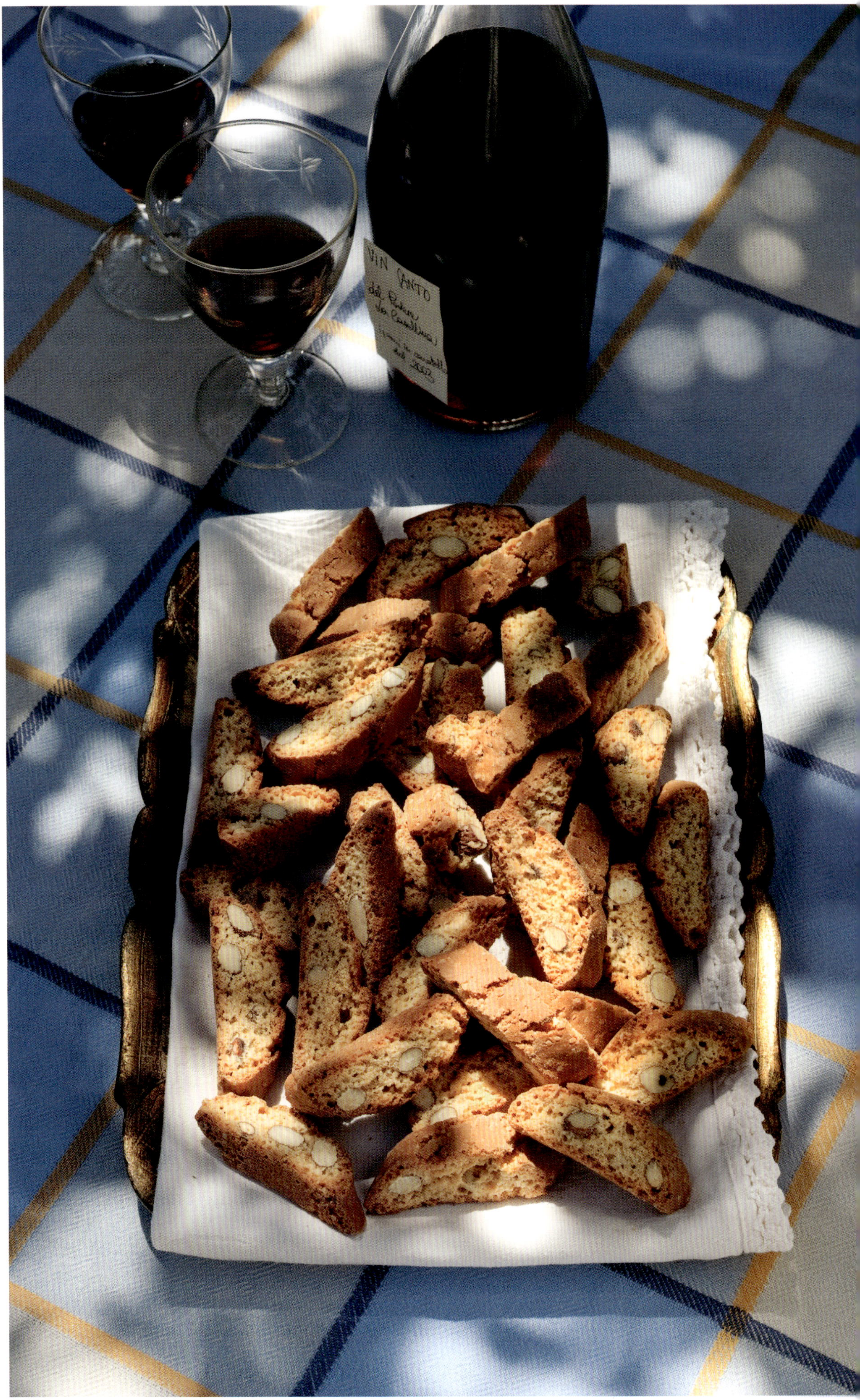
VIN SANTO

CANTUCCI

Diese harten Kekse werden von jeher mit nicht blanchierten Mandeln gebacken. In manchen Rezepten, wie auch im originalen Rezept von Antonio Mattei, werden 20 g fein gehackte Pinienkerne zugefügt, was die Konsistenz der Kekse etwas ändert. Traditionelle Cantucci werden aus Hefeteig mit Zucker, Anis und Öl hergestellt.

Vorbereitungszeit: 30 Minuten
Backzeit: 30 Minuten
Für 4 Personen

Den Backofen auf 160 °C vorheizen. Zwei Backbleche mit Butter einfetten und mit Mehl bestäuben.

Mehl, Backpulver, Zucker und eine Prise Salz auf die Arbeitsfläche sieben und eine Vertiefung in die Mitte drücken. 2 Eier hineingeben und das zusätzliche Eigelb sowie den Safran zugeben. Nach und nach mit den Händen einarbeiten und verkneten. Die Mandeln hineingeben und gut verteilen.

Mit bemehlten Händen kleine Teigstücke entnehmen und zu langen Rollen (etwa 2–3 cm breit und 1 cm hoch) formen. Die Rollen auf den Backblechen verteilen. Das verbliebene Ei in einer Schale leicht verquirlen und die Oberseiten der Teigrollen damit bestreichen. 30 Minuten im vorgeheizten Ofen backen. Dann herausnehmen und schräg in etwa 3 cm breite Scheiben schneiden. Vollständig auskühlen lassen und luftdicht verschlossen aufbewahren.

Cantucci

— Butter, zum Einfetten
— 500 g Weizenmehl (Type 405), plus etwas zum Bestäuben
— 1 Tütchen und 1 TL Backpulver
— 500 g feiner Zucker
— 3 Eier
— 2 Eigelb
— 1 Prise zerstoßene Safranfäden
— 250 g Mandeln, nicht blanchiert
— Salz

Vorherige Doppelseite:
Die Geburtsstätte der *Cantucci*, Antonio Matteis Bäckerei in Prato, stellt die Kekse bis heute nach dem Originalrezept von 1858 her.

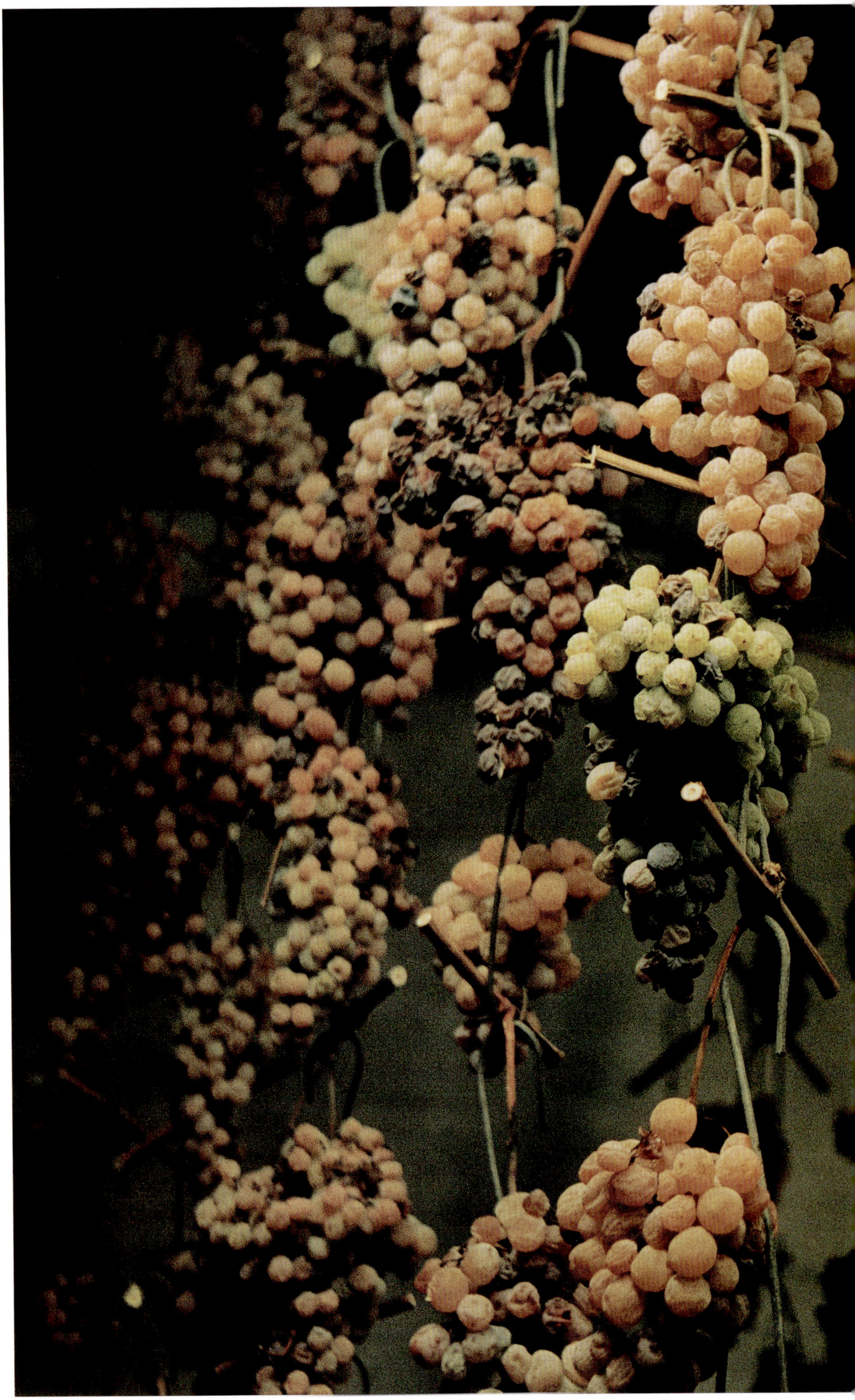

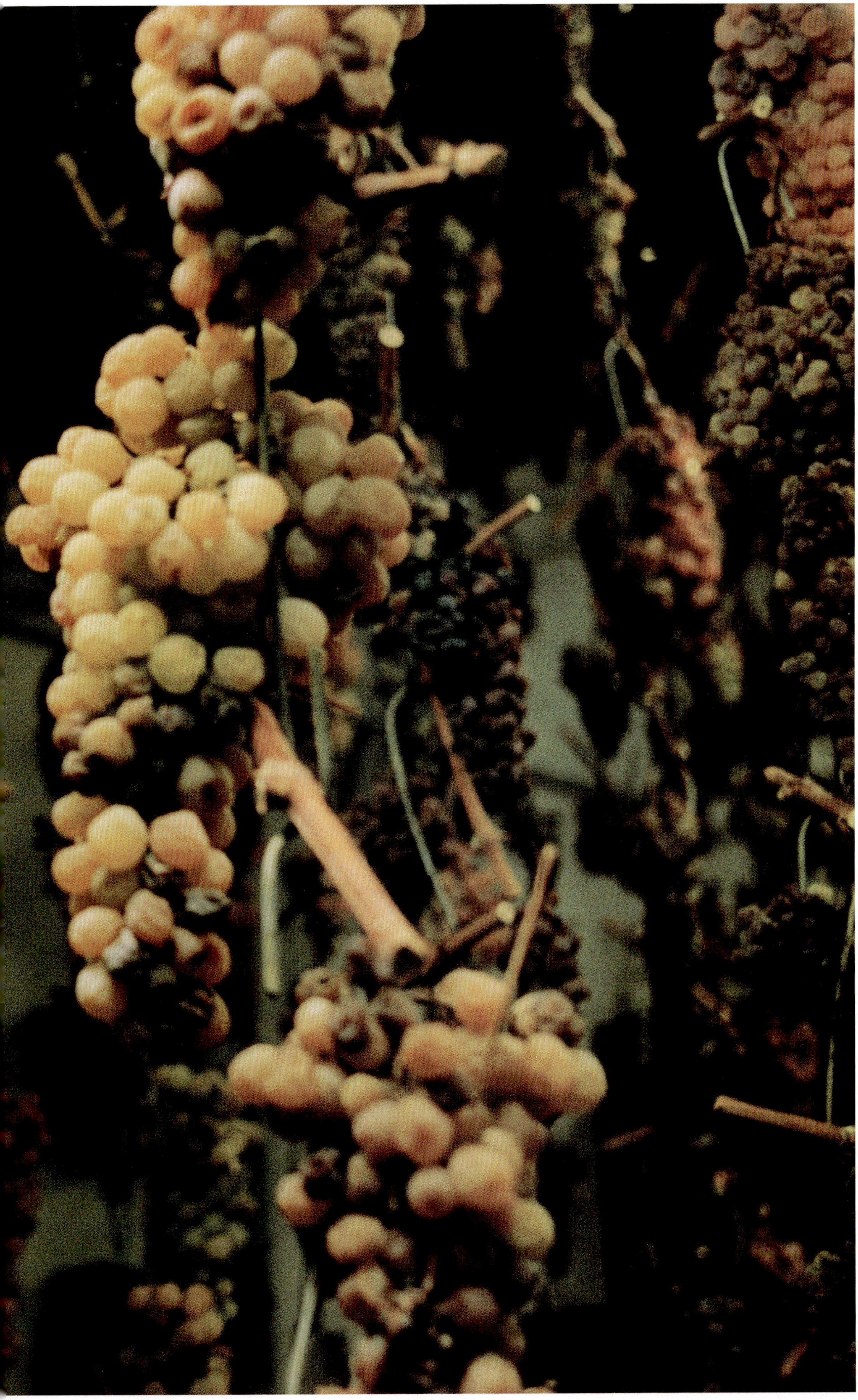

ZUPPA INGLESE CON SPUMONI AL CARAMELLO

Zuppa inglese mit Karamellschnee

Für die Dessertcreme:
— 1 l Milch
— fein abgezogene Zesten von 1 unbehandelten Zitrone
— 4 Eigelb
— 8 EL feiner Zucker
— 1 EL Speisestärke
— 100 g Löffelbiskuits
— 120 ml frisch gebrühter Kaffee, abgekühlt
— 4 EL Weinbrand
— 4 Eiweiß
— 50 g Zucker

Für die Dessertcreme die Milch in einen Topf gießen, die Zitronenzesten hineingeben und zum Kochen bringen. Dann sofort vom Herd nehmen und beiseitestellen. Das Eigelb in einer Rührschüssel mit 4 Esslöffeln feinem Zucker aufschlagen, bis eine luftige Masse entsteht. Die Speisestärke vorsichtig unterziehen. Die Zitronenzesten aus der Milch entfernen und die Milch zur Mischung gießen und einrühren. Dann die Creme zurück in den Topf geben und auf mittlerer Stufe unter ständigem Rühren etwa 20 Minuten köcheln lassen.

Die Creme vom Herd nehmen und beiseitestellen. Gelegentlich umrühren, damit sich keine Haut bildet.

Die Löffelbiskuits in einer Lage auf dem Boden einer flachen Schale verteilen. Kaffee und Weinbrand mischen und langsam über die Biskuits gießen.

Die Löffelbiskuits in eine flache Dessertschüssel legen, die Creme darübergeben und glatt streichen. Im Kühlschrank ziehen lassen.

Das Eiweiß in einer Rührschüssel mit dem restlichen feinen Zucker steif schlagen. Den normalen Zucker in eine Pfanne geben und 1 Esslöffel Wasser einrühren. Erhitzen, bis die Mischung eine helle Karamellfärbung annimmt, dann vom Herd nehmen und zum Eischnee geben. Mit dem Schneebesen gründlich verquirlen. Die Mischung auf die Dessertcreme geben und servieren.

Vorherige Doppelseite:
Vin Santo (heiliger Wein) ist ein klassischer toskanischer Dessertwein. Traditionell wird er aus Trebbiano- und Malvasiatrauben gekeltert, die man vorher trocknet, um den Zuckergehalt zu erhöhen.

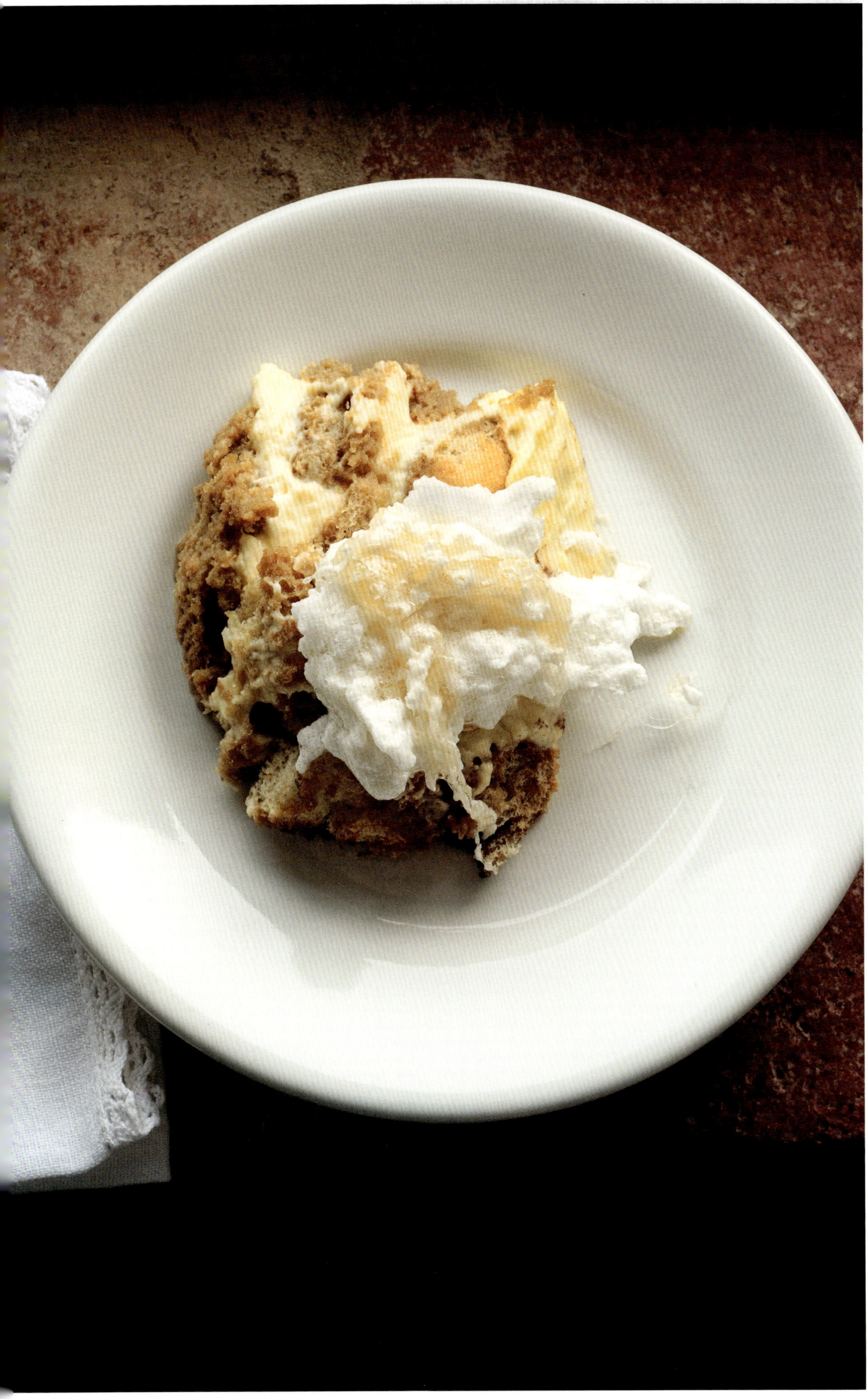

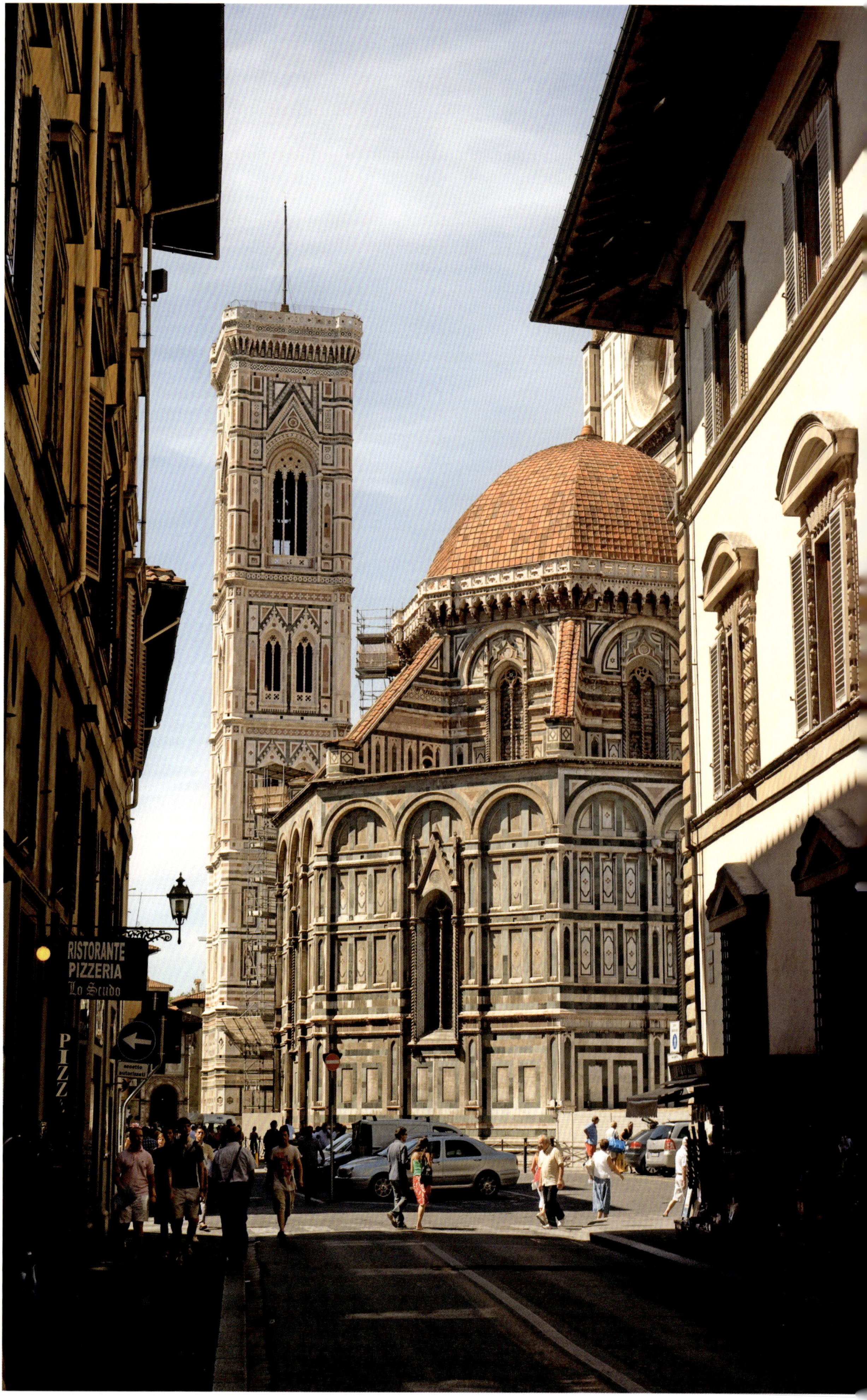
RISTORANTE
PIZZERIA
Lo Scudo
PIZZ

V

FLORENZ

Pappa col pomodoro 130
Tomatensuppe mit Brot

Peposo 134
Toskanischer Pfeffertopf

Bistecca alla fiorentina 138
Rindersteak nach Florentiner Art

Trippa alla fiorentina 142
Kutteln nach Florentiner Art

Zuccotto 144
Zuccotto

Besucher, die zum ersten Mal nach Florenz kommen, fühlen sich dort erstaunlich schnell zurecht. Das liegt daran, dass die meisten Menschen ihr ganzes Leben lang schon so viel über die Stadt gehört haben. Ob sie dem bronzenen Eber über den Kopf streichen, auf dem Ponte Vecchio die Schmuckauslagen anschauen, über die prächtige Piazza del Duomo schlendern oder zu Michelangelos *David* aufschauen – die Rituale eines Besuchs in Florenz kennt fast jeder.

Florenz, Provinzhauptstadt und Hauptstadt der Toskana, ist die Stadt mit den meisten Einwohnern dieser Region. Sie liegt am Ufer des Arno und gilt als Wiege der Renaissance –und als eine der schönsten Städte der Welt. Sie ist die Heimat von einigen der bedeutendsten Denker, Künstler und Schriftsteller Italiens, unter ihnen Leonardo da Vinci, Machiavelli, Dante, Michelangelo, Galileo und Botticelli. Auch Pellegrino Artusi stammt von hier. Er ist Autor des bedeutendsten Kochbuchs der italienischen Geschichte mit dem Titel *La scienza in cucina e l'arte di mangiar bene* (Von der Wissenschaft des Kochens und der Kunst des Genießens), das 1891 veröffentlicht wurde.

Eine andere berühmte Tochter der Stadt war Katharina von Medici, die im Jahr 1533 Heinrich II. von Frankreich heiratete. Man nahm an, dass Katharina die italienische Küche (oder genauer die toskanische) nach Frankreich gebracht und damit die französischen Tische zivilisiert habe. Aber die Geschichte lässt sich nicht durch Fakten untermauern. Eines der Gerichte, die sie eingeführt haben soll, war *Cibreo* (Ragout aus Hühnerklein), ein uraltes Rezept für *Rigaglie* (Gericht mit Innereien und verschiedenen Stücken von Wildgeflügel), gegart in Wein mit Zwiebeln, Knoblauch und Butter und abgerundet mit Zitronensaft und einem verquirlten Ei. Ob Katharina dieses Gericht nach Frankreich mitbrachte oder nicht, ist umstritten. Sicher ist allerdings, dass die Ursprünge des Gerichts in Florenz liegen und dass es ein Beispiel für die Leidenschaft der Florentiner für Innereien ist. Ein anderes traditionelles

Vorherige Seite:
Der Kathedrale von Florenz wurde von Arnolfo Di Cambio im 13. Jahrhundert entworfen. 1367 überarbeitete man den Plan für die gewaltige Kuppel, begann aber mit der Errichtung erst fast ein Jahrhundert später, nämlich im Jahr 1420 unter der Leitung des brillanten Baumeisters Filippo Brunelleschi.

Immergrüne Zypressen mit ihren markanten Formen gehören ebenso zum Bild der Toskana wie Olivenbäume. Zypressen sind sehr langlebig, einige Exemplare sollen über 1000 Jahre alt sein.

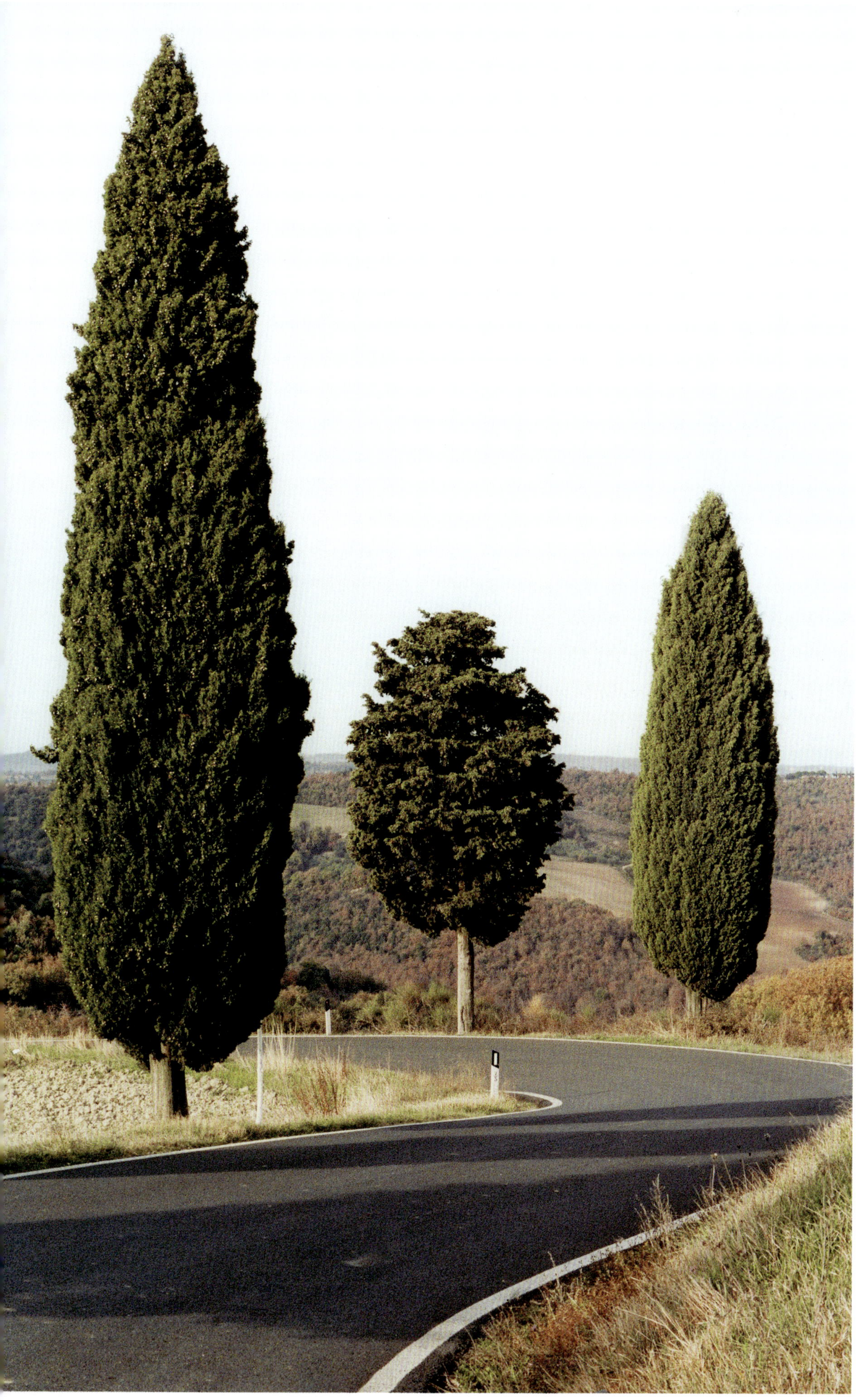

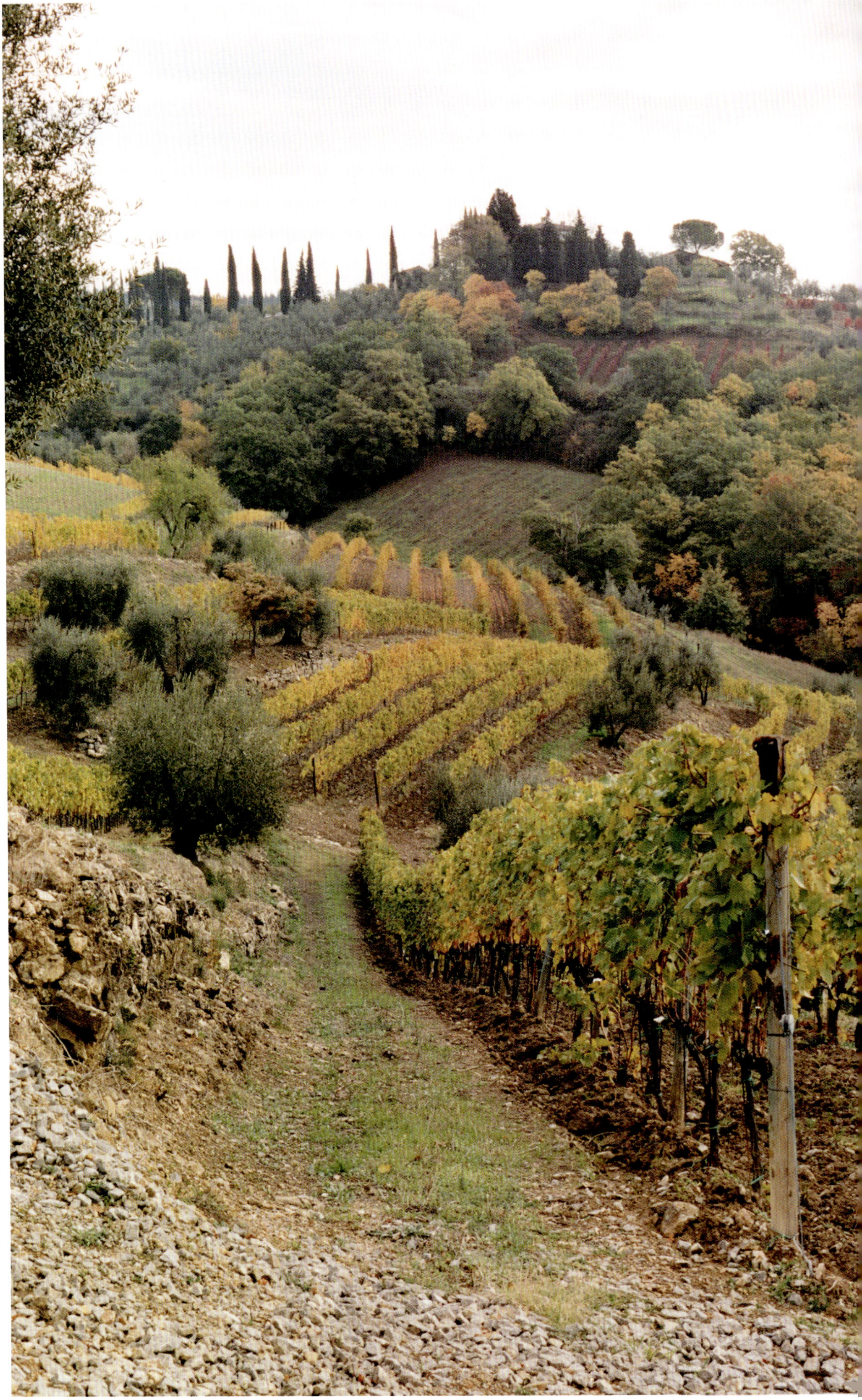

Weingärten schmiegen sich an alle Wölbungen der Landschaft. Ihre Erträge sind für das Leben der Toskaner von großer Bedeutung.

Gericht heißt *Fegatelli* (Schweineleber, siehe Seite 263). Dafür werden Leberscheiben mit Lorbeerblättern oder Wildfenchel und Stücke von altbackenem Brot abwechselnd aufgespießt und über einem offenen Feuer gegart. Zu den berühmtesten Gerichten mit Innereien zählen die vielen Rezepte mit Kutteln.

Die Geschichte von Katharina lenkt das Augenmerk auf eine andere Facette der Küche von Florenz. In der Renaissance war die Stadt außerordentlich wohlhabend, und hier befanden sich viele der Reichtümer der Toskana. Während sich die Küche anderer Regionen hauptsächlich aus der bäuerlichen Tradition entwickelt hat, ist die Florentiner Küche eine Mischung aus der *cucina povera* und den Speisen der reicheren Schichten. Eins der bekanntesten Gerichte der Stadt ist *Bistecca alla fiorentina* (Rindersteak nach Florentiner Art, siehe Seite 136), das lange Zeit nur für Angehörige der privilegierten Schicht erschwinglich war.

Der Großteil der Bevölkerung ernährte sich hauptsächlich von Bohnen, Brot und allerlei Gemüse. Wer sehen möchte, was die Provinz Florenz in dieser Hinsicht zu bieten hat, schaut sich am besten auf den Märkten der Stadt um, vor allem auf dem Mercato di Sant'Ambrogio und dem San-Lorenzo-Markt im Stadtzentrum. Die meisten Bewohner der Stadt kaufen ihre Lebensmittel vorzugsweise tagesfrisch auf dem Markt ein. Die Auswahl von Produkten aus der Region ist beeindruckend. Neben milden Empoli-Artischocken gibt es dort Zwiebeln aus Certaldo, aus denen eine Art Marmelade zubereitet wird, die man zu einheimischem Käse isst. Esskastanien aus dem Mugello mit dem Zusatz *mugello* wurde 1996 von der EU eine geschützte Herkunftsbezeichnung (PGI) zuerkannt. Freitags wird immer *Baccalà* (Stockfisch, siehe Seite 188) auf den Märkten angeboten. Er gehört zu den meistverwendeten Fischen in der Florentiner Küche. In Gerichten mit dem Zusatz *alla fiorentina* (nach Florentiner Art) wird er immer zusammen mit Tomaten verarbeitet.

Nächste Seite:
Der *Ponte Vecchio* überspannt den Fluss Arno in Florenz an seiner schmalsten Stelle. Auf der Brücke, die auf die römische Zeit zurückgeht, reihen sich heute Antiquitäten- und Schmuckgeschäfte aneinander.

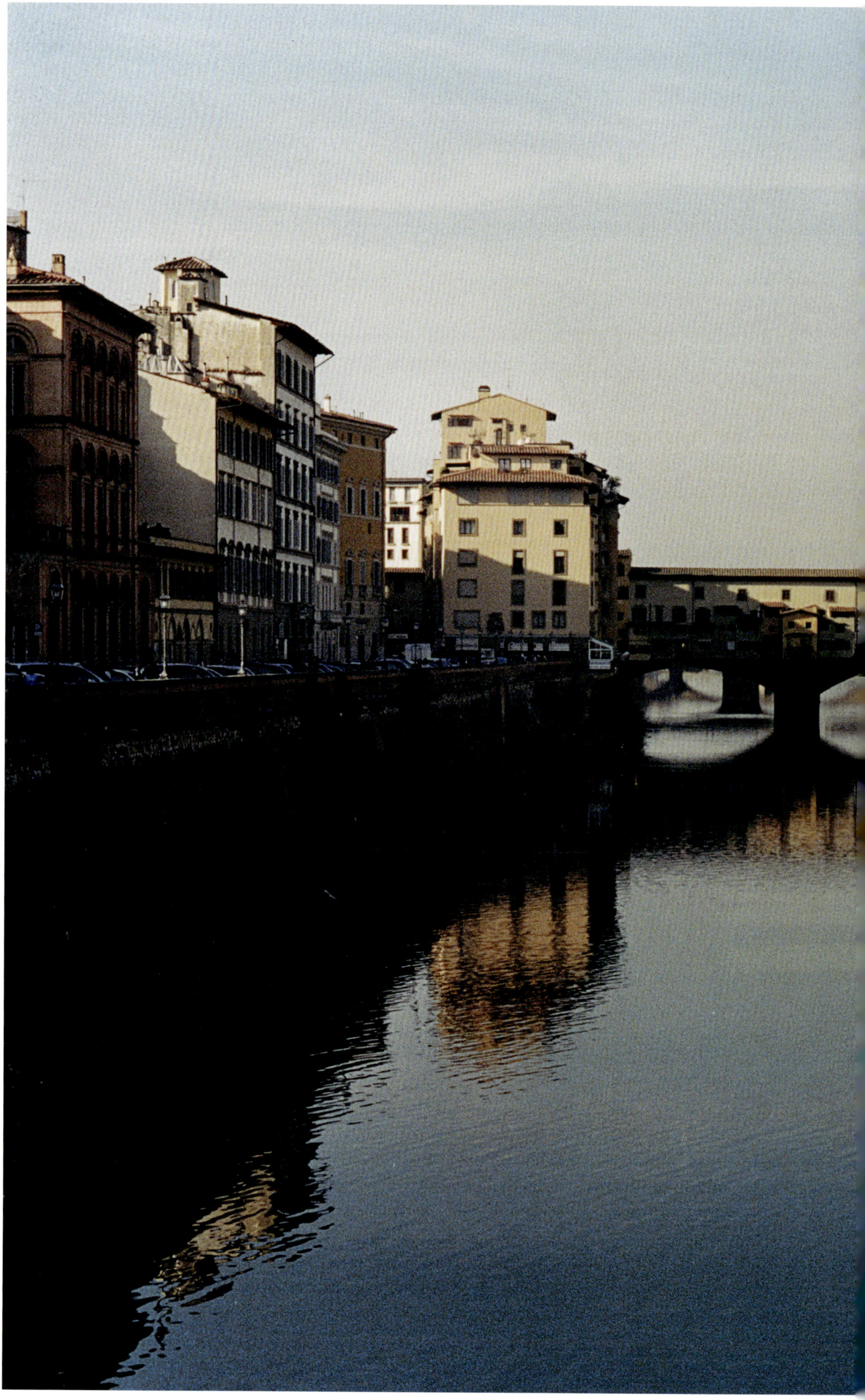

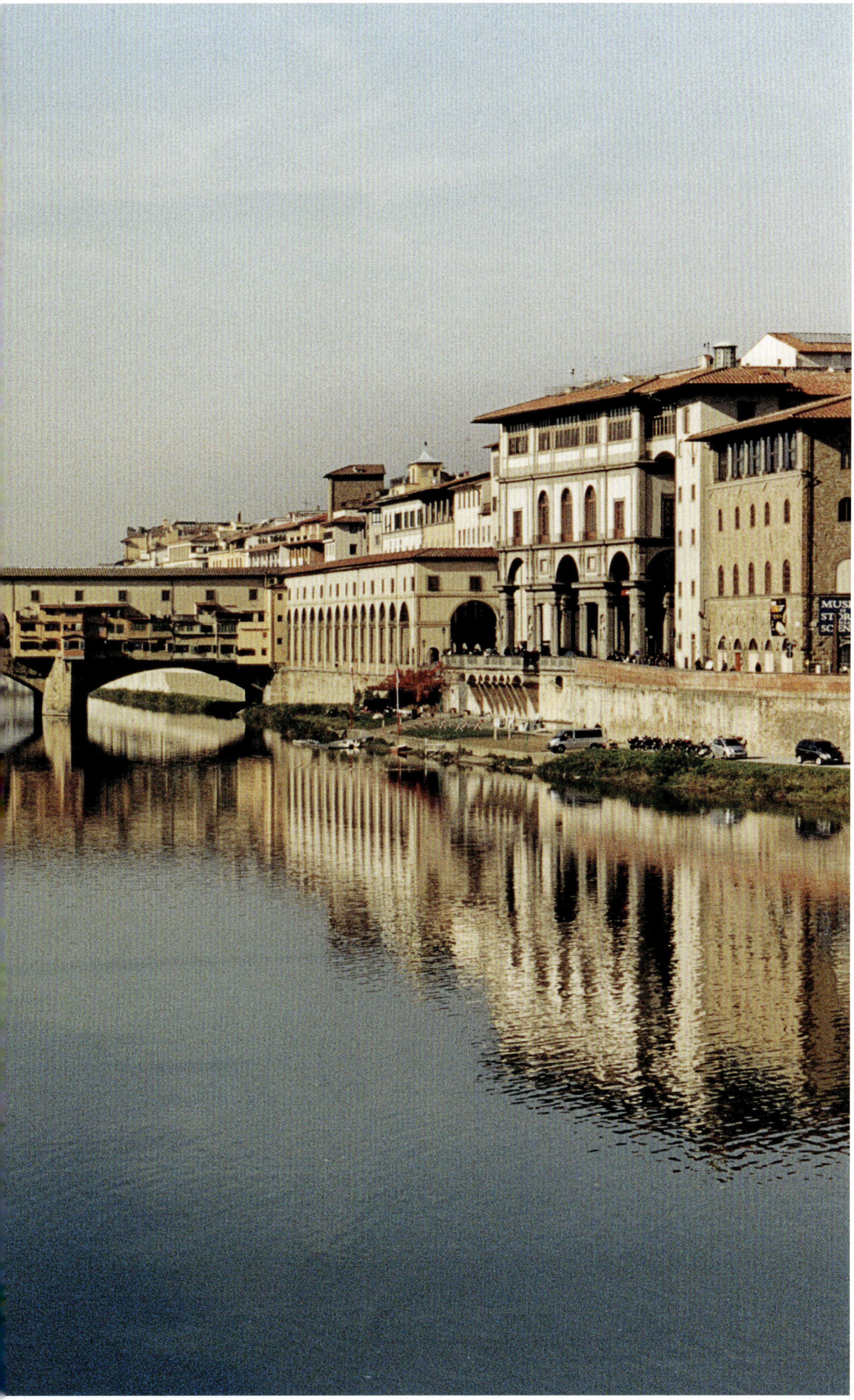

Nach dem Einkauf legen die Florentiner gern eine Pause ein, um sich bei einem Espresso zu erholen. Dazu gibt es etwas Süßes oder vielleicht einen *negroni*, einen duftenden Cocktail aus Campari, Gin und rotem Wermut. Wer den *negroni* probieren möchte, sollte unbedingt das Caffè Giacosa ansteuern, das 1815 eröffnet wurde. Angeblich wurde der Cocktail hier erfunden, aber das Caffè ist auch für seine Schokolade und seine süßen Backwaren berühmt. Es gibt übrigens in Florenz eine Reihe von Adressen, die selbst anspruchsvolle Chocoholics begeistern können. Im Hemingway's an der Piazza Piattellina gibt es alle erdenklichen Schokoladensorten, natürlich auch von einigen der berühmten toskanischen Hersteller. Caffè Rivoire an der Piazza della Signoria hat sich mit köstlicher *cioccolato caldo* (heiße Schokolade) einen Namen gemacht, aber das Angebot der Süß- und Backwaren ist auch nicht zu verachten. Wohin man in Florenz schaut, entdeckt man Hinweise auf die neueste Renaissance – die Renaissance der Schokolade.

TOMATEN

Tomaten kamen im 16. Jahrhundert nach Italien, fanden aber erst einige Zeit später ihren Weg in die Küche. Heute haben die Toskaner eine große Auswahl, denn in der Region werden elf verschiedene Sorten angebaut. Zu den beliebtesten gehören die große fleischige Sorte *pomodoro costoluto fiorentino*, die frisch hervorragend schmeckt oder für *passata* (Tomatenpüree) verwendet wird. In den Gemüsegärten sieht man häufig *pomodorino da inverno da appendere* (eine Kirschtomate). Sie trägt Rispen mit sechs bis acht länglichen und zugespitzten Früchten, die über Winter hängend in gut belüfteten Räumen aufbewahrt werden, sodass fast ganzjährig frische Tomaten von guter Qualität auf den Tisch kommen.

Das berühmteste Tomatengericht der Toskana ist zweifellos *Pappa col pomodoro* (Tomatensuppe mit Brot, siehe Seite 130). Das Wort *pappa* bezeichnet Babybrei, und tatsächlich spielt der Name der Suppe auf diese Konsistenz an.

Es ist nicht verwunderlich, dass in der toskanischen Küche Tomaten von großer Bedeutung sind, denn in der Region wachsen mehr als zehn verschiedene Sorten.

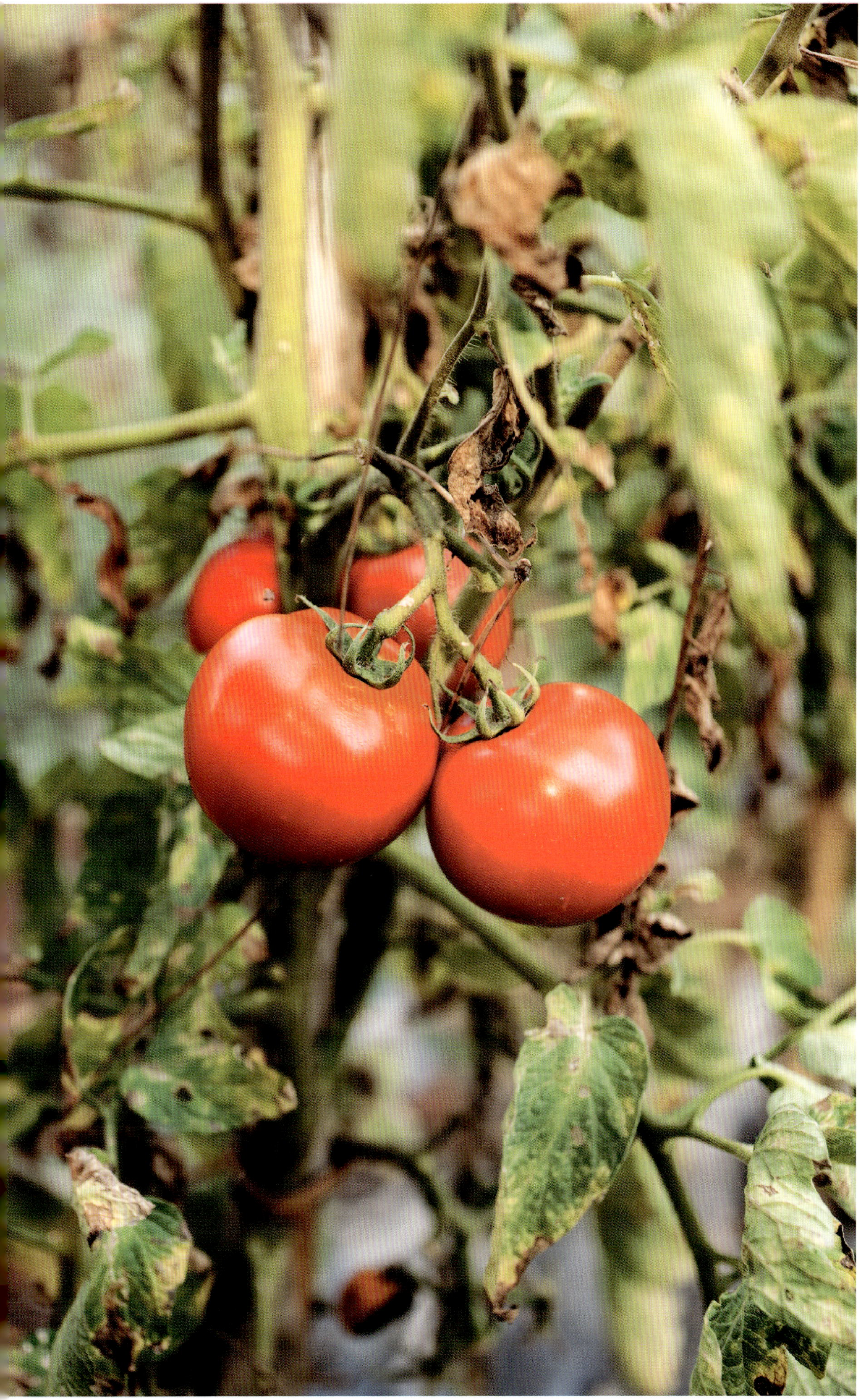

PAPPA COL POMODORO

Tomatensuppe mit Brot

Diese ebenso leckere wie einfache Suppe kennt man in ganz Italien. In den 1960er-Jahren hat Rita Pavone sie in ihrem Schlager „*Viva la pappa col pomodoro*" berühmt gemacht. Während Puristen darauf bestehen, unbedingt ungesalzenes toskanisches Weißbrot und toskanisches natives Olivenöl extra zu verwenden, bleiben doch die Hauptzutaten ein gutes weißes Landbrot und beste, perfekt gereifte Tomaten. Die Suppe erfährt immer wieder Variationen und ist – auch weil man sie heiß, warm oder kalt genießen kann – eines der vielseitigsten Gerichte der Region. Als schmackhafter Weg, altes Brot aufzubrauchen, stellt sie ein wahres Vermächtnis der Armenküche *cucina povera* dar.

Vorbereitungszeit: 15 Minuten
Kochzeit: etwa 15 Minuten
Für 6 Personen

— 500 g Tomaten, gehäutet, entkernt und grob gehackt
— 6 Knoblauchzehen, geschält
— 10 Basilikumblätter
— 5 EL Olivenöl, plus etwas zum Beträufeln
— 6 Scheiben Brot vom Vortag oder geröstet
— Salz und Pfeffer

Die Tomaten durch ein Sieb in eine Schüssel streichen. 1,5 l Wasser in einen großen Topf gießen und Knoblauch, Basilikum, Öl und je eine Prise Salz und Pfeffer hineingeben. Kurz aufkochen, dann auf mittlere Stufe schalten und die Tomaten zugeben. 10–15 Minuten köcheln lassen.

Knoblauchzehen und Basilikumblätter herausnehmen und wegwerfen. Die Brotscheiben in eine Terrine schichten und die Tomatensuppe langsam darübergießen. Einige Minuten ruhen lassen, dann mit Olivenöl beträufeln und servieren.

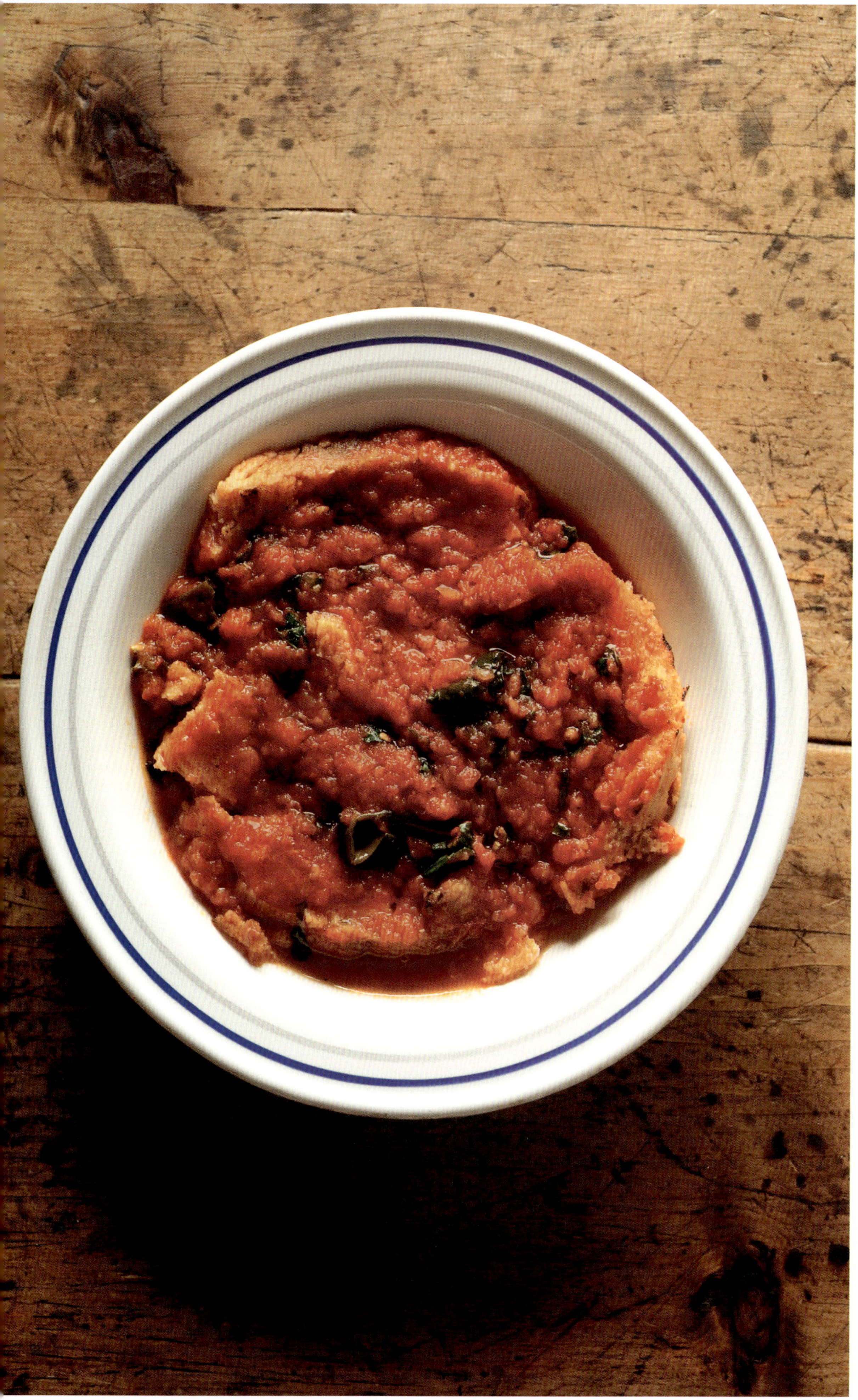

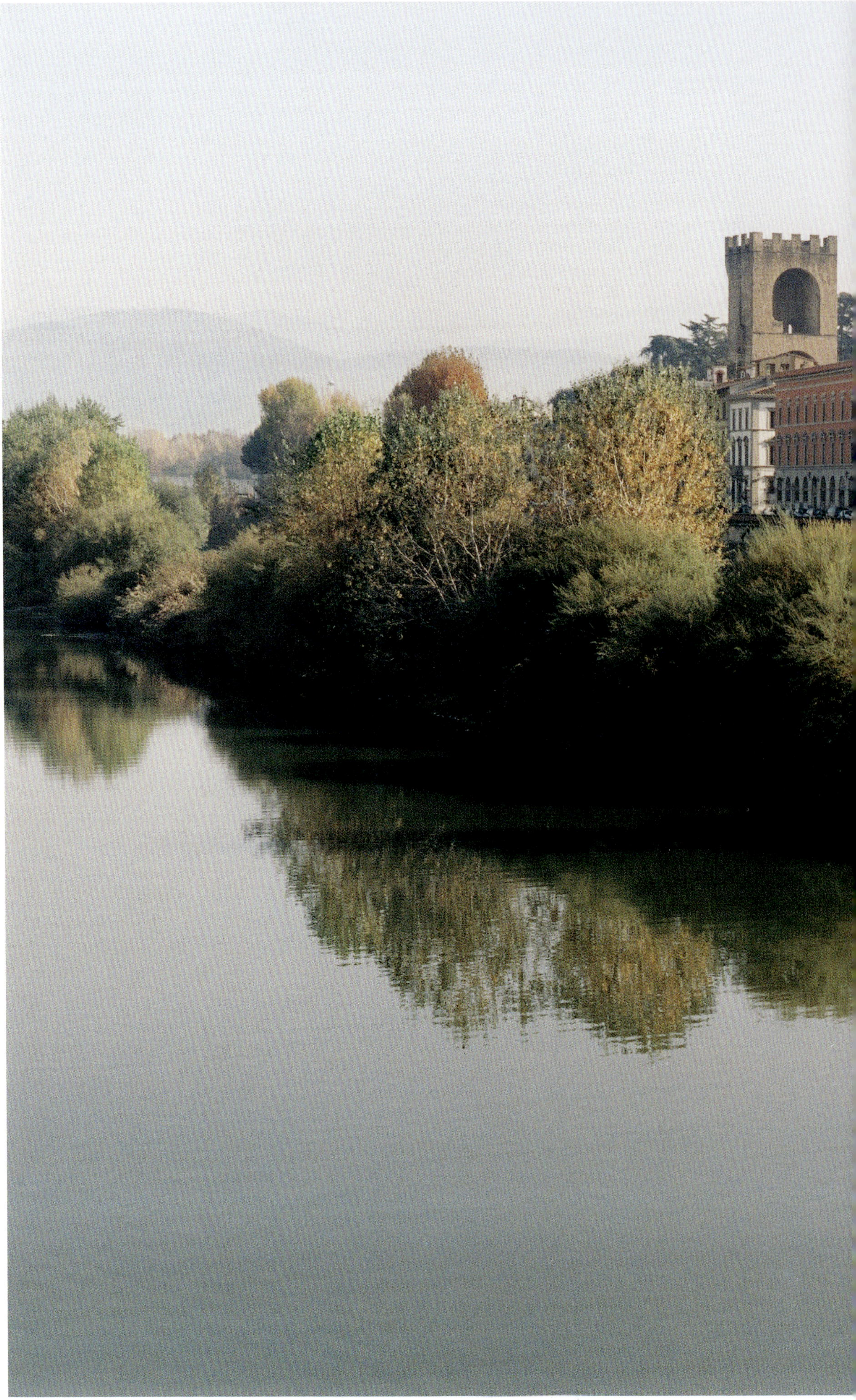

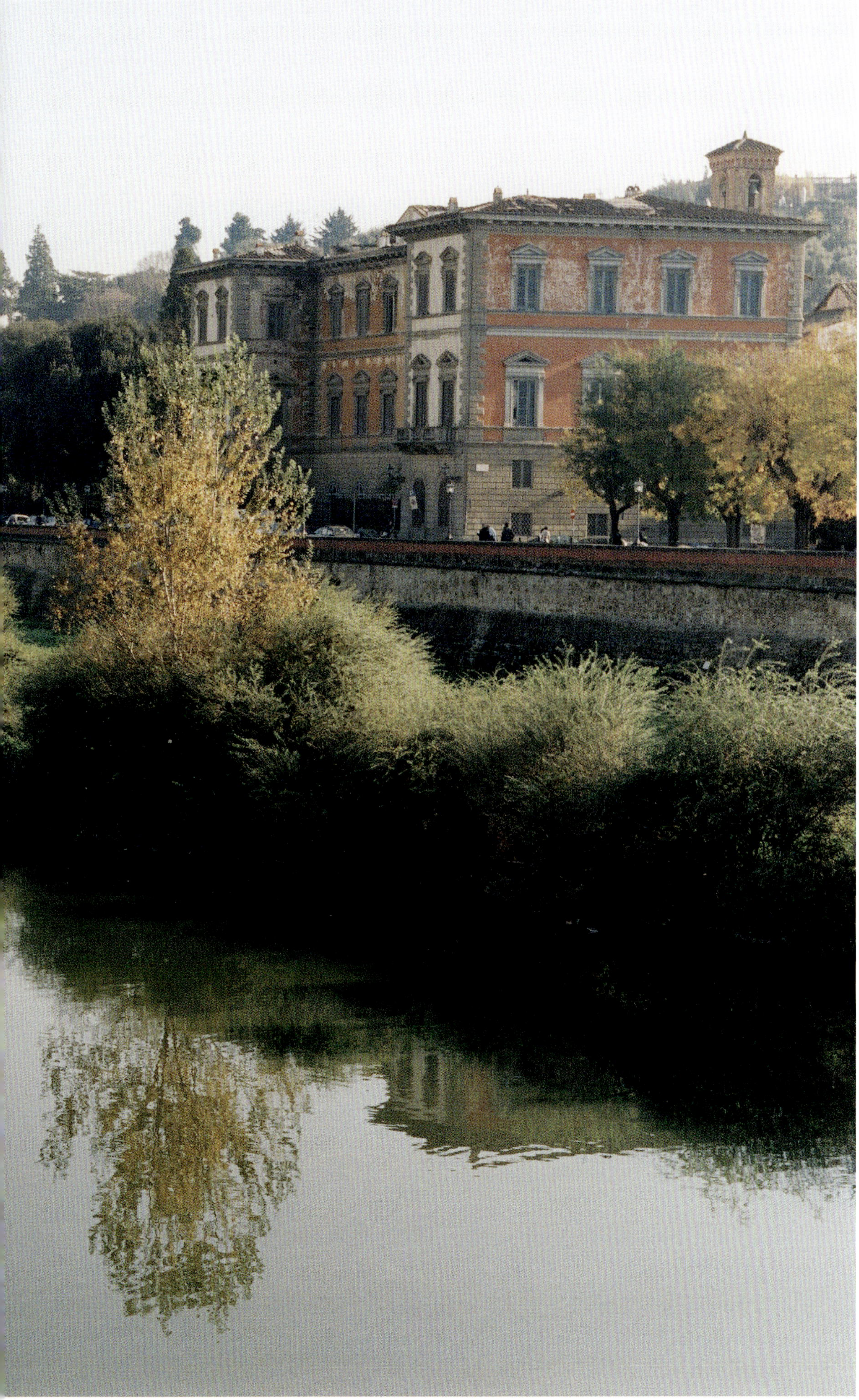

PEPOSO

Toskanischer Pfeffertopf

Die *fornacini*, die in den Fabriken Terrakottafliesen brannten, kochten sich ihren *peposo* über der Hitze der Brennöfen in Töpfen, die sie von zu Hause mitbrachten. Sie gaben stets eine kräftige Prise Pfeffer hinein.

Vorbereitungszeit: 10 Minuten
Kochzeit: 5 Stunden
Für 6 Personen

— 1 kg Rinderschmorfleisch, gewürfelt
— 3 Knoblauchzehen, geschält
— 1 gehäufter EL frisch gemahlener schwarzer Pfeffer
— 1 EL Tomatenmark
— 350 ml Rotwein
— Salz
— Salzkartoffeln, Polenta oder Toastbrot, zum Servieren

Das Fleisch in einen Terrakottatopf oder eine Kasserolle füllen, den Knoblauch zugeben und alles mit Wasser bedecken.

Den Deckel halb auf den Topf oder die Kasserolle auflegen und auf mittlerer Stufe 2 Stunden köcheln lassen. Pfeffer, Tomatenmark und Rotwein zugeben und salzen. Den Deckel ganz auflegen und auf niedriger Stufe weitere 3 Stunden köcheln lassen. Bei Bedarf etwas heißes Wasser zugießen. Heiß mit Salzkartoffeln, Polenta oder Toastbrot servieren.

Vorherige Doppelseite:
Blick auf den Palazzo Serristori am Ufer des Arno. Der Palast wurde Mitte des 16. Jahrhunderts erbaut und steht in Oltrarno, einem Stadtteil von Florenz.

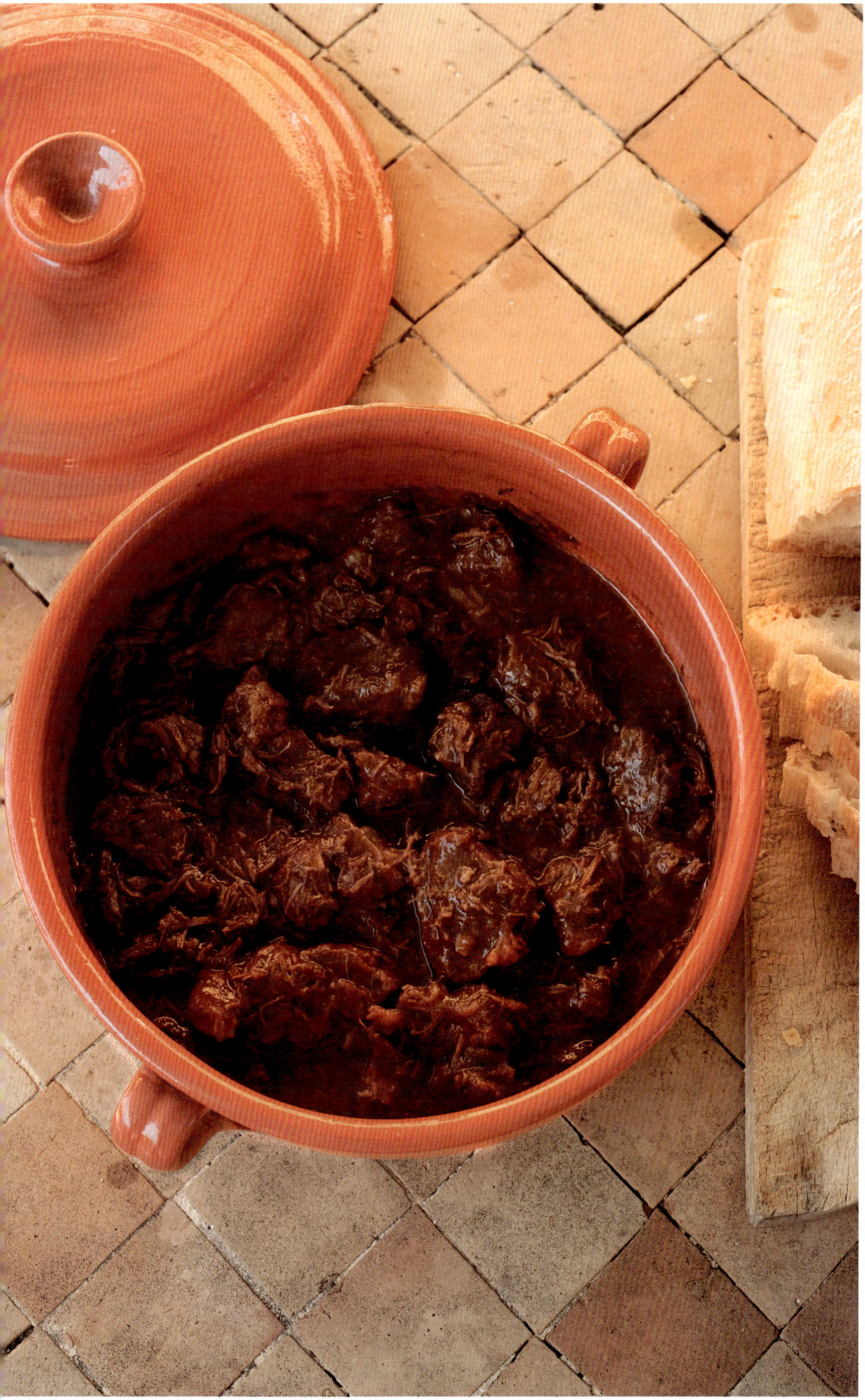

RINDERSTEAK NACH FLORENTINER ART

Bistecca alla fiorentina (Rindersteak nach Florentiner Art) ist, wie der Name ahnen lässt, ein Gericht aus Florenz. Allerdings konnten es sich in seiner Entstehungszeit nur Reiche leisten. Die Nachfrage war jedoch so groß, dass die Schlachter aus Siena nur das teure, hinten befindliche flache Roastbeef der Rinder verschickten, denn aus diesen wird das Steak geschnitten. Das vordere runde Roastbeef behielten sie der größeren Nachfrage wegen bei sich vor Ort.

Die Florentiner nehmen ihre Steaks sehr ernst. 1991 stellten Vertreter der örtlichen Schlachtervereinigung unter Mitwirkung der Gesellschaft der Florentiner T-Bone-Steak-Akademie Richtlinien für Auswahl und Zubereitung des Fleisches auf. Ein ordentliches T-Bone-Steak muss je ein Stück Karree, Lende und Filet enthalten, wobei der T-förmige Knochen in der Mitte liegt. Es muss zwischen drei und vier Zentimetern dick und in der Fläche großzügig bemessen sein.

In Restaurants werden die Preise meist nach *etto* (100 g) berechnet, und ein großes Steak kann recht kostspielig sein. Wegen der stattlichen Größe und des Preises kommt es häufig vor, dass sich zwei oder drei Personen so ein Steak teilen. Viele Florentiner meinen, dass ein authentisches *Bistecca alla fiorentina* unbedingt von Chianina-Rindern (siehe Seite 251), stammen muss, einer einheimischen Rasse aus dem Val di Chiana. Weil aber heute die Nachfrage viel höher ist als das Angebot, wird in den Restaurants Fleisch aus Argentinien, Brasilien und Frankreich serviert. Chianina-Steaks sind selten im Angebot, und wenn, dann kosten sie erheblich mehr. Wer jedoch die Chance hat, sollte dieses einheimische Fleisch einmal probieren, denn es ist seinen Preis durchaus wert.

Ein Florentiner Steak muss marmoriert sein, damit es beim Braten nicht trocken wird.

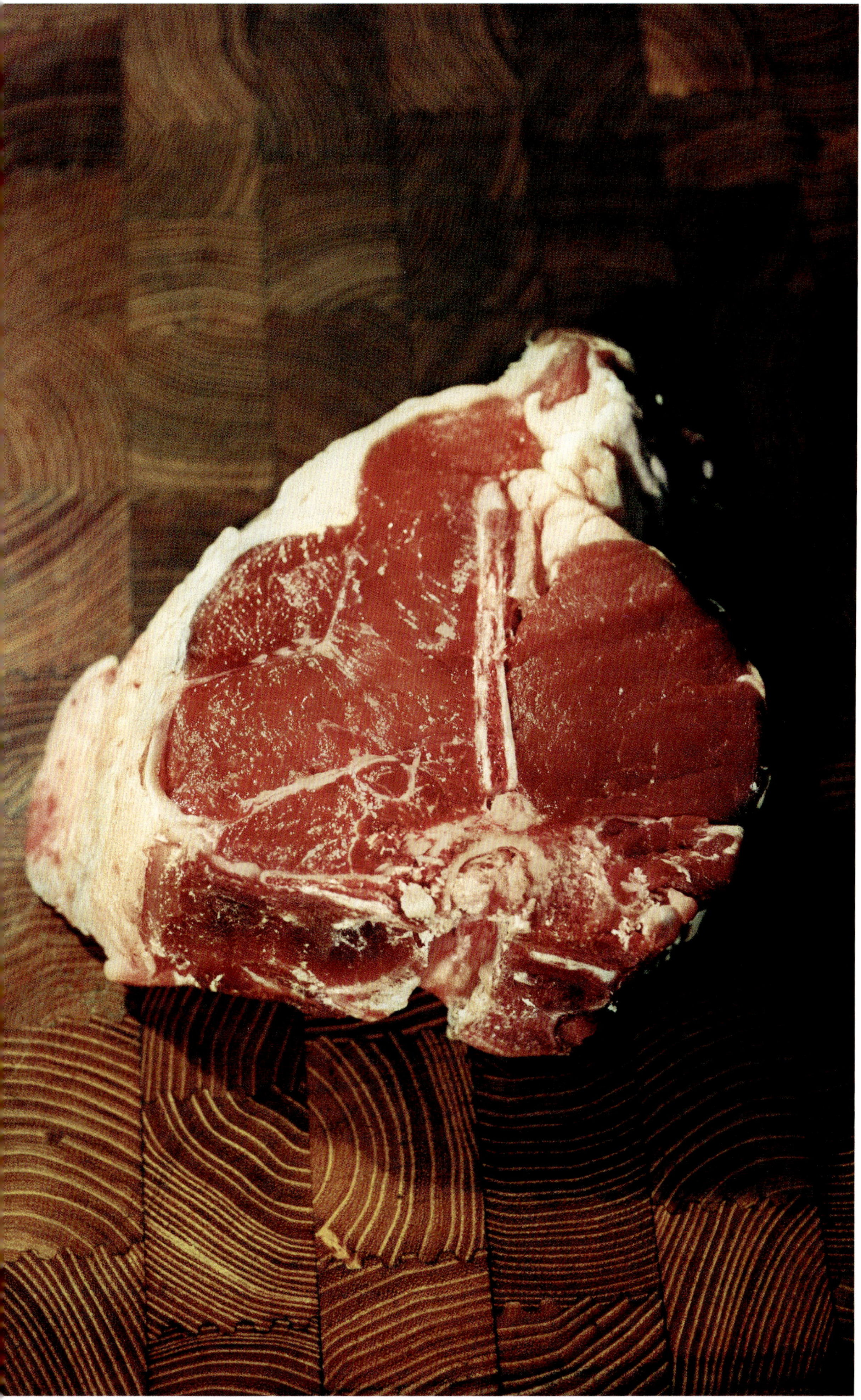

BISTECCA ALLA FIORENTINA

Rindersteak nach Florentiner Art

Nur wenige Gerichte sind so eng mit Florenz verbunden wie das *Bistecca alla fiorentina*. Außerhalb von Italien kennt man es als T-Bone-Steak (manchmal auch Porterhouse-Steak), für die Florentiner ist es einfach ihr *bistecca*. Das Wort ist angelehnt an des englische *beefsteak*. Der Begriff wurde Mitte des 19. Jahrhunderts populär, als britische Auswanderer sich in der Toskana niederließen.

Vorbereitungszeit: 5 Minuten
Grillzeit: 10 Minuten
Für 4 Personen

— 2 T-Bone-Steaks aus dem flachen Roastbeef (à 600 g)
— Olivenöl, zum Beträufeln
— Salz und Pfeffer

Den Holzkohle-, Elektro- oder Backofengrill vorheizen. Die Steaks auf den Rost legen und von jeder Seite 5 Minuten grillen, sodass sie innen noch rosa sind. Vom Grill nehmen und mit Salz bestreuen. Eine vorgewärmte Servierplatte mit einem Ring Olivenöl beträufeln. Die Steaks pfeffern, dann auf der Platte anrichten und sofort servieren.

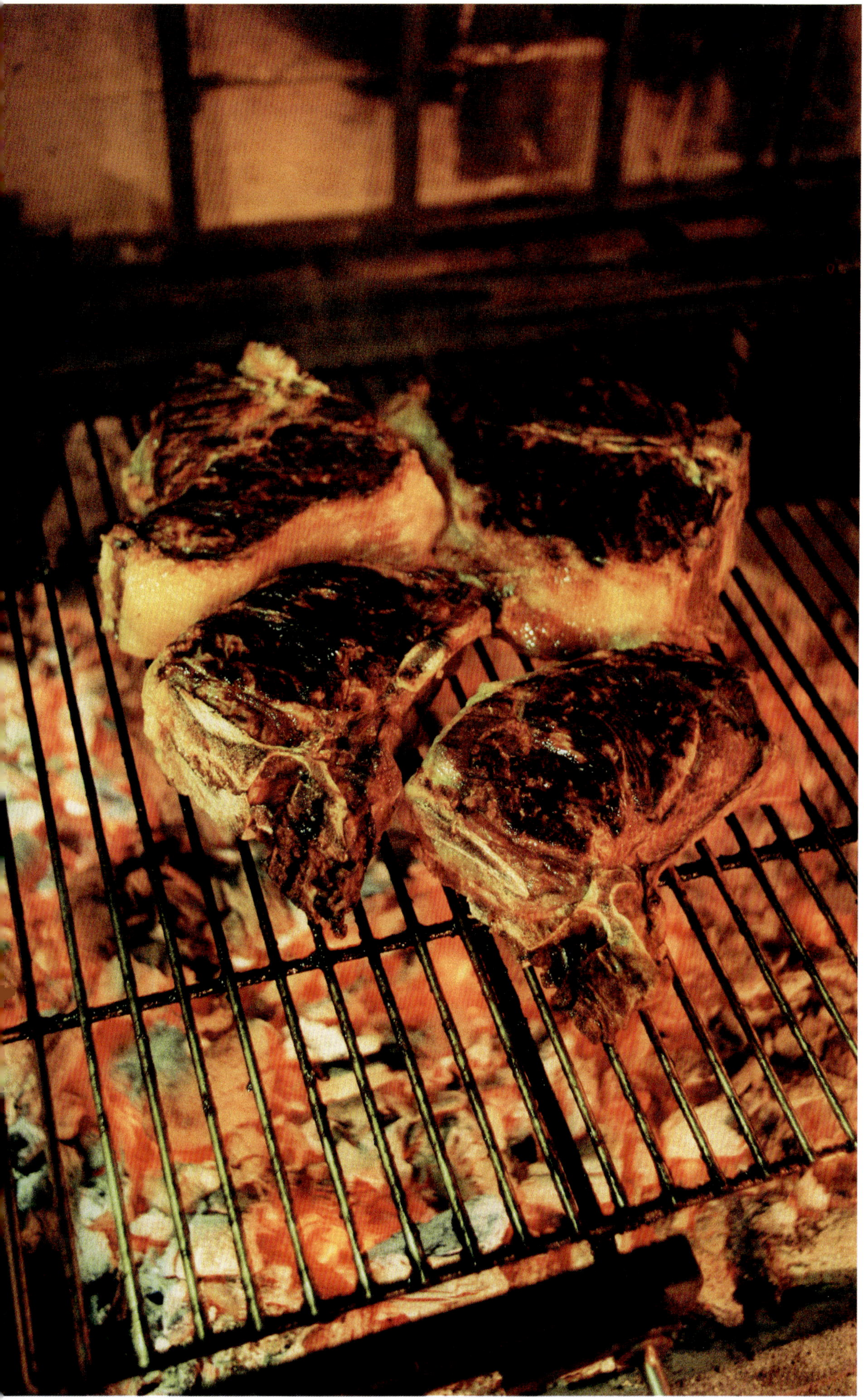

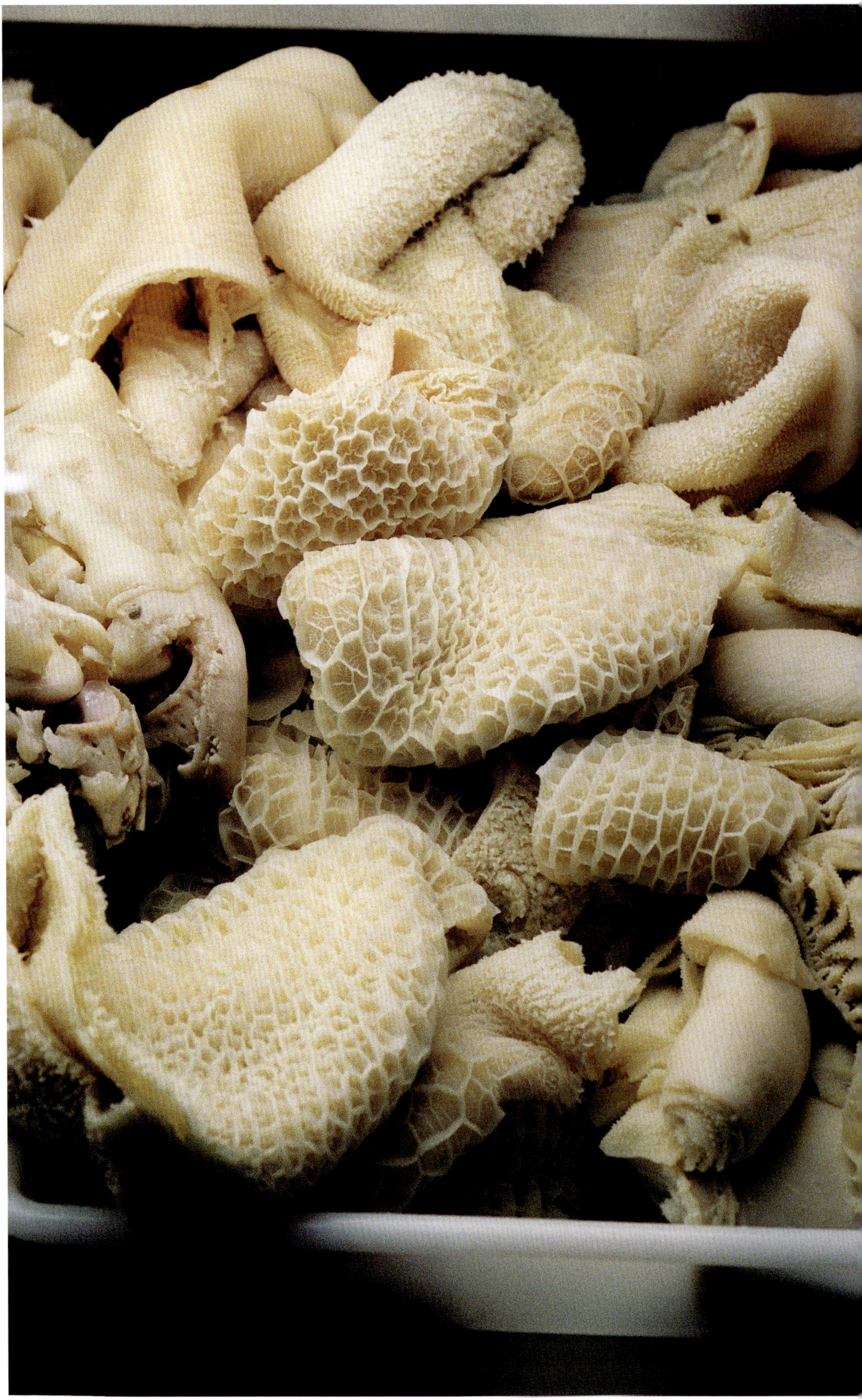

KUTTELN

Trippa (Kutteln) spielen in der Florentiner Küchentradition eine größere Rolle als andernorts in Italien. Um die Mittagszeit versammeln sich die Florentiner bei jedem Wetter um die mobilen Stände, an denen *trippai* (Kuttelverkäufer) kleine Plastikschälchen befüllen oder *panini* (Brötchen) mit Streifen von Kutteln belegen, die auf verschiedene Weise zubereitet sind. Zum täglichen Angebot gehören *Trippa alla fiorentina* (Kutteln nach Florentiner Art, siehe Seite 142), geschmort in Wein mit Tomaten, Sellerie, Karotte und Zwiebel und bestreut mit einer guten Portion geriebenem Parmesan. Besonders beliebt ist eine Zubereitung aus der bäuerlichen Küche, für die der Kalbslabmagen in Streifen geschnitten und auf Brötchen gehäuft wird. Abgerundet wird das Ganze mit einer Prise Salz und einem Spritzer *salsa piccante* (Chilisauce). Es gibt jedoch viele andere Variationen über das Thema. In Livorno würzt man die Kutteln großzügig mit Knoblauch und Petersilie, in Montalcino kocht man sie in Wein, und in Siena werden sie mit Wurst zubereitet.

„Kutteln" ist eine Bezeichnung für den Rindermagen. Nun haben Wiederkäuer aber mehrere Mägen, die jeweils eigene Namen haben. Der Pansen, *croce* (weich und hell), ist der erste der drei Vormägen des Tiers und der meistverwertete. Außerdem gibt es den Netzmagen, *cuffia* (mit einer schwammartigen Wabenstruktur), und der Blättermagen, *centopelli,* der vorwiegend für eine sehr aromatische Suppe verwendet wird. Schließlich ist da noch der zarte Labmagen, *lampredotto,* der eigentliche Magen, der eine dunklere Färbung hat.

Die Florentiner verstehen mehr als viele andere vom Nährwert und gastronomischen Nutzen dieses Teils des Rindes. Sie betrachten es nicht als minderwertig. Und bei richtiger Zubereitungen sind Kutteln in der Tat gesund, unprätentiös, bodenständig und köstlich.

Kutteln waren früher ein Arme-Leute-Essen, gelten aber heute als Delikatesse. Richtig zubereitet sind sie köstlich und sehr aromatisch, weil sie sich mit Sauce vollsaugen.

TRIPPA ALLA FIORENTINA

Kutteln nach Florentiner Art

In Italien wird der Pansen für Kutteln nur vollständig vorgegart verkauft. In anderen Ländern sollte man beim Metzger nachfragen, wie lange er vorgegart wurde, und die Kochzeit danach ausrichten. Ein perfekter Garpunkt ist erreicht, wenn die Kutteln zart sind, es aber noch ein wenig zu kauen gibt.

Vorbereitungszeit: 30 Minuten
Kochzeit: etwa 1 Stunde 30 Minuten
Für 4 Personen

— 800 g vorgegarter Pansen
— 5 EL Olivenöl
— 1 Knoblauchzehe
— 1 Selleriestange, fein gehackt
— 1 Karotte, fein gehackt
— 1 Zwiebel, fein gehackt
— 4 Basilikumblätter, fein gehackt
— 175 ml trockener Weißwein
— 80 g frisch geriebener Parmesan
— 400 g Tomaten, gehäutet, entkernt und gehackt
— Salz und Pfeffer

Wasser in einem großen Topf zum Kochen bringen und den Pansen je nach Bedarf 20 Minuten auf mittlerer Stufe köcheln lassen, dann abgießen und in eine Schüssel mit kaltem Wasser legen.

Inzwischen das Öl in einer großen Kasserolle erhitzen. Die Knoblauchzehe zugeben und auf mittlerer Stufe einige Minuten bräunen, dann mit einem Schaumlöffel herausnehmen und wegwerfen. Sellerie, Karotte, Zwiebel und Basilikum zugeben und auf niedriger Stufe unter gelegentlichem Rühren 20 Minuten köcheln lassen. Den Wein zugießen und den Alkohol verkochen lassen.

Inzwischen den Pansen gründlich spülen und abtropfen lassen. Dann in Streifen schneiden und in die Kasserolle geben. Mit der Hälfte des Parmesans bestreuen und alles gut vermengen. Dann die Tomaten zugeben und salzen. Weitere 30–40 Minuten köcheln lassen und bei Bedarf ein wenig Wasser zugießen.

Die Kasserolle vom Herd nehmen. Dann Kutteln und Sauce in eine vorgewärmte Servierschüssel umfüllen und sofort servieren. Den restlichen Parmesan dazu reichen.

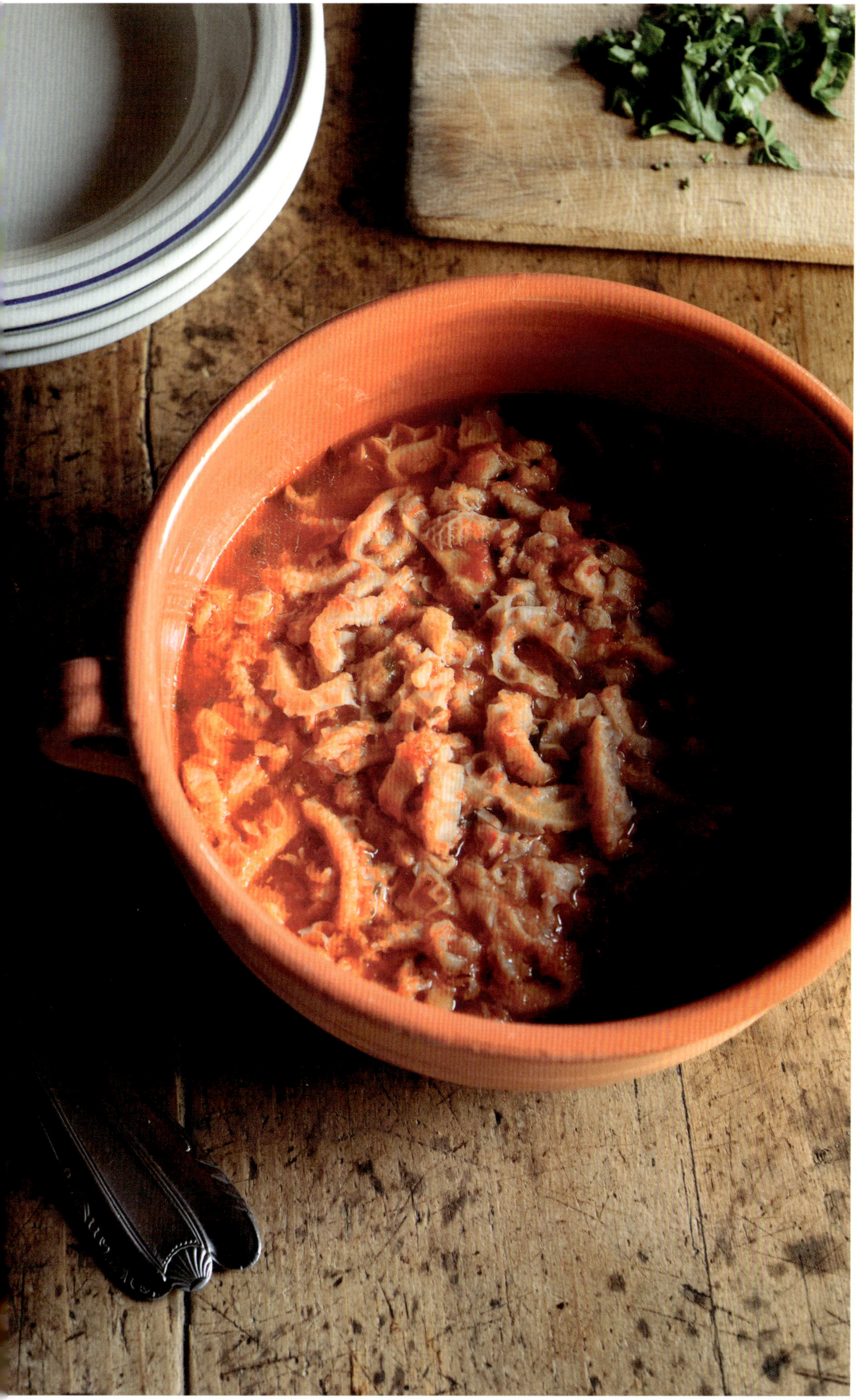

ZUCCOTTO

Zuccotto

Zuccotto ist wohl das erste Halbgefrorene, *semifreddo*, in der Dessertgeschichte. Ursprünglich soll es im Helm von Infanteriesoldaten zubereitet worden sein – im toskanischen Dialekt bedeutet *zucca* so viel wie Kopf. Zur Zubereitung können traditionell noch Ricotta, kandierte Früchte, Mandeln und Zartbitterschokolade gehören.

Vorbereitungszeit: 30 Minuten +
mind. 6 Stunden Gefrierzeit
Für 6 Personen

— 250–300 g *pan di Spagna* oder Biskuitboden
— 120 ml Amaretto
— 500 g Sahne (mind. 36 % Fettgehalt)
— 80 g feiner Zucker
— 50 g Kakaopulver, gesiebt
— 4 Amaretti

Eine gefriergeeignete Halbkugelform mit Frischhaltefolie auskleiden. Den *pan di Spagna* oder Biskuit waagerecht halbieren. Einen der Böden in acht leicht dreieckige Stücke schneiden und damit die Seiten der Form auslegen. Den Amaretto mit etwas Wasser mischen und den Biskuit damit beträufeln.

Die Sahne in einer Rührschüssel steif schlagen, dabei nach und nach den Zucker zugeben. Ein Drittel der Sahne in eine andere Schüssel füllen und die Hälfte des Kakaos unterziehen. Die Amarettini in die restliche Sahne hineinkrümeln und dann in die Form mit dem Biskuit geben. Dabei in der Mitte eine kleine Mulde frei lassen. Die Kakaosahne in die Mulde füllen und die Oberfläche glatt streichen. Den zweiten Boden auflegen, dann mit Frischhaltefolie abdecken und mindestens 6 Stunden gefrieren.

Den Zuccotto auf eine Dessertplatte stürzen und die Frischhaltefolie abziehen. Mit dem restlichen gesiebten Kakao bestreuen und sofort servieren.

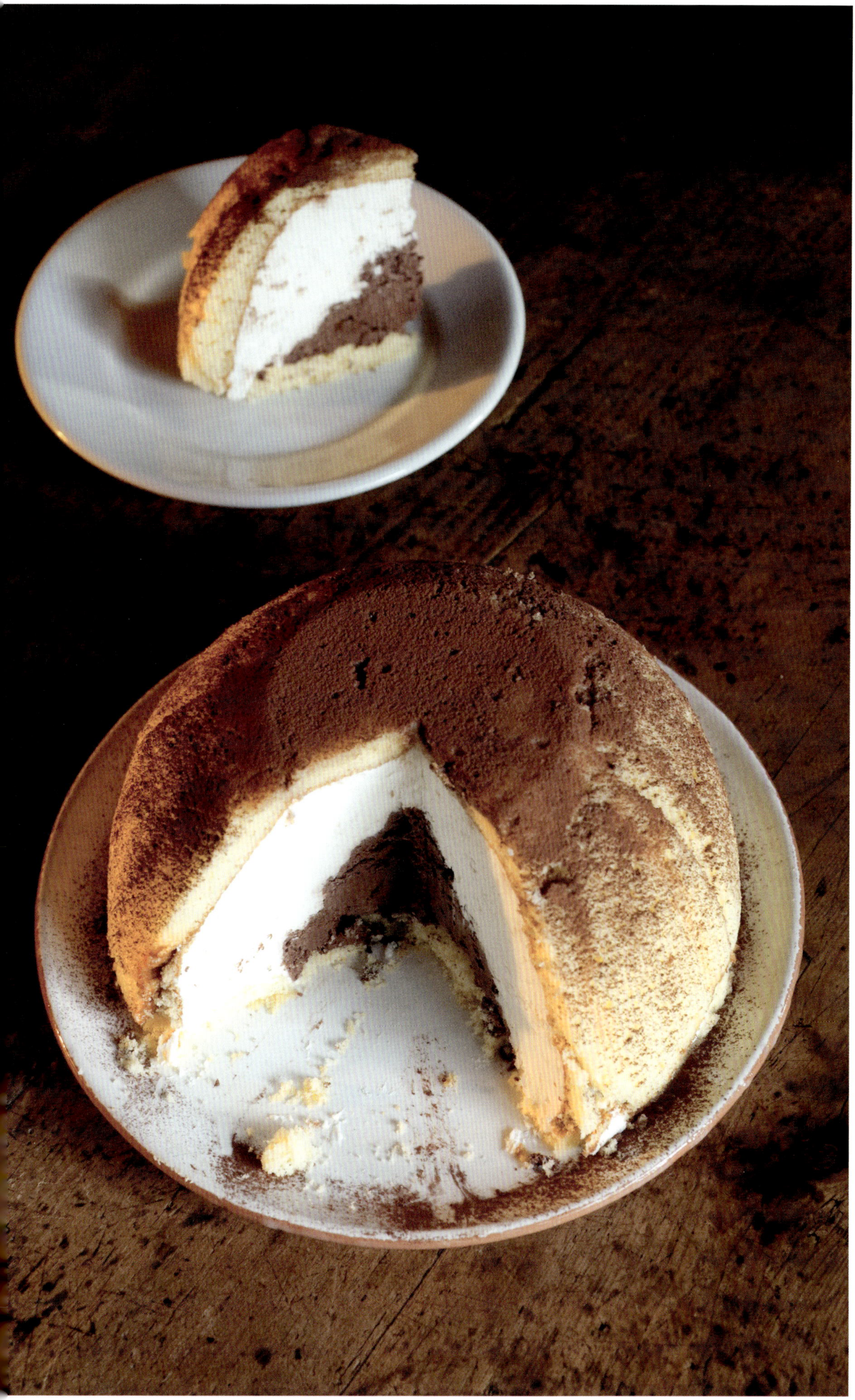

CHIANTI

Im Hinblick auf die Bekanntheit ist Chianti zweifelsfrei der König der toskanischen Weine. Die Anbauregion erhebt Anspruch, eine der ältesten in Italien, wenn nicht sogar in Europa zu sein. Die dortigen Weine können sich mit allem messen, was in Piemont gekeltert wird. Aber abgesehen von diesen bekannten Tatsachen herrscht in Bezug auf den Chianti viel Verwirrung.

Das liegt teilweise am Namen. Die Bezeichnung Chanti kann als Oberbegriff für Weine aus den Provinzen Pisa, Lucca, Arezzo, Pistoia, Prato, Florenz und Siena verwendet werden. Bei Wein aus diesen Regionen denken viele Menschen noch immer an die mit Stroh umflochtenen Großflaschen, die früher in aller Welt in den Pizzerien auf den Tisch kamen. Aber die Zeiten haben sich geändert. Heute gibt es viele gute Chiantis und ebenso viele durchschnittliche.

Weine mit der Bezeichnung Chianti Classico DOCG stammen aus dem hügeligen Anbaugebiet zwischen Florenz und Siena. Sie tragen das traditionelle Siegel mit dem gallo nero (schwarzen Hahn) auf rotem Hintergrund. Dieses Logo ist ein wichtiges Erkennungsmerkmal. Es wurde entwickelt, um den Chianti Classico von den Produkten zahlloser Winzer zu unterscheiden, die seit 1932 für ihre Weine die Bezeichnung „Chianti" verwenden dürfen. Damals führten neue Bestimmungen zu einer Vergrößerung des Anbaugebiets. Angeblich hat auch die uralte Rivalität zwischen Florenz und Siena mit der Entstehung dieses Siegels zu tun.

Im Jahr 1208 sollen die Städte Florenz und Siena eine etwas ungewöhnliche Lösung zur Beilegung ihrer Grenzstreitigkeiten gefunden haben. An einem bestimmten Morgen sollte beim ersten Hahnenschrei aus jeder Stadt ein Reiter mit höchster Geschwindigkeit losgaloppieren, und die Grenze sollte dort liegen, wo sie sich trafen. Der Legende zufolge mogelten die Floren-

Sangiovese-Trauben bilden den Grundpfeiler des toskanischen Chianti. Die *vendemmia* (Weinlese) findet im September statt und wird überall in der Region mit großen und kleinen Festen gefeiert.

Nächste Seite:
Die Landschaft der Toskana sieht zu jeder Jahreszeit großartig aus. Wenn im Spätherbst die Blätter von den Weinstöcken fallen, färben sich die Hügel golden und rot.

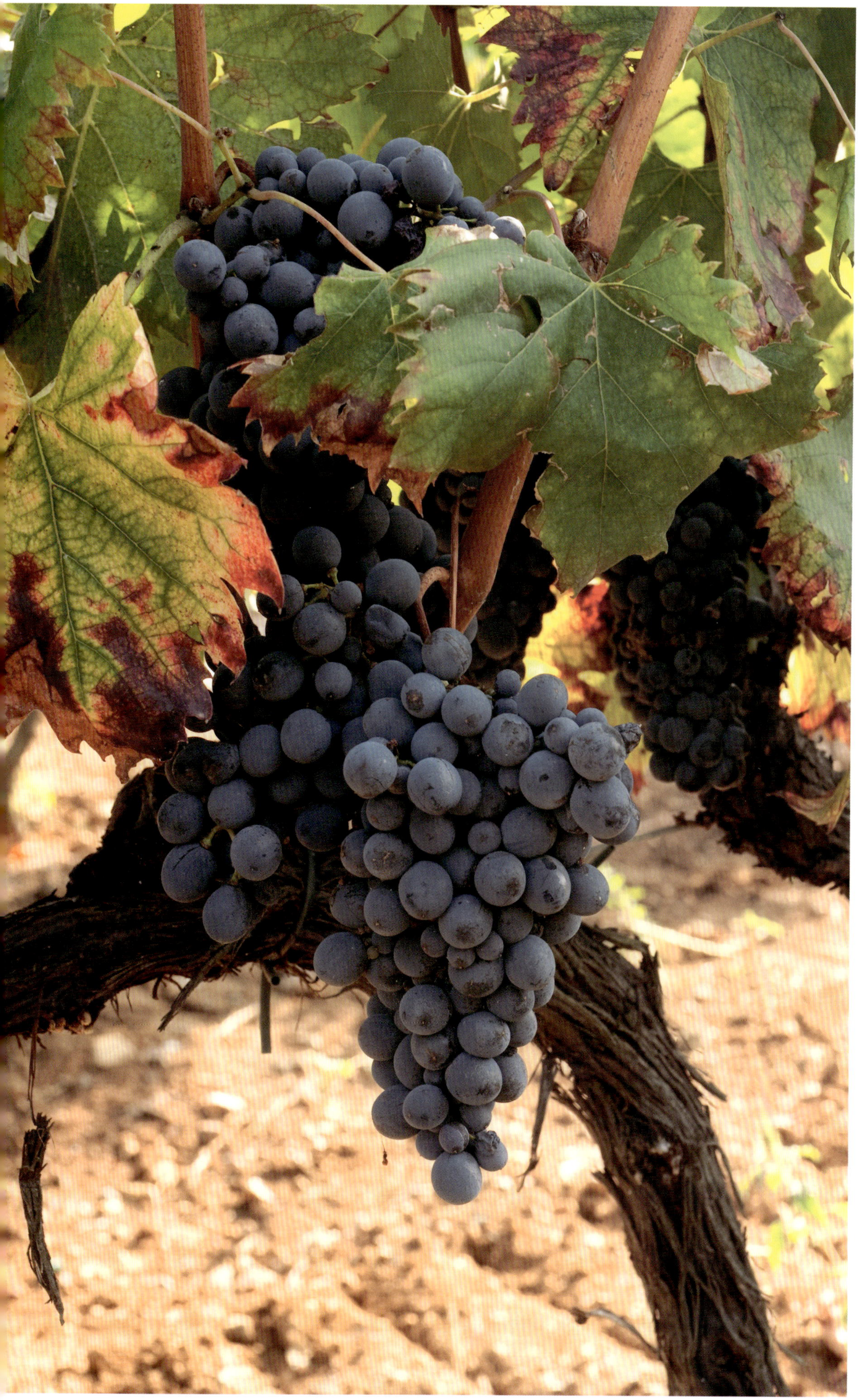

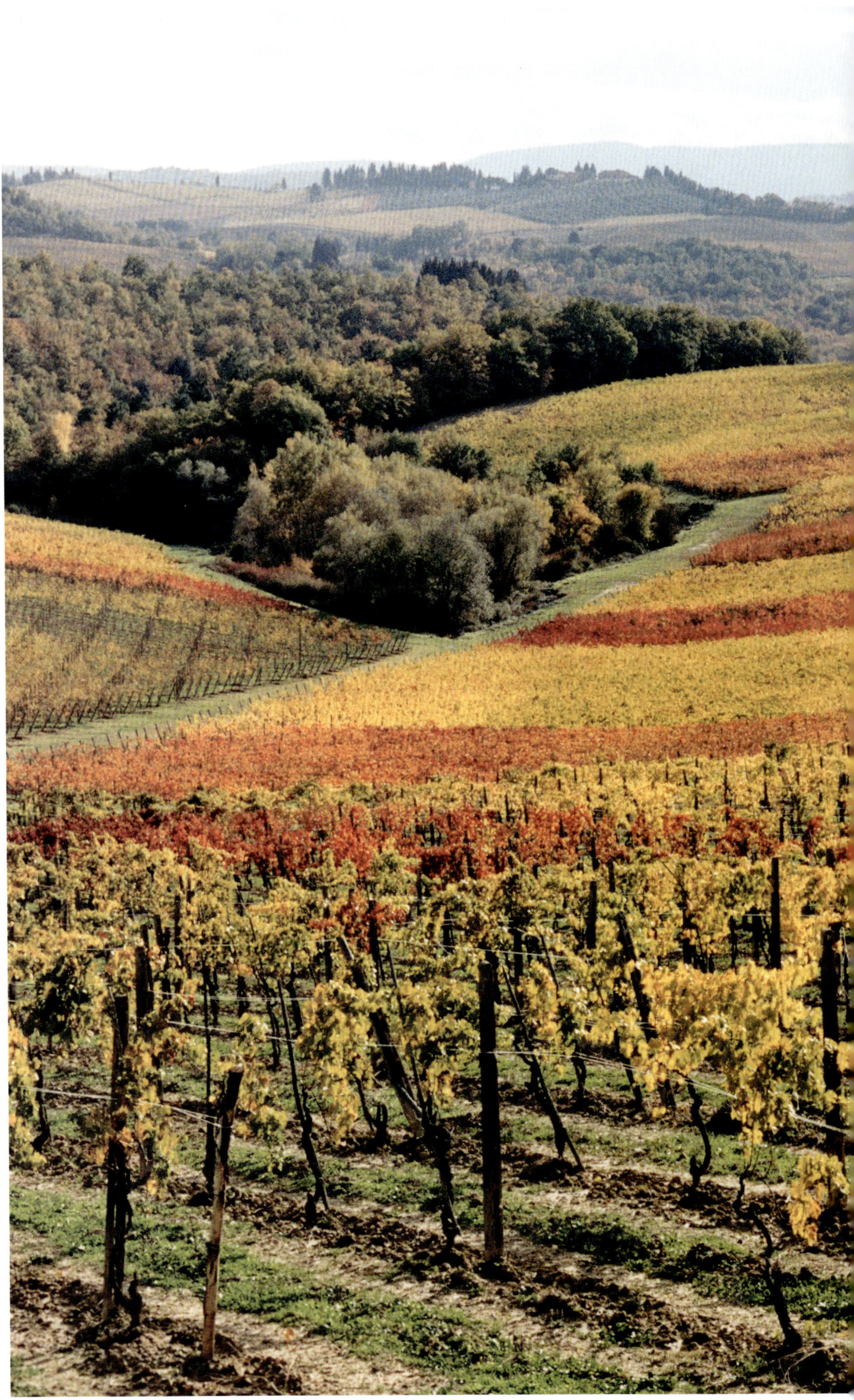

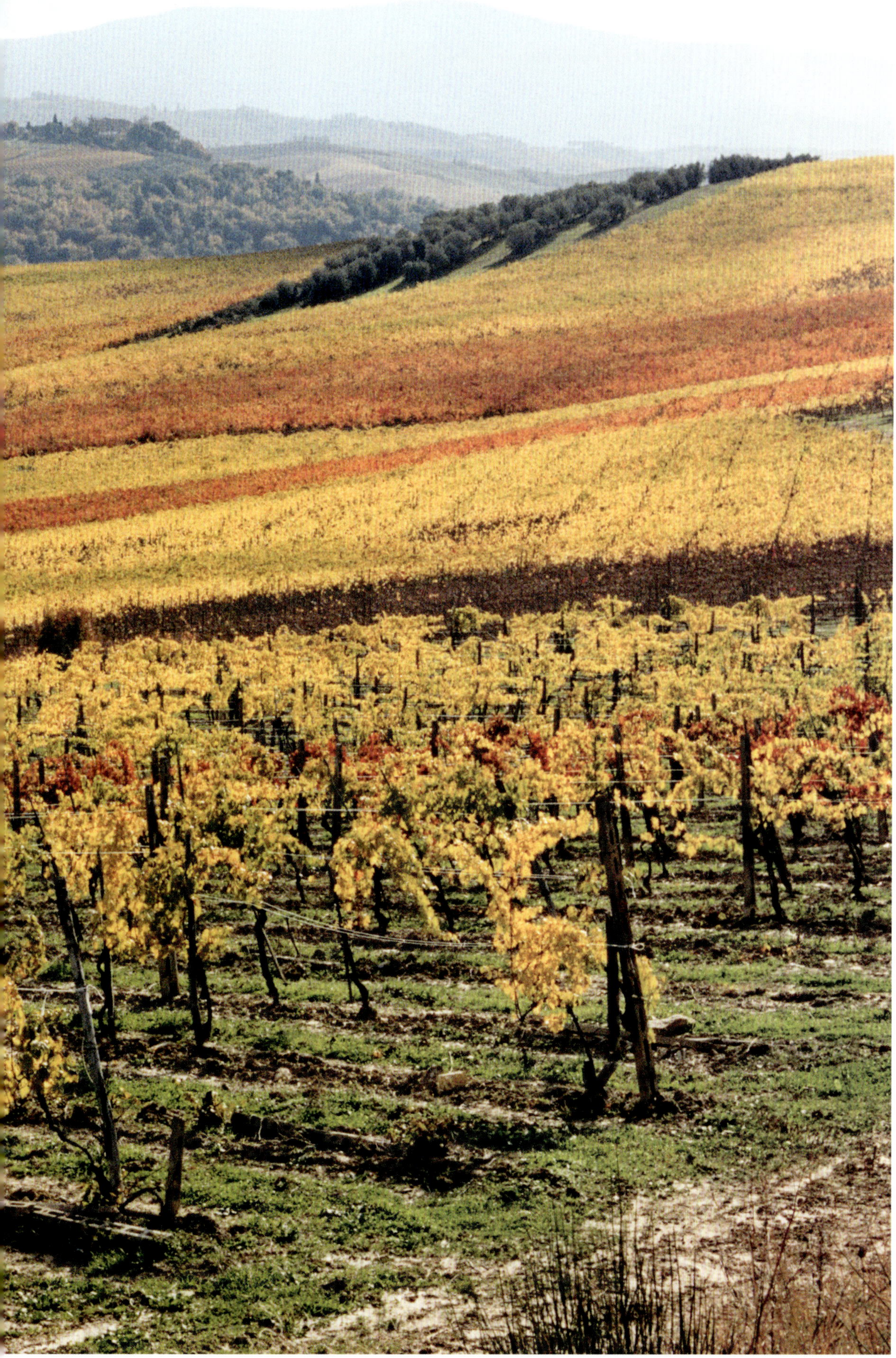

tiner aber. Sie fütterten ihren Hahn nicht, sodass er schon vor dem Morgengrauen vor Hunger krähte. So gewannen die Florentiner einen Zeitvorteil, und ihr Reiter kam weiter als der aus Siena.

Chianti wird generell aus Sangiovese-Trauben gekeltert, oft mit kleinen Anteilen von Canaiolo, Cabernet Sauvignon oder anderen Rebsorten. Zurzeit geht der Trend zu dunkleren, vollmundigeren und stärker strukturierten Weinen. Es wäre unmöglich, all die vielen Produzenten in der Region aufzulisten. Überdies wäre eine solche Liste unvollständig, denn einige der alteingesessenen und angesehenen Betriebe der Region haben sich gegen die Mitgliedschaft im *consorzio* (der Winzergenossenschaft) entschieden.

Aber es sollen wenigstens einige Betriebe von besonderem Renommee genannt werden wie Ama, Antinori, Bossio, Capaccia, Casaloste, Collelungo, Colombia di Cencio, Casa Emma, Fonterutoli, Fontodi, Isole E Olena, La Massa, Monsanto, Palazzino, Querciabella, Rampolla, Ricasoli, Ruffino, San Felice, San Giusto, Villa Cafaggio und Volpaia. Die beste Möglichkeit, einen guten Chianti-Classico-Produzenten zu finden, besteht zweifellos darin, einige Flaschen zu kaufen und zu probieren. Dazu bietet es sich an, in gemächlichem Tempo die Strada Chiantigiana, die „Chianti-Straße", entlangzufahren. Hier gibt es viele Weinbaubetriebe, in denen Besucher immer willkommen sind.

In einer *enoteca* (Wein-Bar) werden oft die besten Weine angeboten, die eine Region zu bieten hat.

CastelGiocondo
Brunello di Montalcino
2001
LE DIFESE
IL BRUCIATO
ENOTECA
TOGNON

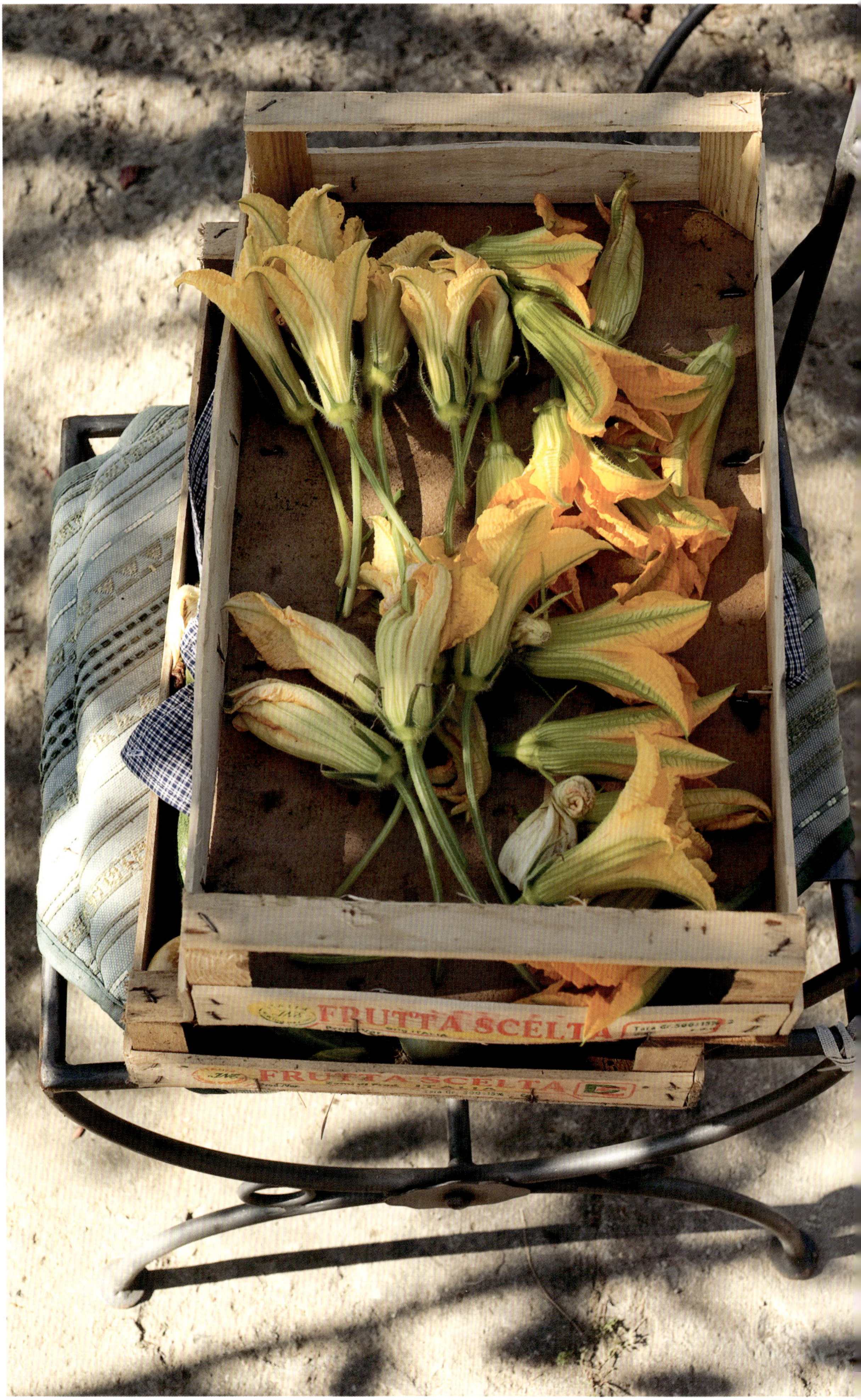
FRUTTA SCELTA
FRUTTA SCELTA

VI

PISA

Frittatine in trippa 160
Falsche Kutteln

Faraona ai porcini 163
Perlhuhn mit Steinpilzen

Pollo al sugo con i 'rocchini' 166
Hähnchen in Sauce mit Selleriebällchen

Torta pisana 170
Pisaner Kuchen

Torta della nonna 172
Großmutters Kuchen

Im Nordwesten der Stadt Pisa steht eine Gruppe von Bauwerken, die Touristen aus aller Wnziehen. Zu jeder Tageszeit tummeln sich auf der Piazza dei Miracoli, besser bekannt als Piazza del Duomo, Busladungen von Besuchern, die den berühmten Campanile – den schiefen Turm von Pisa – bewundern. Aber Pisa hat mehr zu bieten als eine architektonische Fehlberechnung, die sich zu einem Touristenmagneten entwickelt hat.

Die Provinz Pisa erstreckt sich von der Küste bis ins Zentrum der Toskana. In ihrer sanft hügeligen Landschaft befinden sich verstreut Bauernhäuser. Die Stadt Pisa liegt im Norden der Provinz nicht weit von der Küste und ganz in der Nähe des großen Nationalparks Migliarino San Rossore. Und wie man sich denken kann, hat diese vielfältige Landschaft ebenso vielfältige Produkte zu bieten.

Auf dem fruchtbaren Boden der Provinz gibt es Weingärten, Olivenhaine, Obstgärten und Felder voller Gemüse. Pinienkerne aus dem National Park Migliarino San Rossore und weiße Trüffeln aus San Miniato im Norden gehören zu den berühmtesten kulinarischen Produkten. Geschäfte in San Miniato präsentieren stolz ein beeindruckendes Angebot von Trüffelprodukten, von Salami und anderen Würsten mit Trüffeln über Trüffelöl und -butter bis zu Trüffeln in Gläsern und sogar Schokolade mit Trüffelaroma. Neben Trüffeln bietet San Miniato aber auch andere gastronomische Überraschungen, darunter Steinpilze, Esskastanien und Honig.

Ein weiteres Produkt aus der Region sind Artischocken aus San Miniato, die als außergewöhnlich schmackhaft gelten und schon während der Renaissance in den Küchen der Medici zubereitet wurden. Die Tomatensorten *pisanello* und *costoluto fiorentino* werden in großem Stil angebaut, außerdem toskanischer Blumenkohl und die Zucchinisorte *mora*, deren Blüten besonders lange frisch bleiben. Überall auf den toskanischen Märkten kann man Zucchini kaufen, an denen noch die Blüten

Vorherige Seite:
Zucchiniblüten gelten als Delikatesse. Sie müssen möglichst rasch nach der Ernte gegessen werden, bevor ihr zartes Aroma verloren geht.

Zucchini sind ein beliebtes Gemüse. Sie werden überall in der Provinz Pisa angebaut und meist geerntet, wenn sie noch jung, zart und schlank sind.

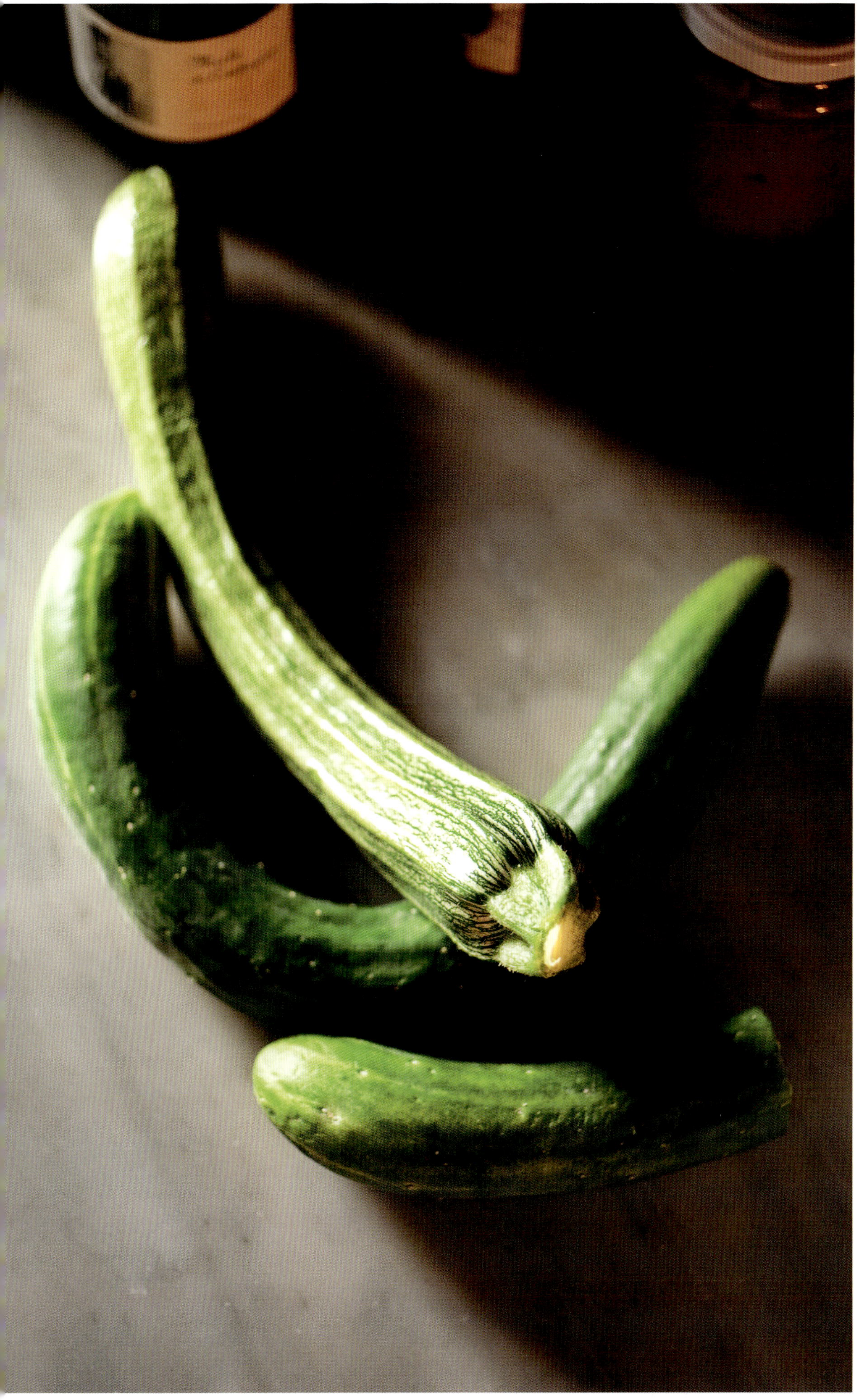

sitzen. Die Blüten werden gefüllt und frittiert, die Zucchini selbst sind eine beliebte Zutat zu Suppen.

Salami, Pancetta und andere Fleischwaren vom Schwein stehen in der Provinz hoch im Kurs. Ein überaus geschätztes Produkt ist auch *soppressata di sangue* aus Pisa, eine gekochte Blutwurst, die mageres und fettes Fleisch enthält und überall in der Provinz hergestellt wird. Sie wird entweder in kochendem Wasser erwärmt oder in Scheiben geschnitten, mit Mehl bestäubt und in Öl gebraten und als Beilage serviert. Eine weitere Spezialität ist *fegatello di maiale macinato pisano*: Hackfleisch von Nacken und Keule wird mit fein gehackter Schweineleber vermischt, mit wildem Fenchel gewürzt, in Netze gehüllt und mit Schmalz in Tontöpfen gegart. Danach wird diese Spezialität mit einer Schicht Schmalz übergossen, um die Haltbarkeit zu verlängern. Dennoch muss sie innerhalb einer Woche verzehrt werden.

Der Nationalpark Migliarino San Rossore ist nicht nur für die Pinienkerne, sondern auch für sein Lammfleisch berühmt. Die halbwilden Massese-Schafe werden, wenn sie nicht grasen, mit Heu und Getreide gefüttert. Ihr Fleisch hat einen milden Geschmack. Hasen, Kaninchen und Fasane aus dem Nationalpark sind in der Regionalküche ebenfalls von Bedeutung.

Obwohl die Küstenlinie der Provinz Pisa kurz ist, steht Fisch hoch im Kurs. Das mag teilweise daran liegen, dass Pisa eine kleine Küstenrepublik war, bevor die Provinzen im 19. Jahrhundert zu einem Staat vereint wurden. Eine berühmte Spezialität waren junge Aale aus der Mündung des Arno, die zusammen mit Salbei kurz in Öl gebraten und unmittelbar vor dem Servieren mit Zitronensaft beträufelt und mit Parmesan bestreut wurden. Da der Fang junger Aale heute verboten ist, wird das Gericht nun mit anderen sehr kleinen Fischen zubereitet. Beliebt sind außerdem gegrillte Meerbarben aus der Mündung des Arno und pochierte Petermännchen. Auch Stockfisch mit Porree oder Kichererbsen in einer süßsauren Sauce wird gern gegessen.

Pancetta (gepökelter Schweinebauch) gibt es in flacher Form (*tesa*) und gerollt (*arrotolata*). Der gerollte Speck wird gewürzt, zu zylindrischen Walzen zusammengeschnürt und zum Reifen aufgehängt.

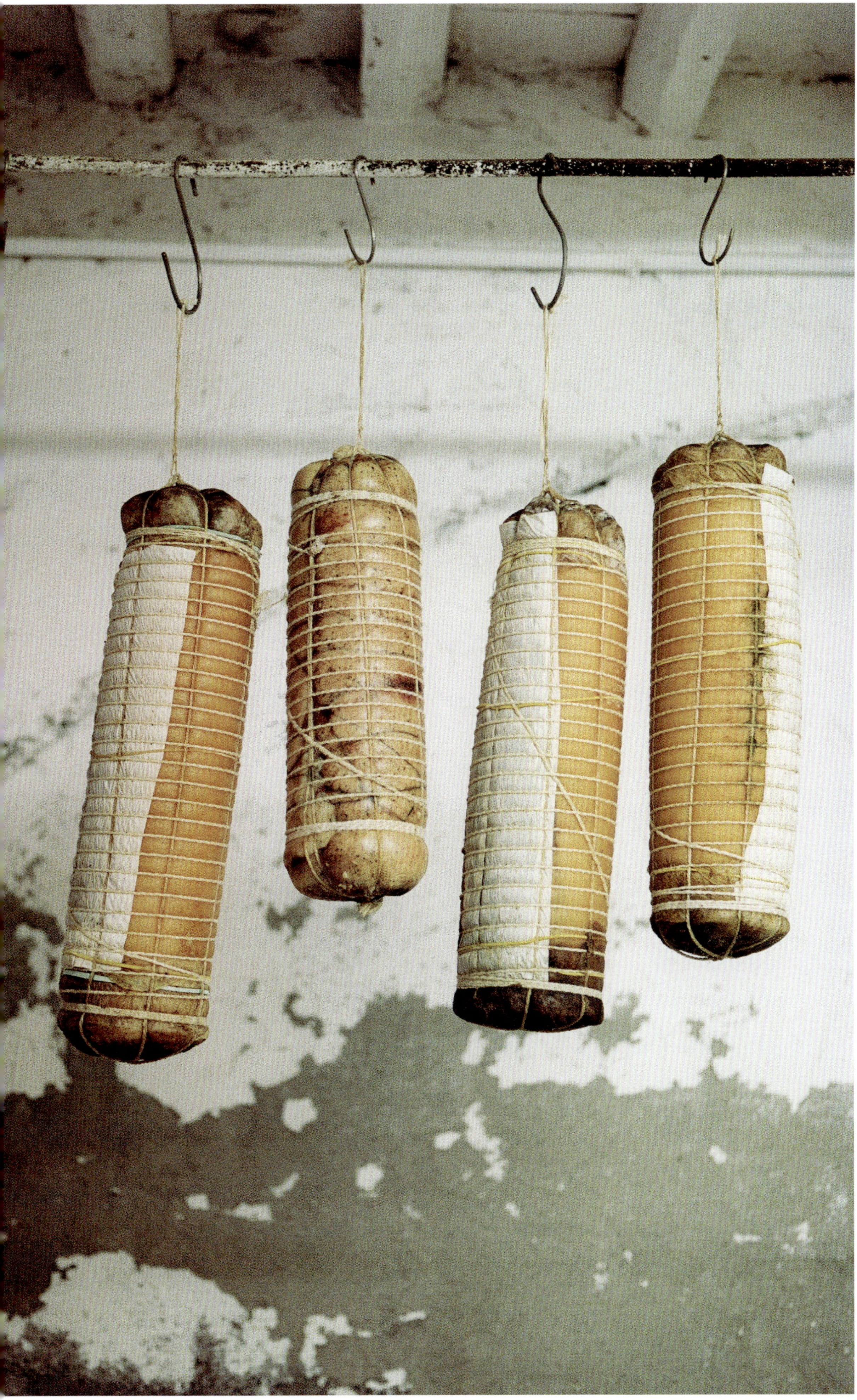

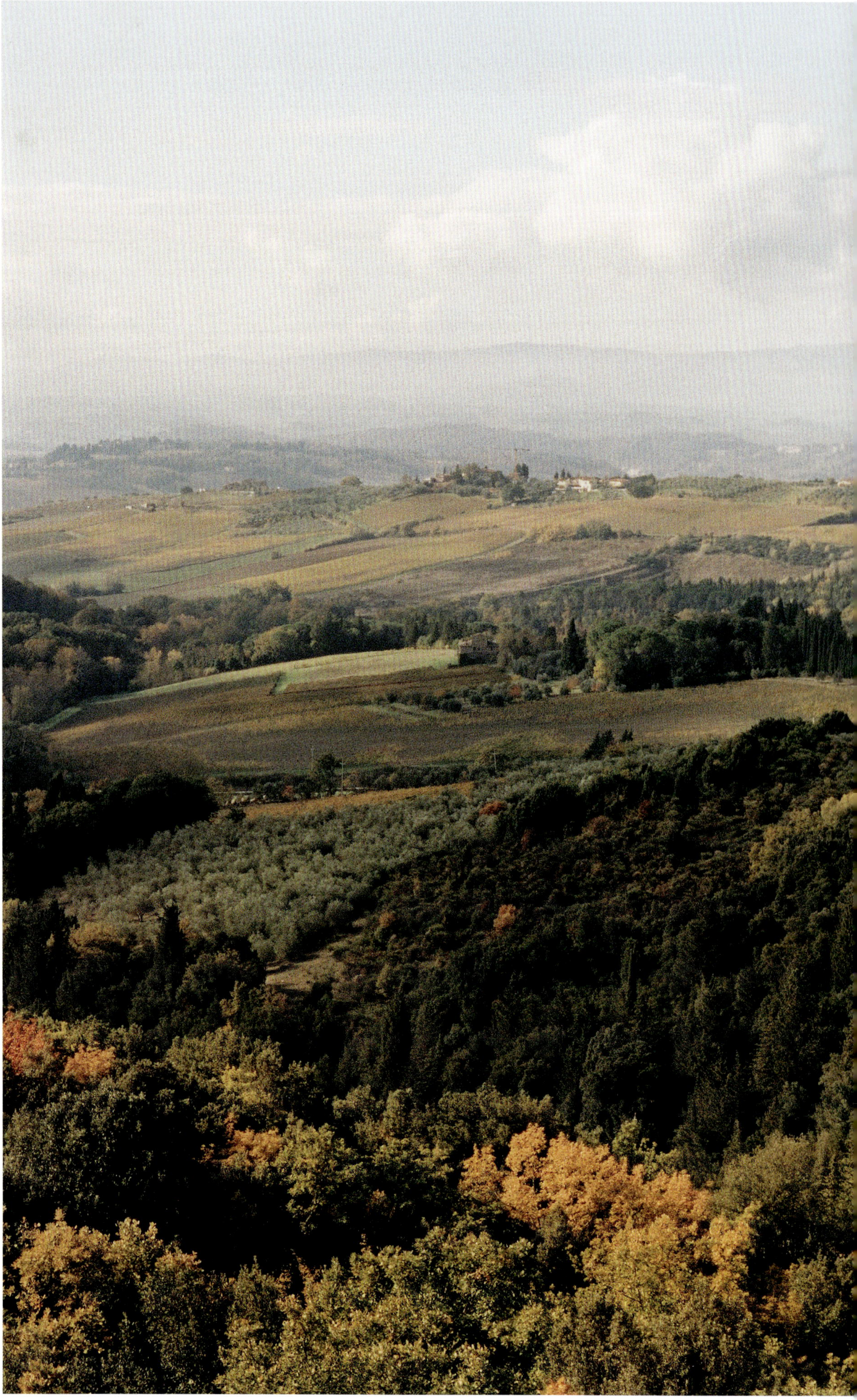

WEISSE TRÜFFELN AUS SAN MINIATO

In der Umgebung von San Miniato erzählt man den Kindern noch immer das alte Volksmärchen, demzufolge irgendwo zwischen den Städten Doderi, Montoderi und Poggioderi ein kleines, goldenes Kalb vergraben sei. Es kann kaum ein Zufall sein, dass in diesem Gebiet, das als Valdegola-Dreieck bekannt ist, das Zentrum des besten und bekanntesten Trüffelreviers der Toskana liegt. Ob dort ein goldenes Kalb vergraben liegt, mag dahingestellt sein. Weiße Trüffeln gibt es auf jeden Fall, und wer einen Hund mit guter Nase hat, kann sie auch finden.

Trüffeln gehören zu den Pilzen. Weiße Trüffeln sind seltener als schwarze, schwieriger zu finden, und sie lassen sich nicht kommerziell kultivieren. Darum gelten sie als besonders wertvoll. Die essbaren Fruchtkörper erreichen Größen zwischen drei und 16 Zentimetern, ähneln in der Form einer Kartoffel und sind cremeweiß. Manchmal werden sie als „weiße Diamanten der Küche" bezeichnet.

Beim Stichwort Trüffeln denkt man in Italien meist an Alba in Piemont. Trüffelsammler aus San Miniato erklären, dass es sich dabei um dieselbe Art handelt, nämlich *Tuber magnatum Pico*, die auch in der Provinz Pisa vorkommt. Sie weisen auch stolz darauf hin, dass die größte weiße Trüffel, die je gefunden wurde, 2520 Gramm wog und 1954 von einem *tartufaio* (Trüffelsammler) aus dem Dorf Balconevisi in San Miniato aufgespürt wurde.

Jedes Jahr findet Ende November und Anfang Dezember zu Ehren dieser Kostbarkeit der Region der international bekannte *Mostra mercato nazionale del tartufo bianco di San Miniato* (Nationales Fest der weißen Trüffel von San Miniato) statt. Während dieser Zeit verwandelt sich der Ort in den Schauplatz eines gastronomischen Festivals.

Die Trüffelsaison beginnt, wenn sich die Blätter überall in der Landschaft rot und golden färben.

FRITTATINE IN TRIPPA

Falsche Kuteln

Diese fleischfreien falschen Kutteln sind ein beliebtes toskanisches Gericht. Alternativ können die Frittata-Streifen mit Lardo oder anderem Speck, gehackten Zwiebeln, Majoran und Weißwein gekocht und mit Pecorino bestreut werden.

Vorbereitungszeit: 5–10 Minuten
Kochzeit: etwa 20 Minuten
Für 6 Personen

— 6 Eier
— 2 EL Olivenöl, plus etwas zum Beträufeln
— 1 Knoblauchzehe, geschält
— 120 g Tomatensauce
— 50 g frisch geriebener Parmesan
— 6 Scheiben geröstetes Weißbrot (nach Belieben)
— Salz

Die Eier mit einer Prise Salz in einer Rührschüssel verquirlen. Etwas Olivenöl in eine große Pfanne träufeln und erhitzen. Die verquirlten Eier hineingießen und auf mittlerer Stufe 1–2 Minuten garen, bis die Eiermasse fest zu werden beginnt. Die Pfanne leicht bewegen, um die Frittata zu lösen, dann mit einem Teller abdecken und beides festhalten. Die Pfanne mitsamt dem Teller wenden. Die Frittata dann vom Teller zurück in die Pfanne gleiten lassen und 2–3 Minuten von der anderen Seite goldbraun braten.

Die Pfanne vom Herd nehmen, die Frittata auf ein Schneidebrett gleiten lassen, dann zusammenrollen und in Streifen schneiden. Das Öl in einem flachen Topf erhitzen. Die Knoblauchzehe zugeben und einige Minuten auf mittlerer Stufe bräunen, dann mit einem Schaumlöffel herausnehmen und wegwerfen. Die Tomatensauce in den Topf geben und 10 Minuten köcheln lassen. Dann die Frittata-Röllchen unterheben. Mit dem Parmesan bestreuen und abgedeckt 2–3 Minuten ruhen lassen.

In eine vorgewärmte Servierschüssel füllen und nach Belieben mit gerösteten Brotscheiben servieren.

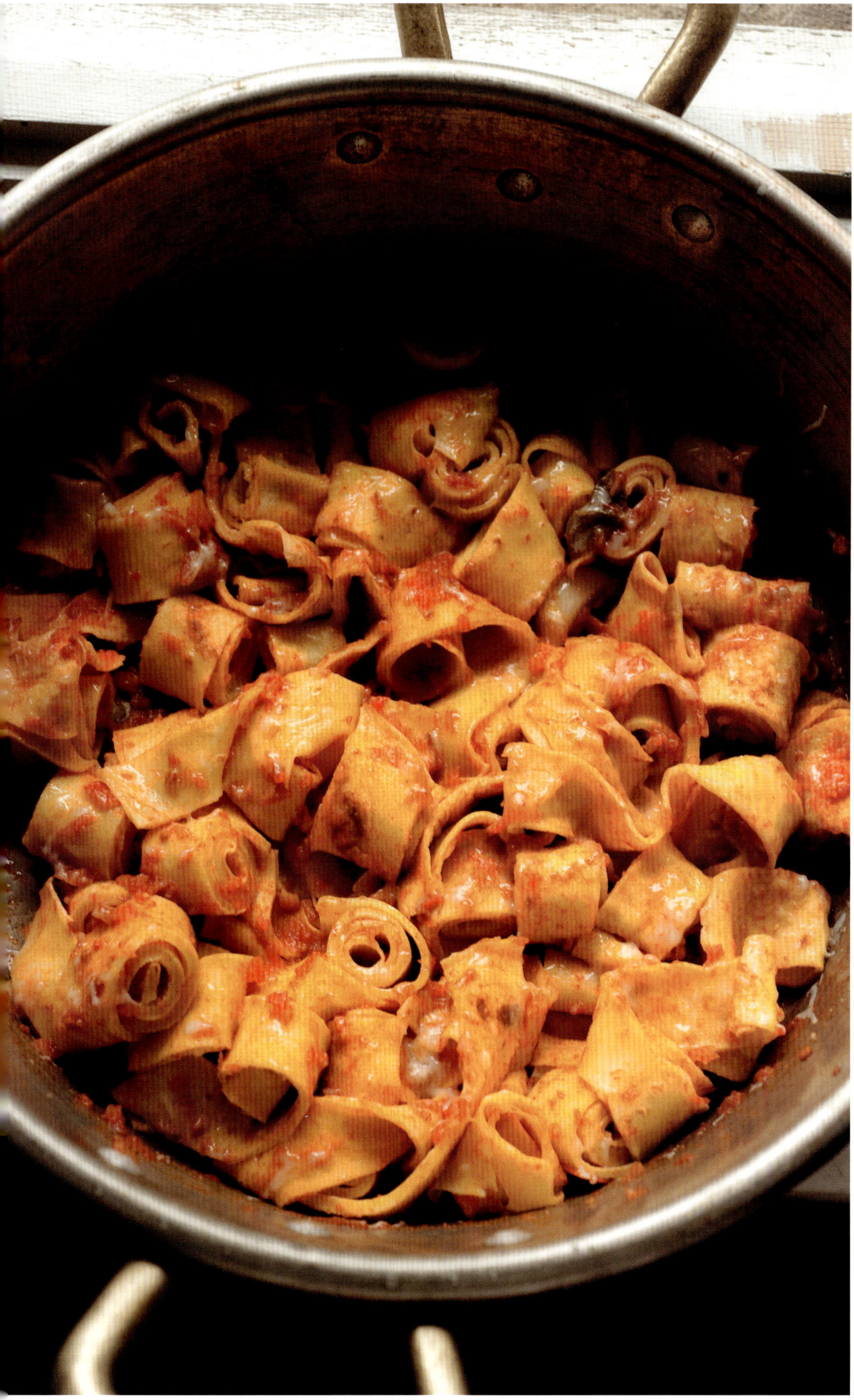

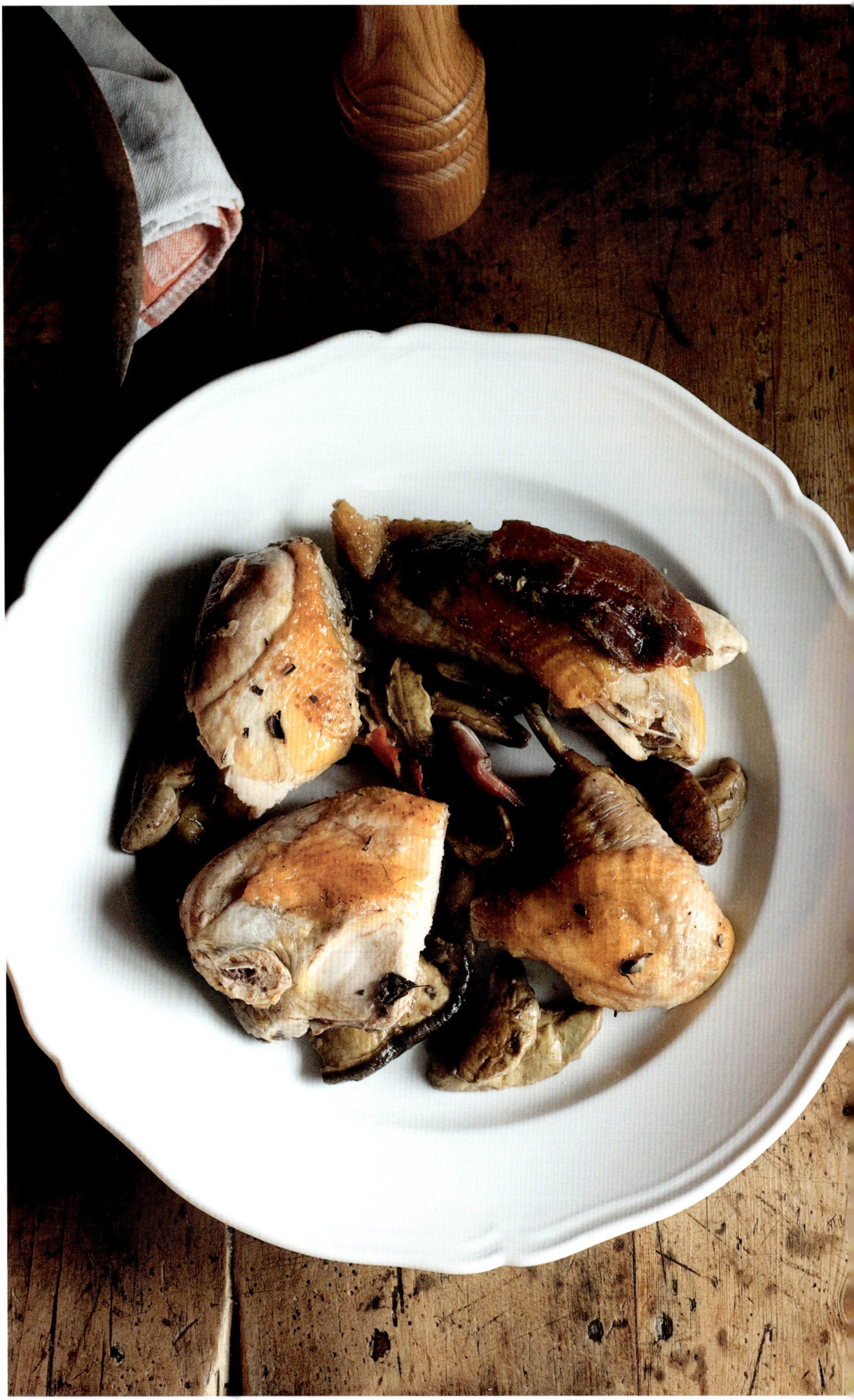

FARAONA AI PORCINI

Perlhuhnfleisch besitzt ein kräftigeres Aroma als Hähnchen. In ganz Italien ist es sehr beliebt, auch weil es sich für vielfältige Zubereitungsarten eignet. Man kann es braten oder grillen, füllen oder klein schneiden und dünsten.

Perlhuhn mit Steinpilzen

Vorbereitungszeit: 20 Minuten
Kochzeit: 50 Minuten
Für 4 Personen

Den Backofen auf 180 °C vorheizen. Die Geflügelstücke mit Salbei und Minze spicken und je eine Scheibe Pancetta darauflegen. 4 Esslöffel von dem Olivenöl in eine ofenfeste Kasserolle gießen und die Perlhuhnstücke hineingeben. Im vorgeheizten Ofen 35 Minuten garen.

Inzwischen das restliche Öl zusammen mit dem Knoblauch in einem flachen Topf erhitzen und die Zehen braten. Die gebräunten Knoblauchzehen mit einem Schaumlöffel herausnehmen und wegwerfen. Pilze, Minzeblätter und Tomaten in den Topf geben und 10 Minuten auf mittlerer Stufe unter gelegentlichem Rühren köcheln lassen.

Das Geflügel aus dem Ofen nehmen, in den Topf zu den Pilzen geben und weitere 15 Minuten auf niedriger Stufe köcheln lassen. Salzen, pfeffern und dann vom Herd nehmen. Perlhuhn und Pilze in eine Servierschüssel geben und sofort servieren.

— 1 küchenfertiges Perlhuhn, in vier Stücke zerteilt
— 8 kleine Salbeiblätter
— 8 kleine Zweige Minze
— 4 Scheiben Pancetta
— 6 EL Olivenöl
— 2 Knoblauchzehen, geschält
— 400 g Steinpilze, in Scheiben
— 4 Minzeblätter
— 3 vollreife kleine Tomaten, gehäutet und gehackt
— Salz und Pfeffer

Folgende Doppelseite:
Geflügel wie Hühner, Enten, Gänse und Puten sind in der Toskana noch immer ein sehr wichtiger Bestandteil auf dem ländlichen Speisezettel.

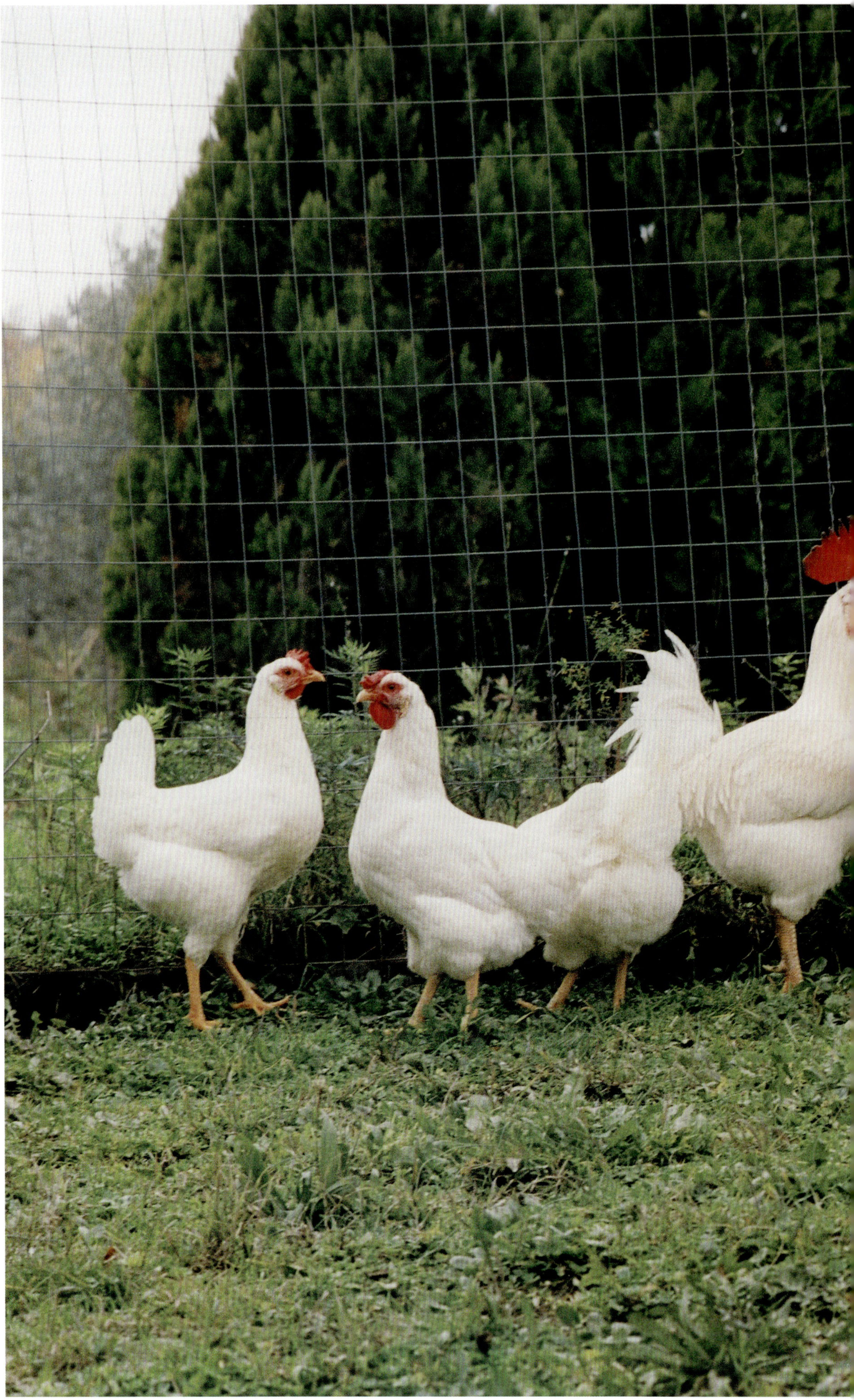

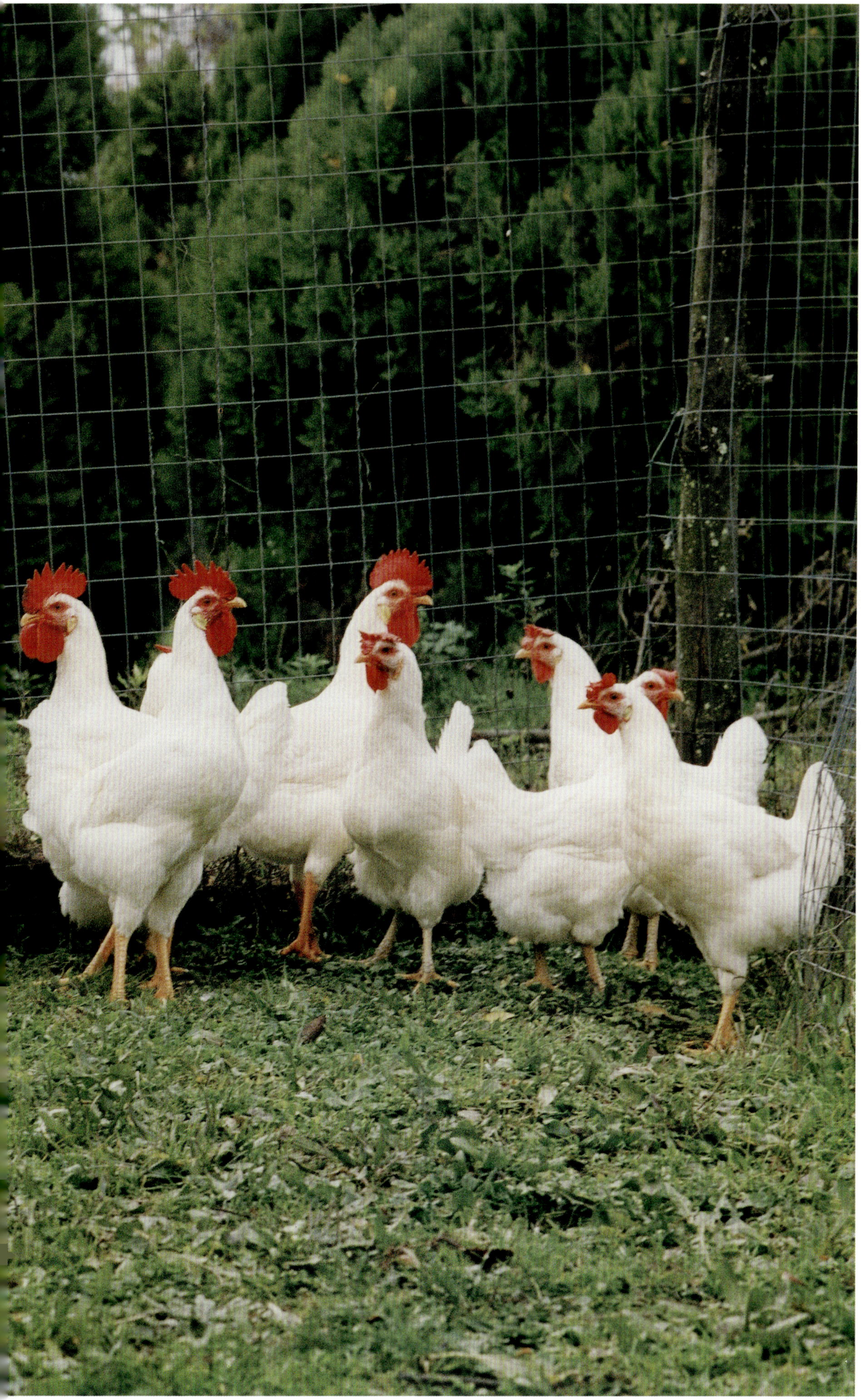

POLLO AL SUGO CON I 'ROCCHINI'

Hähnchen in Sauce mit Selleriebällchen

Vorbereitungszeit: 25 Minuten
Kochzeit: etwa 1 Stunde
Für 4–6 Personen

- 3–4 EL Olivenöl
- 1 Karotte, fein gehackt
- 1 rote Zwiebel, fein gehackt
- 1 Knoblauchzehe, fein gehackt
- 1 Selleriestange, fein gehackt
- 1 Stängel glatte Petersilie, fein gehackt
- 1 Zweig Thymian, fein gehackt
- 1 Stängel Basilikum, fein gehackt
- 1 küchenfertiges Hähnchen (1,5–2 kg), in Stücke zerteilt
- 175 ml Rotwein
- 1 EL Tomatenmark oder 6 Tomaten, gehäutet, entkernt und gewürfelt
- Salz und Pfeffer

Für die Selleriebällchen:
- 1 großer Knollensellerie mit Grün, geschält und grobe Stängel entfernt
- Weizenmehl (Type 405), zum Bestäuben
- 2 Eier
- Pflanzenöl, zum Frittieren
- frisch geriebener Parmesan, zum Bestreuen
- Salz

Das Öl in einem flachen Topf erhitzen. Karotte, Zwiebel, Knoblauch, Sellerie, Petersilie, Thymian und Basilikum zugeben und 5 Minuten auf mittlerer Stufe unter Rühren andünsten. Die Hähnchenstücke zugeben und unter Wenden 10–15 Minuten gleichmäßig bräunen. Salzen und pfeffern, dann den Wein zugießen und rühren, bis der Alkohol verkocht ist. Falls Tomatenmark verwendet wird, diesen mit 180 ml warmem Wasser verrühren und in den Topf geben. Bei frischen Tomaten die Tomaten in die Pfanne geben. Die Hitze reduzieren, abdecken und etwa 30 Minuten köcheln lassen. Den Garpunkt im dicksten Fleischteil mit einem Metallspieß prüfen; wenn klarer Fleischsaft austritt, ist das Hähnchen gar.

Währenddessen für die Selleriebällchen leicht gesalzenes Wasser in einem Topf zum Kochen bringen. Die zarten Selleriestangen in etwa 8 cm große Stücke schneiden. Die Sellerieknolle und -stangen in den Topf geben und 15–20 Minuten auf mittlerer Stufe köcheln lassen. Abgießen und mit der Gabel zerdrücken. Die Masse zu Bällchen formen. Das Mehl in einen tiefen Teller streuen und die Eier in einem anderen tiefen Teller mit einer Prise Salz verquirlen. Das Pflanzenöl in der Fritteuse auf 180 °C erhitzen. Die Selleriebällchen erst im Mehl wenden, dann ins Ei tauchen. Portionsweise goldbraun frittieren. Mit einem Schaumlöffel herausnehmen und auf Küchenpapier abtropfen lassen.

Die Hähnchenteile in eine vorgewärmte Servierschüssel geben und mit etwas Sauce anrichten. Die Selleriebällchen in der restlichen Sauce einige Minuten köcheln lassen. In eine Servierschüssel füllen, mit Parmesan bestreuen und dann sofort servieren.

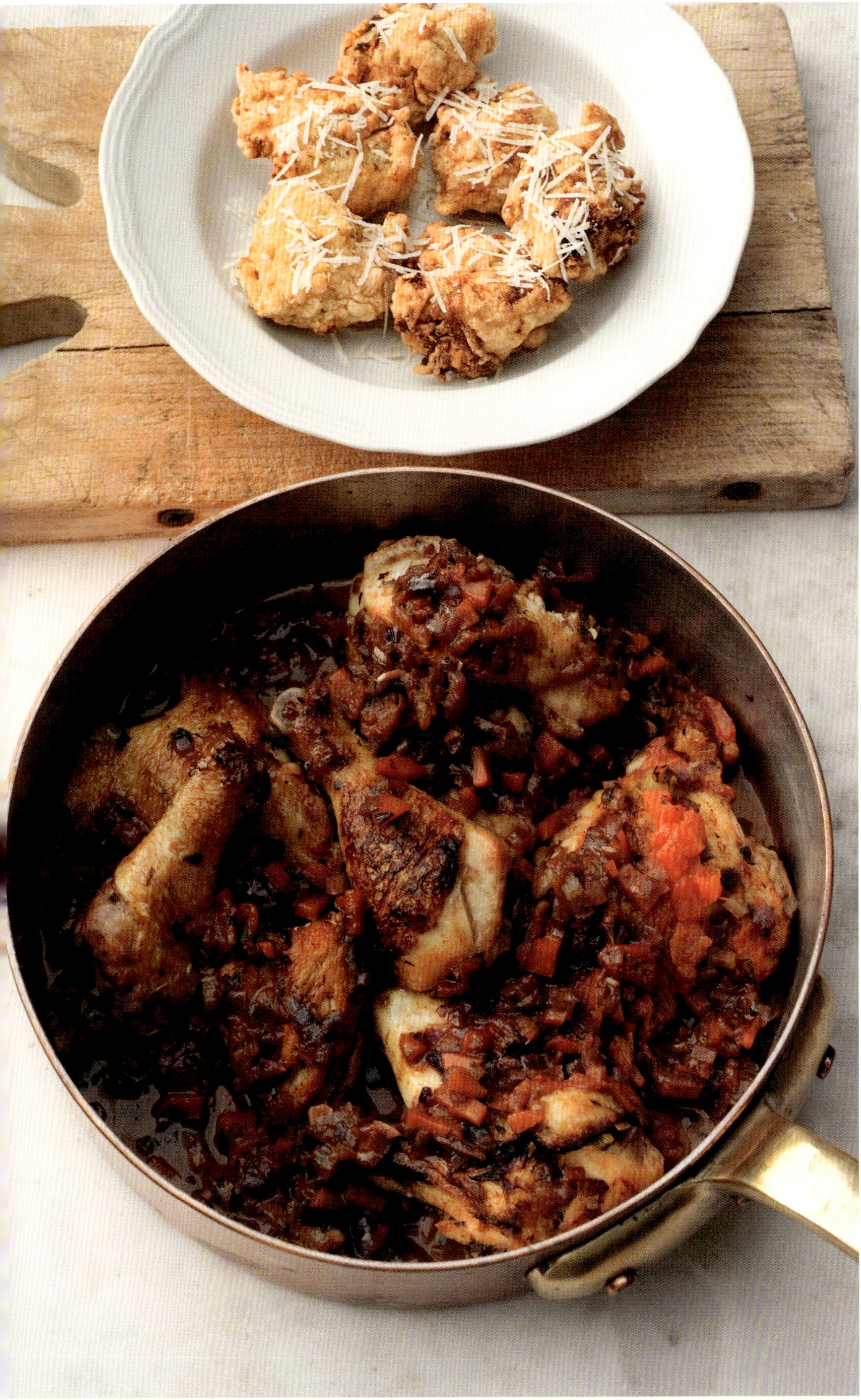

PINIENKERNE

Pinoli, wie man in Italien Pinienkerne nennt, sind die Samen der italienischen Steinkiefer oder Pinie (*Pinus pinea*), die überall in Mittel- und Süditalien wächst. Schon in der römischen Antike wurden die Kerne verzehrt. Im gesamten Nationalpark Migliarino San Rossore werden Pinienkerne geerntet, die als Bio-Ware gekennzeichnet werden dürfen. Der jährlich Ertrag liegt bei etwa 2000 Tonnen, und am Preis ist abzulesen, wie mühsam und langwierig die Ernte ist. Zuerst werden die Pinienzapfen gesammelt und auf Tüchern ausgebreitet, wo sie bis zu sieben Monate lang trocknen müssen. Dann werden die Kerne aus den Zapfen herausgelöst, von ihren Häuten befreit und noch einmal getrocknet. Erst dann können sie verwendet werden.

In Italien kann man Pinienkerne in kleinen Päckchen kaufen, auf Märkten werden sie lose nach Gewicht angeboten. Sie sind etwa 6 mm lang, cremeweiß und haben eine unverwechselbare Konsistenz. Ihr milder, leicht harziger Geschmack passt zu süßen und herzhaften Gerichten gleichermaßen gut. Pinienkerne werden gern an Fleisch- und Wildgerichte gegeben, vor allem für Zubereitungen in *agrodolce* (süßsaure Sauce). Sie geben Pastasaucen Biss und werden auch als Zutat für Gebäck verwendet.

DESSERTS AUS PISA

Pinienkerne werden in Backwaren der Region häufig verwendet. Zu den beliebtesten gehört die *Torta della nonna* (Großmutters Kuchen, siehe Seite 172). Der Kuchen hat sich in den Herzen der Italiener einen besonderen Platz erobert, und um ihn ranken sich allerlei Geschichten. Heute kennt man das Gebäck in ganz Italien, und jede Familie hat ihr eigenes Rezept. Trotz der großen Beliebtheit liegen die Ursprünge des Kuchens im Dunklen. Bekannt ist lediglich, dass die beiden Hauptbestandteile *pasta frolla* (Mürbeteig) und *crema pasticceria* (Konditorcreme) während der Renaissance im 16. Jahrhundert in Europas Küchen in Mode kamen. Irgendwann einmal muss jemand auf die Idee gekommen sein, die beiden miteinander zu kombinieren. Es macht die Sache nicht leichter, dass einige Historiker meinen, der Kuchen sei anfangs nicht mit Konditorcreme, sondern mit Ricotta zubereitet worden. Wenn das der Fall ist, dann könnten seine Wurzeln sogar in der römischen Antike liegen.

Pinienkerne werden auch für die *Torta pisana* (Pisaner Kuchen, siehe Seite 170) und die *Torta coi bischeri* verwendet. Letzteres wird in der Region seit dem 11. Jahrhundert hergestellt. Der Name bezieht sich auf die kleinen Teigröllchen, die rings um den Rand angeordnet sind und im Aussehen an die kleinen Wirbel (*bischeri*) erinnern, mit denen man die Saiten einer Violine stimmt. Erfunden wurde der Kuchen in der Stadt Pontasserchio, und in der Kuchenbäckerei Nuova Artigiana Dolci an der Via Vittorio Veneto wird er noch heute nach dem traditionellen Rezept zubereitet.

Ungeachtet der Ursprünge ist für die meisten Italiener der Bezug zur *cucina della nonna* (Großmutters Küche) viel wichtiger. In der Toskana wie in ganz Italien ist er ein klassischer Familienkuchen. Fast alle Restaurants, Trattorien und Konditoreien in der Toskana bieten *Torta della nonna* an, und sie ist heute so beliebt wie in ihrer Entstehungszeit – wann immer das war.

TORTA PISANA

Pisaner Kuchen

Vorbereitungszeit: 30 Minuten
Backzeit: 50 Minuten
Für 6 Personen

— 120 g weiche Butter, plus etwas zum Einfetten
— 350 g Weizenmehl (Type 405), plus etwas zum Bestäuben
— 1 Tütchen Backpulver
— 1 TL Vanillezucker
— 275 g feiner Zucker
— 2 große Eier, getrennt
— 4 EL Milch
— 1 TL Zitronensaft
— 150 g Pinienkerne

Den Backofen auf 180 °C vorheizen. Eine runde Springform (26 cm Durchmesser) mit Backpapier auskleiden. Den Rand der Form zusätzlich mit Butter einfetten und mit Mehl bestäuben. Überschüssiges Mehl abschütteln. Mehl, Backpulver und Vanillezucker zusammen in eine Schüssel sieben.

Butter und 250 g Zucker in einer Rührschüssel aufschlagen, bis eine luftige Masse entsteht. Das Eigelb einzeln zugeben und alles schaumig rühren. Nach und nach die Mehlmischung und löffelweise die Milch zugeben. Das Eiweiß in einer anderen Rührschüssel mit dem Zitronensaft steif schlagen und vorsichtig unter den Teig heben.

Den Teig in die Backform füllen und mit den Pinienkernen und dem restlichen Zucker bestreuen. Im vorgeheizten Ofen 50 Minuten backen. Dann herausnehmen und vor dem Servieren auf einem Kuchengitter vollständig abkühlen lassen.

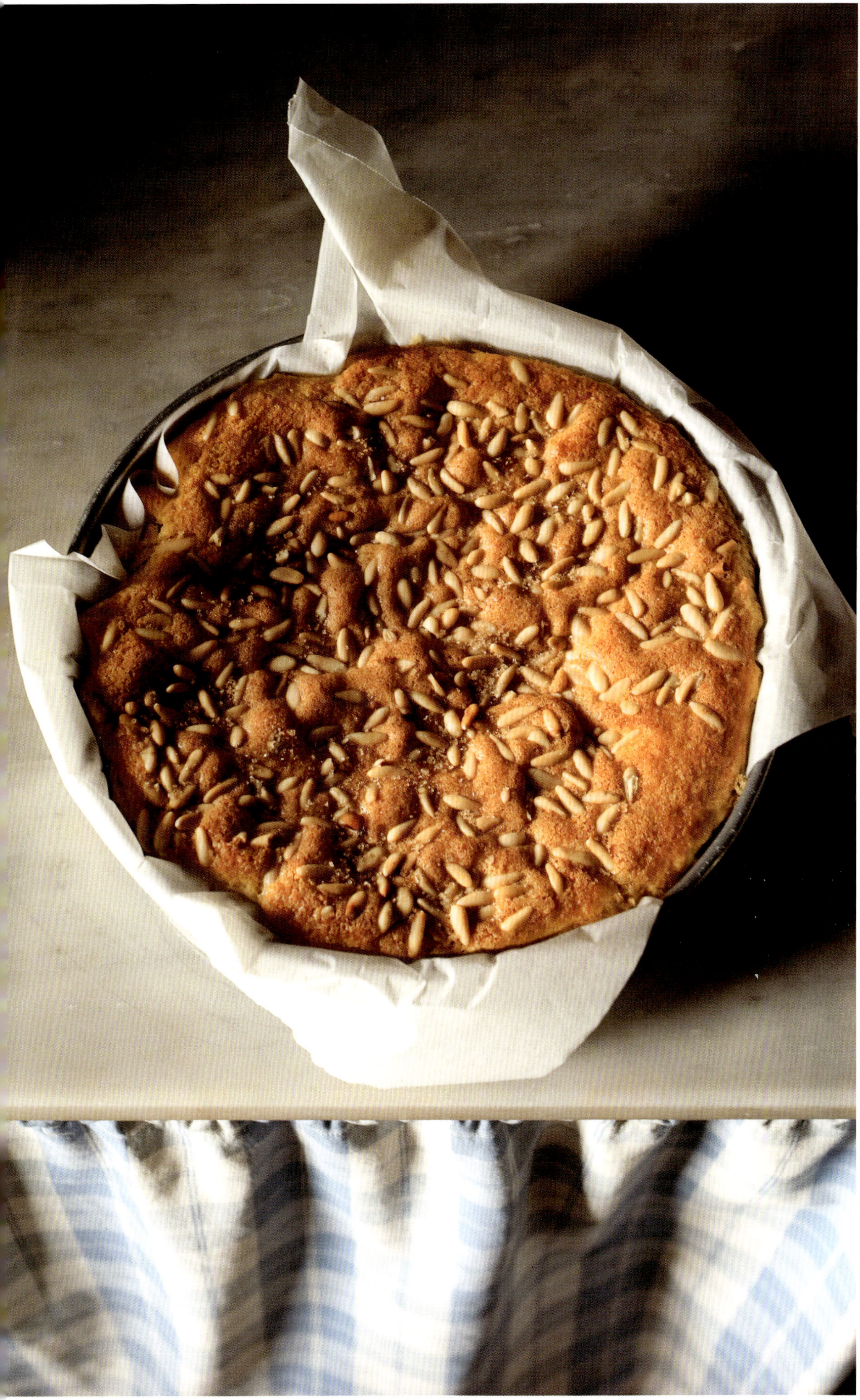

TORTA DELLA NONNA

Großmutters Kuchen

Vorbereitungszeit: 20 Minuten
Koch- und Backzeit: 1 Stunde
Für 8 Personen

Für den Teig:
— 300 g Weizenmehl (Type 405), plus etwas zum Bestäuben
— 80 g feiner Zucker
— 1 TL Backpulver
— 150 g Butter, gewürfelt, plus etwas zum Einfetten
— 1 Ei
— 1 Eigelb
— abgeriebene Schale von 1 unbehandelten Zitrone
— Salz

Für die Füllung:
— 500 ml Milch
— fein abgezogene Zesten von 1 unbehandelten Zitrone
— 3 Eigelb
— 120 g feiner Zucker
— 50 g Weizenmehl (Type 405)
— 1 Prise gemahlene Vanille

Zum Garnieren:
— 1 Ei, leicht verquirlt
— gehackte Mandeln oder Pinienkerne, zum Bestreuen
— gesiebter Puderzucker, zum Bestäuben

Für den Teig Mehl, Zucker, Backpulver und eine Prise Salz auf eine Arbeitsfläche sieben und eine Vertiefung in die Mitte drücken. Butter, Ei und Eigelb sowie abgeriebene Zitronenschale hineingeben. Nach und nach mit den Händen zu einem Teig verarbeiten. Den Teig in zwei Teile teilen, eines etwas größer als das andere. Zu Kugeln formen, in Frischhaltefolie wickeln und im Kühlschrank ruhen lassen.

Inzwischen für die Füllung die Milch in einen Topf gießen, die Zitronenzesten zugeben und kurz aufkochen. Dann vom Herd nehmen und beiseitestellen. Das Eigelb mit dem Zucker in einer Rührschüssel luftig aufschlagen. Mehl und Vanille vorsichtig unterziehen, die Milch durch ein Sieb zugießen, einrühren und alles zurück in den Topf geben. Die Zesten entsorgen. Unter ständigem Rühren erhitzen, bis die Creme den Löffelrücken überzieht. Vom Herd nehmen und abkühlen lassen. Gelegentlich umrühren, damit sich keine Haut bildet.

Den Backofen auf 180 °C vorheizen. Eine runde Springform (24 cm Durchmesser) mit Butter einfetten. Die größere Teigkugel auf einer leicht bemehlten Arbeitsfläche zu einem Kreis ausrollen, der etwa 6 cm größer als der Boden der Backform ist. Die Form damit auslegen und den Rand anpassen, dabei den Teig etwas nach oben drücken. Die Füllung hineingeben und glatt streichen. Die andere Teigkugel zu einem Kreis in Größe der Backform ausrollen und über die Füllung legen. Die Teigränder gut zusammendrücken. Die Teigdecke mit dem verquirlten Ei bestreichen und mit Mandeln oder Pinienkernen bestreuen. Im vorgeheizten Ofen 40 Minuten goldbraun backen. Den Kuchen aus dem Ofen nehmen und leicht abkühlen lassen. Mit Puderzucker bestäuben und noch warm servieren.

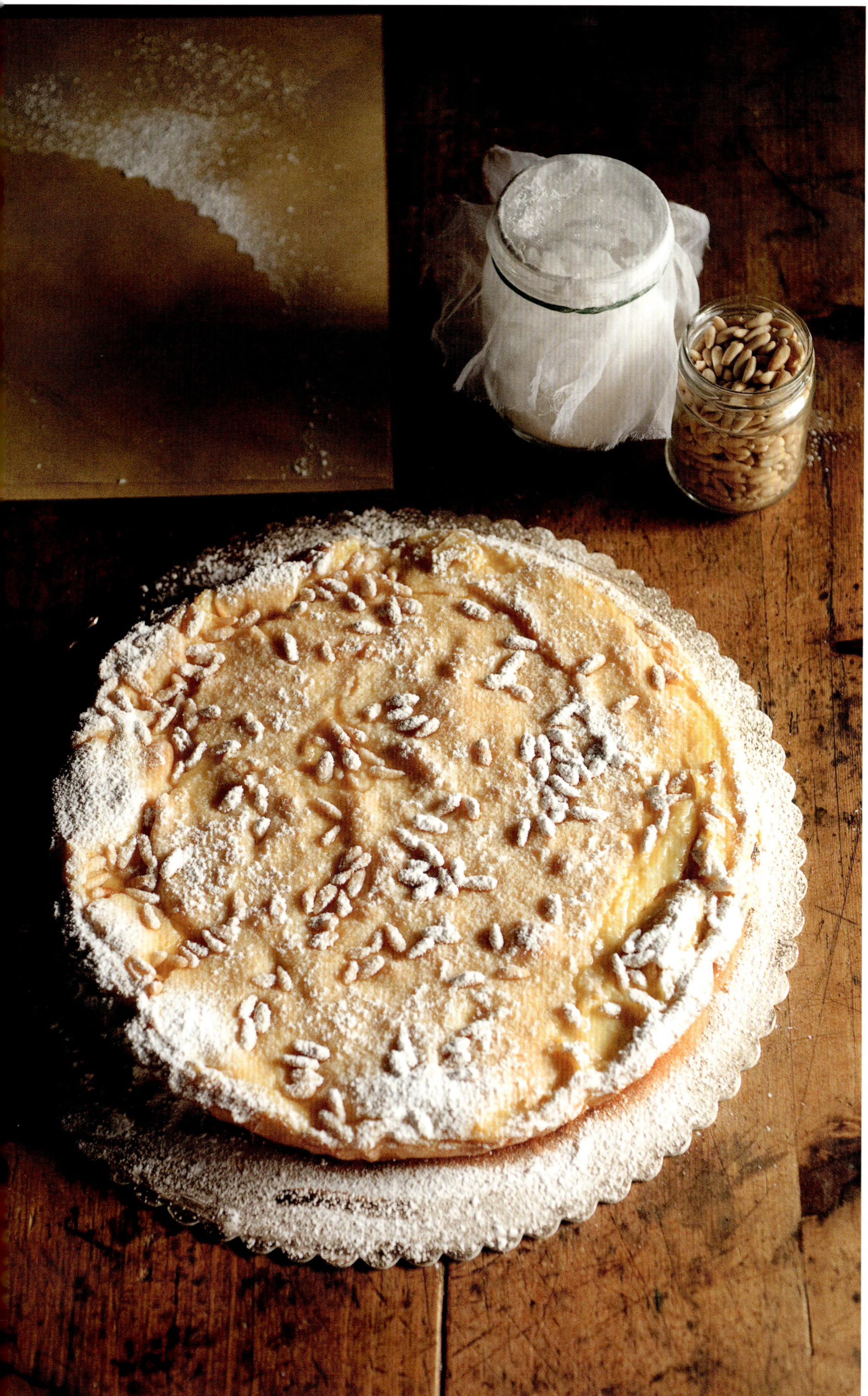

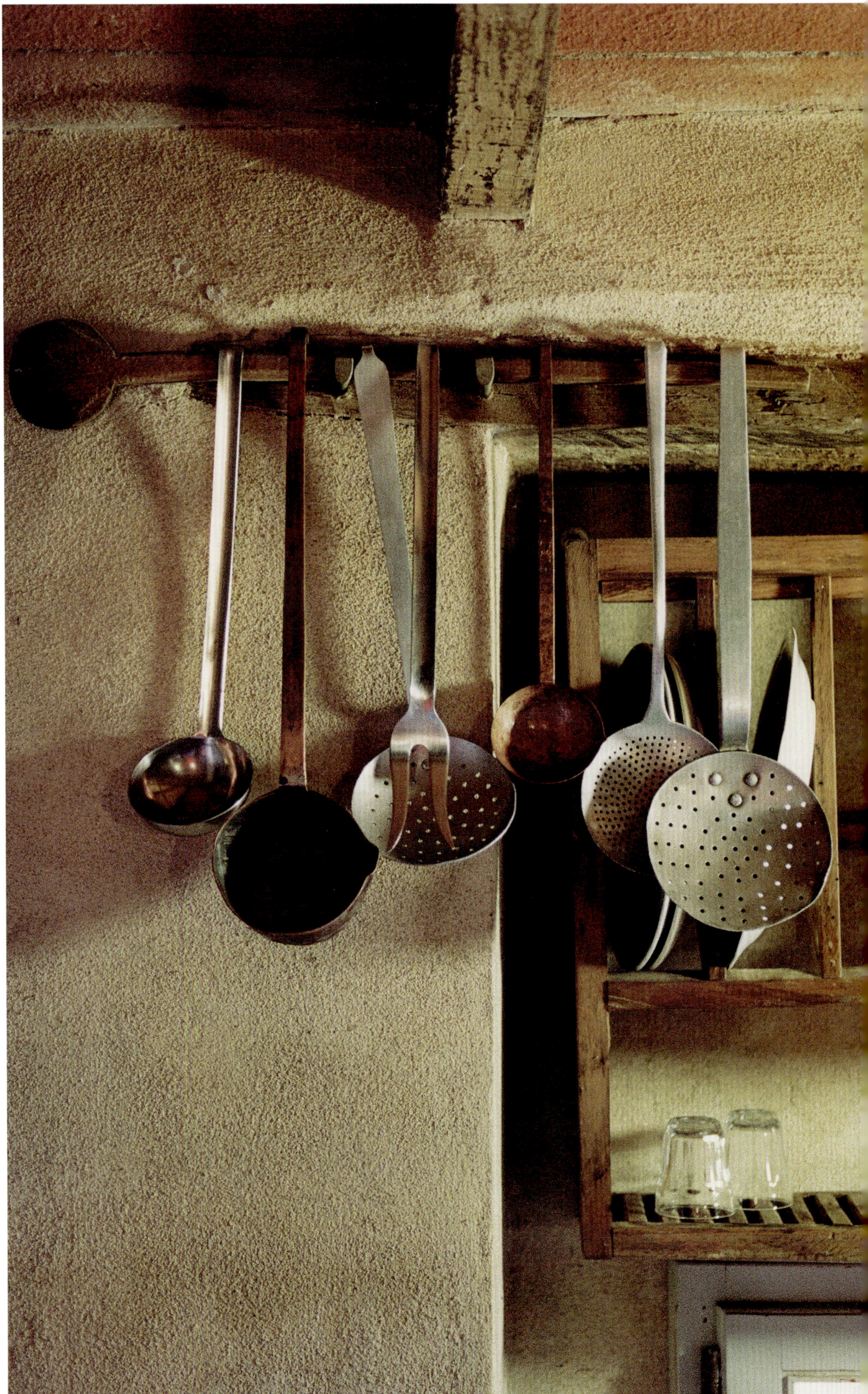

VII

LIVORNO

Cacciucco alla livornese 182
Cacciucco nach Livorneser Art

Gamberi in dolceforte 185
Garnelen süßsauer

Baccalà con le cipolle 188
Stockfisch mit Zwiebeln

Cecina 190
Kichererbsenkuchen

Torta rustica di noci e caffè 192
Walnusskuchen mit Kaffee

Geprägt von der Geschichte, von verschiedenen Kulturen und der Landschaft bietet die Küche von Livorno eine bunte Mischung. Livorno war ursprünglich ein kleiner Fischerort an der ligurischen Küste. Seine Bedeutung wuchs, als 1571 während der Herrschaft der Florentiner Familie Medici ein Hafen gebaut wurde. Die Stellung Livornos festigte sich unter Ferdinand I., der von 1587 bis 1609 Großherzog der Toskana war und Livorno zum *porto franco* (Freihafen) erklärte. Das bedeutete, dass auf den dortigen Warenhandel keine Zölle erhoben wurden. Außerdem erließ er die *Leggi Livornine* (Gesetze von Livorno), die Religionsfreiheit garantierten und Flüchtlingen Asyl zusicherten. Binnen weniger Jahre entwickelte sich Livorno zu einer kosmopolitischen Stadt und zu einem der wichtigsten Handelshäfen am Mittelmeer. Viele Ausländer siedelten sich hier an, manche um Handel zu treiben, andere um religiöser Verfolgung zu entgehen.

Das historische Erbe Livornos ist noch heute in seiner Küche zu spüren. Da es an der Küste liegt, sind natürlich Fische und Meeresfrüchte wie Sardellen, Sardinen, Krebse, Tintenfische, Venus- und Miesmuscheln sowie Thunfisch von großer Bedeutung. Die jüdische Bevölkerung der Stadt führte Tomaten ein, die für das bis heute berühmteste Gericht verwendet werden: *Cacciucco alla livornese* (Cacciucco nach Livorneser Art, siehe Seite 182).

Da so viele Menschen in Livorno Asyl suchten, existierten hier Armut und Wohlstand Seite an Seite. Es gibt kaum ein Gericht, das so bar jeder romantischen Idealisierung der ländlichen Küche ist und die Armut so mancher Bewohner verdeutlicht als *Brodo di sasso* (Steinbrühe), ein Essen für „die Ärmsten der Armen". Poröses Sedimentgestein, *panchina livornese* genannt, wurde vom Meeresboden gesammelt und mit etwas Gemüse in Salzwasser zu einer Brühe gekocht. Die Flüssigkeit wurde dann sorgfältig abgeseiht, um Sandpartikel zu entfernen, mit *pastina* (kleinen Suppennudeln) zu einer *minestra* (Nudelsuppe) verarbeitet und mit dem traditionellen Spritzer Olivenöl abgerundet. Das andere Extrem bildeten die Haushalte der reichen Kaufleute, in denen Petermännchen und Austern auf den Tisch kamen.

Obwohl die Region vor allem für ihre Meeresfrüchte bekannt war, fanden auch die traditionellen toskanischen Zutaten ihren Platz in der Livorneser Küche. *Cece* (Kichererbsen) werden für beliebte Gerichte wie den Kichererbsenkuchen *Cecina* (siehe Seite 190) verwendet, und Esskastanien kamen in der örtlichen Variante des *Castagnaccio* (siehe Seite 92) zum Einsatz, der in Livorno *Pattona* heißt. Typisch für die Region sind ferner die *gallina livornese*, eine nach der Provinzhauptstadt benannte Hühnerrasse, die heute in aller Welt bekannt ist. In englischsprachigen Ländern heißen diese Hühner Leghorn, abgeleitet vom alten anglisierten Namen der Stadt Livorno. Die Hühner wurden zu Beginn des 19. Jahrhunderts in die USA exportiert, nach England gelangten sie etwa 50 Jahre später. *Gallina livornese* wurden auf Bauernhöfen gezüchtet und dienten den ländlichen Familien als Einkommensquelle und Nahrung. Eine Henne legt im Jahr bis zu 300 weißschalige Eier, insofern ist es nicht verwunderlich, dass die Rasse so hochgeschätzt wird.

Folgende Seiten:
An den Küsten wächst mediterranes Buschwerk. Duftende Wildkräuter wie Rosmarin, Thymian, Salbei und Oregano sind hier überall zu finden.

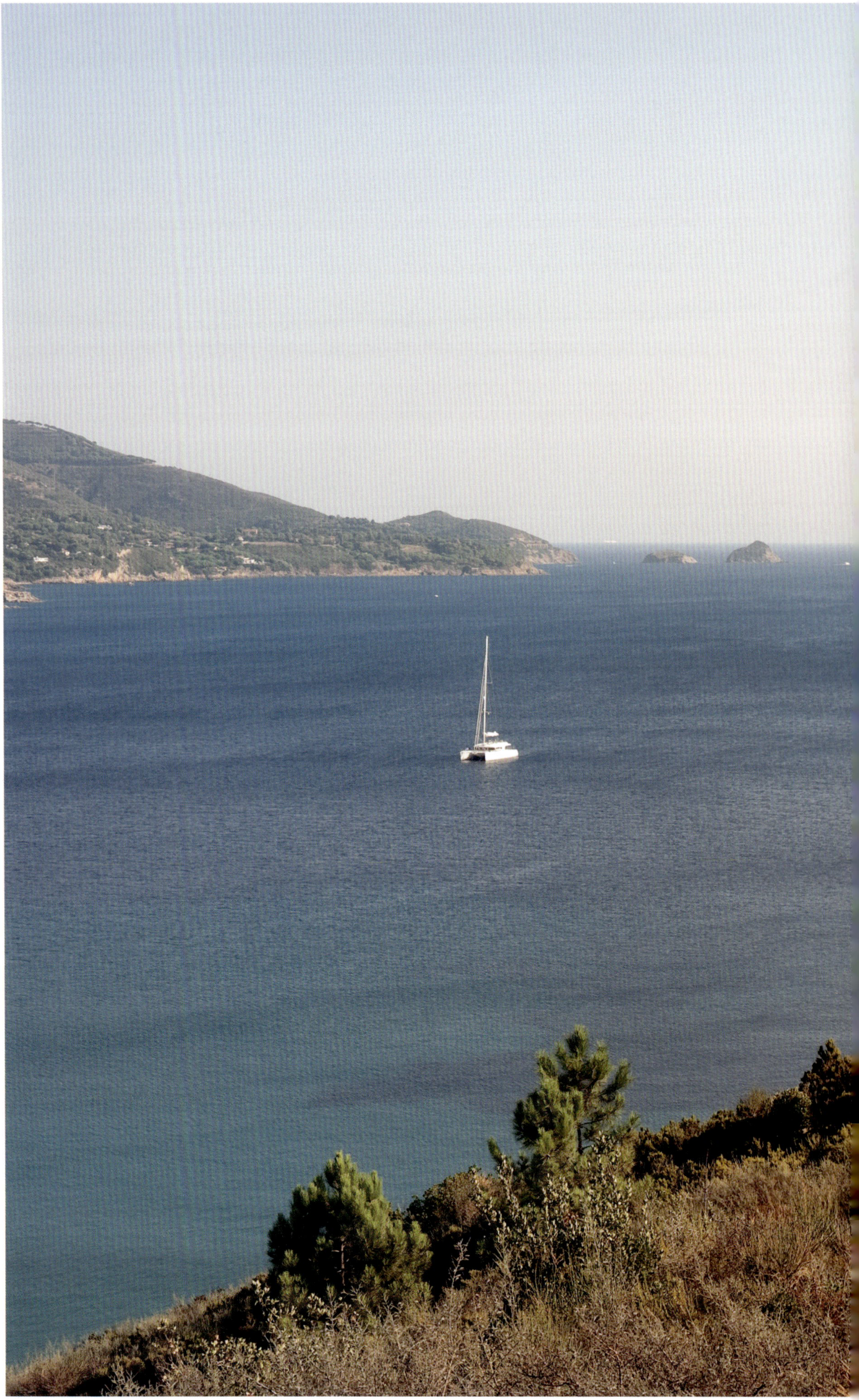

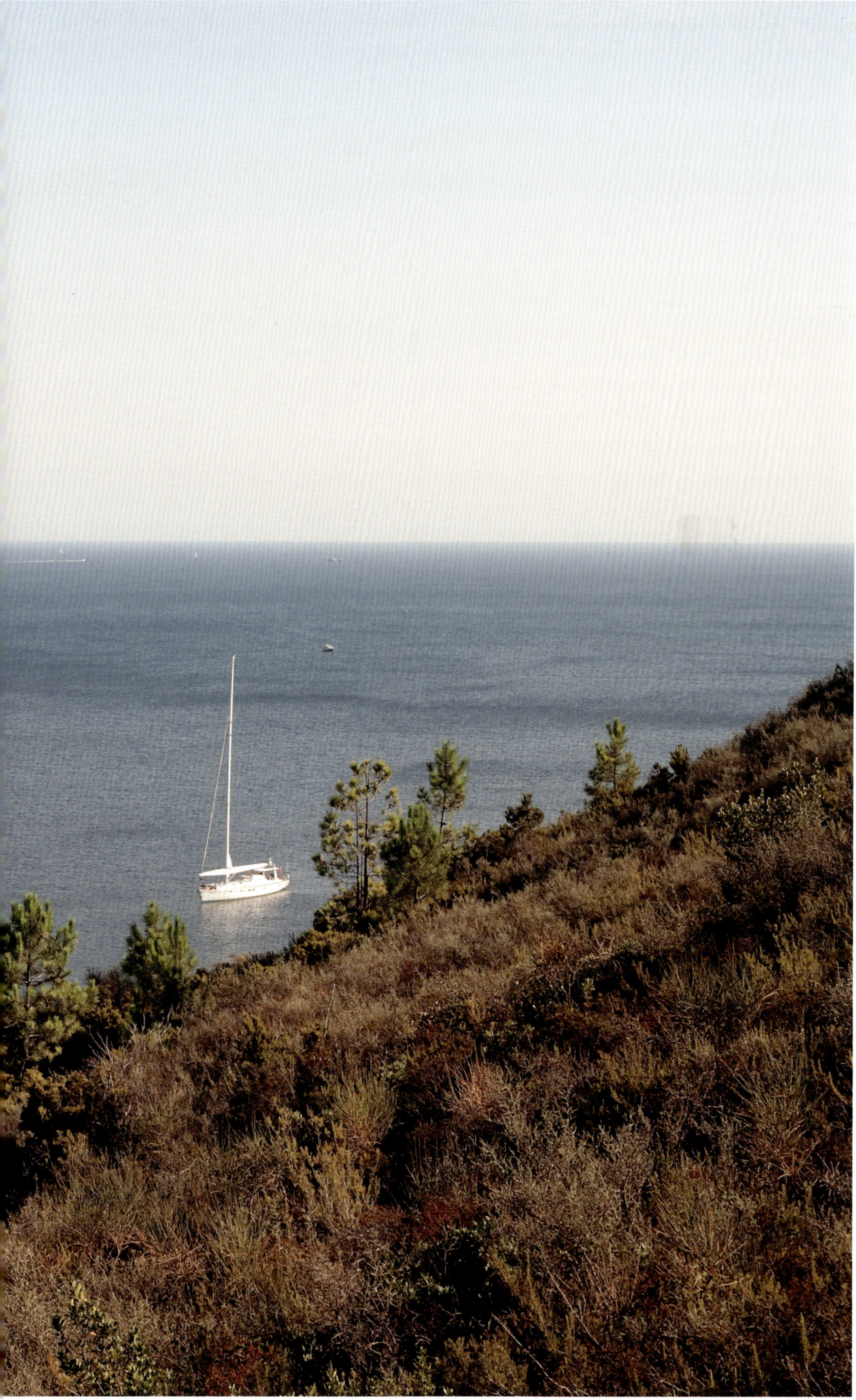

CACCIUCCO

Dieses Gericht ist die toskanische Version der Fischsuppe, die überall in Italien gegessen wird. Der Ursprung ist unbekannt, aber der Name leitet sich wahrscheinlich von dem türkischen Wort *küçük* (klein) ab und bezieht sich auf die kleinen Fische, die für die Suppe verwendet werden. Einer Legende zufolge entstand die Suppe nach dem Tod eines einheimischen Fischers, der in einem Hagelsturm auf See ums Leben gekommen war. Um seine Familie vor dem Verhungern zu retten, schenkte jeder der überlebenden Fischer seiner Witwe ein Stück Fisch. Aus diesen kochte sie eine Suppe und reichte dazu altbackene Brotscheiben zum Auftunken. Passanten, denen der Duft in die Nase stieg, fragten nach dem Rezept – und so entstand *Cacciucco*.

Eine andere Theorie lautet, dass sich im *Cacciucco* der Kulturenmix der Stadt spiegelt. Menschen aus Nordafrika, Arabien und dem Fernen Osten, Juden, Katholiken und Muslime lebten hier, und ihre Religionen und Traditionen verschmolzen in Livorno.

Sicher ist, dass *Cacciucco* traditionell ein Arme-Leute-Essen war und mit Resten und weniger geschätzten Fischarten zubereitet wurde. Es gibt viele Varianten, aber in der Provinz Livorno werden alle mit fünf C geschrieben. Die Einheimischen empfehlen, es nicht in Restaurants zu essen, auf deren Speisekarte es nur mit vier C geschrieben ist (wie es außerhalb der Provinz oft üblich ist), denn das sei ein Hinweis darauf, dass es nicht das Originalgericht sei und dass kein Koch aus Livorno am Herd stünde. *Cacciucco alla livornese* (Cacciucco nach Livorneser Art, siehe Seite 182) wird traditionell aus mindestens 13 Fischsorten zubereitet und kräftig mit Knoblauch und *peperoncino* (Chili) gewürzt. Heute gibt es aber auch Varianten, für die nur fünf Fisch- und Meeresfrüchtesorten verwendet werden. Meist wird die Suppe über eine Scheibe Brot gefüllt, die mit Knoblauch eingerieben wurde, und mit reichlich jungem Rotwein hinuntergespült.

Im Tyrrhenischen Meer und an der Küste vor Livorno werden zahlreiche Arten von Fisch und Meeresfrüchten gefangen, von denen viele für die berühmte Fischsuppe verwendet werden.

| PRODOTTO: TONNO |
| € 10,00 il Kg |
| Provenienza: PESCATO LOCALE |

| PRODOTTO: TRIGLIA ROSSA |
| € 25,00 |
| Provenienza: PESCATO LOCALE |

| PRODOTTO: GA... |
| € ... |
| Provenienza: PESC... |

CACCIUCCO ALLA LIVORNESE

Cacciucco nach Livorneser Art

Vorbereitungszeit: 1 Stunde
Kochzeit: etwa 45 Minuten
Für 6 Personen

— 275 ml Olivenöl
— 5 Knoblauchzehen, geschält
— 6 Salbeiblätter
— 1 getrocknete rote Chili
— 800 g Oktopus, gesäubert und in Stücken
— 700 g Kalmar und Sepia gemischt, gesäubert und ggf. halbiert
— 450 g Haifischsteak, in dicken Streifen
— 275 ml Rotwein
— 2½ EL Tomatenmark
— 1 Selleriestange, gehackt
— 300 g Drachenkopf, gesäubert und in Stücken
— 700 g Tomaten, gehäutet, entkernt und gewürfelt
— 450 g große und mittelgroße rohe Garnelen, ausgelöst und Darmfäden entfernt
— 12 Scheiben toskanisches Weißbrot

Die Hälfte des Öls in einem großen Topf erhitzen. 3 Knoblauchzehen, Salbei und Chili zugeben und unter häufigem Rühren einige Minuten andünsten, dann mit einem Schaumlöffel wieder herausnehmen und wegwerfen.

Oktopus-, Kalmar- und Sepiastücke in den Topf geben und 3 Minuten auf mittlerer Stufe braten, dann die Haifischstreifen zugeben und weitere 3 Minuten garen. Den Wein zugießen. Das Tomatenmark in einer kleinen Schüssel mit 175 ml Wasser verrühren und in den Topf geben. Alles gut umrühren und 30 Minuten auf niedriger Stufe köcheln lassen.

Inzwischen das restliche Öl in einem kleineren Topf erhitzen. 1 Knoblauchzehe hacken und mit dem Sellerie ins Öl geben. Unter gelegentlichem Rühren auf mittlerer Stufe 5 Minuten garen. Drachenkopfstücke und Tomaten zugeben, 4 TL Wasser einrühren und auf niedriger Stufe 20 Minuten köcheln lassen.

Den Inhalt des kleineren Topfes in den großen Topf geben und den Fisch auf seinen Garzustand überprüfen, er sollte fast gar sein. Die Garnelen hineingeben und weitere 2–3 Minuten köcheln lassen, dann den Topf vom Herd nehmen.

Die Brotscheiben von beiden Seiten rösten, mit der letzten Knoblauchzehe einreiben und rund um den Rand einer vorgewärmten Terrine legen oder auf vorgewärmte Servierschalen verteilen. Die Suppe einfüllen und sofort servieren.

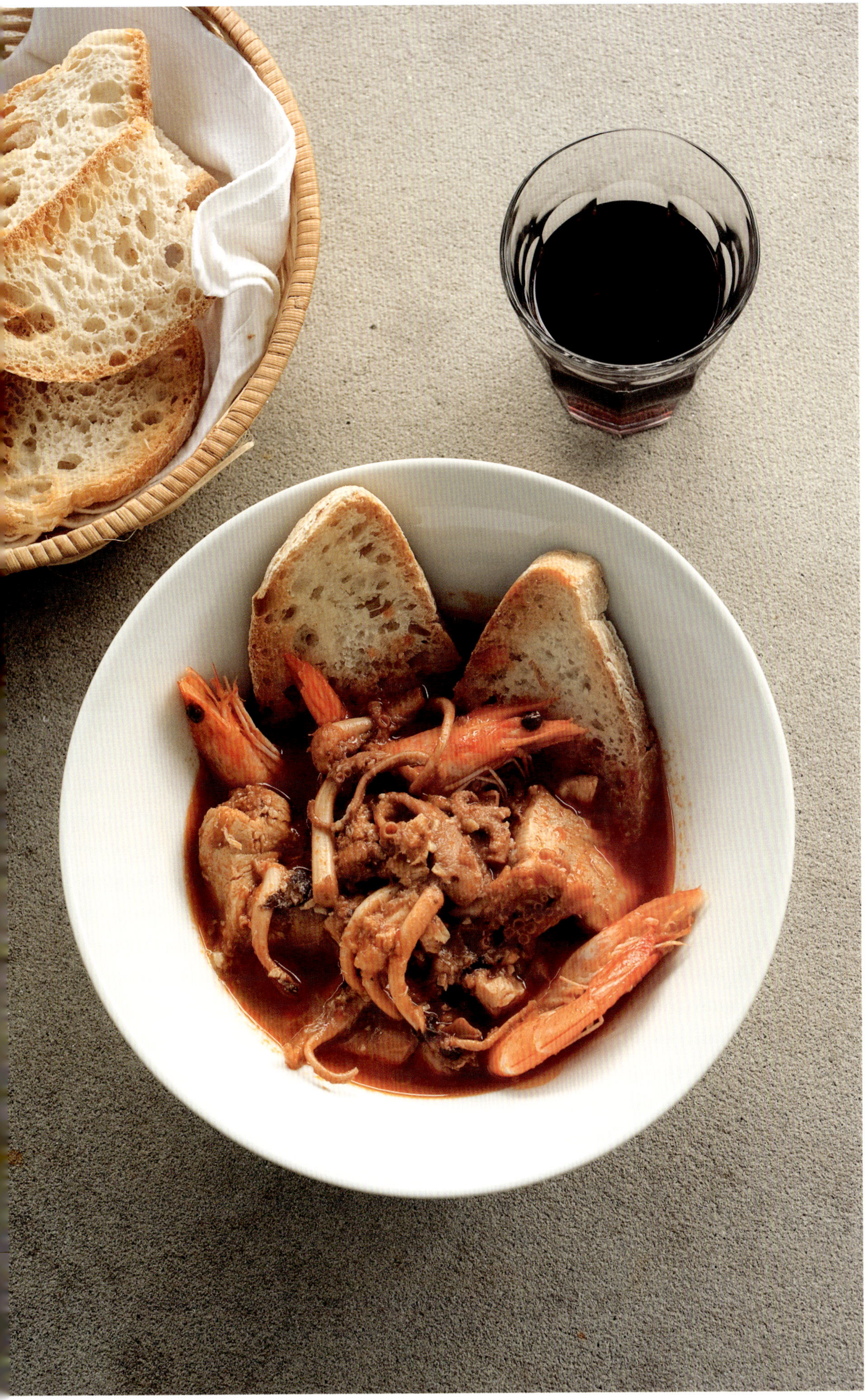

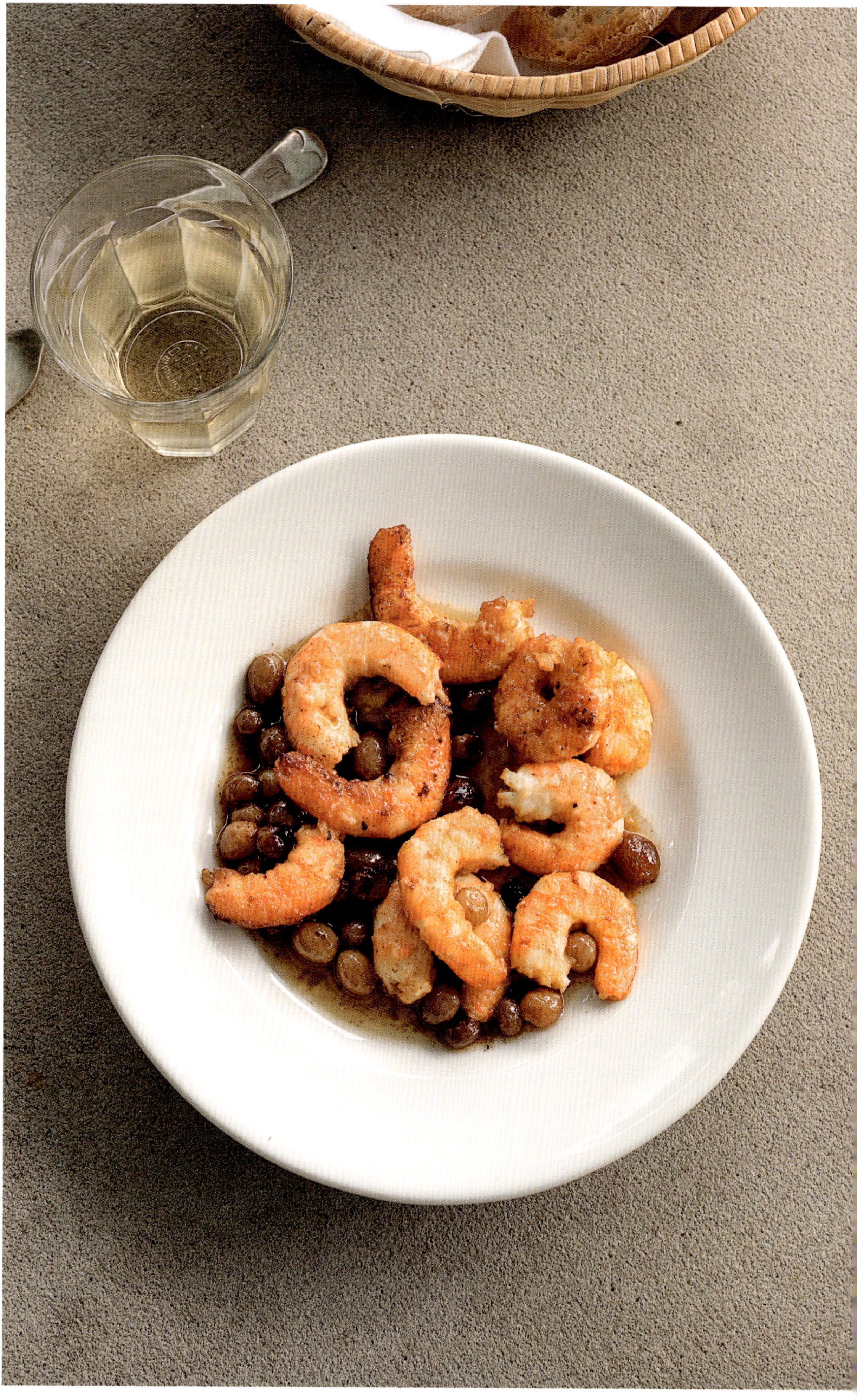

GAMBERI IN DOLCEFORTE

Garnelen süßsauer

Die süßsaure Zubereitungsmethode *dolceforte* war im Italien der Renaissance im 16. Jahrhundert besonders beliebt. Süßsaure Sauce wurde ursprünglich aus geriebener Schokolade, gehackten kandierten Früchten, Zimt, Pinienkernen und Zucker hergestellt und zu Wildgerichten gereicht.

Vorbereitungszeit: 30 Minuten
Kochzeit: 10 Minuten
Für 4–6 Personen

Die Rosinen in eine Schüssel geben, mit Wasser bedecken und einweichen. Die Garnelen mit Mehl bestäuben und überschüssiges Mehl abschütteln. Das Öl in einer tiefen Pfanne erhitzen, die Garnelen hineingeben und auf mittlerer Stufe unter gelegentlichem Rühren und Wenden 2 Minuten anbraten. Salzen und pfeffern und nach Geschmack mit Zimt würzen. Dann aus der Pfanne nehmen und beiseitestellen.

Die Rosinen abgießen und ausdrücken, dann in die Pfanne geben. Den Zitronensaft einrühren und unter Rühren köcheln lassen, bis die Sauce eindickt.

Die Garnelen zurück in die Pfanne geben, vorsichtig in der Sauce wenden und vom Herd nehmen. In eine vorgewärmte Servierschüssel umfüllen und sofort servieren.

— 100 g Rosinen
— 1 kg rohe Garnelen, ausgelöst und Darmfäden entfernt
— Weizenmehl (Type 405), zum Bestäuben
— 4–5 TL Olivenöl
— ½ TL Zimt (nach Belieben)
— Saft von 1 Zitrone, durch ein Sieb passiert
— Salz und Pfeffer

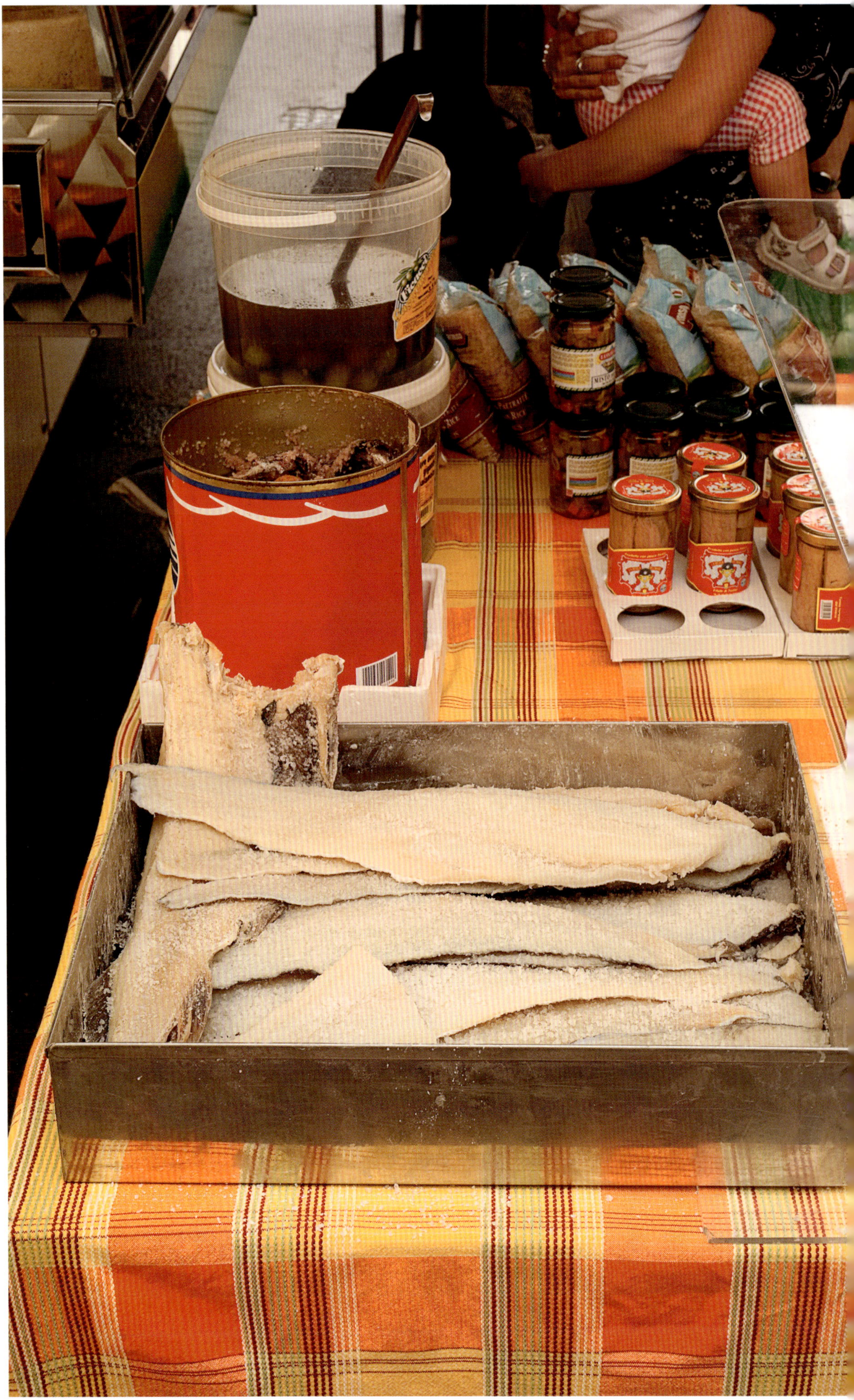

BACCALÀ

Baccalà (gesalzener Stockfisch) und *stoccafisso* (luftgetrockneter Stockfisch) sind überall in der Toskana beliebt. Der Unterschied zwischen beiden liegt in der Art der Konservierung. Für *stoccafisso* werden die Fische auf Stangen gesteckt und getrocknet – manchmal gleich nach dem Fang auf den Fischerbooten. Wahrscheinlich leitet sich der Name von dem alten niederländischen Wort *stokvish* ab, das „Fisch am Stock" oder „am Stock getrocknet" bedeutet. Für *baccalà* wird der Fisch mit Salz haltbar gemacht. Dieser Begriff geht auf das spanische Wort *bacalao* (Kabeljau) zurück. Baskische Fischer, die schon im 15. Jahrhundert bei Neufundland auf Walfang gingen, kannten nur eine einzige Möglichkeit, Frischfisch haltbar zu machen: Sie legten ihn in Salz ein. Diese Methode verbreitete sich bald in ganz Europa.

Vor der Zubereitung muss *baccalà* je nach Größe und Dicke der Stücke 12–48 Stunden gewässert werden. Wer ihn kauft, sollte Stücke von einheitlicher Dicke wählen, damit sie gleichmäßig hydratisiert werden. Überschüssiges Salz wird zuerst abgespült, später muss das Wasser regelmäßig gewechselt werden. Werden die Fische zu lange gewässert, werden sie breiig und verlieren ihre Konsistenz. Bei zu kurzem Wässern schmecken sie unangenehm und sind faserig und zäh.

Da es in katholischen Regionen üblich ist, am Freitag zum Gedenken an Jesu Leiden kein Fleisch zu essen, wurde früher freitags auf den Märkten bereits gewässerter Stockfisch angeboten.

Baccalà (gesalzener Stockfisch) ist in der ganzen Toskana beliebt. Durch die Konservierungsmethode bekommt er seinen charakteristischen Geschmack. Selbst wenn Frischfisch im Angebot ist, entscheiden sich viele Italiener dennoch für Stockfisch.

BACCALÀ CON LE CIPOLLE

Stockfisch mit Zwiebeln

Zum Weinkeltern oder zur Olivenernte nahmen sich die Landarbeiter aus der Region Maremma (die im Süden von Livorno beginnt und sich bis zum südlichsten Ende der Toskana erstreckt) gegrillten Stockfisch als Proviant mit.

Vorbereitungszeit: 30 Minuten + Einweichzeit
Kochzeit: etwa 45 Minuten
Für 6 Personen

— 1,2 kg getrockneter und gesalzener Stockfisch (Salzdorsch), über 12–48 Stunden mehrfach gewässert und abgetropft
— Weizenmehl (Type 405), zum Bestäuben
— 150 ml Olivenöl
— 2 Knoblauchzehen, geschält
— 1 große weiße Zwiebel, in feinen Ringen
— 800 g vollreife Tomaten, gehäutet, entkernt und gewürfelt
— 2 EL frisch gehackte glatte Petersilie (nach Belieben)
— Salz und Pfeffer

Den Stockfisch mit Küchenpapier trocken tupfen, dann die Haut entfernen. Den Fisch in kleine Stücke schneiden und mit Mehl bestäuben.

2–3 EL Öl beiseitestellen und den Rest mit dem Knoblauch in einer tiefen großen Pfanne auf mittlerer Stufe erhitzen. Die gebräunten Knoblauchzehen mit einem Schaumlöffel herausnehmen und wegwerfen. Die Fischstücke in die Pfanne geben und 5 Minuten von jeder Seite gleichmäßig bräunen. Dann die Stücke mit einem Fischheber oder Pfannenwender herausnehmen und auf Küchenpapier abtropfen lassen.

Das beiseitegestellte Öl in einer großen Pfanne erhitzen. Die Zwiebel hineingeben und unter gelegentlichem Rühren auf mittlerer Stufe 5 Minuten anschwitzen. Die Tomaten einrühren, salzen und pfeffern und auf niedriger Stufe unter gelegentlichem Rühren 10–15 Minuten köcheln lassen.

Die Fischstücke zu den Tomaten in die Pfanne geben und weitere 10 Minuten köcheln lassen. Nach Belieben mit der gehackten Petersilie bestreuen und sofort servieren.

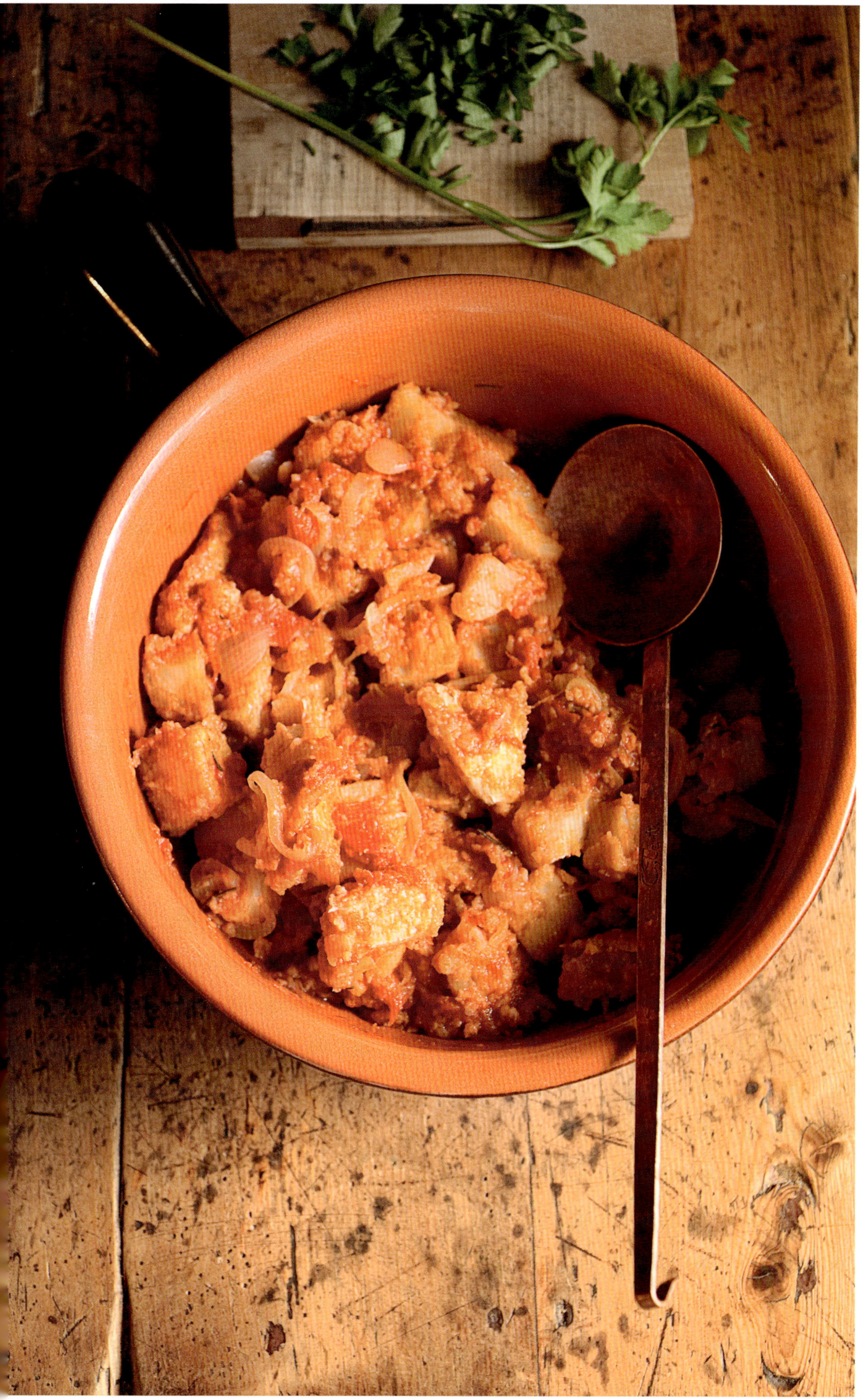

CECINA

Kichererbsenkuchen

In Livornos Bäckereien verlangte man früher ein *cinque e cinque*, das bedeutete Brot und Kichererbsenkuchen *Cecina* im Wert von je 5 Centesimi. Ältere Bewohner der Region erinnern sich noch daran, ihr „fünf und fünf" morgens auf dem Weg zur Schule oder als schnellen Snack zu Mittag verzehrt zu haben. Der Preis ist mit den Jahren zwar gestiegen, doch die Tradition, Brot und *Cecina* zu kombinieren, hält sich bis heute. Dabei legt man ein Stück *Cecina* mit schwarzem Pfeffer bestreut zwischen zwei Scheiben Focaccia – ein typischer Livorneser Snack für unterwegs.

Vorbereitungszeit: 10 Minuten
Backzeit: 20–25 Minuten
Für 4–6 Personen

— Butter, zum Einfetten
— 170 g Kichererbsenmehl
— 2 EL Olivenöl
— Salz und Pfeffer

Den Backofen auf 200 °C vorheizen. Eine große Obstkuchen-Backform mit Butter einfetten.

500 ml Wasser in eine große Schüssel gießen und das Kichererbsenmehl nach und nach einrühren. Dann das Olivenöl und eine kräftige Prise Salz und Pfeffer einarbeiten. Den Teig in die Backform füllen, er sollte etwa 1 cm dick sein. Im vorgeheizten Ofen 20–25 Minuten backen, bis der Kuchen goldbraun ist. Auf eine Servierplatte setzen und mit Pfeffer bestreuen. Warm servieren.

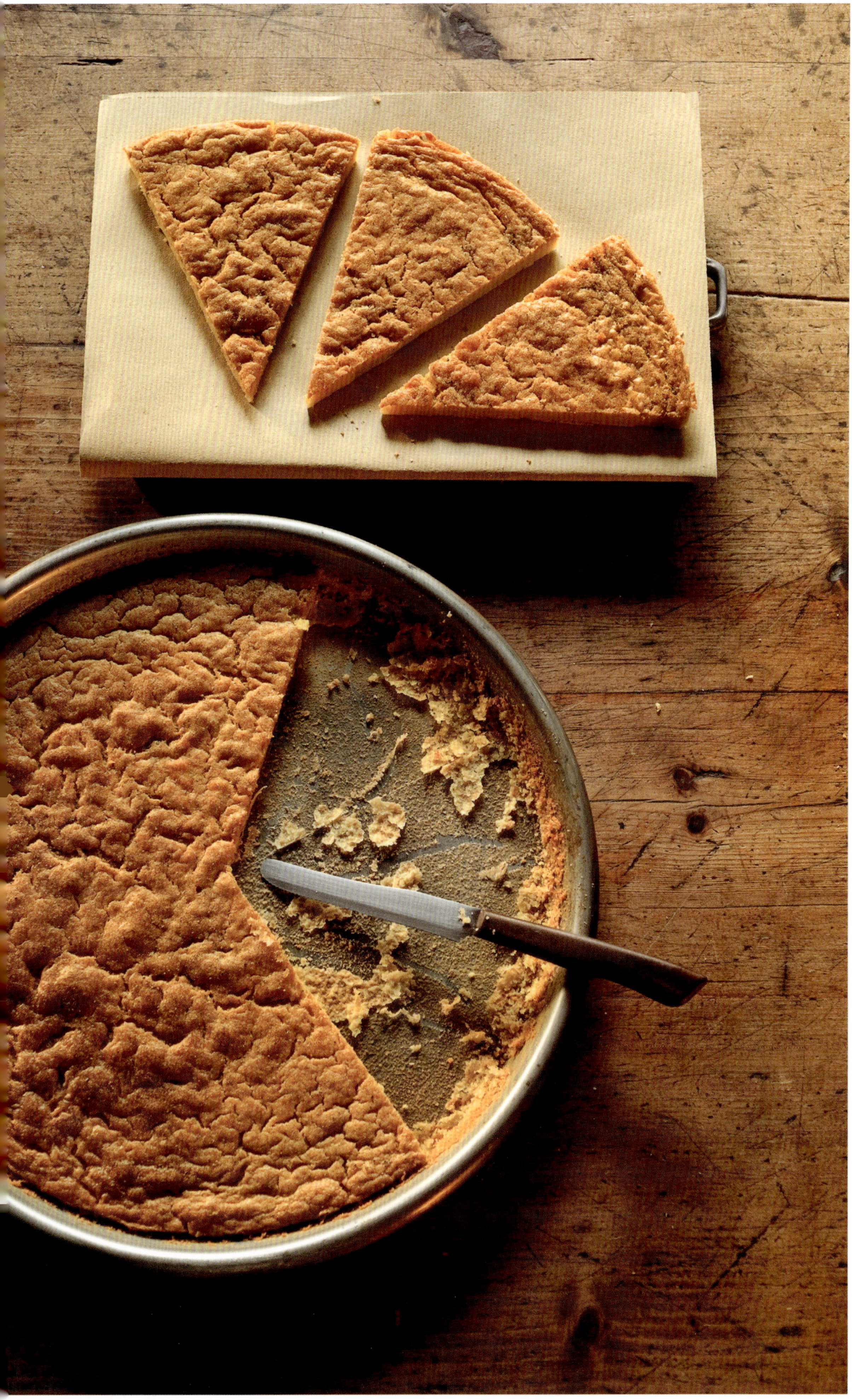

TORTA RUSTICA DI NOCI E CAFFÈ

Walnusskuchen mit Kaffee

Walnüsse werden in toskanischen Desserts seltener als Mandeln oder Haselnüsse verwendet. Es gibt jedoch einige Walnussklassiker wie diese *Torta di noci*, die in Mittelitalien besonders beliebt ist.

Vorbereitungszeit: 40 Minuten
Backzeit: 50 Minuten
Für 8–10 Personen

— 120 g weiche Butter, plus etwas zum Einfetten
— 200 g Weizenmehl (Type 405), plus etwas zum Bestäuben
— 200 g Walnusskerne
— 4 TL Backpulver
— 150 g feiner Zucker
— 2 Eier (Größe XL), getrennt
— 100 ml frisch gebrühter Kaffee, abgekühlt
— ½ TL Vanilleextrakt
— Salz

Den Backofen auf 180 °C vorheizen. Eine Savarin- oder Ringform einfetten und mit Mehl bestäuben.

Die Hälfte der Walnüsse fein und die andere Hälfte grob hacken. Mehl und Backpulver in eine Schüssel sieben. Butter und Zucker in einer großen Rührschüssel schaumig rühren. Das Eigelb mit einer Prise Salz in einer kleinen Schüssel verquirlen, dann nach und nach unter die Buttermischung rühren. Die Mehlmischung nach und nach unterziehen, dabei abwechselnd Kaffee, fein gehackte Walnüsse und Vanilleextrakt mit einarbeiten. Das Eiweiß in einer Rührschüssel steif schlagen und vorsichtig unter den Teig heben.

Den Teig in die Backform füllen und mit den grob gehackten Walnüssen bestreuen. Den Kuchen im vorgeheizten Ofen 50 Minuten backen.

Den Kuchen herausnehmen und auf ein Kuchengitter stürzen. Vor dem Servieren vollständig auskühlen lassen.

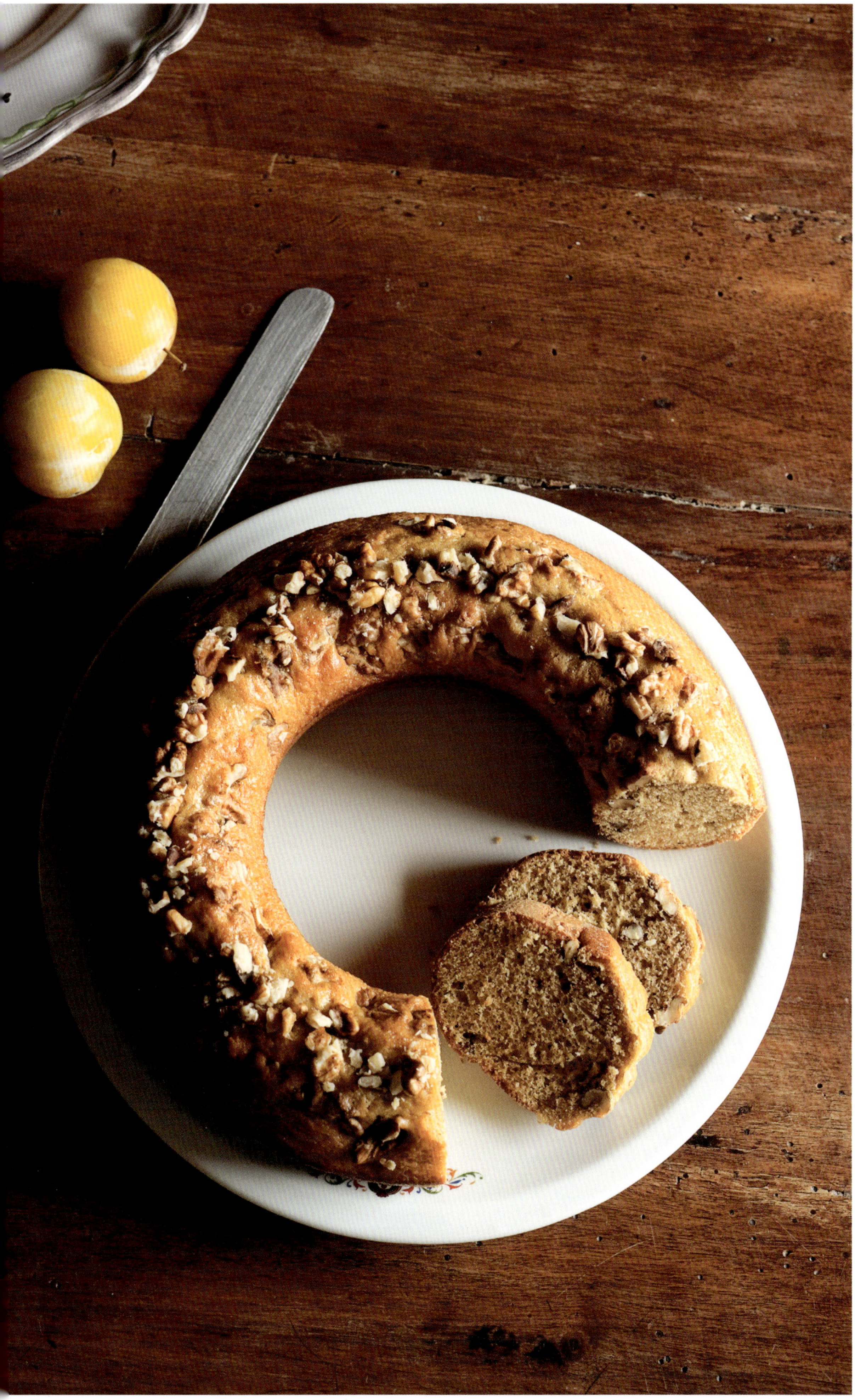

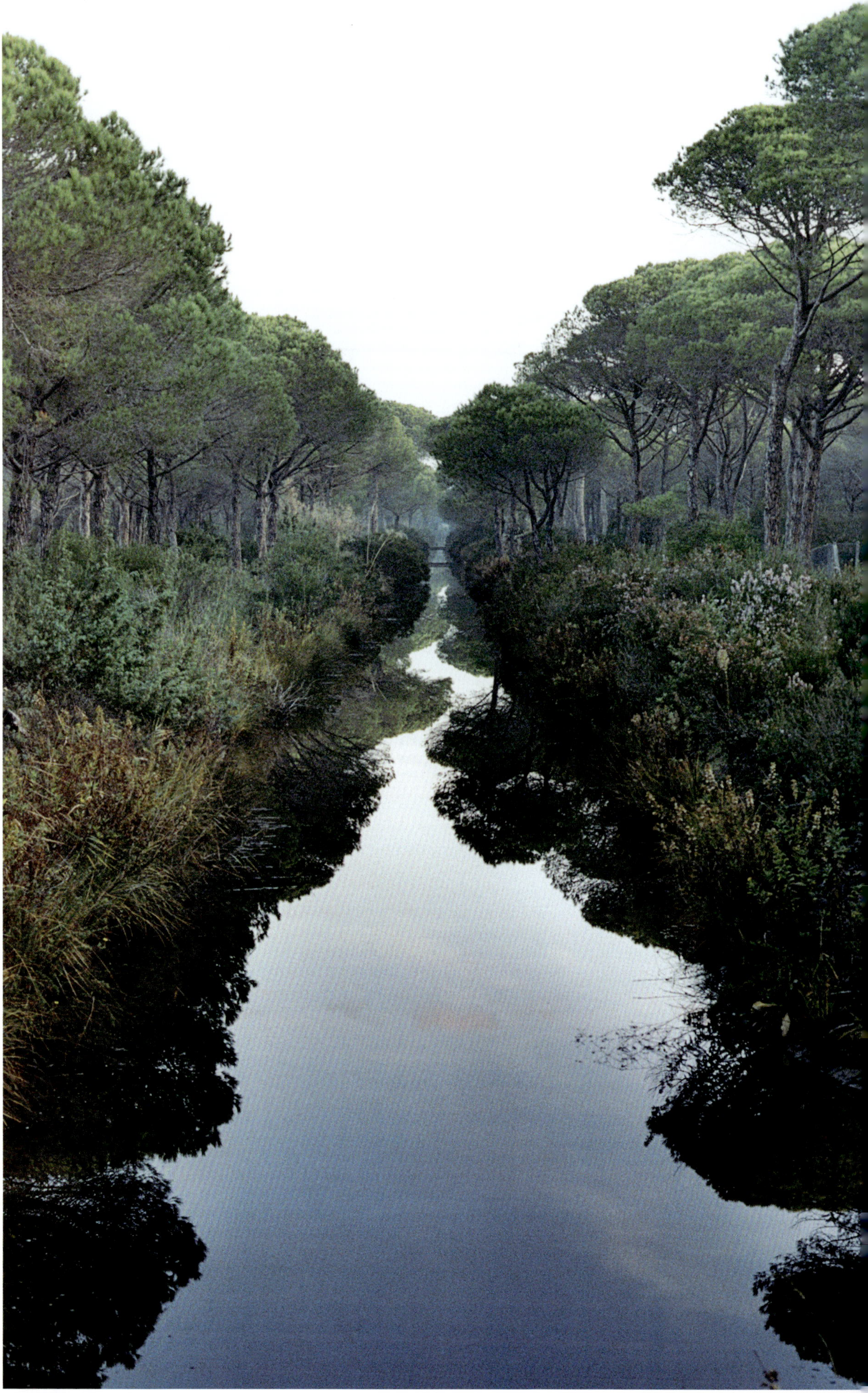

VIII

GROSSETO

Gnudi 202
Ricotta-Spinat-Klößchen

Sugo di fegatini 205
Geflügellebersauce

Cinghiale in umido 208
Wildschwein-Schmortopf

Fagiano in salmi alla toscana 210
Fasanenragout nach toskanischer Art

Coniglio in porchetta 212
Kaninchen in porchetta

Sformato di gobbi 214
Kardy-Auflauf

Tortino di fiori di zucca ripieni 216
Tarte mit gefüllten Zucchiniblüten

Die Wurzeln der Provinz Grosseto reichen zurück bis in die Zeit der Etrusker. Spuren dieser alten Kultur sind noch in den Städten Populonia und Roselle zu sehen. Lange Zeit galten allerdings große Teile der Provinz als unbewohnbar. Vor allem entlang der Küste erstreckten sich große Salzmarschen. Die Trockenlegung und Landgewinnung wurde unter der Familie Medici in Angriff genommen und während der Mussolini-Ära in den 1920er- und 1930er-Jahren abgeschlossen. Heute bilden sie eine unverdorbene, artenreiche Landschaft. Hier findet man lange Strände, bewaldete Hügel, vulkanisches Gestein, natürliche Thermalquellen, grüne Wiesen, Marschen und flaches Land.

Die kulinarischen Einflüsse der Provinz kommen von der Küste, von der Nachbarprovinz Siena und schließlich von einem Gebiet namens Maremma, einem großen Landstrich im Süden der Provinz, der in die Alta Maremma (obere Maremma) und die Bassa Maremma (untere Maremma) unterteilt wird. Typisch für die Küche Grossetos sind einfache Zutaten von hoher Qualität. In der Maremma sind vor allem Lamm, Rind und Wild von Bedeutung. Aus dieser Gegend stammen die Maremmaner Rinder, die an ihren langen, gekrümmten Hörnern und dem stämmigen Körperbau zu erkennen sind. Von etwa 1920 bis in die 1940er-Jahre wurden sie eingesetzt, um Marmor vom Monte Amiata zu transportieren, aber ihre Zahl nahm mit der zunehmenden Industrialisierung dramatisch ab. Glücklicherweise starb die Rasse aber nicht aus, und heute leben – vorwiegend in der Maremma – rund 20 000 dieser Tiere.

Ebenso gerühmt wie die Maremmaner Rinder sind die *butteri*, die toskanische Antwort auf die Cowboys des Wilden Westens. Traditionell bestand ihre Aufgabe darin, die Bewegungen der Rinderherden zu überwachen und zu steuern. Ihr Geschick ist heute noch sagenumwoben. Als Buffalo Bill 1890 mit seiner Wildwest-Show nach Italien reiste, forderten die völlig unbeeindruckten *butteri* ihn zu einem Wettbewerb heraus – den sie angeblich gewannen.

Vorherige Seite:
Der Uccellina-Nationalpark in der Maremma umfasst ein Gebiet von bemerkenswerter Naturschönheit. Hier gibt es Marschen, Pinienwälder und die sandigen Strände des Tyrrhenischen Meers.

Die toskanische Küste ist abwechslungsreich. Sandstrände findet man dort ebenso wie Felsküsten mit Höhlen und Nischen.

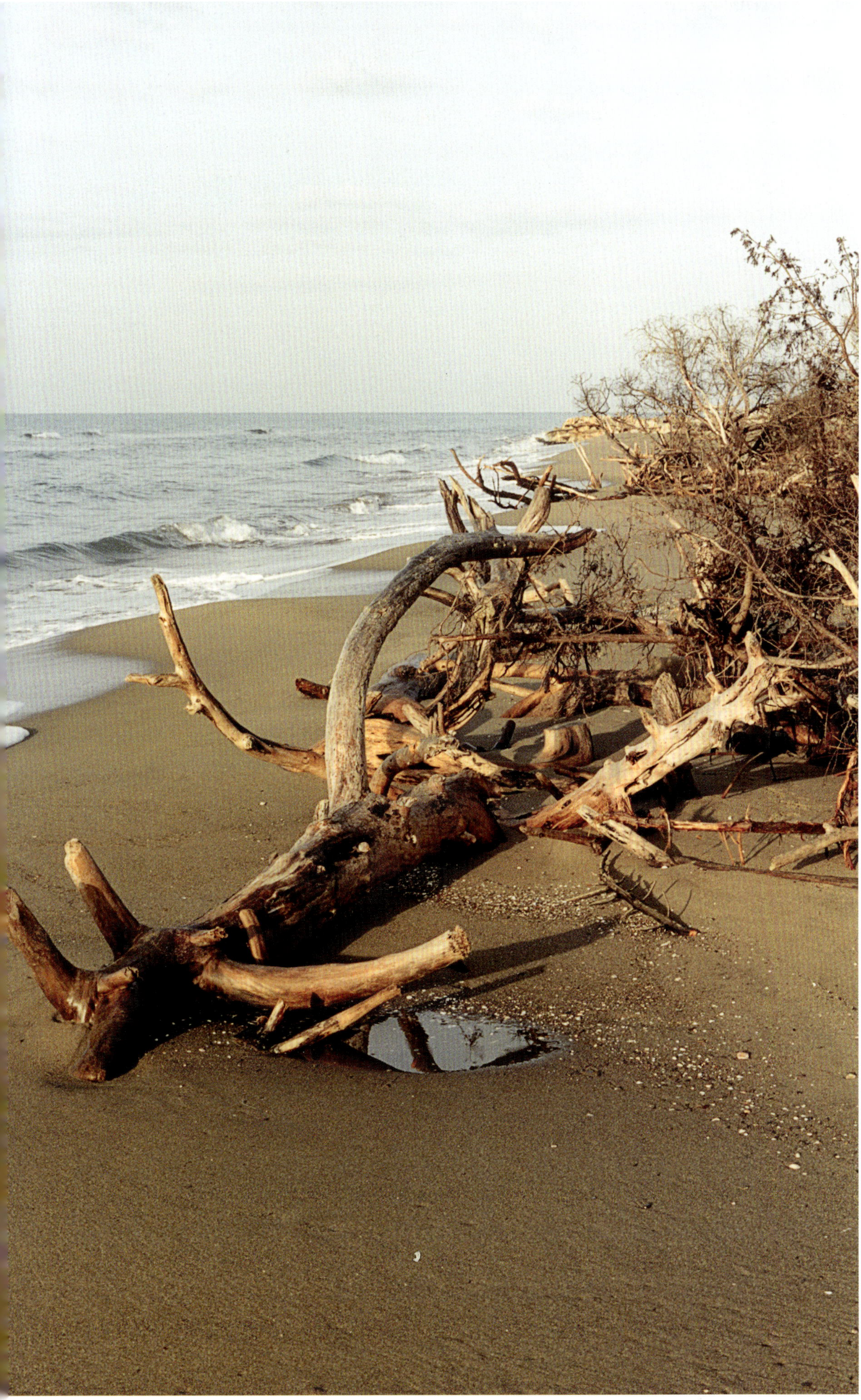

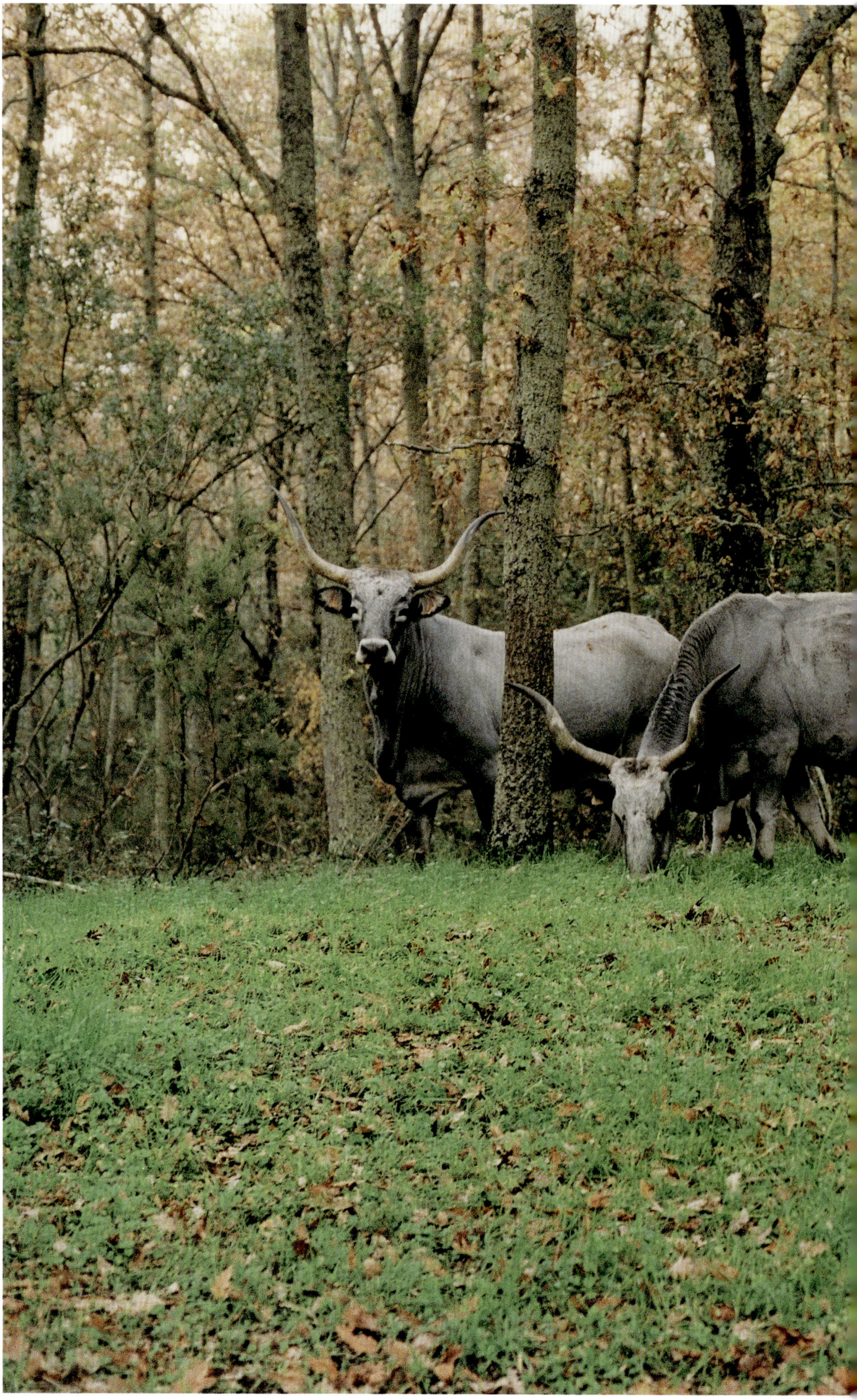

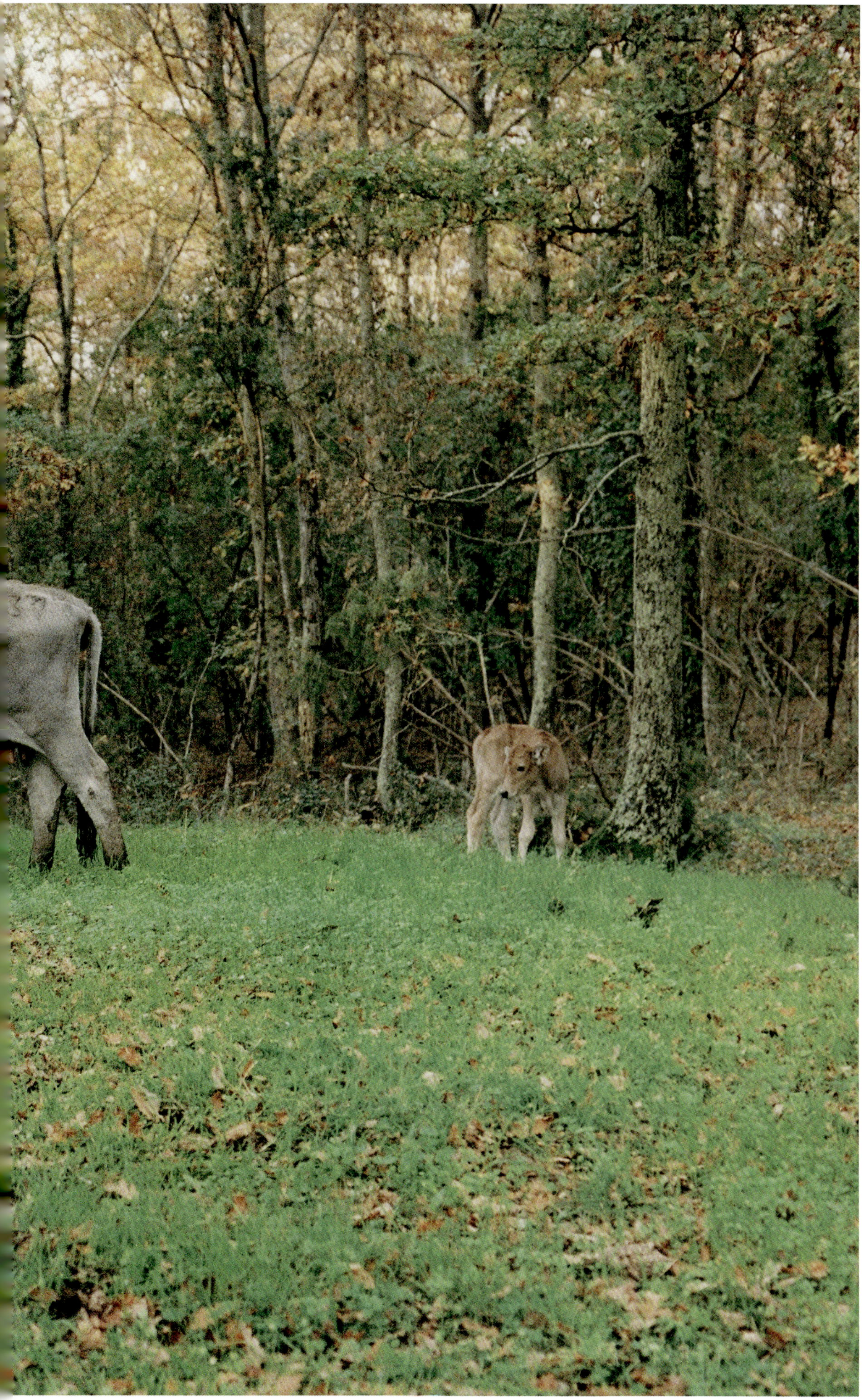

Die große Auswahl an Fleischgerichten, die überall in der Provinz serviert werden, spiegelt die Tradition und auch das Wesen der Landschaft. Ein beliebtes Gericht ist *Cinghiale in umido* (Wildschwein-Schmortopf, siehe Seite 208). Sehr verbreitet ist auch ein Gericht mit dem Namen buglione (Bouillon). Es ist eigentlich eher eine Zubereitungsweise als ein Gericht im engeren Sinne, und wurde in Bauernhaushalten entwickelt, um Fleischreste zu verwerten, die sie von ihrem Landherren geschenkt bekamen. Das Fleisch wurde stundenlang auf kleiner Flamme gegart, bis es zu einer dickflüssigen Masse zerfiel. Diese wurde dann über Brotscheiben angerichtet.

Auch die Aromen des Meeres sind in die vielseitige Küche der Region eingeflossen. Eine Spezialität, die Erwähnung verdient, ist *bottarga di Orbetello* (gesalzener Meeräschenrogen), konserviert nach einer Methode, die im 16. Jahrhundert von Spaniern ins Land gebracht worden war. Der Rogen wird vorsichtig aus dem Fisch entnommen und in Salz gepresst. Nach etwa 15 Tagen kann er verzehrt werden. Heute gibt es in Orbetello etwa 60 Fischer, die Meeräschen züchten. Kennern zufolge isst man den salzigen Rogen am besten als Aufstrich auf dicken Scheiben von toskanischem Brot oder dünn aufgeschnitten und mit etwas Olivenöl und Zitronensaft beträufelt.

Vorherige Seite: Maremmana-Rinder grasen noch frei in der Region. Mit ihren langen Hörnern und dem stattlichen Körperbau sehen sie eindrucksvoll aus, sind aber sehr sanftmütig.

PASTA

In der Toskana wird zwar insgesamt weniger Pasta gegessen als in anderen Teilen Italiens, doch die hiesigen Pastagerichte sind einfach und köstlich zugleich.

Pasta mit frischen Eiern wird überall in der Toskana hergestellt. Im Norden sind gefüllte Sorten wie *tortelli* und *ravioli* verbreitet, was sicherlich mit den Küchentraditionen der Nachbarregionen Emilia-Romagna und Ligurien zu tun hat. Die Füllungen richten sich nach der Gegend und der Jahreszeit. Esskastanien, Käse, Kartoffeln, Spinat und anderes Kulturgemüse sowie Brennnesseln und Kräuter werden häufig verarbeitet. Im Süden der Region, vor allem in Siena, isst man gern *Pici* (siehe Seite 236), eine rustikale Variante handgemachter Spaghetti. In Siena und Grosseto werden außerdem *Gnudi* (siehe Seite 202) oder „nackte Ravioli" hergestellt. Diese Klößchen werden aus Ricotta und Spinat zubereitet, also denselben Zutaten, die gern zum Füllen von Ravioli und Tortelli verwendet werden – aber ohne die Hülle aus Pastateig. Man isst sie zu allen Jahreszeiten einfach mit etwas Butter und Salbei. Die klassischen langen Nudeln der Region sind *pappardelle*, lange, flache Bandnudeln, zu denen häufig Ente (siehe Seite 259), Hase, Wildschwein oder Pilzsauce auf den Tisch kommt – je nachdem, was gerade Saison hat.

Die beliebtesten getrockneten Nudeln sind *penne* (kurze, abgeschrägte Röhren), zu denen Saucen mit Gemüse oder Fleisch gereicht werden. In Restaurants an der Küste stehen auch oft Spaghetti mit gesalzenem Rogen, Muscheln und anderen Meeresfrüchten auf der Speisekarte.

GNUDI

Ricotta-Spinat-Klößchen

Vorbereitungszeit: 45 Minuten
Kochzeit: 15 Minuten
Für 4–6 Personen

— 500 g Spinat, geputzt, gewaschen und dicke Stiele entfernt
— 450 g Ricotta
— 100 g frisch geriebener Pecorino, plus etwas zum Bestreuen
— 2 Eier, leicht verquirlt
— 100 g Weizenmehl (Type 405), plus etwas zum Bestäuben
— 1 Prise frisch geriebene Muskatnuss
— 50 g Butter
— 10–12 Salbeiblätter
— Salz und Pfeffer

Den Spinat nur mit dem anhaftenden Waschwasser in einen großen Topf geben. Auf mittlerer Stufe etwa 3 Minuten unter gelegentlichem Wenden erhitzen. Abtropfen lassen und ausdrücken, dann sehr fein hacken. In eine Schüssel geben und Ricotta, Pecorino, Eier und Mehl einrühren. Mit Muskat, Salz und Pfeffer würzen.

Leicht gesalzenes Wasser in einem großen Topf zum Kochen bringen. Mit einem Teelöffel kleine Klößchen aus der Spinat-Ricotta-Mischung formen, mit Mehl bestäuben und in den Topf geben.

Die Klößchen portionsweise je 2–3 Minuten auf mittlerer Stufe garen, bis sie an die Oberfläche steigen. Herausnehmen, auf Küchenpapier abtropfen lassen und in eine Servierschüssel geben. Die Butter mit dem Salbei in einer Pfanne zerlassen. Die Klößchen mit der Salbeibutter beträufeln, mit etwas Pecorino bestreuen und servieren.

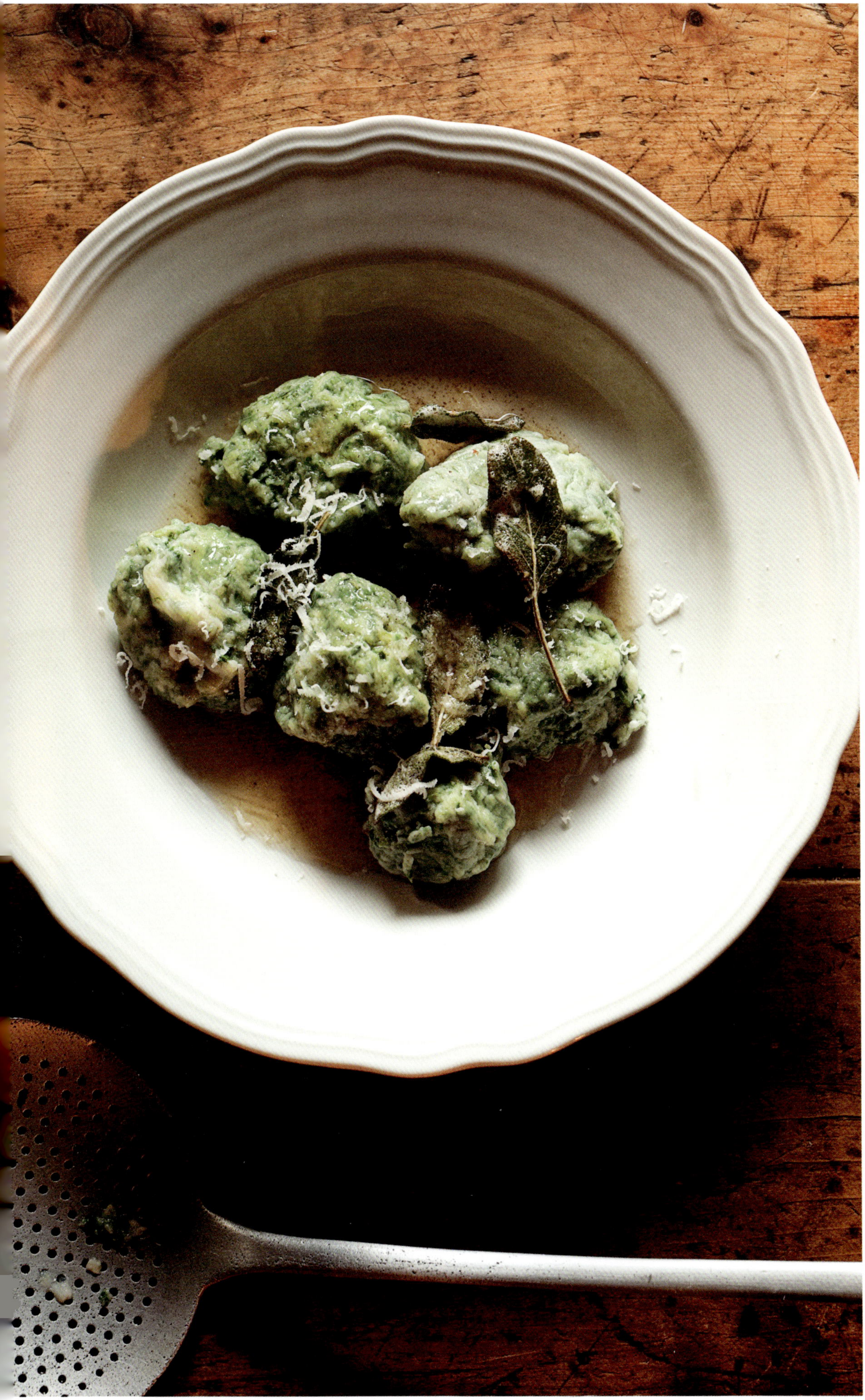

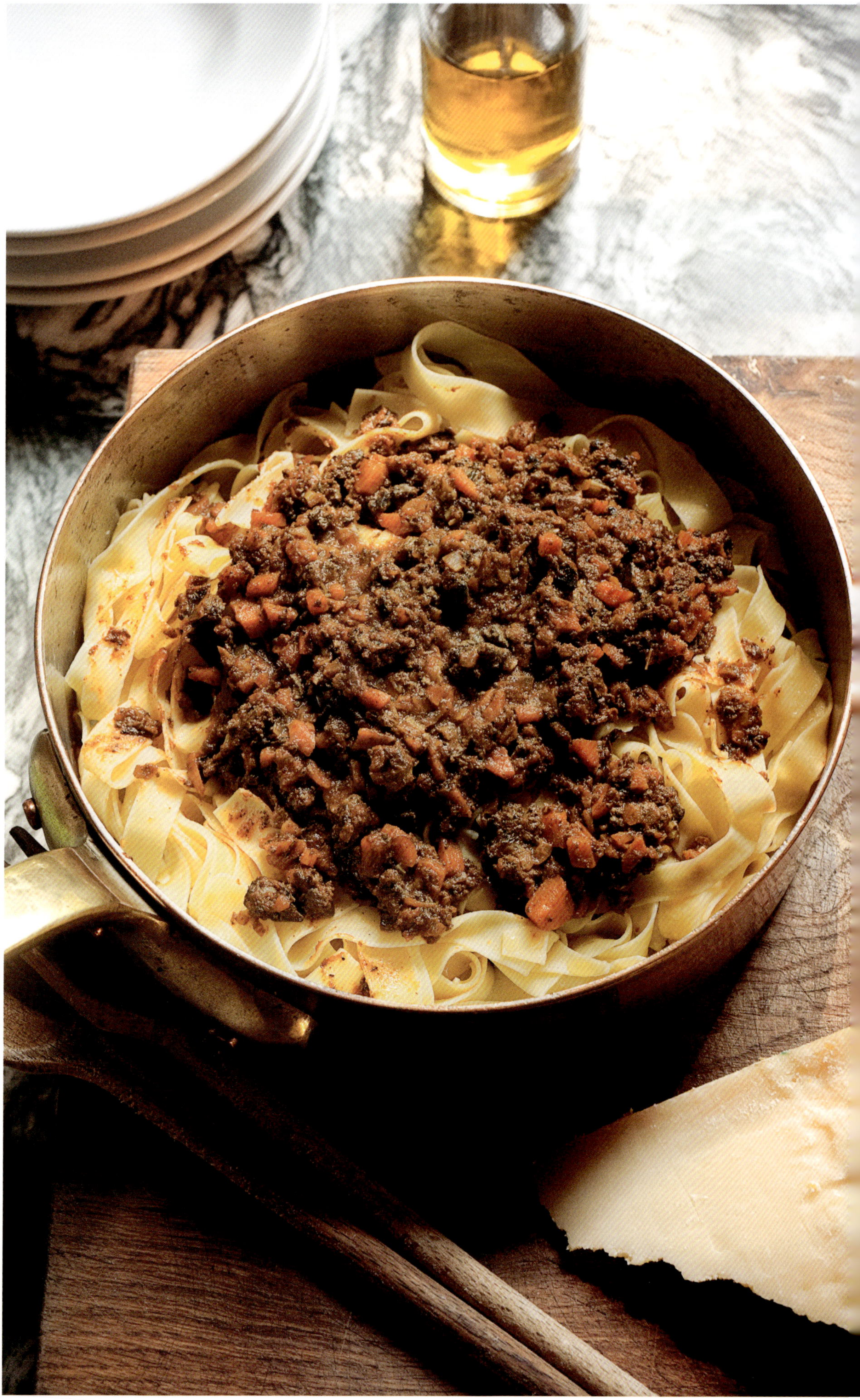

SUGO DI FEGATINI

Geflügellebersauce

Die toskanische Vorliebe für Geflügelleber lässt sich bis in die Renaissance zurückverfolgen. In zahlreichen Gerichten wird Hühner-, Enten- oder Gänseleber verwendet und nicht selten als Hauptzutat. Besonders beliebt ist sie in einer Sauce für Pasta oder als Crostini-Belag.

Vorbereitungszeit: 25 Minuten
Kochzeit: 1 Stunde 15 Minuten
Für 6 Personen

Sellerie, Karotten, Zwiebel, Petersilie und Lebern in einer Schüssel vermengen. Das Öl in einer Pfanne erhitzen, die Gemüsemischung zugeben und abgedeckt auf niedriger Stufe unter gelegentlichem Rühren 1 Stunde köcheln lassen. Den Vin Santo einrühren und weiterköcheln lassen, bis der Alkohol verkocht ist.

Die Tomaten einrühren, mit Salz und Pfeffer abschmecken und abgedeckt weitere 10 Minuten köcheln lassen.

Einen Spritzer Olivenöl in die Sauce geben und den Topf vom Herd nehmen. Diese Sauce schmeckt besonders köstlich zu Pappardelle oder zu einem Risotto.

— 2 Selleriestangen, gehackt
— 2 Karotten, gehackt
— 1 Zwiebel, gehackt
— 1 Stängel glatte Petersilie, gehackt
— 5–6 Geflügellebern, pariert und gehackt
— 5 EL Olivenöl, plus etwas zum Beträufeln
— 150 ml Vin Santo
— 250 g gehackte Tomaten aus der Dose
— Salz und Pfeffer

JAGD IN DER MAREMMA

Die Tradition der Jagd wird in der Toskana hochgehalten. *Caccia* (Jagd) hat in der regionalen Geschichte, den Gebräuchen und Traditionen einen hohen Stellenwert. Die Zahl der registrierten Jäger hat in Italien zwar in den letzten Jahren abgenommen, aber in der Toskana besitzen noch etwa 110 000 Menschen einen Jagdschein. Hasen, Enten, Fasanen, Wildschweine, Rehwild und Vögel wie Tauben, Elstern, Krähen und Eichelhäher werden ins Visier genommen.

Die beliebteste und kulturell bedeutendste Form der *caccia* ist unbestritten die Wildschweinjagd. Die Jäger agieren in Gruppen von mindestens 15, häufig aber zwischen 30 und 40 Personen zusammen. Die Wildschweinjagd ist straff durchorganisiert, und jeder hat eine bestimmte Aufgabe zu erfüllen. Für Fehler ist im Jagdgetümmel kein Platz. Der *capo caccia* (Jagdleiter) platziert die Jäger an verschiedenen Positionen am Rand des Jagdgebiets. Meist tritt dann der *tracciatore* (Fährtensucher) zuerst in Aktion. Seine Aufgabe ist es, der Spur des Wildschweins zu folgen. Dabei unterstützen ihn die *canai* (Hundeführer), die auch darauf achten müssen, dass die Hunde nicht die Fährte verlieren oder abhanden kommen. In der Maremma wie in vielen anderen Gegenden der Toskana ist die Jagd eine überaus gesellige Angelegenheit. Anfang und Ende der Jagdsaison werden normalerweise mit *feste* (Feiern) begangen. Man sagt, der *capo squadra* (Führer einer Jagdgruppe) habe früher mehr Bedeutung und Einfluss gehabt als der Bürgermeister des Dorfs.

Cinghiale in umido (Wildschwein-Schmortopf, siehe Seite 208) gibt es in zahllosen Variationen. In manchen Gegenden wird das Fleisch über Nacht in Milch mariniert, in anderen Regionen in Wein oder Essig. Überall aber wird es langsam gegart, bis es wunderbar mürbe ist.

Die Jagd ist in der Maremma außerordentlich beliebt, und die Jäger sind fast immer in Begleitung von Jagdhunden unterwegs.

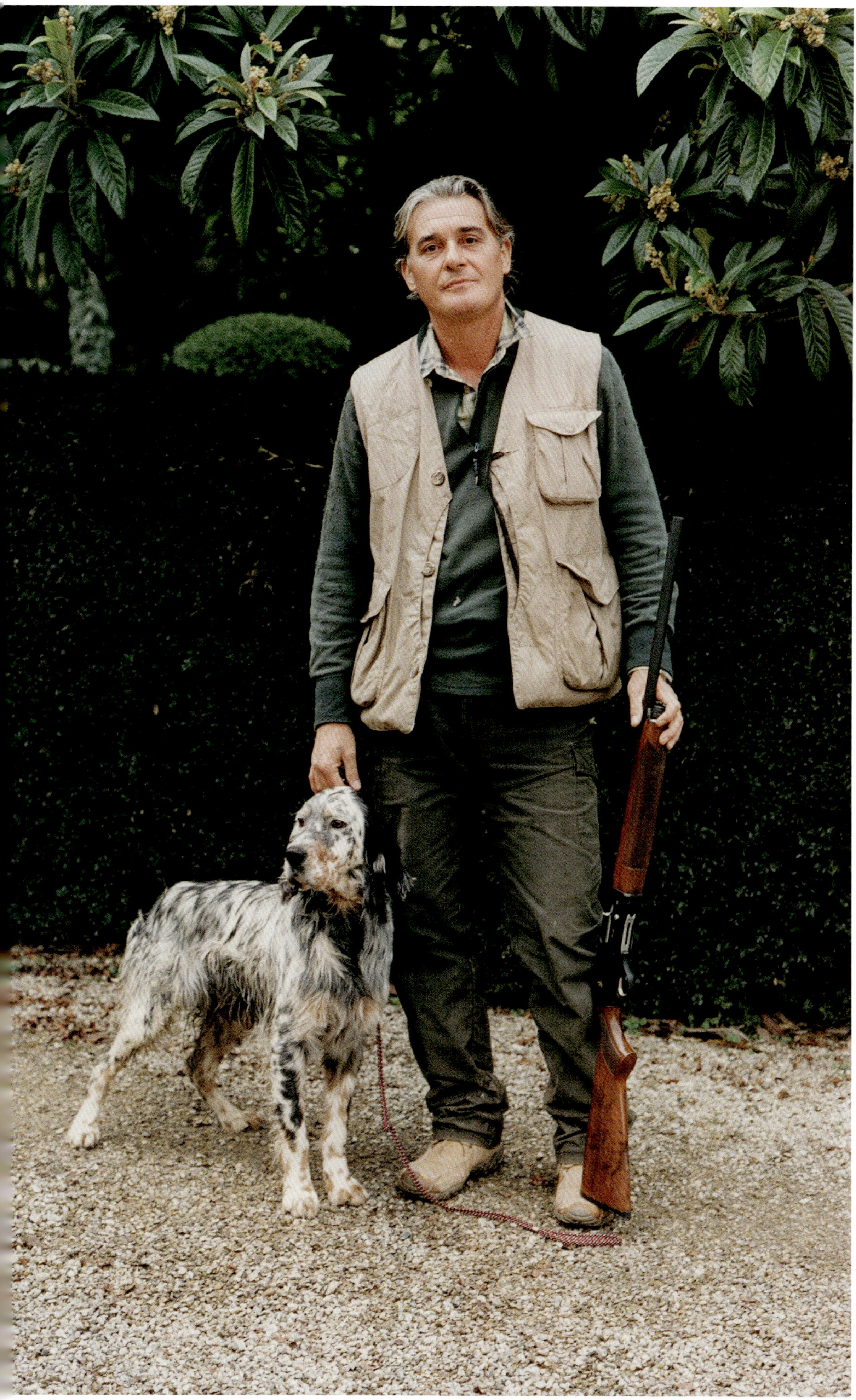

CINGHIALE IN UMIDO

Wildschwein-Schmortopf

Wenn eine Gruppe toskanischer Jäger von der Jagd kommt, dann wird das Wild unter allen gerecht aufgeteilt. Dazu gehört auch der Anteil der Jagdhunde, die ebenso viel von dem Fleisch bekommen wie ihre Besitzer.

Vorbereitungszeit: 25 Minuten + Marinierzeit über Nacht
Kochzeit: etwa 3 Stunden
Für 6 Personen

— 1 l Weißweinessig
— 2 kg Wildschweinkeule, entbeint
— 5 EL Olivenöl
— 1 Knoblauchzehe, geschält
— 1 Zweig Rosmarin
— 2 Selleriestangen, fein gehackt
— 2 Karotten, fein gehackt
— 1 Zwiebel, fein gehackt
— 200 g Rinderhackfleisch
— 250 g gehackte Tomaten aus der Dose
— 1 EL Tomatenmark
— 1 Prise Chilipulver
— 2 Lorbeerblätter
— 1 Prise frisch zerdrückte rosa Pfefferkörner
— Salz
— Polenta oder Kartoffelpüree, zum Servieren

Den Essig in eine rechteckige Auflaufform gießen, das Fleisch hineingeben und darin wenden. Dann abdecken und im Kühlschrank über Nacht marinieren.

Das Fleisch herausnehmen, gut abtropfen lassen und in 2,5 cm große Würfel schneiden. 3 EL Öl mit Knoblauchzehe und Rosmarin in einem großen Topf erhitzen. Knoblauch und Rosmarinzweig bräunen, dann herausnehmen und wegwerfen. Die Fleischwürfel in den Topf geben und auf mittlerer Stufe unter häufigem Rühren 5–8 Minuten gleichmäßig bräunen. Den Topf vom Herd nehmen.

Das restliche Öl in einem anderen großen Topf oder Bräter erhitzen. Sellerie, Karotten und Zwiebel hineingeben und auf mittlerer Stufe unter gelegentlichem Rühren 5 Minuten dünsten. Das Rinderhack zugeben und weitere 5–8 Minuten unter häufigem Rühren garen, dabei das Hackfleisch mit dem Holzlöffel zerbröckeln. Die Fleischwürfel zur Gemüsemischung geben, dann Tomaten, Tomatenmark, Chilipulver und Lorbeerblätter zugeben und mit rosa Pfeffer und Salz würzen. Die Hitze reduzieren und alles abgedeckt 2½ Stunden sanft schmoren lassen, bis das Fleisch sehr zart ist.

Den Schmortopf in eine vorgewärmte Servierschüssel füllen und mit Polenta oder Kartoffelpüree servieren.

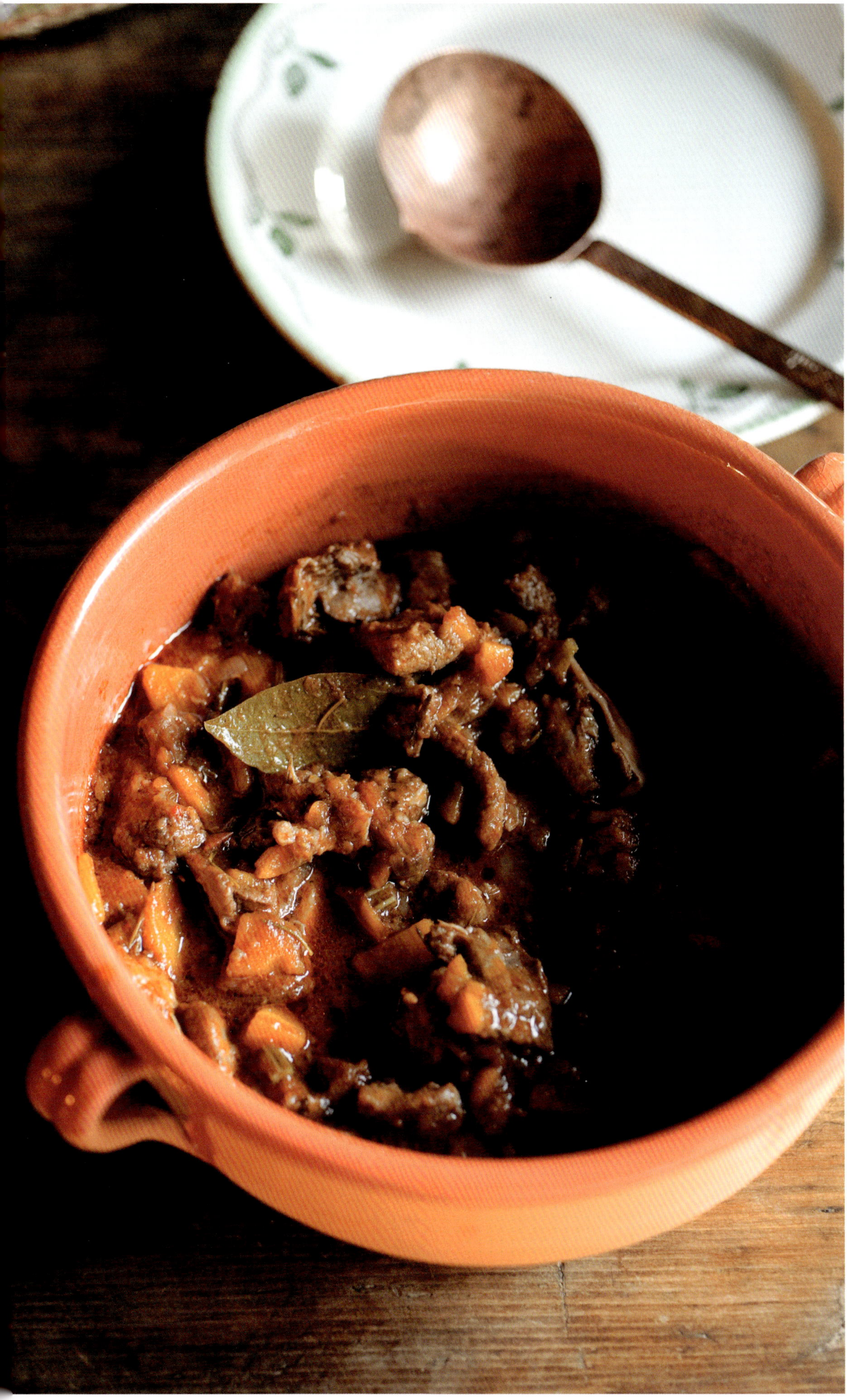

FAGIANO IN SALMI ALLA TOSCANA

Fasanenragout nach toskanischer Art

Toskanisches Fasanenragout hat seine Ursprünge in der Piemonteser Gegend. Die toskanische Mittelklasse übernahm das einfache Rezept vom Land mit ein paar Änderungen Anfang des 20. Jahrhunderts übernommen und ist seitdem in der Region sehr beliebt.

Vorbereitungszeit: 20 Minuten +
3–4 Stunden Marinierzeit
Kochzeit: 50 Minuten
Für 6 Personen

— 1 Karotte, gehackt
— 1 Selleriestange, gehackt
— 1 Zwiebel, gehackt
— 2–3 Salbeiblätter, gehackt
— 1 Zweig Rosmarin, gehackt
— 2 Knoblauchzehen, gehackt
— 3–4 EL Olivenöl
— abgeriebene Schale von 1 unbehandelten Zitrone
— Saft von ½ Zitrone
— 6 Fasanenbrustfilets
— 175 ml trockener Weißwein
— 175 ml Hühnerbrühe
— Salz und Pfeffer

Karotte, Sellerie, Zwiebel, Salbei, Rosmarin, Knoblauch, Öl, Zitronenschale und -saft in einer großen, flachen Schüssel vermengen und salzen und pfeffern. Die Fasanenbrustfilets in der Marinade wenden, dann abdecken und 3–4 Stunden marinieren.

Die Fasanenbrüste mit der Marinadenmischung in eine Kasserolle umfüllen und auf mittlerer Stufe unter gelegentlichem Rühren 15 Minuten schmoren. Den Wein zugießen und einige Minuten rühren, bis der Alkohol verkocht ist. Die Hühnerbrühe zugießen und zum Kochen bringen, dann die Hitze reduzieren und 30 Minuten köcheln lassen. Die Kasserolle vom Herd nehmen und das Ragout sofort servieren.

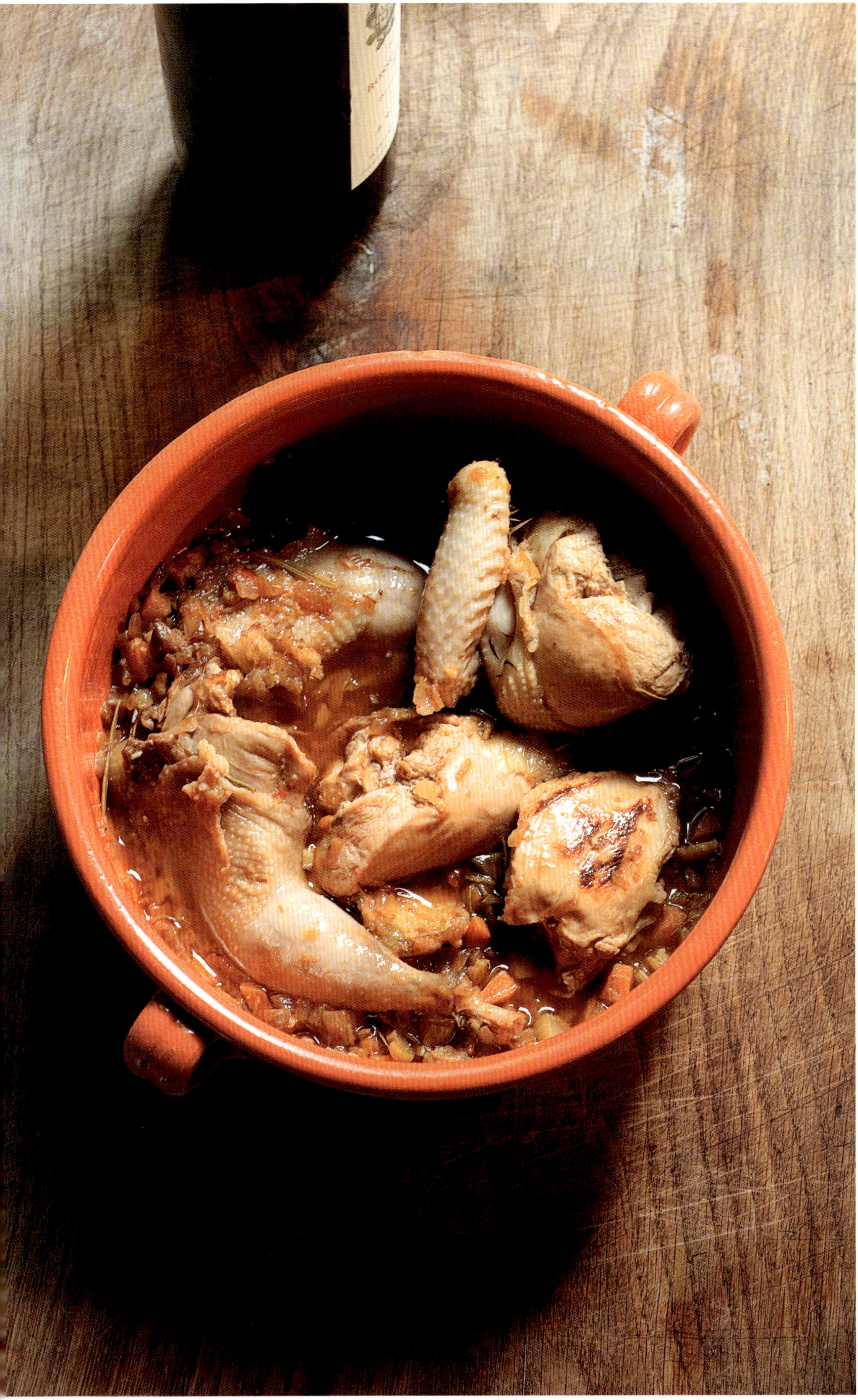

CONIGLIO IN PORCHETTA

Kaninchen in porchetta

„*In porchetta*" bedeutet „nach Spanferkelart" und bezeichnet eine bestimmte Art der Würzung. Spanferkel werden in der Toskana entbeint, mit einer Mischung aus Kräutern und Gewürzen gefüllt, zu der unbedingt Wildfenchel gehören muss, dann gewickelt und im Bräter oder am Grillspieß gegart. Nach derselben Methode werden auch Kaninchen und Geflügel zubereitet.

Vorbereitungszeit: 30 Minuten +
1 Stunde Marinierzeit
Kochzeit: 1 Stunde 45 Minuten
Für 6 Personen

— 2,5 kg Kaninchen, ohne Haut, ausgenommen, entbeint und Leber beiseitegestellt
— 200 ml Weißweinessig
— 3 Salbeiblätter, gehackt
— 3 Zweige Rosmarin, gehackt
— 3 Stängel Wildfenchel, gehackt
— 1 Knoblauchzehe, gehackt
— 200 g Prosciutto, in Scheiben
— 2 EL Butter
— 3 EL Olivenöl
— 100 ml trockener Weißwein
— 1 Lorbeerblatt
— Pfeffer

Das Kaninchen in eine rechteckige Auflaufform legen. Den Weißweinessig mit 400 ml Wasser mischen, über das Fleisch gießen und 1 Stunde marinieren.

Das Kaninchen herausnehmen, kalt abspülen und mit Küchenpapier trocken tupfen.

Die beiseitegestellte Leber parieren und hacken, dann mit Salbei, Rosmarin, Wildfenchel und Knoblauch vermengen. Das Kaninchen mit der Hälfte der Kräutermischung füllen, kräftig pfeffern, mit Prosciutto belegen und die restliche Kräutermischung darauf verteilen.

Das Kaninchen fest zusammendrücken und mit Küchengarn umwickeln. Butter und Öl in einer großen Kasserolle erhitzen, das Fleisch hineingeben und auf mittlerer Stufe unter häufigem Wenden 10 Minuten rundum gleichmäßig bräunen. Den Wein zugießen und einige Minuten köcheln lassen, bis der Alkohol verkocht ist. Das Lorbeerblatt zugeben, die Hitze reduzieren und abgedeckt 1½ Stunden gut durchgaren. Bei Bedarf etwas heißes Wasser zugeben. Die Kasserolle vom Herd nehmen und etwas abkühlen lassen. Das Kaninchen herausnehmen, das Küchengarn entfernen und das Fleisch in Scheiben geschnitten servieren.

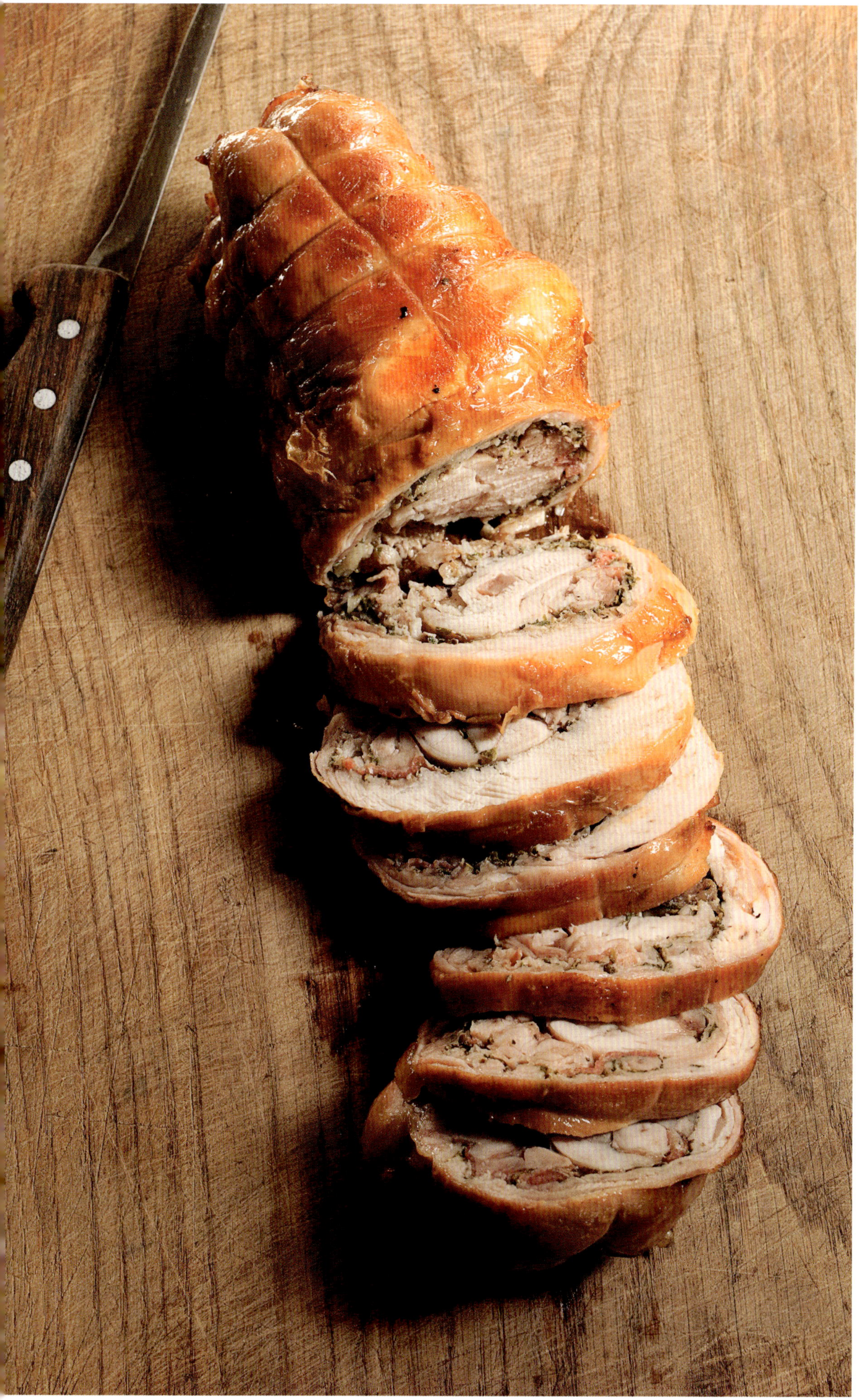

SFORMATO DI GOBBI

Kardy-Auflauf

Vorbereitungszeit: 20 Minuten
Koch- und Backzeit: etwa 1 Stunde 50 Minuten
Für 6 Personen

— 500 g Kardys (Gemüseartischocken)
— 25 g Butter, plus etwas zum Einfetten
— 175 ml Milch
— 4 Eier
— 50 g frisch geriebener Parmesan
— Salz

Für die Béchamelsauce:
— 25 g Butter
— 2 EL Mehl
— 250 ml Milch
— 1 Prise frisch geriebene Muskatnuss
— Salz und Pfeffer

Einen großen Topf mit Wasser füllen und den Zitronensaft mit einer Prise Salz hineingeben. Die Blattstielenden von den Kardys abschneiden und die äußeren Blätter entfernen. Blattreste und stachelige Ränder abtrennen und eventuell die Fäden am Stängel abziehen. Die Stängel in 5 cm lange Stücke schneiden, dann sofort ins Zitronenwasser geben, damit sie sich nicht verfärben. Zum Kochen bringen, dann die Hitze reduzieren und 35–40 Minuten köcheln lassen.

Die Kardys abgießen. Die Butter in einem Topf zerlassen, die Kardys hineingeben und einige Minuten auf mittlerer Stufe dünsten. Die Hitze reduzieren, die Milch zugießen und alles 30 Minuten ziehen lassen.

Inzwischen für die Béchamelsauce die Butter in einem großen Topf auf mittlerer Stufe zerlassen. Das Mehl mit dem Schneebesen einrühren. Die Milch zugießen und unter ständigem Rühren langsam zum Kochen bringen. Dann die Hitze reduzieren und unter gelegentlichem Rühren 20 Minuten köcheln lassen. Den Topf vom Herd nehmen, die Muskatnuss einrühren und mit Salz und Pfeffer abschmecken. Den Backofen auf 160 °C vorheizen. Eine runde Auflaufform mit Butter einfetten. Die Kardys samt Milch in der Küchenmaschine oder im Standmixer pürieren oder sehr fein hacken.

Das Püree zur Béchamelsauce geben, dann Eier und Parmesan einrühren. Nach Geschmack Salz zugeben und gut verrühren. Die Mischung in die Auflaufform füllen und die Form auf ein tiefes Backblech stellen. Das Backblech mit so viel Wasser füllen, dass es bis zur halben Höhe der Auflaufform reicht. Im vorgeheizten Ofen 35–40 Minuten garen. Den fest gewordenen Auflauf aus dem Ofen nehmen und sofort servieren.

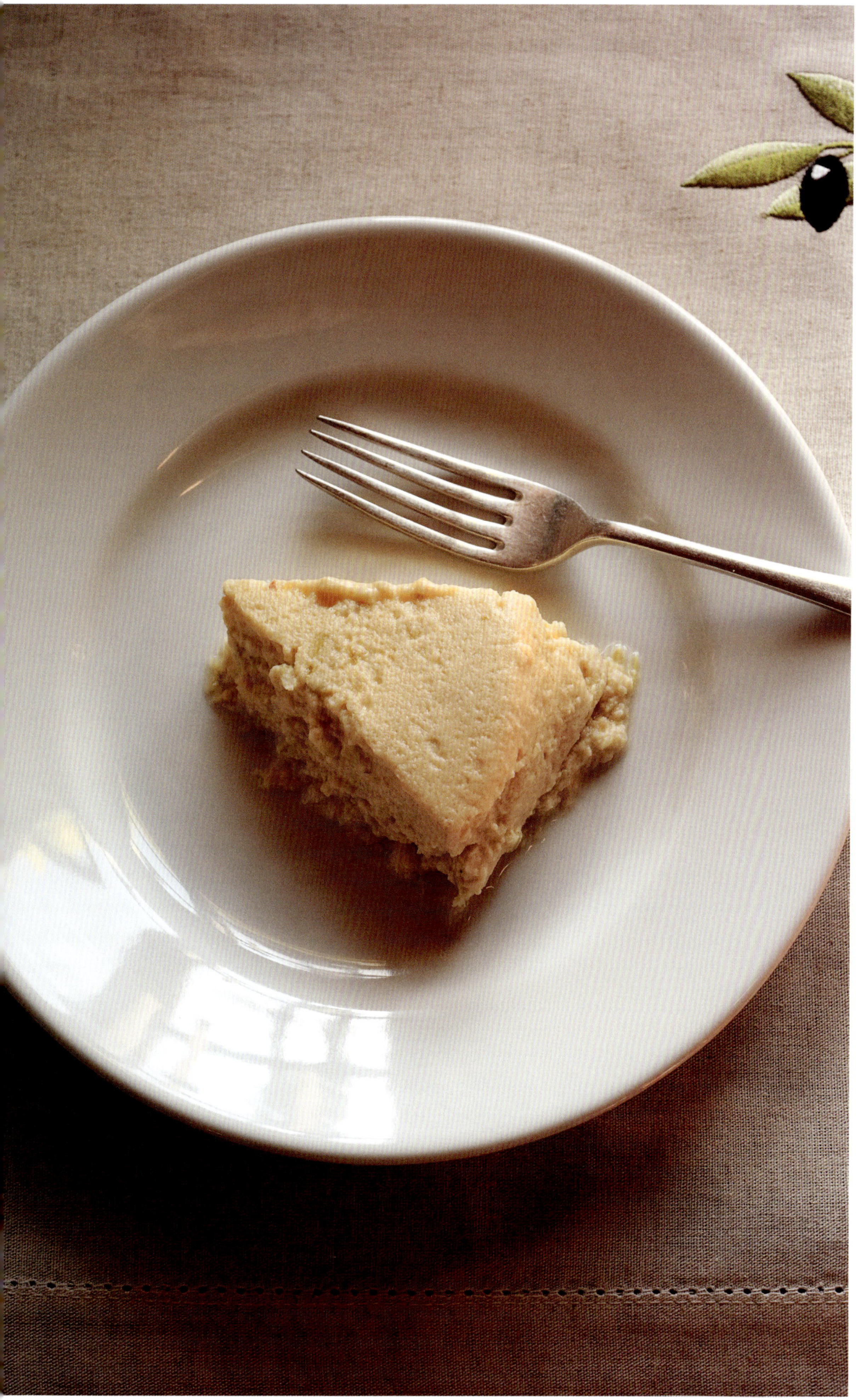

TORTINO DI FIORI DI ZUCCA RIPIENI

Tarte mit gefüllten Zucchiniblüten

Zucchiniblüten sind in ganz Mittelitalien beliebt. Man kann sie füllen, frittieren oder ein Omelett mit ihnen zubereiten. Auch Kürbisblüten lassen sich so in der Küche verwenden.

Vorbereitungszeit: 30 Minuten
Koch- und Backzeit: 40 Minuten +
5 Minuten Ruhezeit
Für 4 Personen

— 100 g Rinderhackfleisch
— 100 g Salsiccia, Pelle entfernt
— 1 Knoblauchzehe, gehackt
— 4–5 Estragonblätter, gehackt
— 6 Eier
— 50 g frisch geriebener Parmesan
— 1–2 EL Weißbrotbrösel (nach Belieben)
— 12 große Zucchiniblüten, Blütenstempel entfernt
— Butter, zum Einfetten
— 2 EL Olivenöl
— 1 kleine Zwiebel, fein gehackt
— 2 EL Tomatensauce
— Salz und Pfeffer

Rinderhack, Salsiccia, Knoblauch, Estragon und 1 Ei in einer Schüssel verrühren. 2 EL Parmesan beiseitestellen und den Rest mit in die Schüssel geben. Leicht salzen und pfeffern. Die Mischung mit einem Holzlöffel glatt rühren und dabei, falls gewünscht, nach und nach die Brösel einarbeiten. Die Zucchiniblüten mit der Fleischmischung füllen.

Den Backofen auf 180 °C vorheizen und eine runde Springform (20 cm Durchmesser) mit Butter einfetten.

Das Öl in einer Pfanne erhitzen. Die Zwiebel zugeben und auf mittlerer Stufe unter gelegentlichem Rühren 5 Minuten dünsten. Die gefüllten Zucchiniblüten vorsichtig in die Pfanne geben und goldbraun braten. Dann den Topf vom Herd nehmen und die Zucchiniblüten in die Backform legen.

Die restlichen Eier mit restlichem Parmesan und Tomatensauce in einer Schüssel verquirlen, salzen, pfeffern und über die Zucchiniblüten gießen. Im vorgeheizten Ofen 20 Minuten backen, bis die Oberfläche fest und goldbraun ist. Herausnehmen und 5 Minuten ruhen lassen, dann die Tarte aus der Form lösen und sofort servieren.

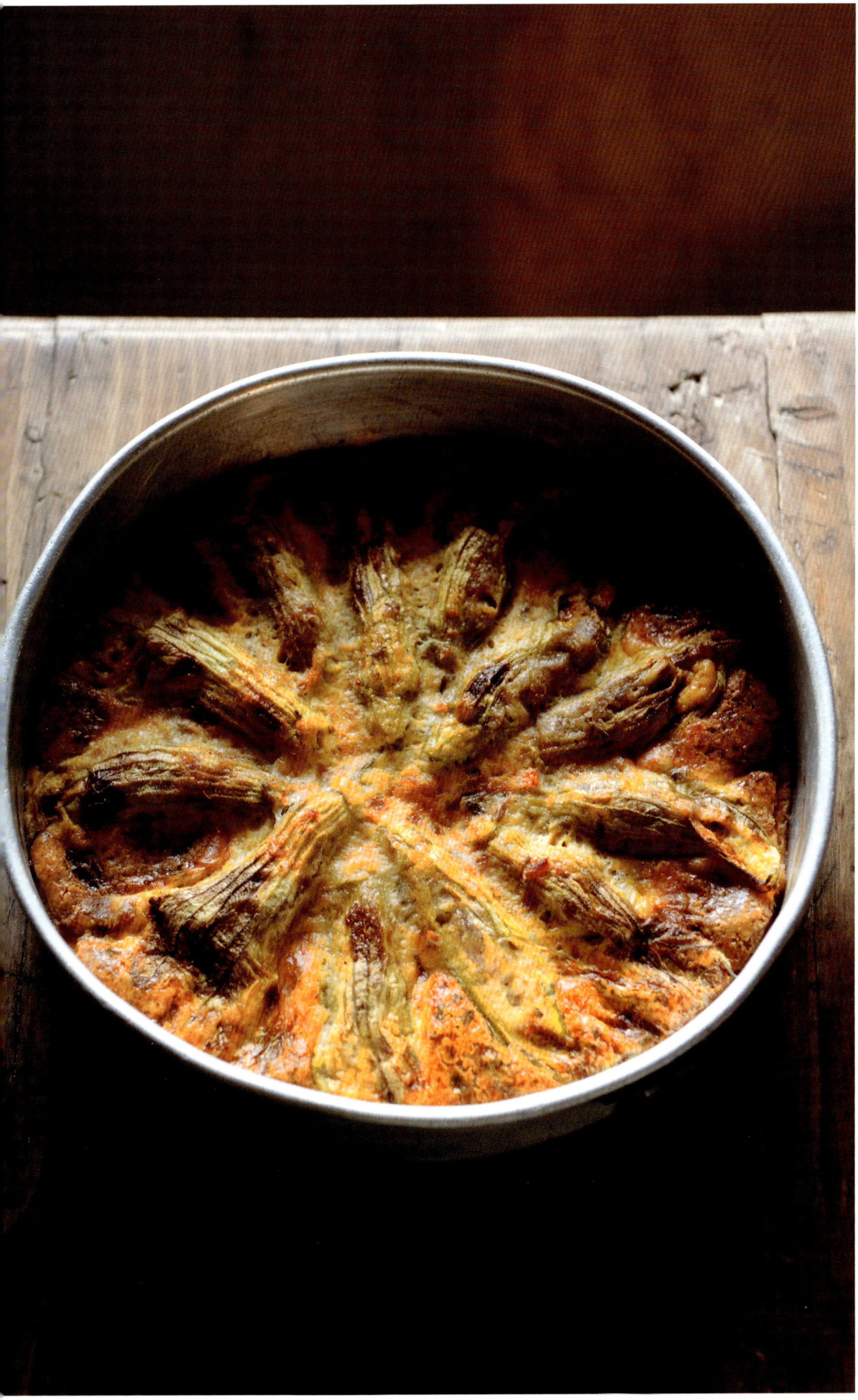

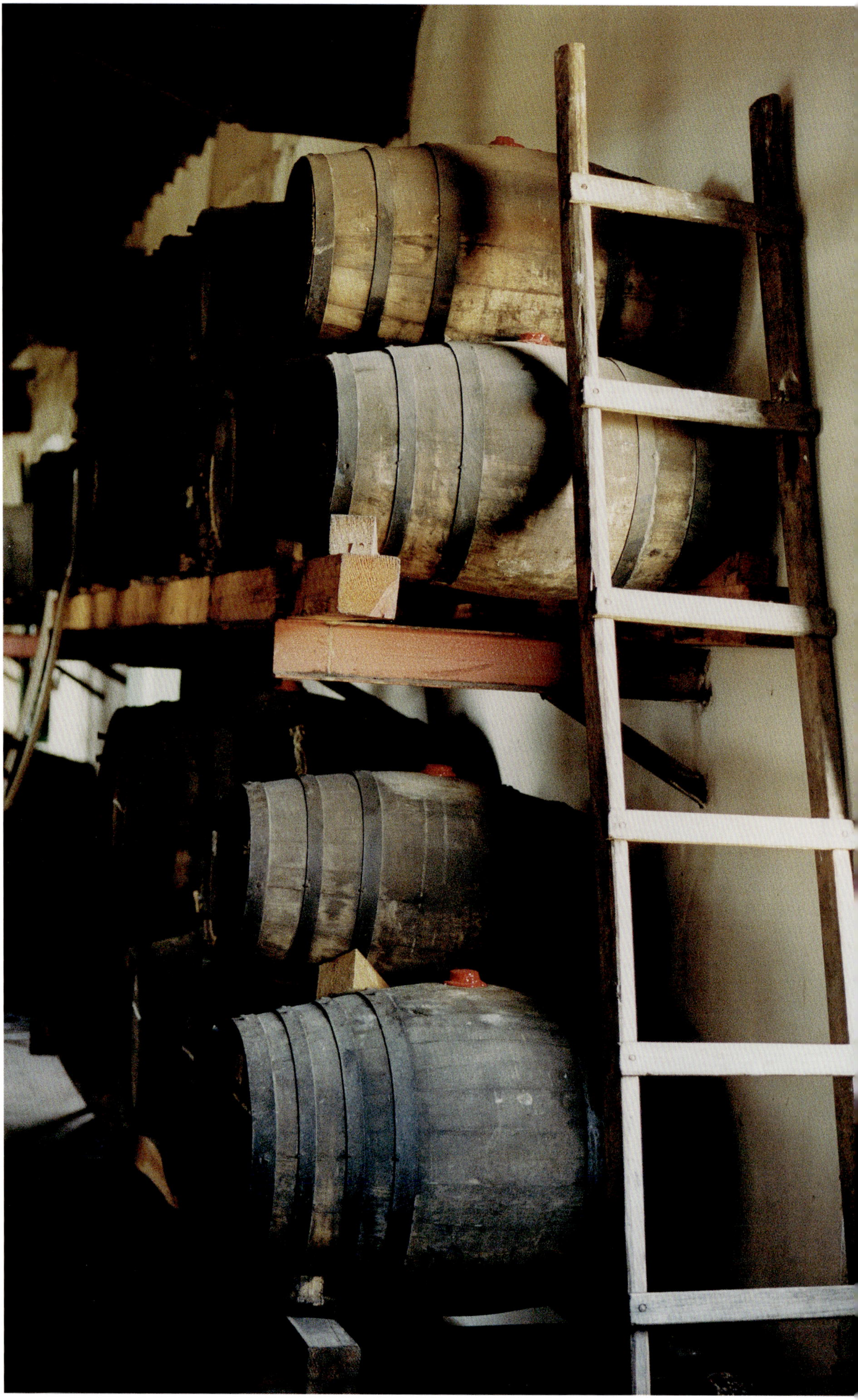

IX

SIENA

Raviggiolo 230
Raviggiolo

Ribollita 234
Ribollita

Pici all'Etrusca 238
Pici nach Etrusker Art

Cappone con i gobbi 240
Kapaun mit Kardy

Panforte di Siena 244
Panforte di Siena

Sienas bekannter Glockenturm, der Torre del Mangia (Turm der Esser), wurde zwischen 1325 und 1344 erbaut und nach seinem ersten Glöckner Giovanni di Duccio benannt – oder genauer nach dessen Spitznamen *mangiaguadagni* („Gewinnverfresser"), denn er stand in dem Ruf, sein ganzes Geld für Essen auszugeben. Jedes Jahr läuten die Glocken des Torre del Mangia die letzte Prozession vor dem *Palio* ein, dem berühmten Pferderennen, in dem die 17 *contrade* (Bezirke) der Stadt gegeneinander antreten. Die Loyalität gegenüber dem *contrade* wird hier sehr ernst genommen. Sie ist eine Verpflichtung, die man mit der Geburt antritt und die ein Leben lang andauert. Der *Palio* selbst, bei dem die Teilnehmer in farbenfrohen mittelalterlichen Kostümen erscheinen, ist ein feuriges und leidenschaftliches Ereignis, das überall in der Welt als Symbol für die Stadt Siena und ihre Bewohner bekannt ist.

Die Landschaft der Provinz Siena ist typisch für die Toskana: Bilderbuchmotive von sanften Hügeln, Weingärten und Olivenhainen. Mittelalterliche Städte, in denen die Zeit stehen geblieben zu sein scheint, sitzen majestätisch wie ein lebendes Zeugnis der Vergangenheit auf den Hügelkuppen. Eine der schönsten ist San Gimignano mit ihren markanten Türmen. Ursprünglich waren es 72, doch heute stehen davon nur noch 15. Sie sind eines der architektonischen Kleinodien der Toskana. Durch den Handel mit Safran erwarben sich einige Bewohner der Stadt so viel Reichtum, dass sie diese Türme bauen lassen konnten. Damals galt die Höhe eines Turms als Statussymbol. Safran wird in dieser Region bereits seit dem Mittelalter angebaut. Im Jahr 1228 entrichtete der Stadtrat Schulden, die während einer Belagerung aufgelaufen waren, teilweise mit Safran. 1295 war der Ausfuhrwert von Safran so hoch, dass der Stadtrat zwei spezielle Wächter für die Stadttore berief, deren Aufgabe darin bestand, einen Ausfuhrzoll zu erheben.

Die Qualität des Safrans aus dieser Region wird noch immer hochgeschätzt, und man verzichtet vollständig auf den Einsatz chemischer Pflanzenschutzmittel. Die Staub-

Vorherige Seite:
Ein typischer Chianti-Keller, in dem die Weine mindestens sieben Monate in Eichenfässern reifen müssen, bevor sie auf Flaschen gezogen werden und die Qualitätsbezeichnung DOCG führen dürfen.

Die Stadt San Gimignano erhebt sich auf ihrem Hügel über das Elsa-Tal. Sie diente dem Schriftsteller E. M. Forster als Inspiration für seinen 1905 veröffentlichten Roman *Engel und Narren*.

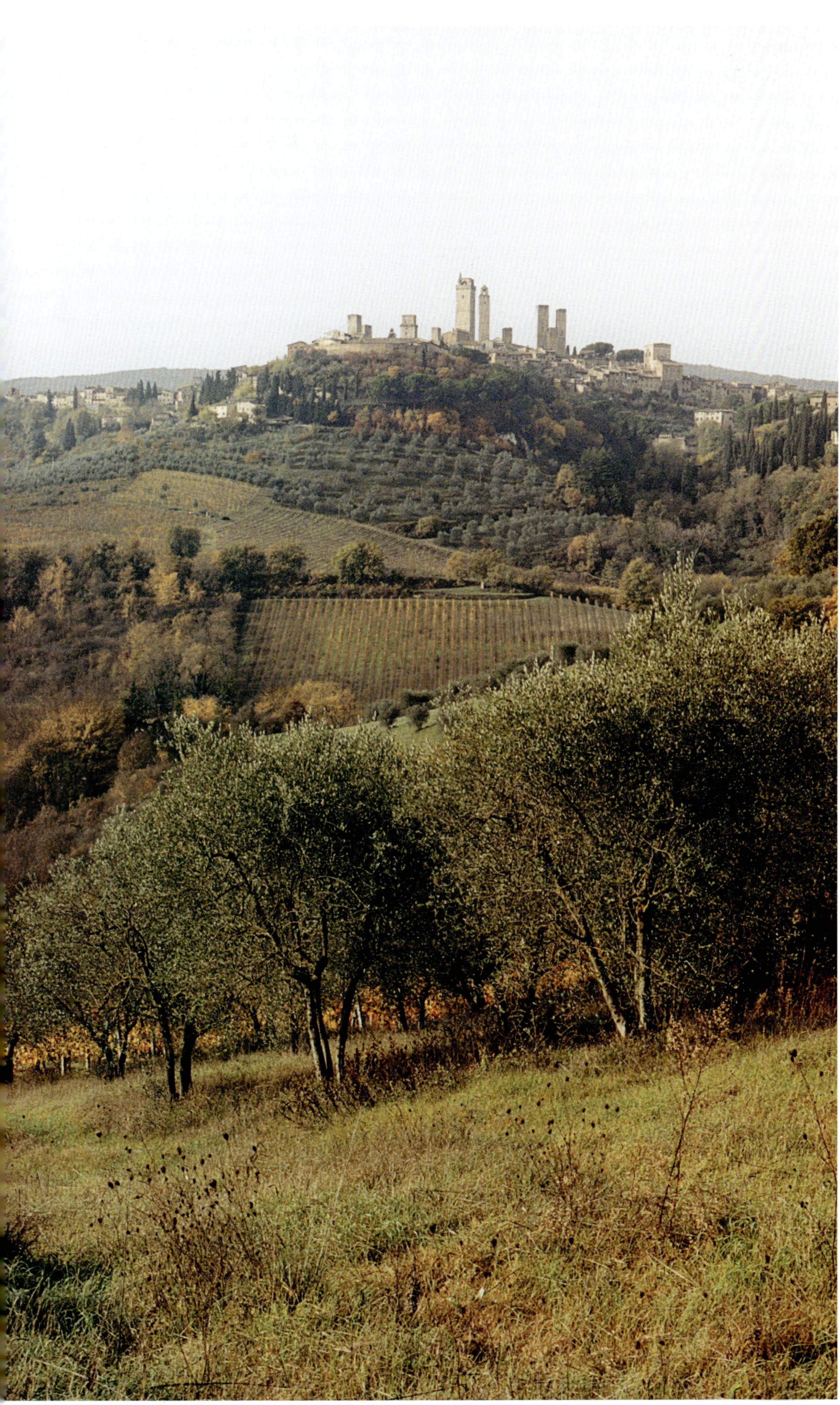

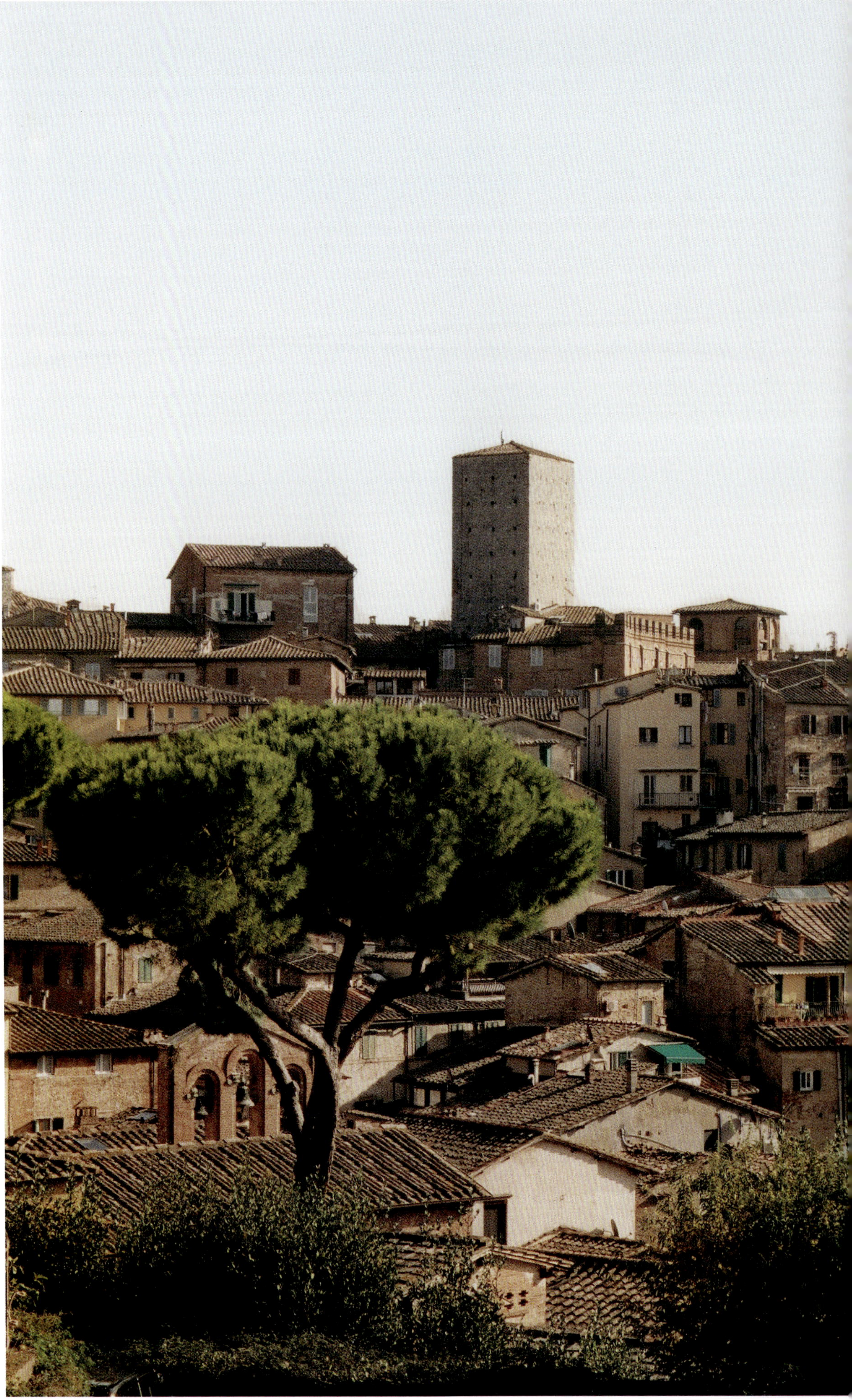

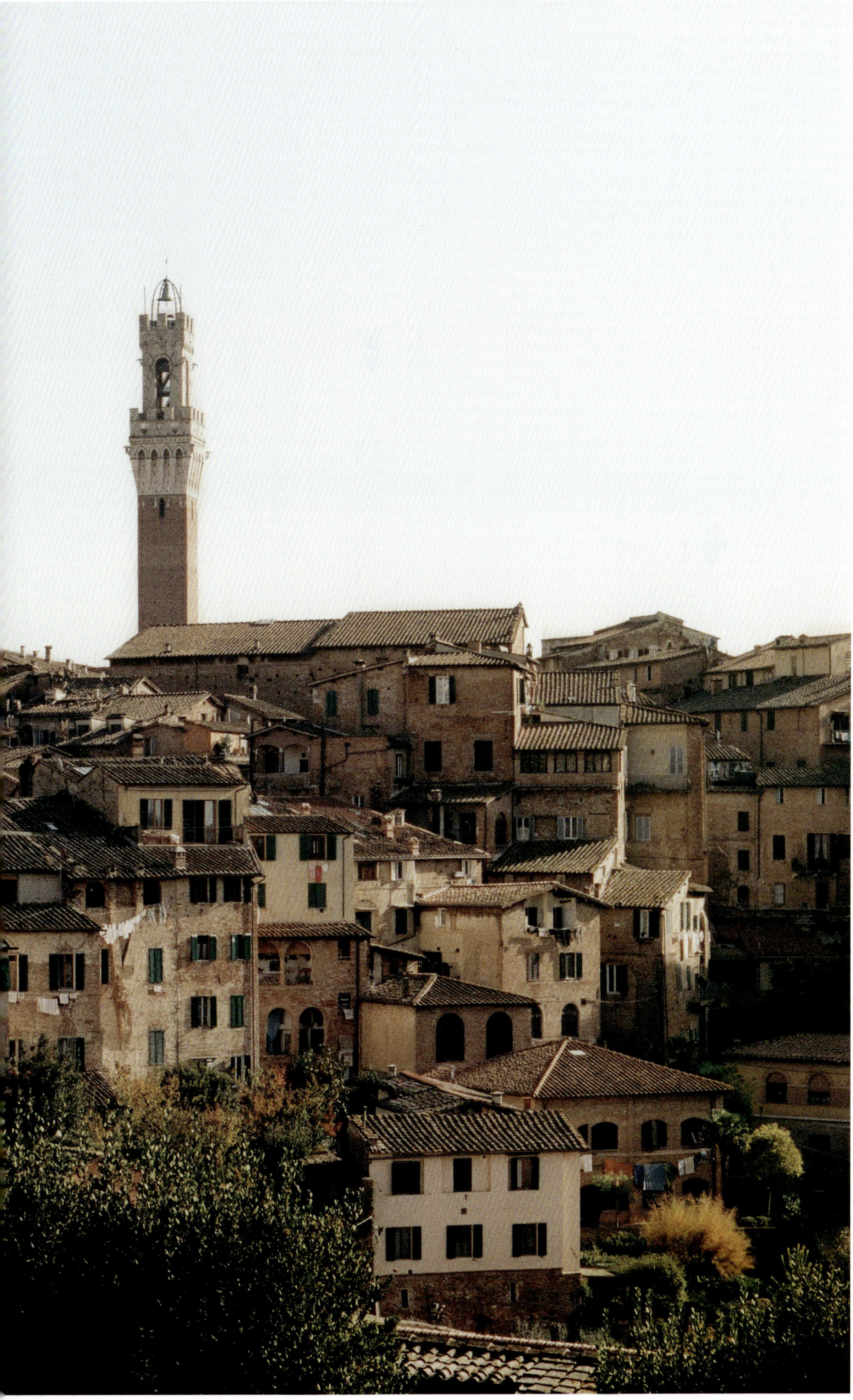

gefäße werden im Ganzen verpackt, um die Reinheit zu gewährleisten und das typische, leicht bittere Aroma zu erhalten. Heute liegen die Safranfelder neben uralten Olivenwäldern und Weingärten. Eine schöne Darstellung der Landschaft von Siena liefert Ambrogio Lorenzettis Fresko *Die Auswirkungen der guten Regierung*, das sich im Rathaus befindet. Dort ist auch ein berühmtes Cinta-Senese-Schwein vor dem Hintergrund von perfekt strukturiertem und gut bestelltem Land zu sehen.

Die Küche von Siena ist unkompliziert und schnörkellos. Im Vordergrund stehen intensive und doch einfache Aromen. Schon im 16. Jahrhundert hatte die Küche dieser Region einen so guten Ruf, dass Katharina von Medici nach ihrer Heirat mit König Heinrich II. mehrere Köche aus Siena mit an den französischen Hof nahm. Besonders bemerkenswert ist der Pecorino di Pienza, ein überaus geschätzter Pecorino aus der Region Crete Senesi. Er war der Lieblingskäse von Lorenzo dem Prächtigen, der im 15. Jahrhundert der mächtigen Familie Medici vorstand. Für Pecorino di Pienza wird die Milch von Sarda-Schafen verwendet, die auf den Weiden dieser Region grasen. Die Käselaibe werden oft in Walnussblätter gewickelt und reifen dann in Kellern mit hoher Luftfeuchtigkeit. Manchmal lässt man sie auch bis zu 90 Tage lang in Fässern reifen, die vorher für hochwertige Weine wie Brunello di Montalcino verwendet wurden. Käse aus Fassreifung trägt den Namen *Pecorino di Pienza stagionato in barrique*. Reifer Pecorino, der bis zu 18 Monate lagert, eignet sich besonders gut zum Reiben, etwa zu Pasta. Jüngerer Käse harmoniert wunderbar mit Honig aus Montalcino und einheimischen Weinen.

Bei Wein gibt es kaum Diskussionen darüber, dass aus der Provinz Siena einige der weltbesten Weine stammen. Neben dem Chianti Classico und dem weißen Vernaccia aus San Gimignano wird in dieser Region seit 1888 der berühmte Brunello di Montalcino gekeltert. Für diesen Rotwein werden ausschließlich Trauben der Sorte Sangiovese Grosso verwendet, und vor dem Verkauf lagert der Wein vier Jahre lang.

Vorherige Seite:
Der 102 Meter hohe Torre del Mangia auf der muschelförmigen Piazza del Campo ist von allen Bezirken der Stadt aus zu sehen.

DAS CINTA-SENESE-SCHWEIN

Cinta Senese heißt eine toskanische Schweinerasse, die es mindestens seit dem Mittelalter gibt. Überall in der Toskana findet man in den Kirchen Gemälde und Fresken aus dem 12. Jahrhundert, auf denen diese Schweine zu sehen sind.

Der Name der Rasse spielt auf den markanten weißen Gürtel (cinta) auf dem dunkelgrauen oder schwarzen Rumpf an. Cinta-Senese-Schweine sind robust und halbwild. Sie wühlen gern nach Eicheln, fressen Kastanien und Äpfel und bekommen manchmal zusätzlich anderes Futter. Früher war die Rasse in der ganzen Toskana weit verbreitet, doch nachdem in den 1960er-Jahren andere Schweinerassen aus Europa eingeführt wurden, nahm die Zahl sehr schnell ab. Seit der Wende zum 21. Jahrhundert steht beste Fleischqualität wieder hoch im Kurs, und inzwischen erlebt das Cinta-Senese-Schwein ein Comeback. Heute werden aus seinem Fleisch zahlreiche traditionelle Produkte hergestellt, doch die Nachfrage ist oft größer als das Angebot.

WÜRSTE UND FLEISCHPRODUKTE

Salume ist der italienische Sammelbegriff für gesalzene und gepökelte Fleischwaren. Grundsätzlich kann man zwei Haupttypen unterscheiden. Den ersten bilden die *insaccati* (wörtlich „eingehüllt"). Dazu gehören beispielsweise zylindrische Salami wie die in der Toskana beliebte *finocchiona toscana*. Wie guter Wein sagt auch Salami etwas über die Geschmäcker und Düfte der Gegend aus, aus der sie stammt. Die *finocchiona* macht da keine Ausnahme. Sie verdankt ihren Duft und ihr typisches Aroma teilweise einheimischem Knoblauch, Rotwein und vor allem Wildfenchel, auf den ihr Name hinweist.

Folgende Seite:
Cinta Senese ist eine sehr alte Schweinerasse und die einzige aus der Toskana stammende Schweinerasse, die dem Aussterben entgangen ist.

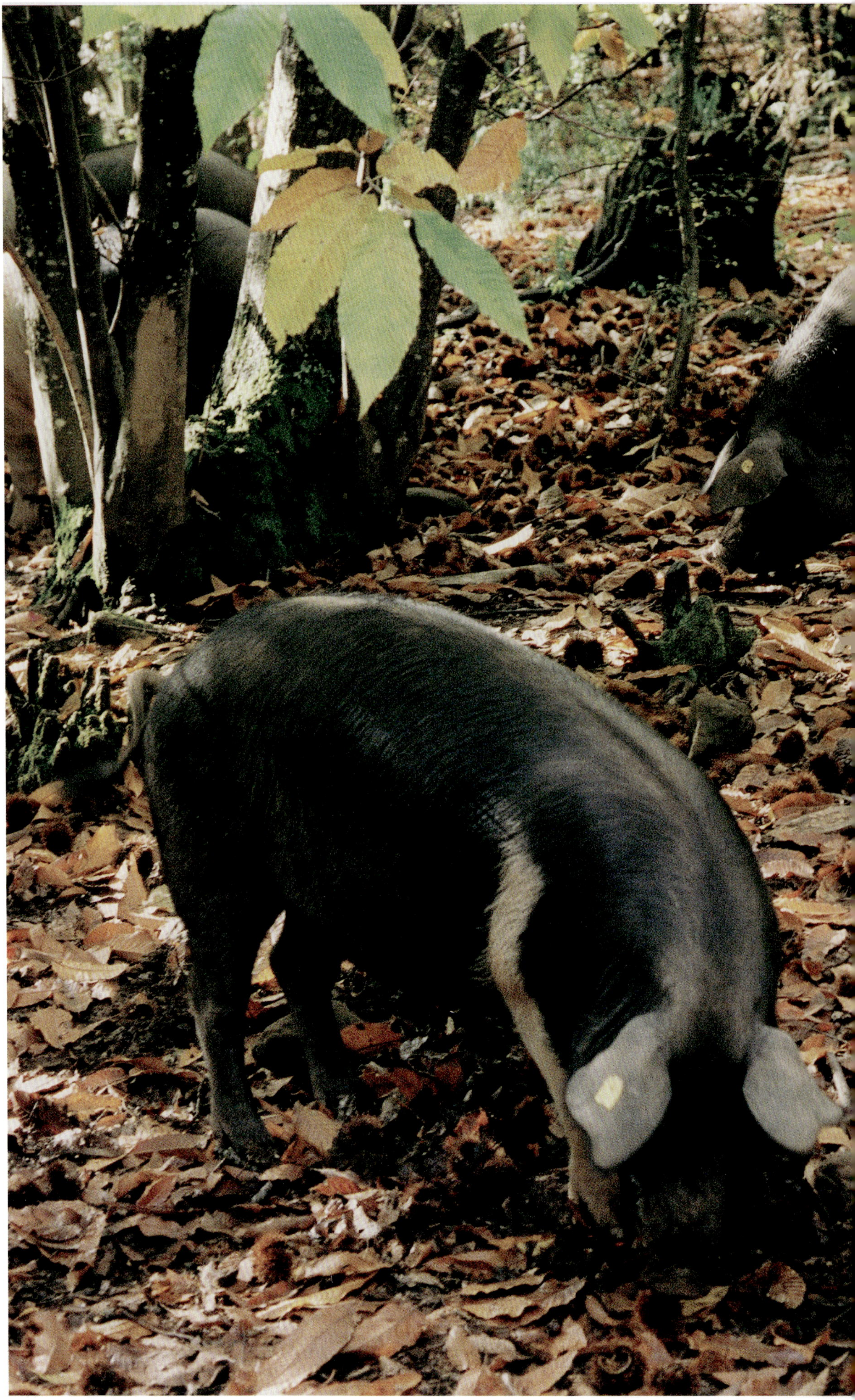

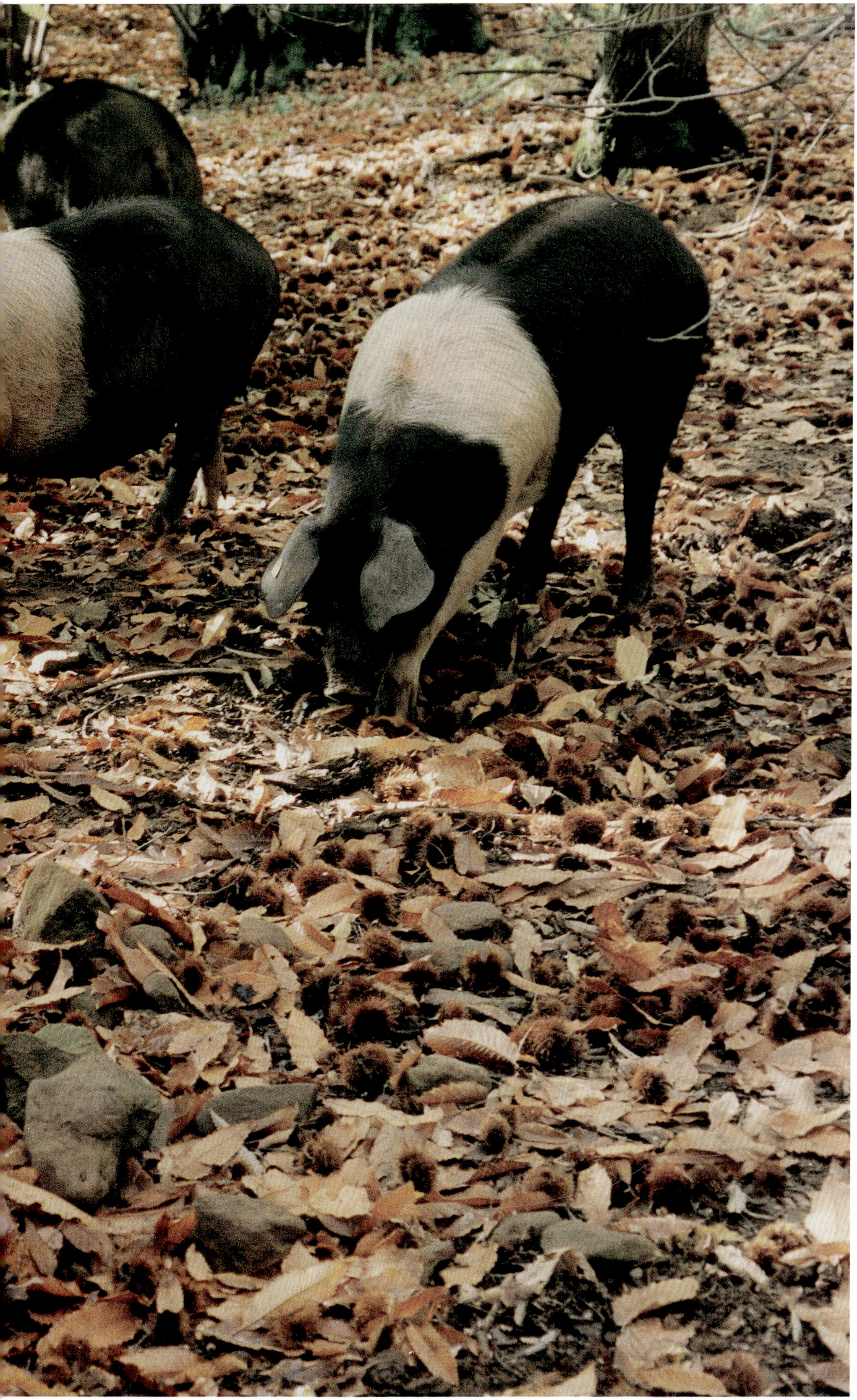

Zum zweiten Typ gehören die *salumi*, die aus ganzen Fleischstücken bestehen – etwa *prosciutto* (luftgetrockneter Schinken), *lardo* (besonders gereifter fetter Rückenspeck) und *pancetta* (Speck aus dem Schweinebauch). Zu den bekanntesten dieser Produkte gehört der *prosciutto toscano*, der in der gesamten Region hergestellt wird und eine geschützte Herkunftsbezeichnung (DOP) führen darf. Das Fleisch wird mit Salz und verschiedenen einheimischen Kräutern und Gewürzen gepökelt und muss dann ein Jahr reifen. So entsteht ein Schinken mit hellroter oder leuchtend roter Farbe und einem wunderbaren Geschmack. Er gilt als idealer Belag für das einheimische ungesalzene Brot.

Unter den weiteren *salumi*, die in der Region hergestellt werden, finden sich viele Fleischwaren aus kleinen Handwerksbetrieben. Besonders empfehlenswert sind die verschiedenen Produkte aus dem Fleisch von Cinta-Senese-Schweinen, außerdem *salame di cinghiale* (Wildschweinsalami), ein mit Fenchel gewürzter *pancetta* aus Pisa mit der Bezeichnung *rigatino*, und *bazzone*-Schinken aus der Region Garfagnana in Lucca. Der Name dieses letztgenannten Schinkens spielt auf seine Form an, die Ähnlichkeit mit einem ausgeprägten Kinn (*bazza* bedeutet „vorspringendes Kinn") haben soll. Er wird aus dem Fleisch von halbwilden Schweinen hergestellt, die in der bergigen Landschaft leben. Erwähnenswert ist schließlich *buristo toscano*, eine Blutwurst, die in verschiedenen Variationen in der ganzen Toskana produziert wird. Besonders schmackhaft ist *buristo senese*, die im Chianti-Anbaugebiet von Siena zwischen November und März auf den Markt kommt. Die Blutwurst, die mit Zitronenschale, Petersilie, Knoblauch, Pinienkernen und Sultaninen gewürzt ist, sollte frisch gegessen werden – am besten in Scheiben geschnitten, scharf gebraten und mit einem Schuss Wein abgelöscht.

Die Antica Macelleria Falorni wurde 1772 gegründet und stellt bis heute traditionelle toskanische Produkte aus Fleisch von einheimischen Wildschweinen und Cinta-Senese-Schweinen her.

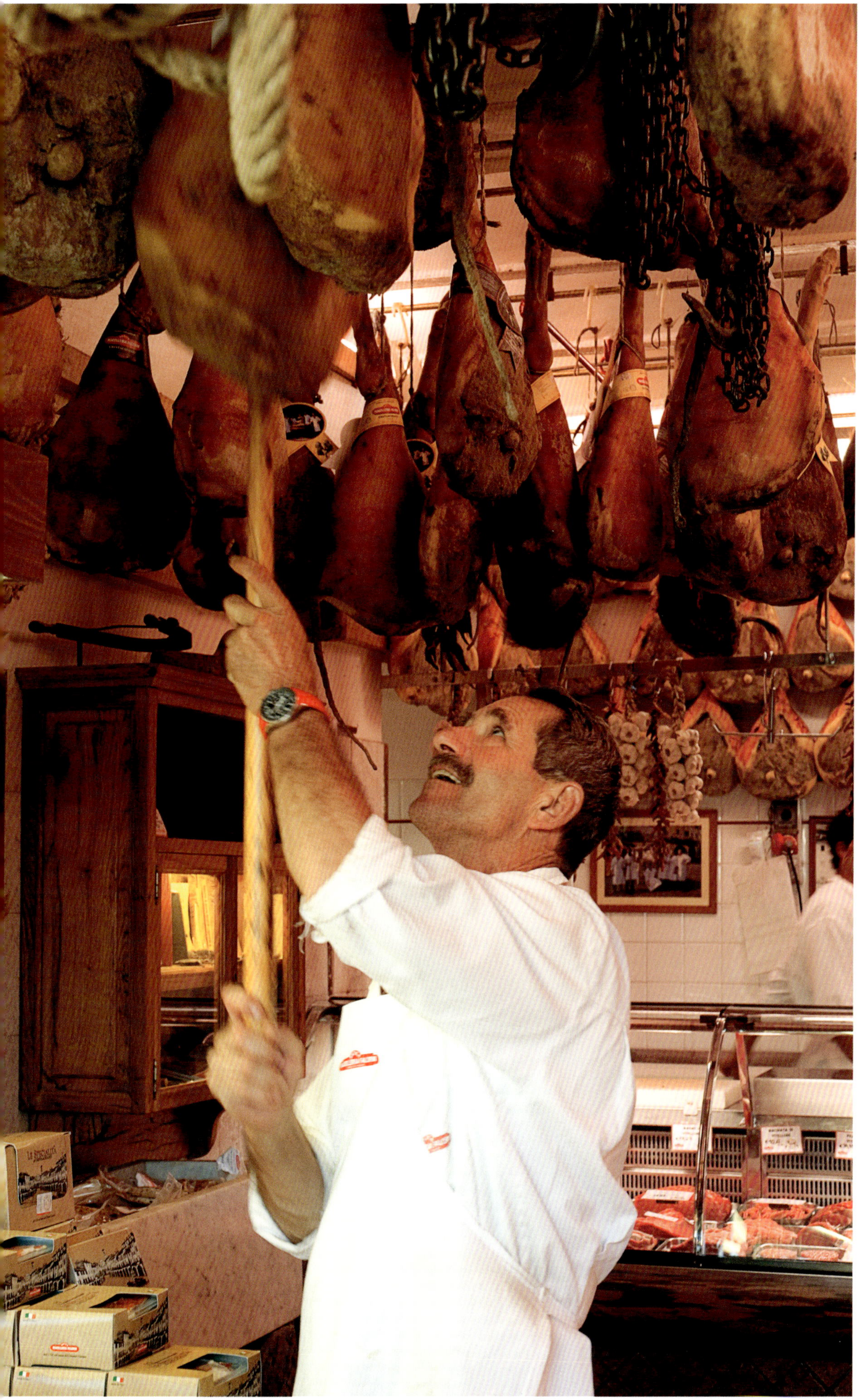

RAVIGGIOLO

Raviggiolo

Der toskanische *Raviggiolo* ist ein weicher, zart aromatischer Frischkäse, der traditionell aus Schafsmilch hergestellt wird. Der Name leitet sich von der Stadt Raggiolo aus der Bergregion des Pratomagno in der Nähe von Florenz her. Preisgekrönt ist der *Raviggiolo* aus Sarteano in Siena. Gut dazu passen auch Beeren oder Beerenkonfitüre.

Vorbereitungszeit: 10 Minuten + 3 Stunden Ruhezeit
Kochzeit: 35 Minuten
Für 4–6 Personen

— 1 l Milch (mind. 3,5 % Fettgehalt)
— 1½ EL Flüssiglab (oder 1½ Labtabletten in 50 ml Wasser aufgelöst)
— 1 TL Salz
— 2 EL Essig
— Pesto oder Olivenöl mit Basilikum, zum Garnieren

Etwas Wasser in einem großen Topf auf 40 °C erwärmen. Inzwischen die Milch in einen kleineren Topf füllen und auf niedriger Stufe unter Rühren bis auf 40 °C erwärmen. Lab, Salz und Essig zugeben und kurz weiterrühren. Den Topf abdecken und über den großen Topf mit dem Wasser stellen und abdecken. Im Wasserbad bleibt die Temperatur konstant. 1 Stunde ruhen lassen, bis sich Käsebruch bildet und wässrige Molke absetzt.

Ein in Wasser ausgekochtes Küchenmusselin oder Käseleinen in doppelter Lage in ein großes Sieb legen. Das Sieb auf eine Schüssel setzen und den Käsebruch mit einer Kelle hineingeben. Mindestens 2 Stunden abtropfen lassen.

Den Frischkäse mit einem Schaumlöffel in eine Servierschale geben und mit Pesto oder einigen Spritzern Basilikumöl als Vorspeise servieren.

Im Kühlschrank hält sich der Raviggiolo zwei Tage.

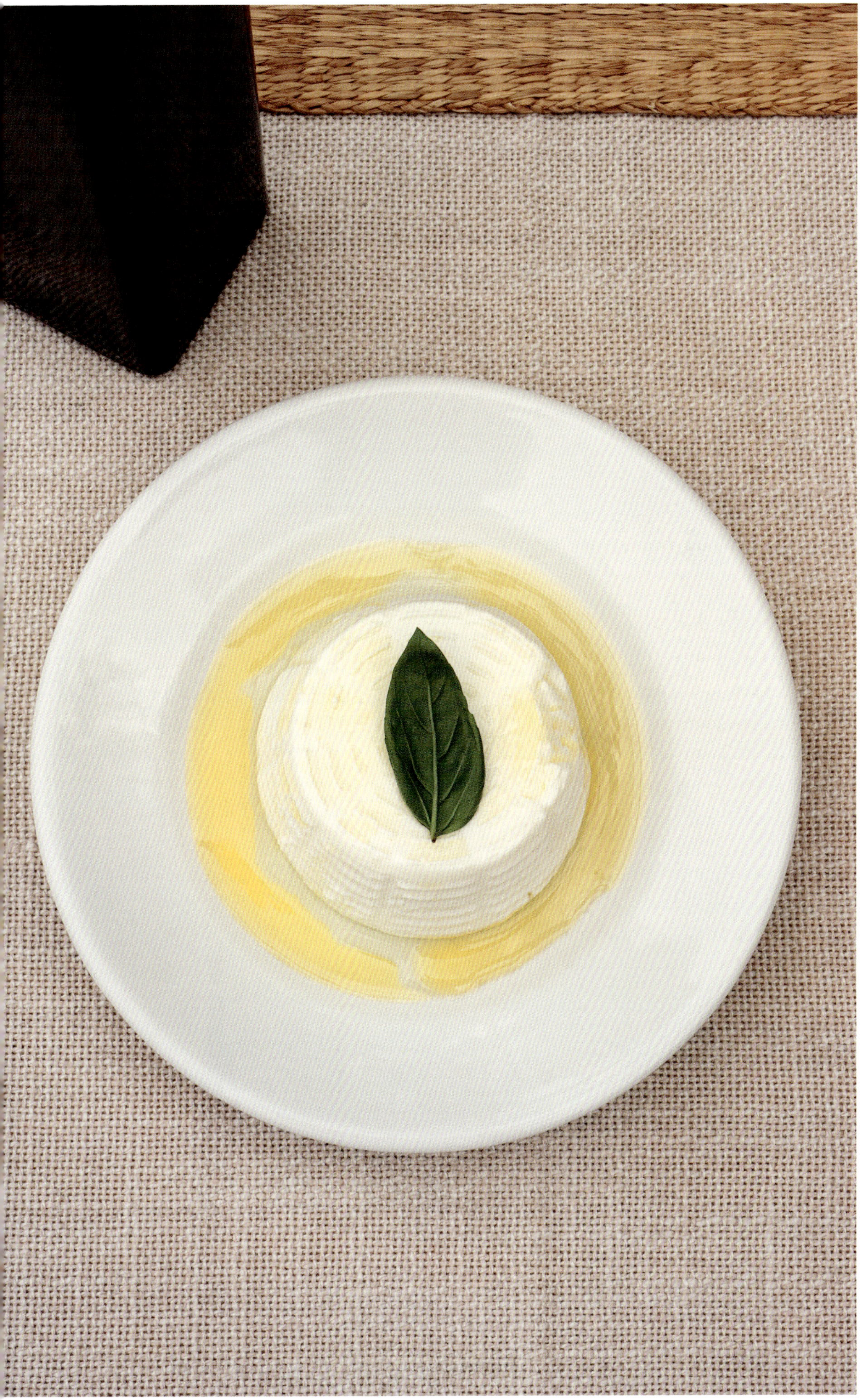

RIBOLLITA

Obwohl dieses Gericht (siehe Seite 234) in den letzten Jahren Kultstatus erreicht hat und überall in der Toskana auf den Speisekarten der Restaurants steht, sollte man nicht vergessen, dass es aus der bescheidenen Bauernküche stammt. Der Name *ribollita* (noch einmal gekocht) spielt auf die Zubereitung an. Im Grunde werden Reste von Gemüse oder Bohnen in einer Suppe wieder aufgewärmt. Manchmal werden dazu Zwiebelringe serviert, während Olivenöl und frisch gemahlener schwarzer Pfeffer immer dazu gehören. Wahrscheinlich entstand das Rezept zur Verwertung der übrig gebliebenen Bohnen vom Freitag, an dem in katholischen Gegenden traditionell kein Fleisch gegessen wird.

Hinsichtlich der Zubereitung und der Zutaten gibt es erhebliche Unterschiede. Damit die Suppe die gewünschte sämige Konsistenz bekommt, wird normalerweise ein Teil der Bohnen oder aber alle püriert. Es gibt auch eine Version, für die geröstetes Brot, Bohnen und gegartes Gemüse abwechselnd in eine Form geschichtet und mit Gemüsebrühe übergossen werden. Dann wird die Form im Ofen gebacken, bis sich eine Kruste bildet. Diese Methode hat den Vorteil, dass sich die Aromen noch besser intensivieren als beim bloßen Aufwärmen. Auch das Aroma des gerösteten Brots trägt zum deftigen Geschmack der Suppe bei. Unabhängig vom Rezept rundet ein guter Schuss hochwertiges Olivenöl jede *Ribollita* ab.

Getrocknete Hülsenfrüchte wie die cremeweißen Cannellini-Bohnen werden auf den Märkten oft nach Gewicht verkauft. Man isst sie pur gegart oder als Einlage in Suppen und Schmorgerichten.

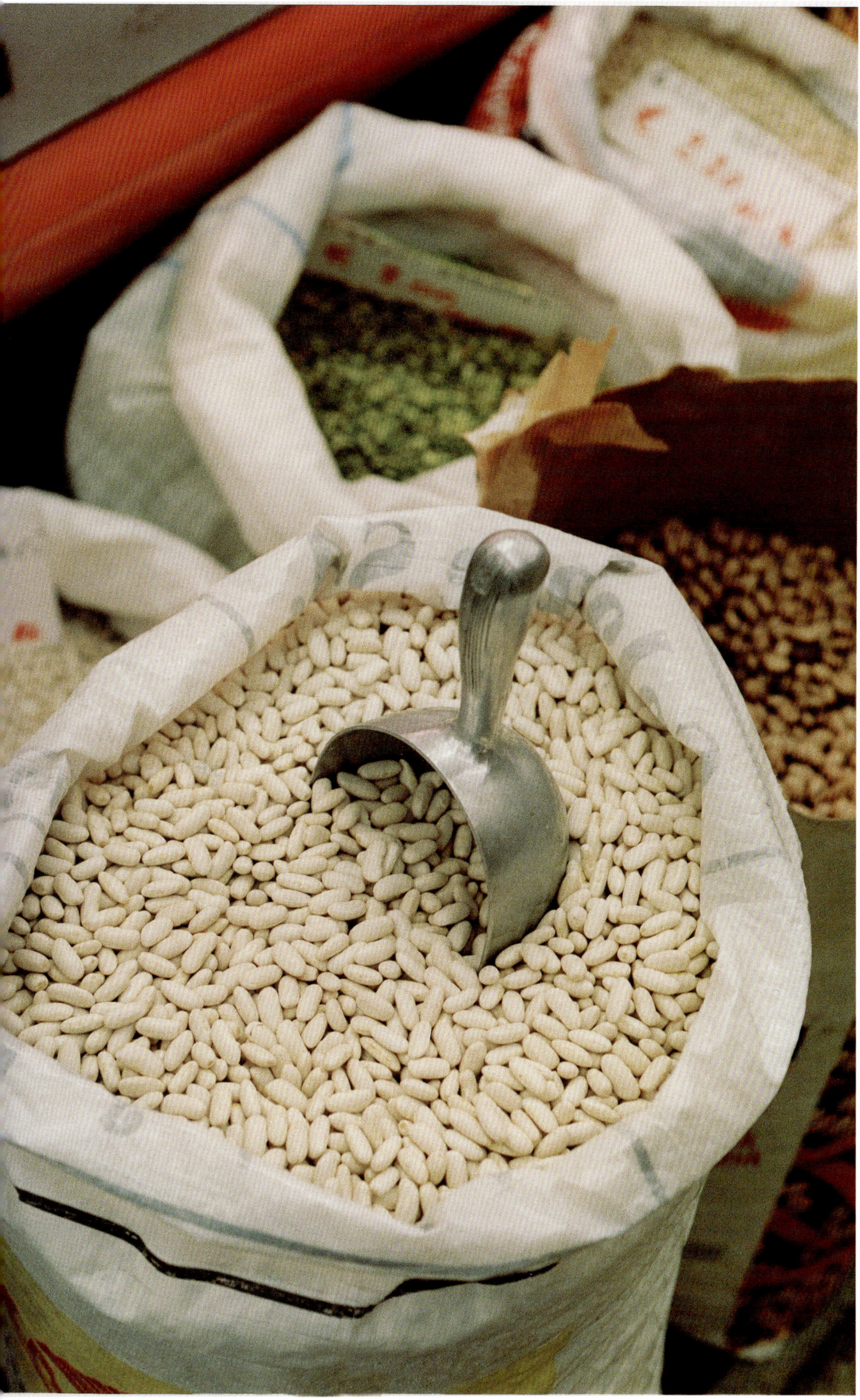

RIBOLLITA

Ribollita

In manchen Gegenden der Toskana gibt man noch Schinkenfett oder Speck zum Gemüse.

Vorbereitungszeit: 30 Minuten
Kochzeit: mind. 2 Stunden 40 Minuten
Für 4–6 Personen

— 500 g getrocknete Cannellini-Bohnen, über Nacht in Wasser eingelegt und abgetropft
— 3 EL Olivenöl
— 1 Zwiebel, gehackt
— 1 Selleriestange, gehackt
— 2–3 Karotten, gehackt
— 2 Kartoffeln, gewürfelt
— 1–2 Zucchini, in Scheiben geschnitten
— 1 Bund Mangold, klein geschnitten
— 1 Kopf Wirsingkohl oder Cavolo nero (Palmkohl), klein geschnitten
— 1 Stängel glatte Petersilie, gehackt
— 1 Weißbrot vom Vortag, in sehr dünnen Scheiben
— Salz und Pfeffer

Die Cannellini-Bohnen in einen großen Topf geben, mit Wasser bedecken und zum Kochen bringen. Die Hitze reduzieren und 40 Minuten köcheln lassen.

Inzwischen das Öl in einem anderen großen Topf erhitzen. Zwiebel, Sellerie, Karotten, Kartoffeln und Zucchini zugeben und auf niedriger Stufe unter gelegentlichem Rühren 30 Minuten köcheln lassen. Salzen, Mangold und Kohl hineingeben und unter Rühren einige Minuten weitererhitzen. Den Topf abdecken.

Die Bohnen abgießen, dabei das Kochwasser auffangen. Die Hälfte der Bohnen durch ein Sieb in eine Schüssel streichen, dann das Bohnenpüree in den Topf zum Gemüse geben. Das Kochwasser zugießen und 1 Stunde auf niedriger Stufe köcheln. Restliche Bohnen und Petersilie zugeben und weitere 1–1½ Stunden köcheln lassen.

Den Suppentopf vom Herd nehmen und die Ribollita mit Salz und Pfeffer abschmecken. Einige Brotscheiben in einer Lage in einer Terrine auslegen und etwas Suppe daraufgeben. Weiter abwechselnd Brot und Suppe in die Terrine schichten, bis alles verbraucht ist. Kurz ruhen lassen, dann heiß servieren.

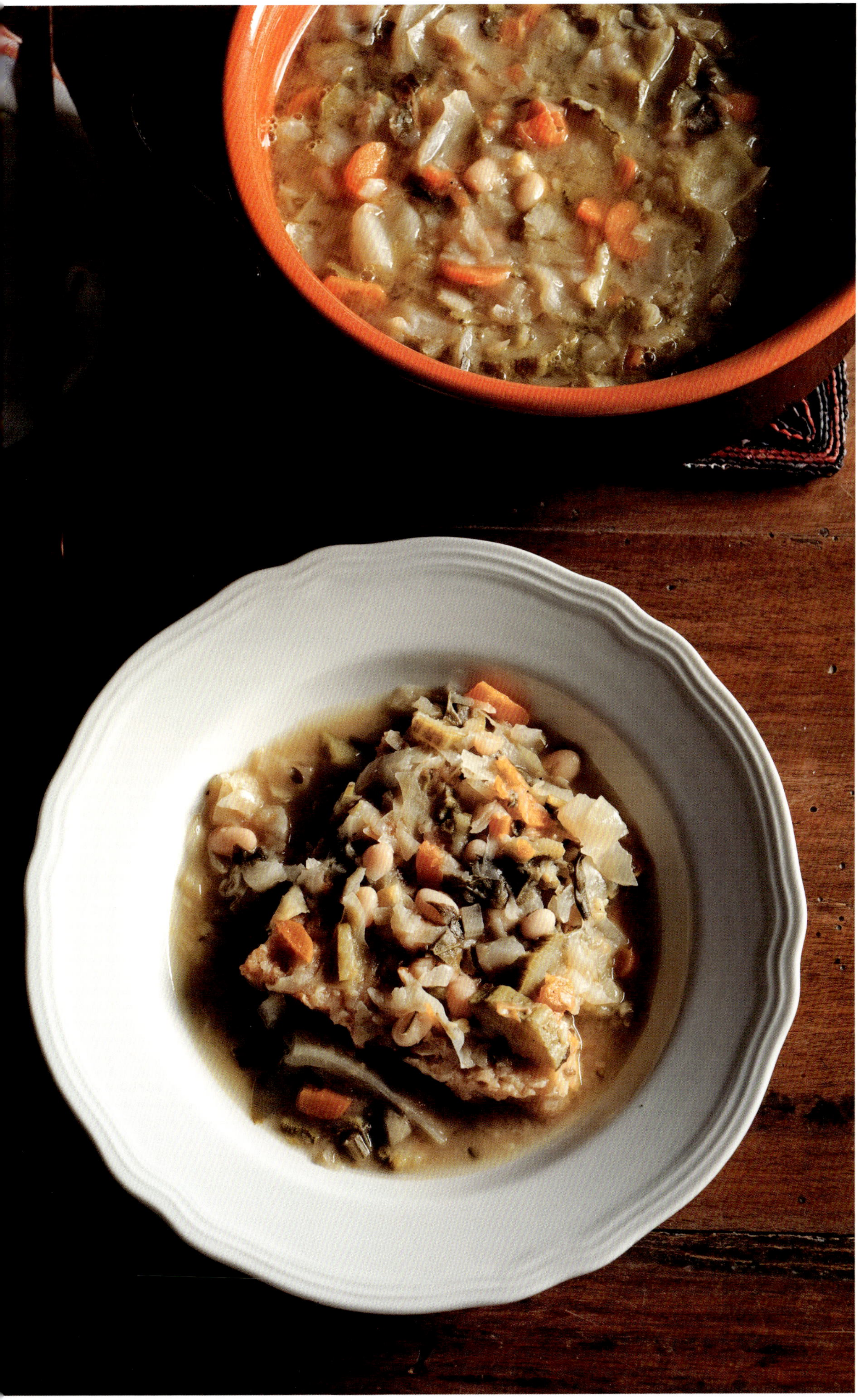

PICI

Pici heißen relativ grobe *spaghettoni* (breite Spaghetti), die wahrscheinlich aus der südlichen Toskana stammen und vor allem in der Provinz Siena sehr beliebt sind. Traditionell werden sie von Hand nur aus Mehl, Wasser und einer Prise Salz hergestellt. Ei ist noch eine relativ neue Zutat. Sie haben eine etwas raue Oberfläche und sind unregelmäßig geformt – was dazu beiträgt, dass Saucen perfekt haften. *Pici all'etrusca* (mit einer Sauce aus hart gekochten Eiern, Knoblauch und Kräutern, siehe Seite 238) war ein beliebtes Gericht in bäuerlichen Haushalten. In wohlhabenderen Familien servierte man zu der Pasta üppige Saucen mit Fleisch, und in den Bergen waren Pilzsaucen beliebt. In der kleinen, mittelalterlichen Stadt Celle sul Rigo ganz in der Nähe von Siena wird jedes Jahr im Mai ein Fest (*sagra dei pici*) zu Ehren dieser toskanischen Pastasorte gefeiert.

In der Toskana schätzt man vor allem Pasta aus Teig, der Eier enthält, etwa *pappardelle* oder *tagliatelle*. Eine Ausnahme bilden die berühmten *pici* aus Siena, die traditionell ohne Ei hergestellt werden.

La Novella
Pasta di Semola di Grano Duro
Trafilata al bronzo - Essicazione Lenta
Pici
cottura 22 minuti
500 g

PICI ALL'ETRUSCA

Pici nach Etrusker Art

Der Name dieser Pasta leitet sich von *appiccicare* (aneinanderkleben) ab. Der Teig wird 2 cm dick ausgerollt und in kleine Rauten geschnitten. Diese werden dann mit den Fingerspitzen vor- und zurückgerollt, bis die gewünschte Form erreicht ist. Oder man nimmt den Teig in kleinen Stücken ab und rollt diese. Im italienischen Lebensmittelhandel kann man Pici auch getrocknet finden.

Vorbereitungszeit: 1 Stunde + 30 Minuten Ruhezeit
Kochzeit: etwa 5 Minuten
Für 4 Personen

Für die Pasta:
— 200 g Weizenmehl (tipo 00) oder Weizenmehl (Type 405)
— 200 g Weizengrieß
— Salz

Für die Sauce:
— 1 Ei, hart gekocht
— 5–6 Knoblauchzehen
— 1 Stängel glatte Petersilie
— 6 Basilikumblätter
— 6 Minzeblätter
— 120–150 ml Olivenöl
— frisch geriebener Pecorino, zum Bestreuen
— Salz und Pfeffer

Für die Pici Mehl, Grieß und eine Prise Salz in einer Schüssel vermengen. Nach und nach so viel Wasser einarbeiten, dass ein fester, elastischer Teig entsteht. Den Teig zu einer Kugel rollen, in ein sauberes Küchentuch wickeln und 30 Minuten ruhen lassen.

Für die Sauce das hart gekochte Ei pellen, mit Knoblauch, Petersilie, Basilikum und Minze fein hacken und die Mischung in eine große Schüssel geben. Nach und nach so viel Öl einrühren, bis eine flüssige Sauce entsteht. Mit Salz und Pfeffer abschmecken.

Den Pastateig auswickeln und jeweils kleine Stücke davon abnehmen. Jedes Stück auf der Arbeitsfläche hin und her rollen, bis es aussieht wie dicke, kurze Spaghetti. Leicht gesalzenes Wasser in einem großen Topf zum Kochen bringen und die Pasta darin 2–3 Minuten bissfest garen. Dann abgießen, die Pasta zur Sauce geben und alles gut vermengen. In eine vorgewärmte Servierschüssel füllen und mit geriebenem Pecorino bestreut servieren.

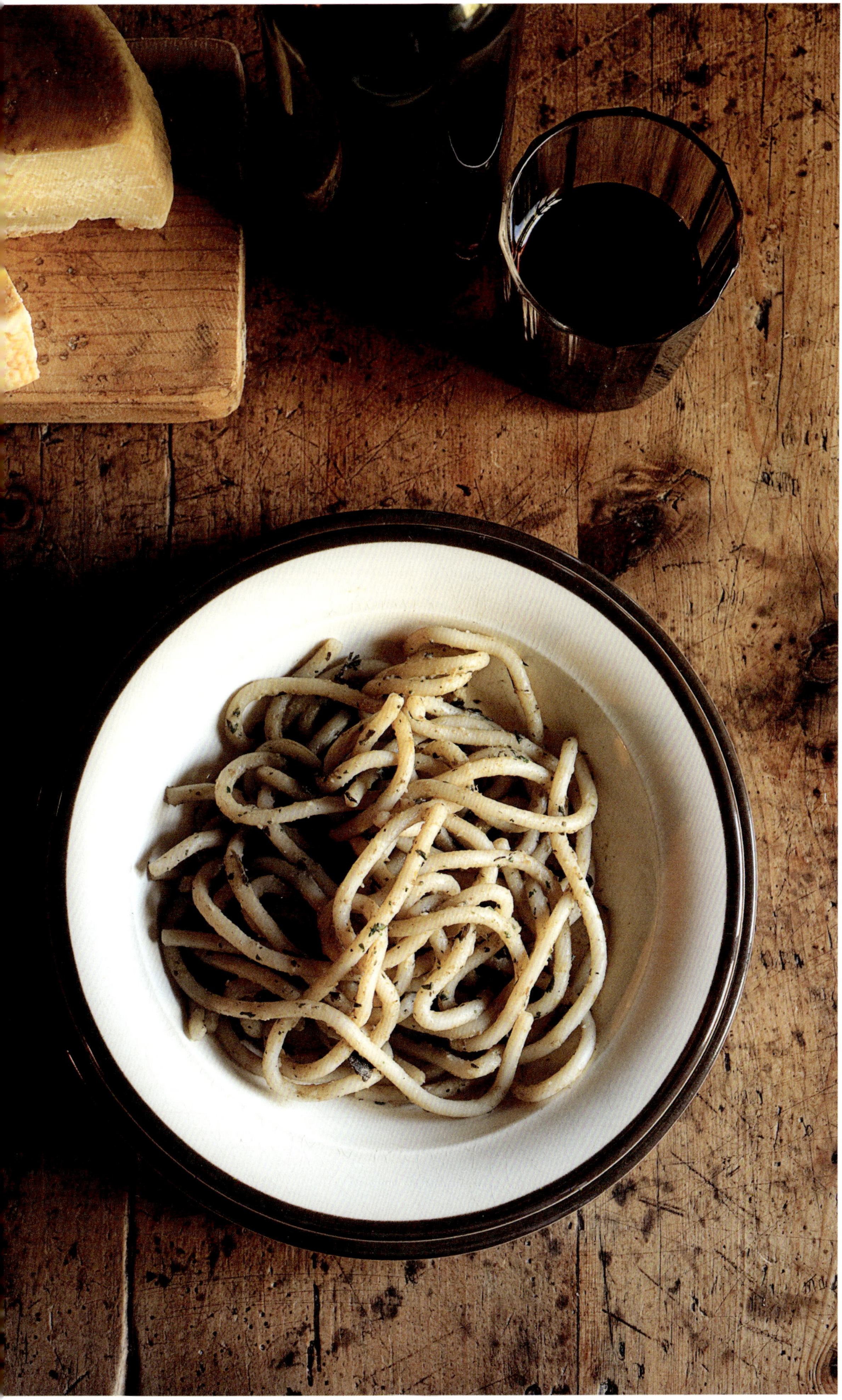

CAPPONE CON I GOBBI

Kapaun mit Kardy

Vorbereitungszeit: 1½ Stunden
Kochzeit: 2½ Stunden
Für 8 Personen

- 1 küchenfertiger Kapaun (3 kg) mit Leber, alternativ Hähnchen oder Perlhuhn
- Saft von 1 Zitrone
- 1 kg Kardys (Gemüseartischocken)
- 200 g Weizenmehl (Type 405)
- 1 Ei
- 250 ml Milch
- 500 g Schweinehackfleisch
- 2 Zwiebeln, in feinen Ringen
- 1 Stängel glatte Petersilie, gehackt
- 150 ml Olivenöl
- 6 vollreife Tomaten, gehäutet, entkernt und gehackt
- Pflanzenöl, zum Frittieren
- Salz

Die Leber parieren, fein hacken und beiseitestellen. Das Geflügel in 10 Stücke teilen, in einen großen Topf geben und mit Wasser bedecken. Kräftig salzen und aufkochen. Die Hitze reduzieren und 1½–2 Stunden köcheln lassen. Dann das Fleisch herausnehmen. Inzwischen einen großen Topf mit Wasser füllen und den Zitronensaft einrühren. Die Blattstielenden von den Kardys abschneiden, die äußeren Blätter entfernen. Blattreste und stachelige Ränder abtrennen und eventuell die Fäden am Stängel abziehen. Die Stängel in 5–7 cm lange Stücke schneiden, dann sofort ins Zitronenwasser geben, damit sie sich nicht verfärben. Eine Prise Salz zugeben und aufkochen. Die Hitze reduzieren und 45–60 Minuten köcheln lassen. Abgießen und beiseitestellen.

Für den Frittierteig das Mehl mit einer Prise Salz in eine Schüssel sieben. Eine Vertiefung hineindrücken, das Ei hineingeben und mit dem Schneebesen verquirlen. Nach und nach die Milch und bei Bedarf 3–4 Esslöffel Wasser einarbeiten. Abdecken und ruhen lassen. Schweinehack, Zwiebeln, Petersilie und Olivenöl in einen großen Topf geben. Tomaten, Geflügelleber und Geflügelteile hineingeben, salzen und vermengen. Auf mittlerer Stufe 25–30 Minuten köcheln lassen. Gelegentlich umrühren und bei Bedarf etwas Wasser zugießen.

Die Kardys in den Frittierteig tauchen. Das Pflanzenöl in einer Fritteuse auf 180 °C erhitzen, sodass ein Brotwürfel in 30 Sekunden braun wird. Die Kardys darin goldbraun frittieren. Herausnehmen und auf Küchenpapier abtropfen lassen. Die Geflügelteile aus dem Topf in eine vorgewärmte Servierschüssel geben. Die Kardys in den Topf geben und 5 Minuten mit dem Gemüse köcheln lassen. Dann die Kardys mit der Gemüsesauce zum Geflügel in die Schüssel geben und sofort servieren.

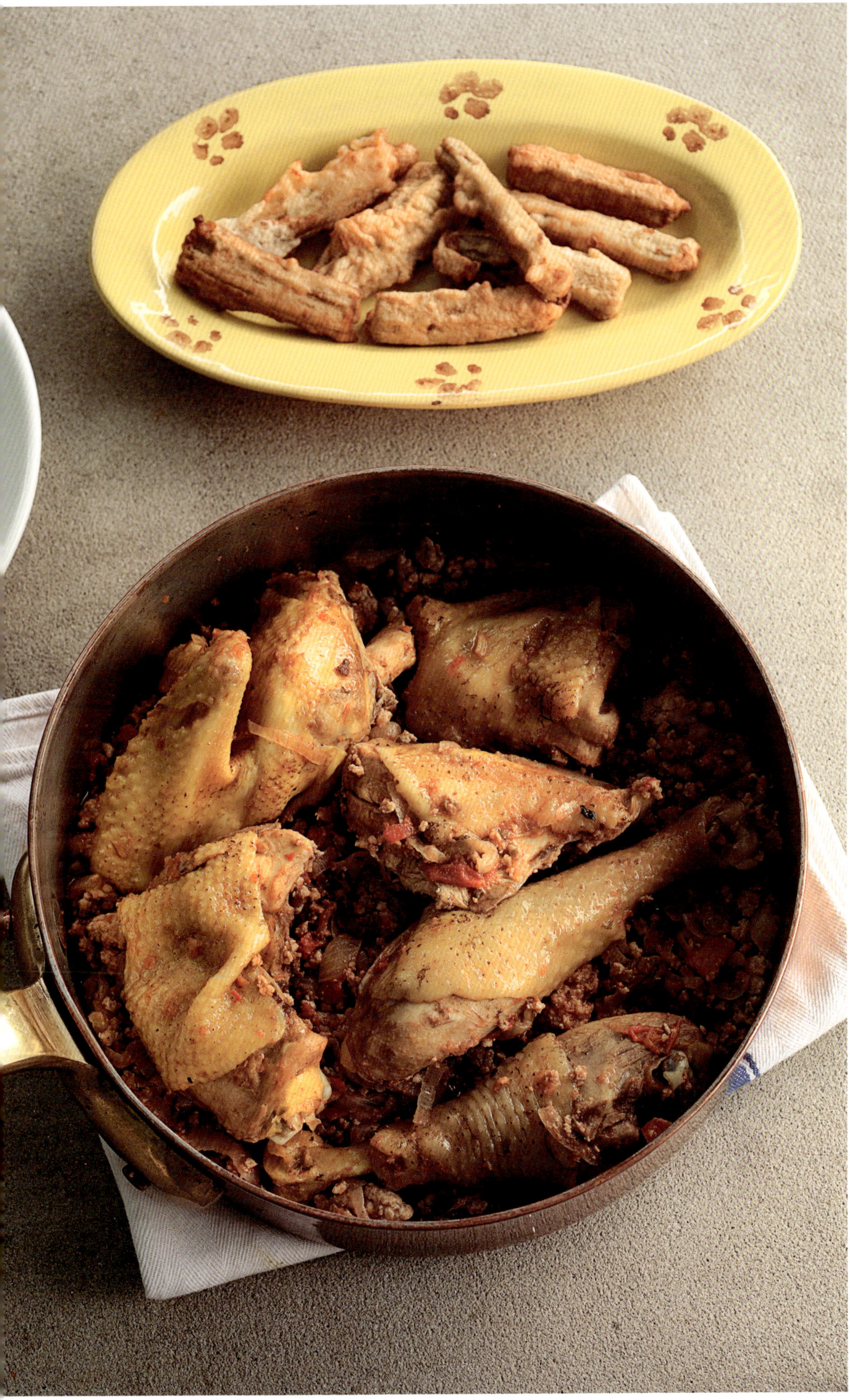

PANFORTE DI SIENA

Panforte (siehe Seite 244) ist ein köstliches, üppig süßes Gebäck, das seit langer Zeit mit der Stadt Siena und dem *Palio*, dem traditionellen Pferderennen durch die Straßen der Stadt, assoziiert wird. In einem der ältesten Rezepte werden 17 Grundzutaten aufgeführt, die angeblich für die 17 *contrade* (Bezirke) der Stadt stehen sollen. Der genaue Ursprung ist unbekannt, wahrscheinlich aber entstand *Panforte* im 13. Jahrhundert als Variation von *Panpepato* (einem üppigen Schokoladendessert) und *Pan melato* (einem Früchtekuchen mit Honig).

Es gibt zwei verschiedene Arten von *Panforte*. Für das dunklere, traditionelle Rezept werden Mandeln, geröstete Walnüsse, kandierte Melone und Orangenschale sowie verschiedene Gewürze wie Zimt und Koriander verwendet. Die hellere Version wurde im Jahr 1879 erfunden und zu Ehren von Königin Margherita von Savoyen *Panforte Margherita* genannt. Es enthält Zitronenschale anstelle von Melonenschale und wird zum Schluss mit Puderzucker bestreut. Eine weitere beliebte Variante wurde 1820 von dem Konditor Giovanni Parenti erfunden. Sie wird wegen ihres zarteren Geschmack *Panforte delle dame* (Panforte für Damen) genannt.

Der eindrucksvolle Palazzo Pubblico (Rathaus) liegt im Stadtzentrum an der Piazza del Campo. Er wurde im 13. Jahrhundert gebaut und ist noch heute der Sitz des Stadtrats.

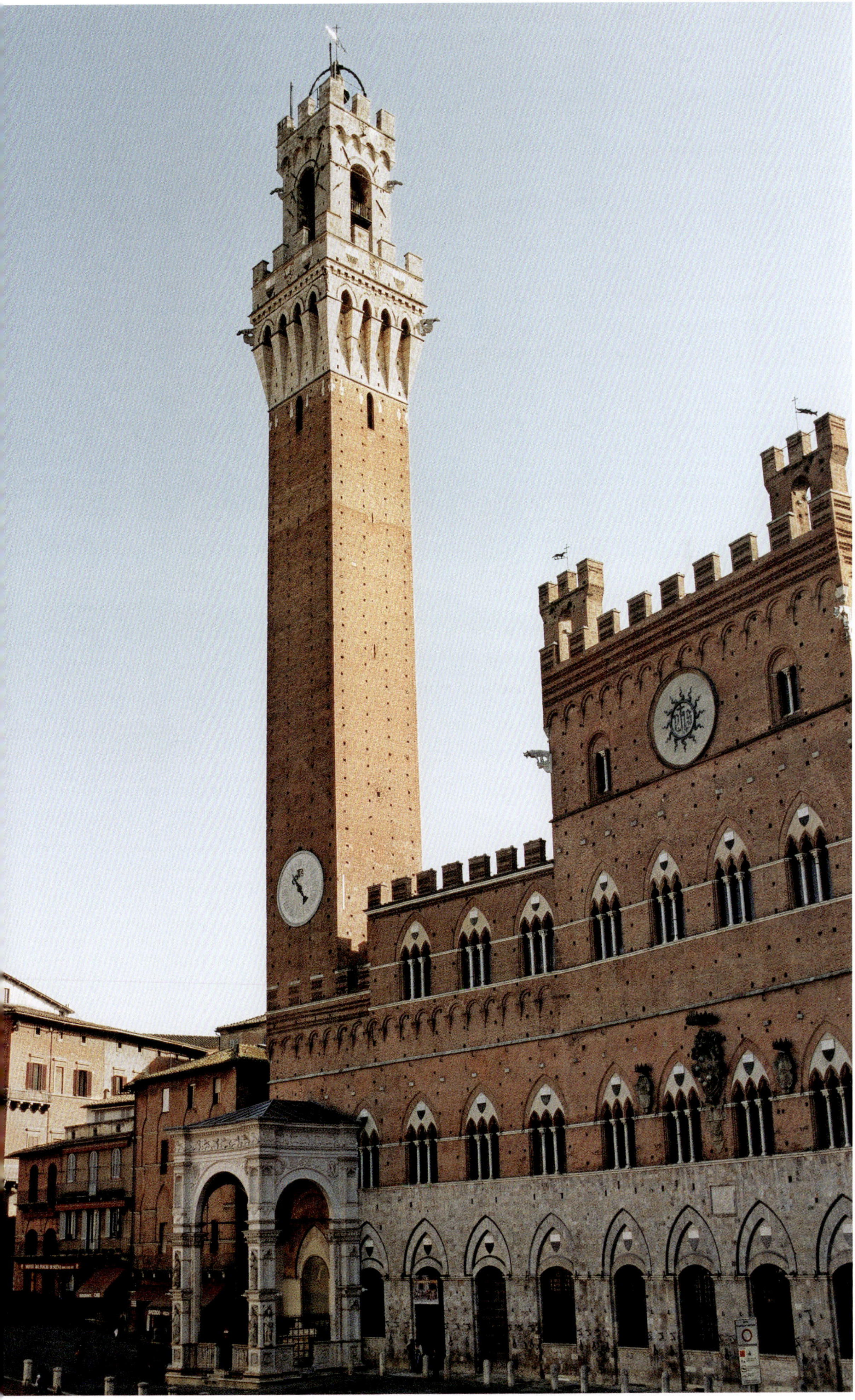

PANFORTE DI SIENA

Panforte di Siena

Vorbereitungszeit: 30 Minuten
Backzeit: 30 Minuten
Für 4–6 Personen

- einige Blätter Reispapier
- Butter, zum Einfetten
- 150 g flüssiger Honig
- 200 g Puderzucker, plus etwas zum Bestäuben
- 150 g Weizenmehl (Type 405)
- 300 g blanchierte Mandeln
- 200 g Zitronat
- abgeriebene Schale von 3 unbehandelten Orangen
- ½ TL Zimt, plus etwas zum Bestäuben (nach Belieben)
- ¼ TL frisch geriebene Muskatnuss
- ¼ TL Piment
- 1 Prise frisch gemahlener schwarzer Pfeffer

Den Backofen auf 150 °C vorheizen. Reispapier auf den Boden einer runden Springform (24 cm Durchmesser) legen. Dann den Rand der Form einfetten und mit Backpapier abdecken.

Honig und Puderzucker in eine große schwere Pfanne geben und auf mittlerer Stufe unter Rühren erhitzen, bis die Mischung glatt ist. Dabei aufpassen, dass die Masse nicht anbrennt. Mehl, Mandeln, Zitronat, Orangenschale und Gewürze in einer Schüssel vermengen.

Wenn die Honig-Zucker-Masse am Rand Blasen wirft, die Mehlmischung und 75 ml Wasser einrühren. Auf mittlerer Stufe einige Minuten weiterrühren. Dann in die Backform gießen und 30 Minuten im vorgeheizten Ofen backen.

Herausnehmen und vollständig abkühlen lassen. Den Kuchen aus der Form lösen und großzügig mit Puderzucker bestäuben. Nach Wunsch den Puderzucker vorher mit Zimt vermischen.

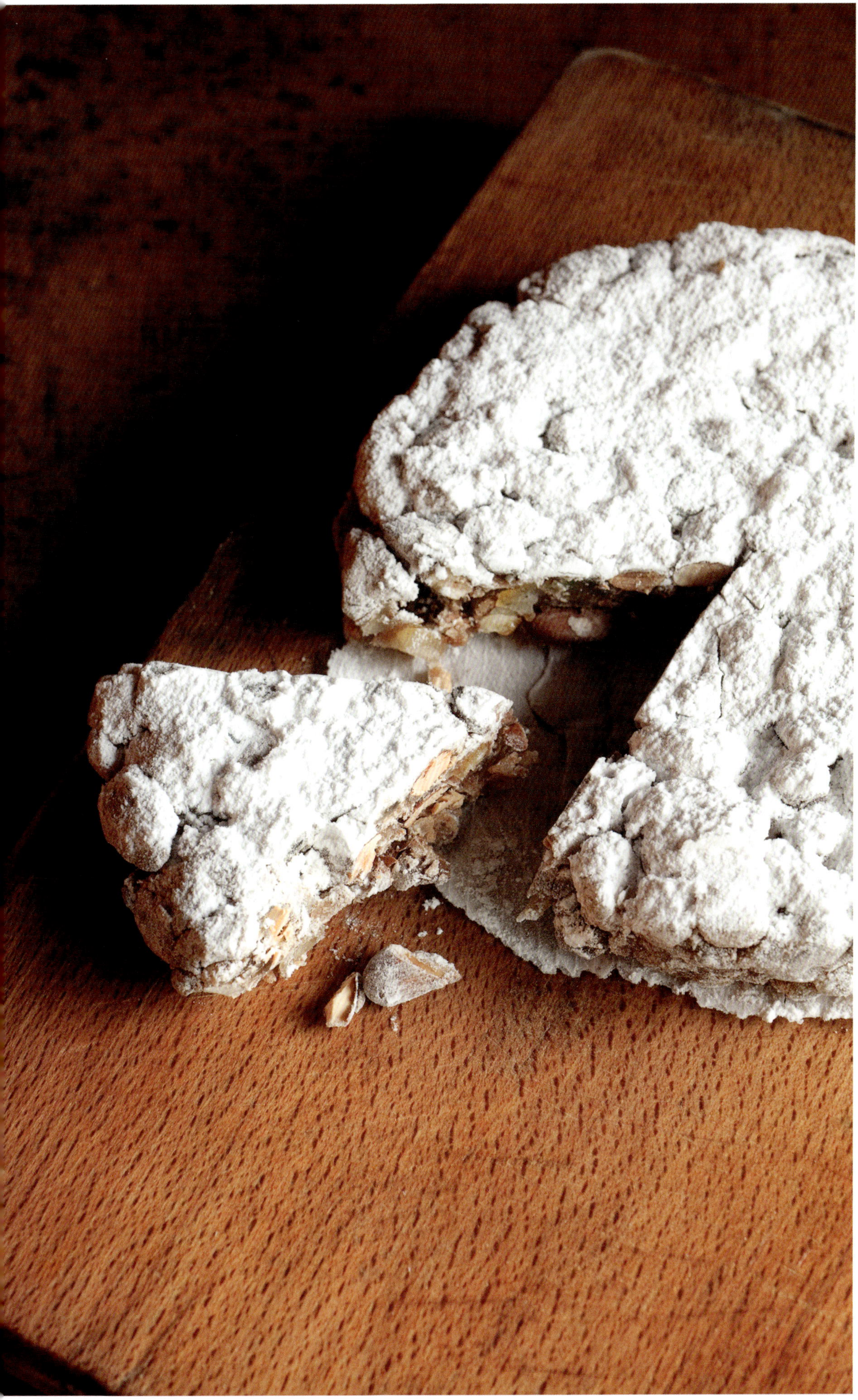

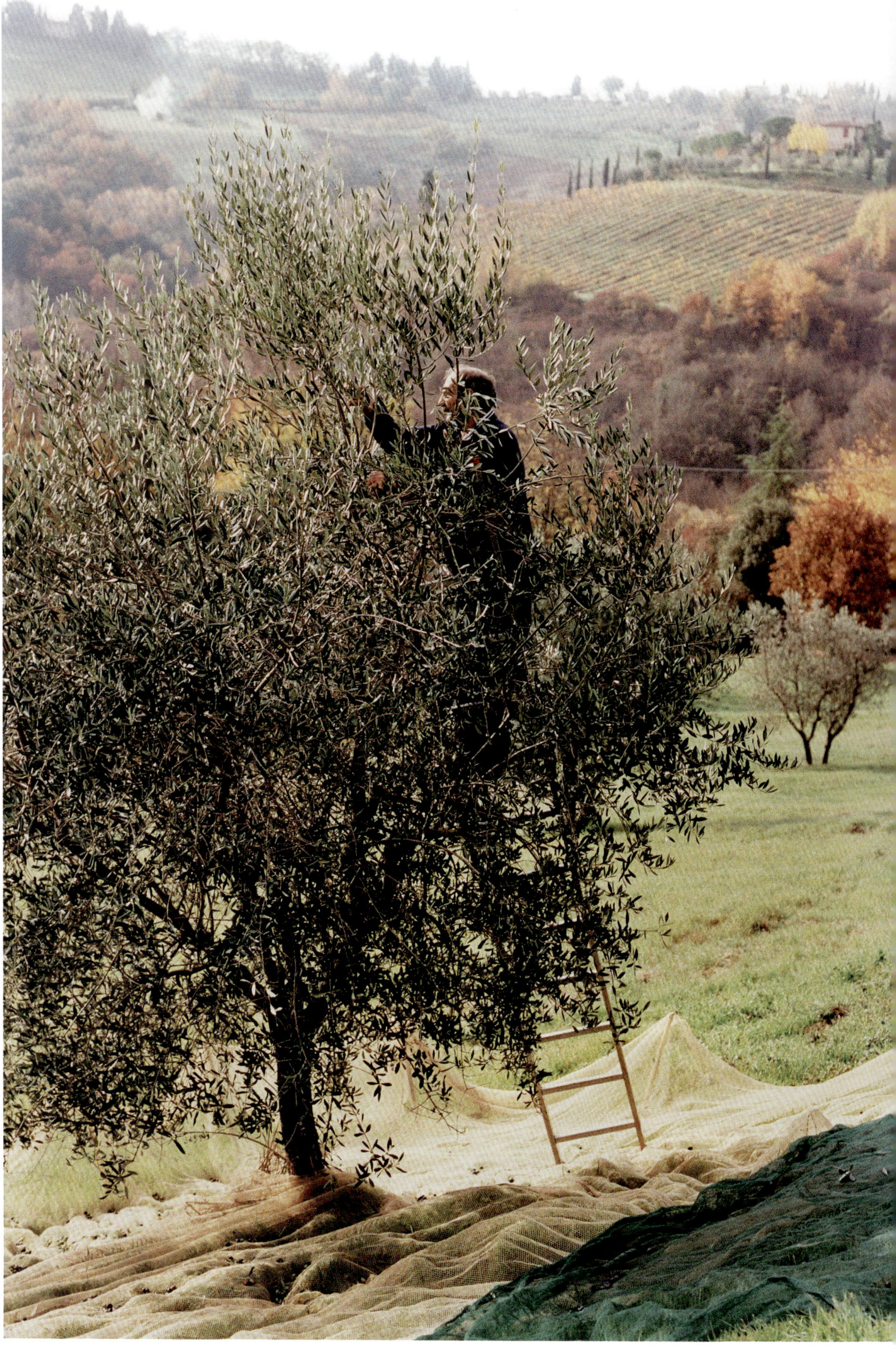

X

AREZZO

Crostini neri all'aretina 256
Schwarze Crostini nach Aretina-Art

Pappardelle con anatra 259
Pappardelle mit Ente

Coniglio arrosto all'aretina 260
Geschmortes Kaninchen nach Aretina-Art

Fegatelli 263
Schweineleber

Fagioli nel fiasco 267
Bohnen in der Flasche

FERROVIA
AREZZO -
CITTÀ DI CASTELLO
FOSSATO
ORARIO a datare dal 1° Novembre 1905.
STAZIONI
ANGHIARI
AREZZO

Vorherige Seite:
Oliven für die Ölgewinnung müssen kurz vor der Vollreife geerntet werden. Erntet man sie zu früh, schmeckt das Öl bitter, und bei zu später Ernte verliert es seinen würzigen Geschmack.

Die Provinz Arezzo wird von drei großen Tälern beherrscht: dem Casentino, dem Val di Chiana und dem Valdarno. Der Arno, der längste Fluss der Toskana, entspringt am Berg Falterona im Norden der Provinz, fließt durch den Casentino-Nationalpark und durch die Ebene in der Mitte der Provinz, wo er einen Bogen nach Westen in Richtung Florenz beschreibt.

Das Gebiet ist seit etruskischer Zeit bewohnt, und die Landschaft hat sich kaum verändert. Jahrhundertealte Wälder, malerische Dörfer und Städte auf Hügelkuppen, Burgen, romanische Kirchen und Ruinen aus römischer Zeit prägen das Bild. Die Wein- und Obstgärten und die Olivenpflanzungen in den Tälern sind größtenteils Familienbetriebe.

Die Küche von Arezzo ist ungekünstelt, bekömmlich und schmackhaft. Viele der kleinen Bauernhöfe decken einen Großteil des Familienbedarfs selbst. Geflügel wie Hühner, Enten, Perlhühner und Gänse werden in der Region geschätzt und tragen einen beträchtlichen Anteil zum Speisezettel bei. Auf vielen Höfen werden Hühner der alten toskanischen Rasse *pollo del Valdarno* oder *valdarnese bianca* gehalten.

In Arezzo bilden, wie in allen anderen Teilen der Toskana, vor Ort gepresstes Olivenöl und ungesalzenes Brot nach wie vor die Grundlage und Abrundung vieler regionaler Gerichte. Die Begeisterung für Geflügel und Brot zeigt sich beispielsweise in einem beliebten Antipasto mit dem Namen *Crostini neri all'aretina* (Schwarze Crostini nach Aretina-Art, siehe Seite 256), einer würzigen Mischung aus Hühnerleber, Kalbsmilz, Zwiebeln, Sardellen, Kapern und Petersilie, die mit Weißwein gegart und auf geröstetes Brot gestrichen wird.

Geflügel bildet auch die Grundlage des beliebtesten Pastagerichts der Region, *Pappardelle con anatra* (Pappardelle mit Ente, siehe Seite 259). Früher nannte man es *Pappardelle sulla nana* – wobei *nana* in Arezzo ein altes, liebevolles Wort für „Ente" ist. Während der Jagdsaison wird das Gericht oft auch mit Hasen, Kaninchen oder anderem Wild zubereitet.

Fleisch von Stall- und Wildkaninchen wird in Arezzo häufig gegessen, etwa in Gerichten wie *Coniglio arrosto all'aretina* (Geschmortes Kaninchen nach Aretina-Art, siehe Seite 260). Wildkaninchen, die kleiner als Hasen sind, stehen vor allem in der Jagdsaison hoch im Kurs. Allerdings werden in der Region auch schon seit dem Mittelalter Stallkaninchen gezüchtet, um ihr Fleisch und ihre Felle zu verwerten.

Bis vor wenigen Jahrzehnten beschränkte sich die Kaninchenzucht auf Familienbetriebe und kleine Bauernhöfe, die damit ein bescheidenes Zubrot erwirtschafteten. Heute werden sie in größerem Stil gezüchtet, und Italien nimmt in Produktion und Verbrauch weltweit die erste Stelle ein.

Das Angebot an Kaninchenfleisch ist heute groß. Man kann die Tiere im Ganzen kaufen oder nur den Rücken wählen, der als ideales Bratenstück gilt. Keulen werden entbeint, gefüllt und aufgerollt oder in Stücke geschnitten und für Schmorgerichte verwendet. Kaninchenfleisch ist hell und, sofern die Tiere gut gefüttert und ihr Fleisch richtig zubereitet wurde, zart und wunderbar geschmackvoll.

CHIANINA-RINDER

Im Hinblick auf die Größe ist das weiße Chianina-Rind die größte Rinderrasse der Welt. Ihr Ursprung reicht weit zurück. Große weiße Rinder, höchstwahrscheinlich Chianina, gab es schon in der römischen Antike. Die Römer schätzten vor allem die Schönheit und Kraft der Tiere, weniger ihren gastronomischen Wert, und brachten sie häufig nach Rom, wenn Opferprozessionen anstanden.

Chianina-Rinder gehören zur toskanischen Landschaft. Sie stammen aus dem westlichen Mittelitalien, und die größten Exemplare findet man im Val di Chiana in den Provinzen Arezzo und Siena. Wegen ihrer außergewöhnlichen Kraft und ihres sanftmütigen Wesens waren sie auf Bauernhöfen als Zugtiere unentbehrlich. Erst mit der zunehmenden Mechanisierung der Landwirtschaft begann man, auch ihr Potenzial als Fleischlieferanten stärker auszuschöpfen. In dieser Hinsicht werden sie hochgeschätzt. *Bistecca alla fiorentina* (Rindersteak nach Florentiner Art, siehe Seite 138), das zweifellos eins der berühmtesten Gerichte der Toskana ist, wird traditionell aus Chianina-Rindfleisch zugeschnitten.

Folgende Seite:
Die porzellanweißen Chianina-Rinder sind für ihr bemerkenswert zartes, marmoriertes Fleisch berühmt. Ein authentisches *Bistecca alla fiorentina* (siehe Seite 138) sollte unbedingt aus diesem Rindfleisch zugeschnitten sein.

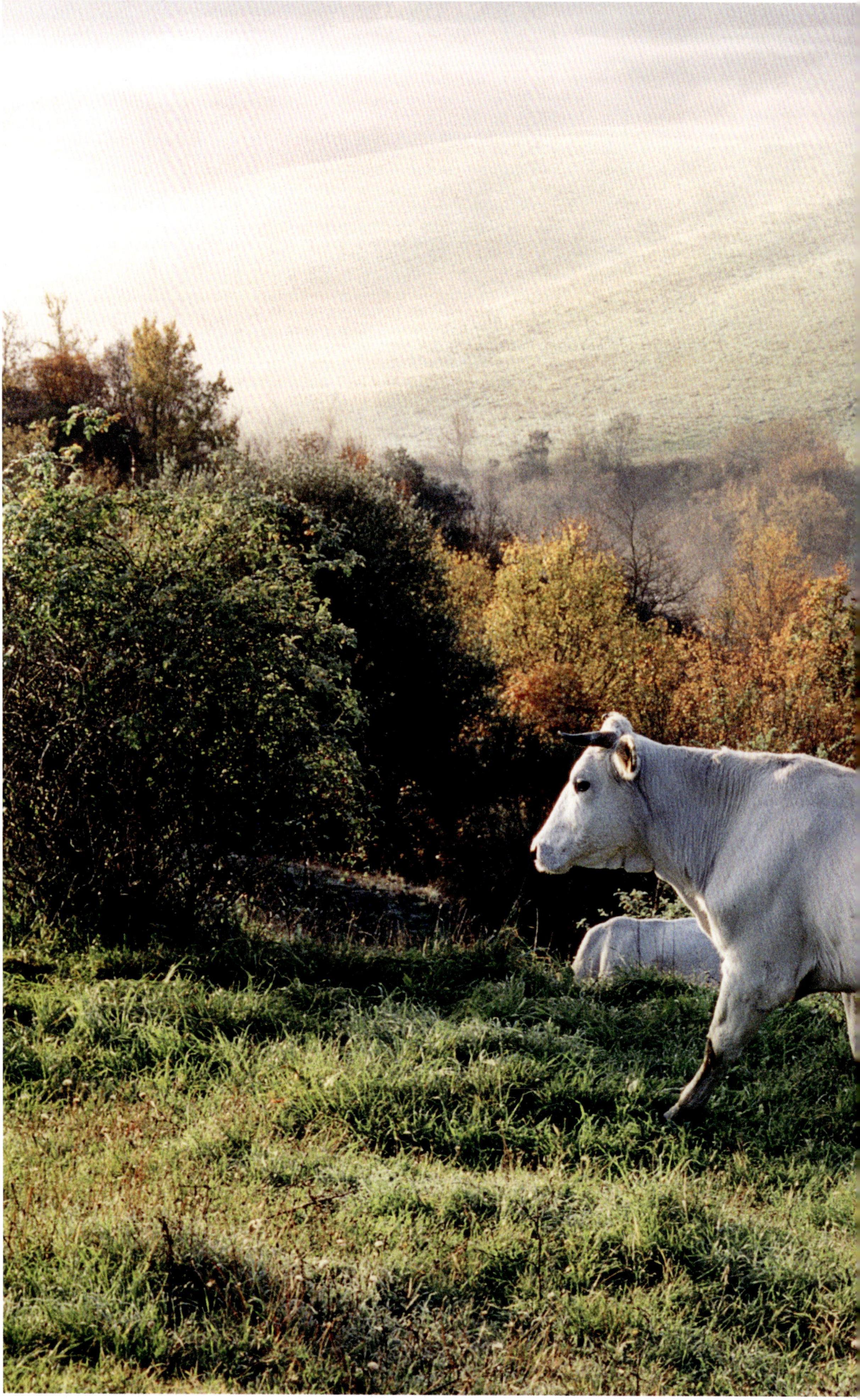

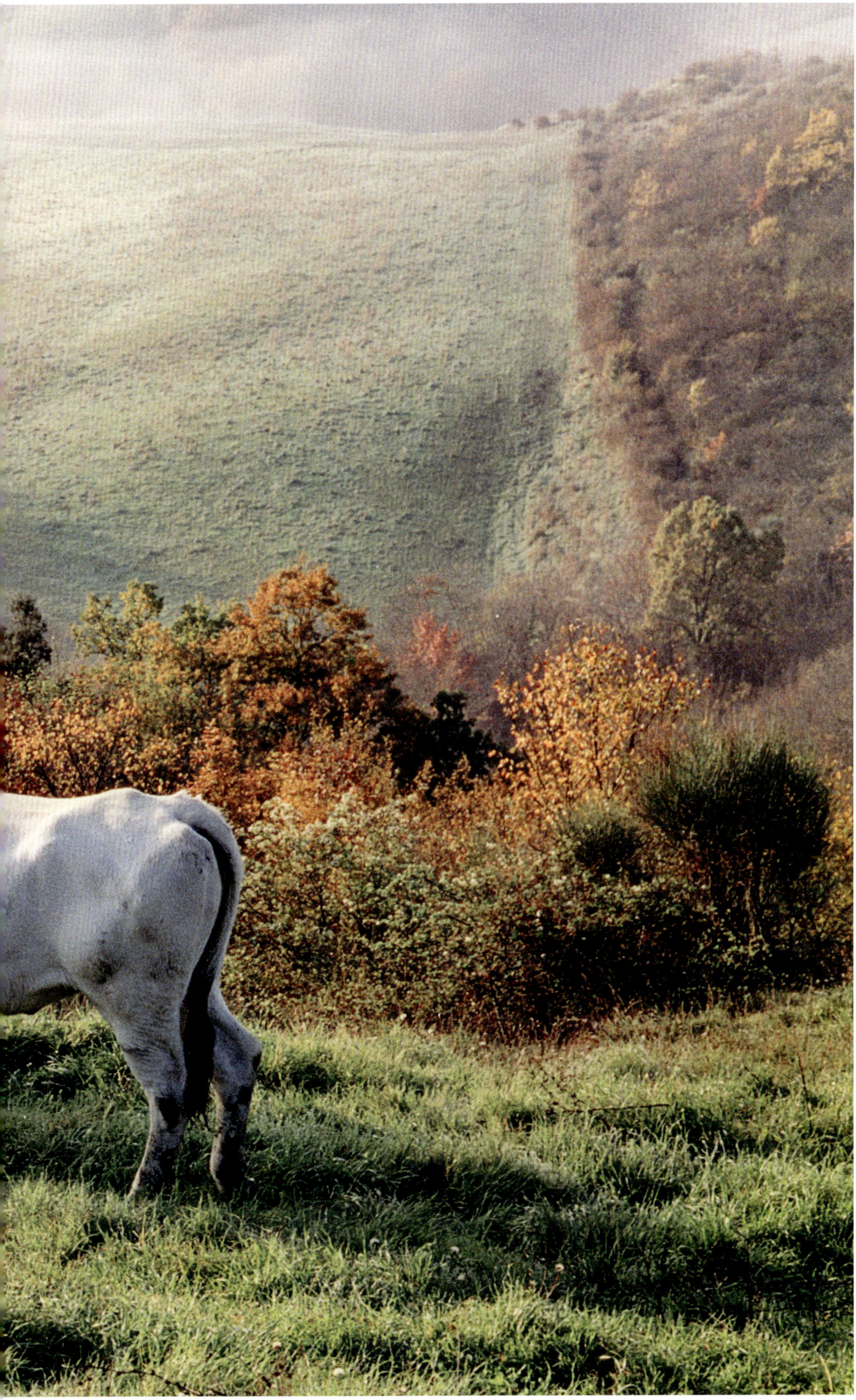

TOSKANISCHES BROT

In der Toskana hat Brot einen höheren Stellenwert als in anderen Regionen Italiens. Es gehört zu jeder Mahlzeit und rangiert als Grundnahrungsmittel noch vor Pasta und Reis. Brot wird nicht nur als Beilage serviert, sondern dient auch als wichtige Zutat für viele Gerichte.

Wer zum ersten Mal in die Toskana reist, wird sich vielleicht fragen, warum das Brot ohne Salz gebacken wird. Einer Theorie zufolge geht diese Tradition auf das 12. Jahrhundert zurück. Damals forderte Pisa, wo das Salz herkam, unerhört hohe Importsteuern von der rivalisierenden Stadt Florenz. Statt den exorbitanten Preis zu zahlen, lernten die Florentiner Bäcker, ohne Salz auszukommen.

Besucher werden aber schnell feststellen, dass das salzlose Brot keineswegs fade schmeckt, sondern sogar die ideale Beilage zur aromatischen, schmackhaften toskanischen Küche darstellt. *Prosciutto, salami* und andere gepökelte, kräftig gewürzte Fleischwaren passen ebenso gut zu dem Brot wie herzhafte Suppen und Schmorgerichte.

Zum Kochen wird oft Brot verwendet, das mindestens einen Tag alt ist. Diese Praxis geht auf Zeiten zurück, als die Armut gebot, nichts wegzuwefen. *Pane raffermo*, wie man es nennt, mag altbacken sein, aber ohne den negativen Beigeschmack dieses Begriffs. Es gibt viele bekannte und beliebte Gerichte, die ohne dieses Brot nicht auskommen. Als Eröffnung einer Mahlzeit gibt es beispielsweise *fett' unta* (Brot vom Vortag, mit Knoblauch eingerieben und mit Olivenöl beträufelt). Es wird für Suppen wie *Ribollita* (siehe Seite 234) und *Pappa col pomodoro* (Tomatensuppe mit Brot, siehe Seite 130) verwendet, aber auch zum Aufnehmen der Flüssigkeit in Schmorgerichten mit Fisch oder Fleisch, etwa *Cacciucco alla livornese* (Cacciucco nach Livorneser Art, siehe Seite 182).

Für Brot gibt es in der toskanischen Küche viele Verwendungen. Oft wird es einfach geröstet, mit Knoblauch eingerieben, mit Olivenöl beträufelt und mit frischen Kräutern bestreut.

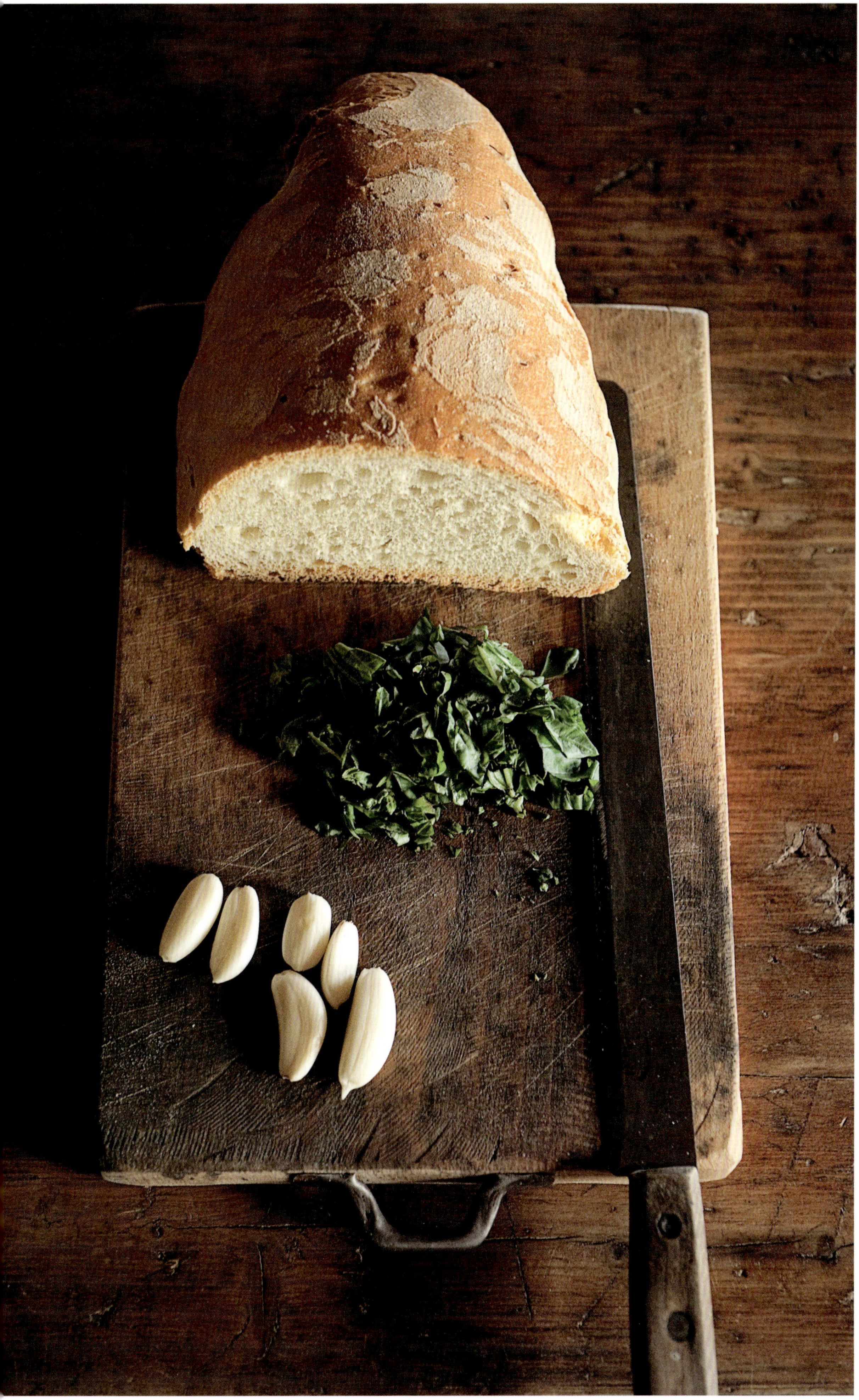

CROSTINI NERI ALL'ARETINA

Schwarze Crostini nach Aretina-Art

Die Begriffe *crostini, crostoni* und *bruschetta* bezeichnen alle Brotscheiben mit einem gewürzten Belag. Kleinere mundgerechte Happen werden jedoch meist *crostini* genannt. In der Toskana besteht ein Belag oft aus nicht viel mehr als etwas Knoblauch und Olivenöl. Es gibt aber auch raffiniertere Belagrezepte wie etwa dieses.

Vorbereitungszeit: 15 Minuten
Kochzeit: 20–25 Minuten
Für 8 Personen

- 50 g Butter
- 3 EL Olivenöl
- 1 weiße Zwiebel, in feinen Ringen
- 2 EL frisch gehackte glatte Petersilie
- 300 g Hühnerleber, pariert
- 5 EL Vin Santo oder Weißwein
- 175 ml Rinderbrühe
- 250 g Kalbsmilz oder -leber
- 1–2 Sardellen aus der Dose, abgetropft und fein gehackt
- 1 EL gehackte Kapern
- Salz und Pfeffer
- toskanisches Weißbrot, in Scheiben

Die Hälfte der Butter mit dem Öl in einer Pfanne zerlassen. Zwiebel, Petersilie und Hühnerleber zugeben und auf mittlerer Stufe unter häufigem Rühren 5 Minuten garen. Die Hitze etwas reduzieren und weitere 10 Minuten dünsten. Den Wein zugießen und einige Minuten köcheln lassen, bis der Alkohol verdampft ist. Pfeffern und vom Herd nehmen.

Die Mischung aus der Pfanne auf ein großes Schneidebrett geben und mit einem Wiegemesser oder großen Küchenmesser hacken. Dann in einen großen, flachen Topf füllen und die restliche Butter, Brühe und die Kalbsmilz oder -leber einrühren.

Auf mittlerer Stufe einige Minuten köcheln, es sollte danach aber noch Flüssigkeit vorhanden sein. Den Topf vom Herd nehmen, Sardellen und Kapern zugeben, leicht salzen und alles gut verrühren. Die Brotscheiben von einer Seite mit der heißen Garflüssigkeit beträufeln, dann mit etwas von der Lebermischung bestreichen. Die Crostini auf einer Servierplatte anrichten und sofort servieren.

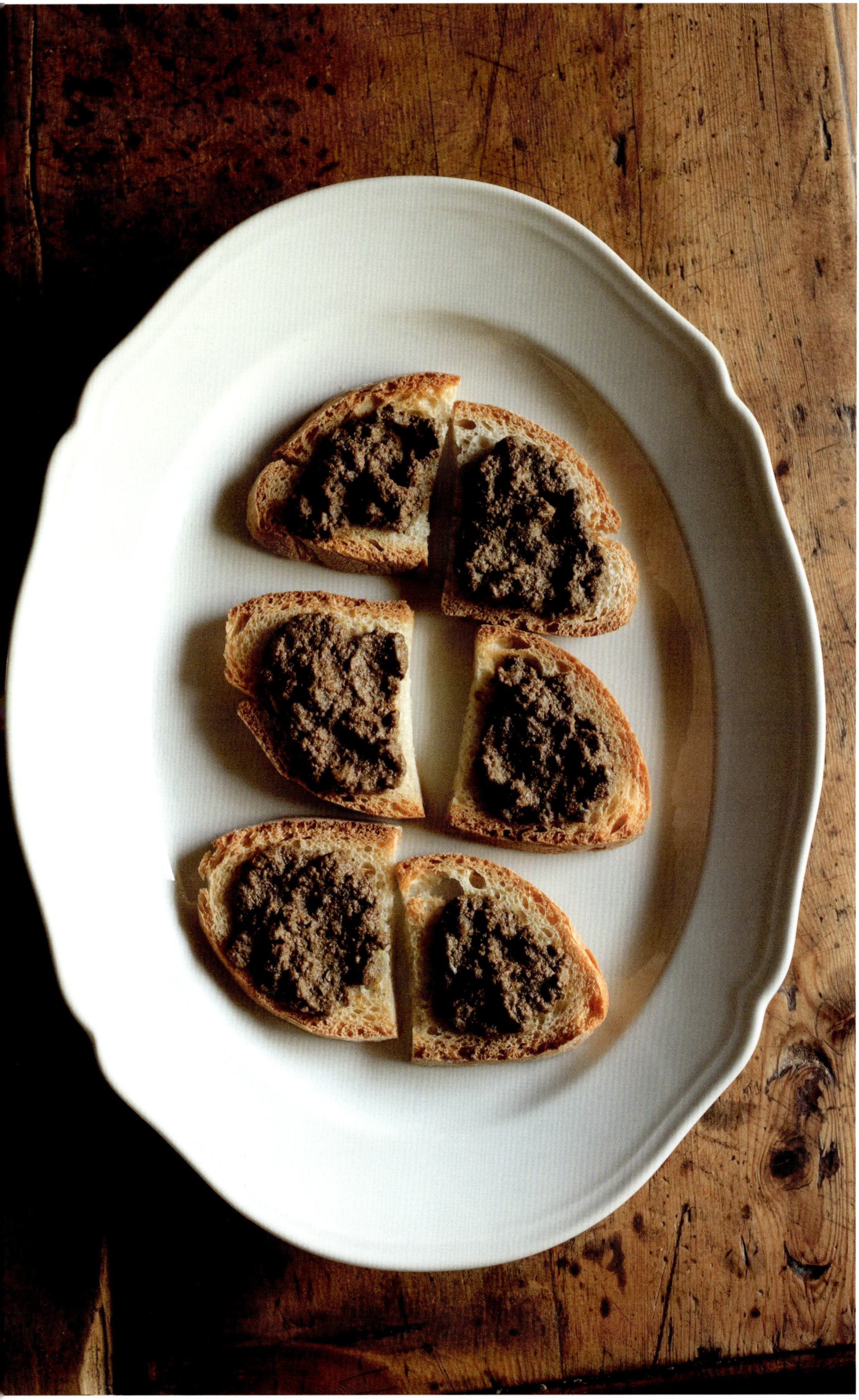

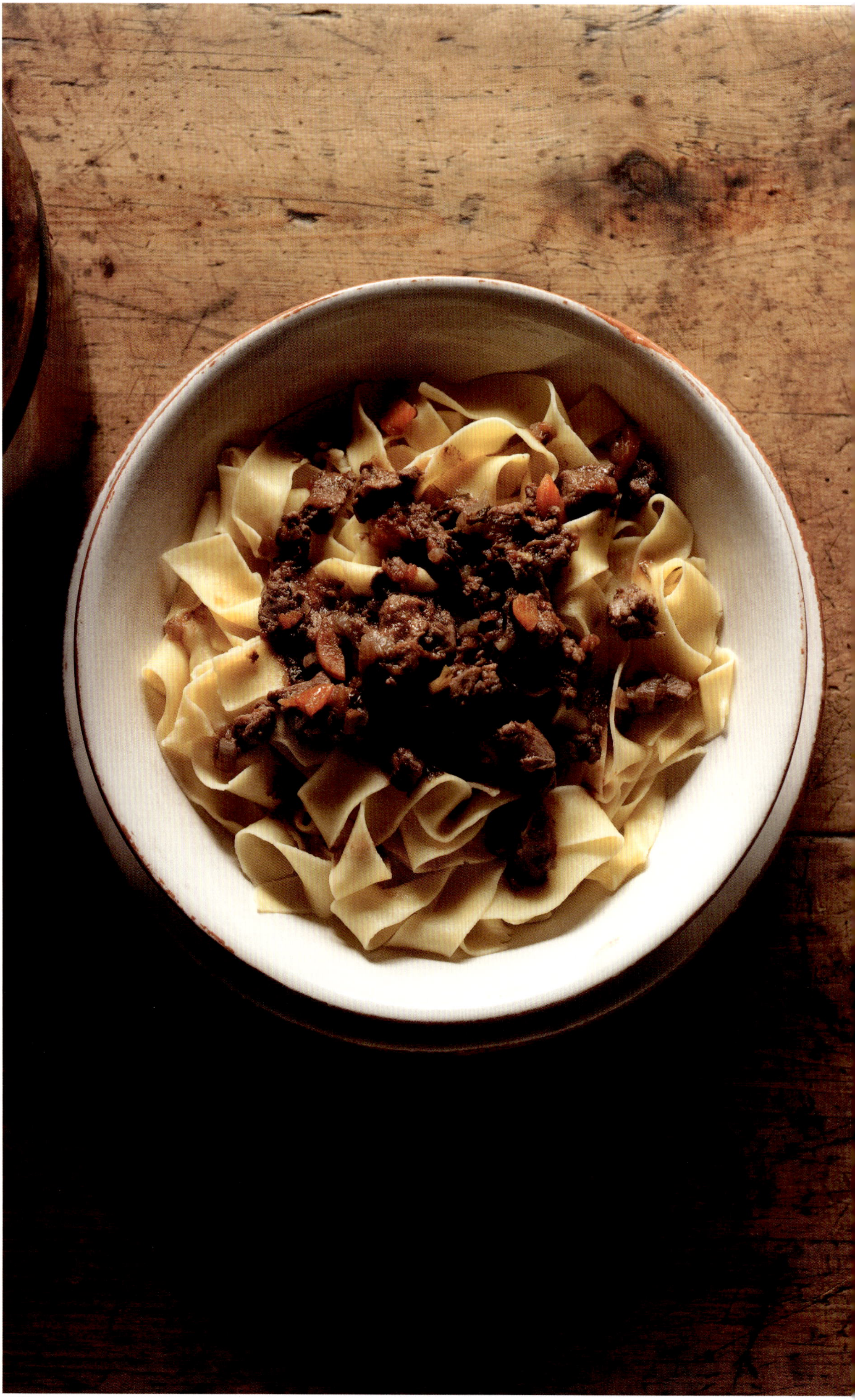

PAPPARDELLE CON ANATRA

Vorbereitungszeit: 1 Stunde
Kochzeit: 55–60 Minuten
Für 4 Personen

Pappardelle mit Ente

Das Öl in einem großen Topf auf mittlerer Stufe erhitzen. Das Entenfleisch darin unter häufigem Wenden 5 Minuten braten. Salzen und pfeffern, die Hitze auf niedrige Stufe reduzieren, abdecken und unter gelegentlichem Wenden weitere 5–10 Minuten bräunen. Das Fleisch mit einem Schaumlöffel herausnehmen und beiseitestellen.

Karotte, Zwiebel, Sellerie, Petersilie, Thymian und Majoran in den Topf geben und auf niedriger Stufe unter gelegentlichem Rühren 3 Minuten erhitzen. Leber oder Hack zugeben, salzen und pfeffern und unter häufigem Rühren 10 Minuten gleichmäßig bräunen. Das Entenfleisch wieder in den Topf geben, den Wein zugießen und köcheln lassen, bis der Alkohol verdampft ist. Das Tomatenmark mit 2 EL heißem Wasser verrühren und zum Fleisch geben. 30 Minuten köcheln lassen.

Inzwischen für die Pappardelle das Mehl mit einer Prise Salz auf eine Arbeitsfläche sieben und in die Mitte eine Vertiefung drücken. Die Eier hineinschlagen und ins Mehl einarbeiten. 10 Minuten kneten, bis ein glatter, elastischer Teig entsteht. Den Pastateig auf einer leicht bemehlten Arbeitsfläche ausrollen und 10 Minuten trocknen lassen. Mit einem Pastaschneider oder scharfen Messer etwa 20 cm lange und 3 cm breite Bandnudeln schneiden, diese dann halbieren.

Leicht gesalzenes Wasser in einem großen Topf zum Kochen bringen. Die Pappardelle hineingeben und 3–4 Minuten bissfest kochen. Abgießen und in eine vorgewärmte Servierschüssel füllen. Die Entenmischung darübergeben, mit Parmesan bestreuen und sofort servieren.

— 2 EL Olivenöl
— 1 küchenfertige Ente (1,75 kg), ohne Haut und entbeint, in mundgerechten Stücken
— 1 Karotte, fein gehackt
— 1 Zwiebel, fein gehackt
— 1 Selleriestange, fein gehackt
— 1 Stängel glatte Petersilie, fein gehackt
— 1 Zweig Thymian, fein gehackt
— 1 Zweig Majoran, fein gehackt
— 1 Entenleber, pariert und gehackt, oder 150 g Schweinehackfleisch
— 175 ml trockener Weißwein
— 1 EL Tomatenmark
— Salz und Pfeffer
— frisch geriebener Parmesan, zum Bestreuen

Für die Pappardelle:
— 200 Weizenmehl (tipo 00) oder Weizenmehl (Type 405), plus etwas zum Bestäuben
— 2 Eier
— Salz

CONIGLIO ARROSTO ALL'ARETINA

Geschmortes Kaninchen nach Aretina-Art

Geschmortes Kaninchen war lange Zeit das übliche Sonntagsessen in toskanischen Familien auf dem Land. Das Gericht ist bis heute äußerst beliebt.

Vorbereitungszeit: 20 Minuten
Kochzeit: 45–55 Minuten
Für 8 Personen

— 2,5 kg küchenfertiges Kaninchen mit Leber und Nieren, ohne Haut
— 5 EL Olivenöl
— 4–5 Scheiben Frühstücksspeck, in Streifen
— 1 Knoblauchzehe, gehackt
— 1 Zweig Rosmarin, gehackt
— 175 ml Rotwein
— 175 ml Hühnerbrühe
— Salz und Pfeffer

Das Kaninchen in große Stücke teilen. Leber und Nieren parieren und in Scheiben schneiden. Das Öl in einem flachen Topf erhitzen. Speck, Knoblauch und Rosmarin in den Topf geben und auf niedriger Stufe unter gelegentlichem Rühren 5 Minuten dünsten. Auf mittlere Stufe schalten und die Kaninchenteile hineingeben; zuerst die Keulen, da sie länger garen müssen. Unter häufigem Wenden 15 Minuten braten, bis das Fleisch gleichmäßig gebräunt ist.

Salzen und pfeffern, dann Leber und Nieren zugeben, mit dem Wein beträufeln und einige Minuten garen, bis der Alkohol verdampft ist. Die Hitze reduzieren und unter gelegentlichem Rühren 10–15 Minuten köcheln lassen. Leber- und Nierenscheiben aus dem Topf nehmen und beiseitestellen. Die Hälfte der Hühnerbrühe zugießen und die Kaninchenteile weitere 10–15 Minuten garen, dabei nach und nach den Rest der Brühe zugießen.

Den Topf vom Herd nehmen, das Fleisch herausnehmen und in eine vorgewärmte Servierschüssel geben. Die Sauce zusammen mit Leber und Nieren in der Küchenmaschine oder im Mixer pürieren. In eine Sauciere umfüllen und sofort zum Kaninchen servieren.

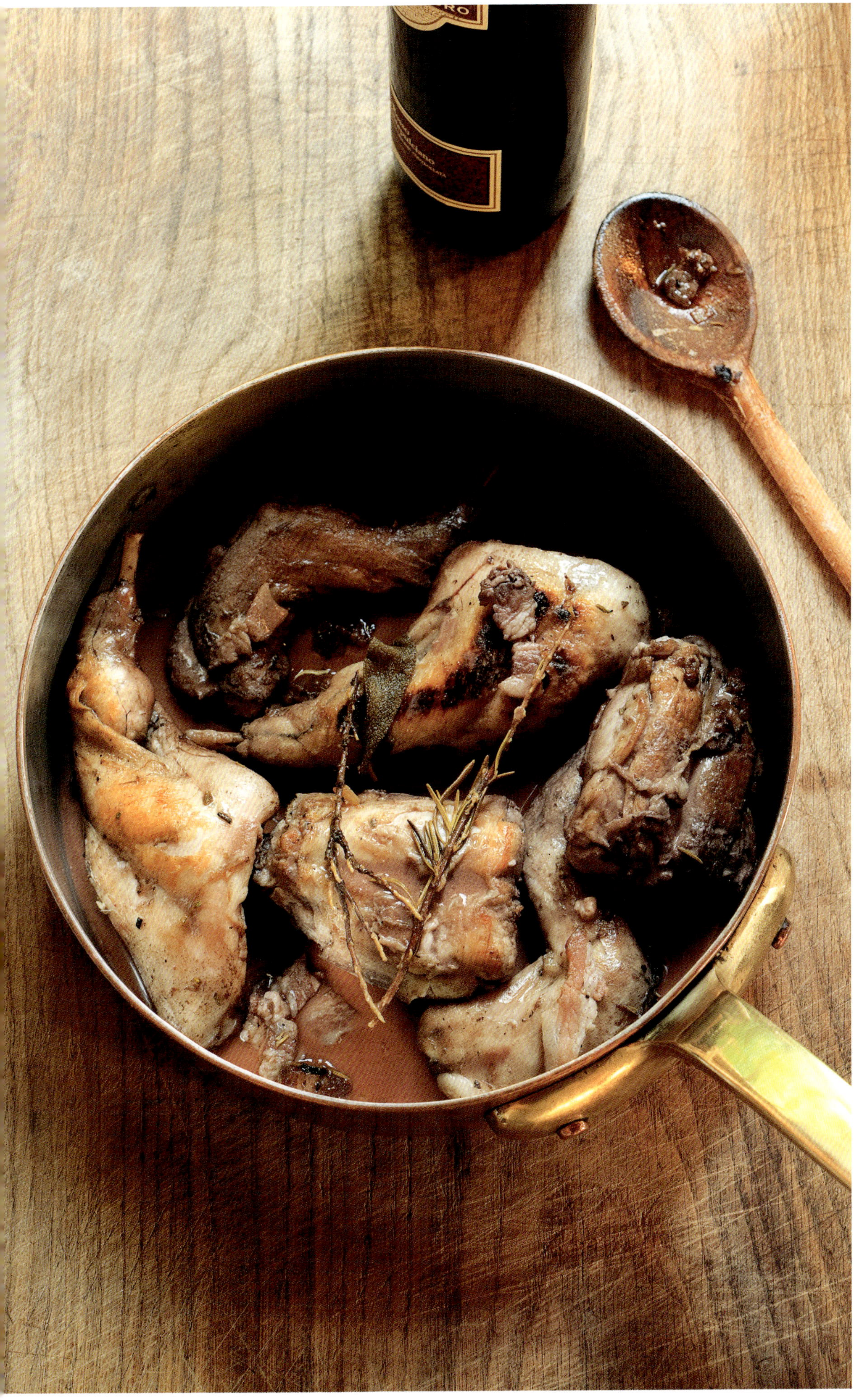

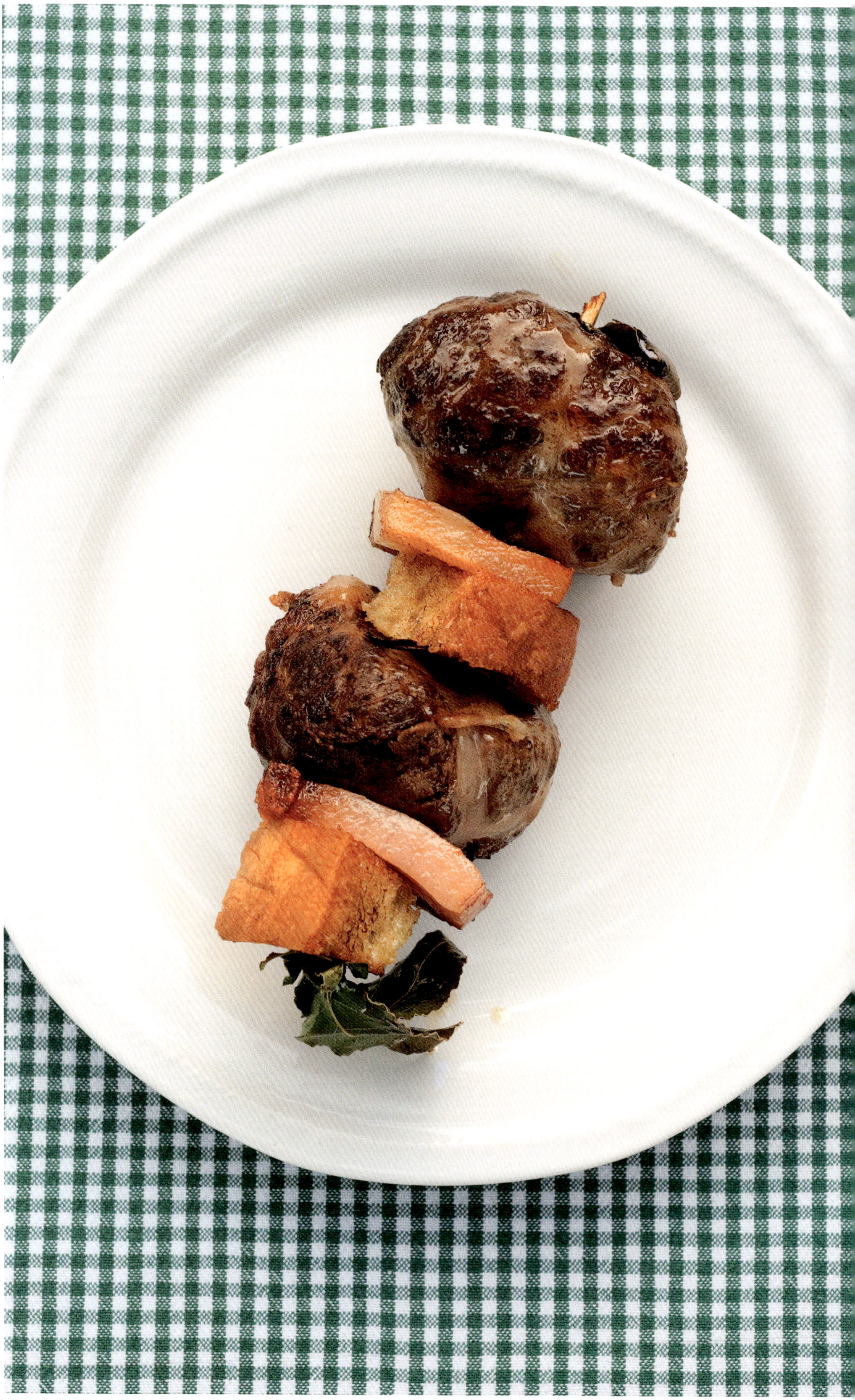

FEGATELLI

Schweineleber

Vorbereitungszeit: 30 Minuten +
1–2 Stunden Einweichzeit
Kochzeit: etwa 8 Minuten
Für 4 Personen

— 300 g Fettnetz vom Schwein
— 600 g Schweinsleber, pariert
— 50 g leicht geröstetes Weißbrot, fein zerkrümelt
— ½ EL Fenchelsamen
— 18 Stängel Wildfenchel oder Rosmarinzweige
— Olivenöl, zum Bestreichen
— Salz und Pfeffer

Das Fettnetz in 18 etwa 8 x 8 cm große Quadrate schneiden, in eine Schüssel mit warmem Wasser legen und 1–2 Stunden einweichen.

Die Leber in 18 etwa 3 cm große Würfel schneiden, salzen und pfeffern. Brotkrumen und Fenchelsamen in einem tiefen Teller vermengen und mit Salz und Pfeffer würzen. Die Leberwürfel gründlich in der Mischung wenden. Dann die Fettnetz-Stücke abgießen und ausdrücken.

Je einen panierten Leberwürfel in ein Stück Fettnetz wickeln und mit Wildfenchelstängeln zubinden.

Eine Grill- oder Bratpfanne mit Öl bestreichen und erhitzen. Die Leberbällchen hineingeben und auf mittlerer Stufe 6–8 Minuten braten. Sofort servieren. Alternativ abwechselnd mit Weißbrotscheiben und Schinkenspeckwürfeln auf Holzspieße stecken und unter dem Backofengrill 8 Minuten grillen, dabei zweimal mit Öl bestreichen.

Die Schweineleber lässt sich auch fein gehackt und mit gerösteten Weißbrotsemmelbröseln vermengt zubereiten. Dafür die Mischung salzen und pfeffern, zu Bällchen formen und in Fettnetzstücke wickeln. Die Bällchen dann abwechselnd mit Lorbeerblättern auf Holzspieße stecken und grillen.

ZOLFINO-BOHNEN

Es gibt kaum ein Bild, das den Charakter der toskanischen Küche besser beschreiben würde, als ein *fiasco* (Glasflasche), der über Nacht auf der Asche eines verlöschenden Feuers köchelt. Er enthält eine Handvoll kostbarer Zolfino-Bohnen, Olivenöl und Kräuter.

Die Zolfino-Bohne (*fagiolo zolfino*), auch bekannt als „Schwefelbohne", gedeiht am besten an den Hängen in der Nähe der Strada Sette Ponti, die dem Verlauf der antiken Via Cassia folgt. Der Anbau der Zolfino-Bohnen ist mühsam, da jeder Schritt von Hand erledigt werden muss. Viele Stunden Arbeit – und das für Pflanzen, die auch noch ertragsarm sind. Die Bohnen, die auch *fagiolo del cento* („Hunderterbohnen") heißen, werden traditionell am hundertsten Tag des Jahres ausgesät. Die Ernteergebnisse sind jedoch ungewiss, weil die Pflanzen sehr empfindlich sind. Bei zu viel Regen oder zu viel Sonne sterben sie ab. Zolfini-Bauern wissen aber, dass sich die Mühe trotzdem lohnt. Die Bohnen haben eine sehr dünne Haut und sind darum leicht verdaulich, dennoch zerfallen sie beim Kochen nicht und haben einen intensiven und zugleich cremigen Geschmack.

Diese Seite:
Um den Geschmack der Zolfino-Bohnen voll zur Entfaltung zu bringen, würzt man sie mit Olivenöl und frischen Kräutern und gart sie langsam in einer Flasche auf einem erlöschenden Feuer.

Gegenüber:
Hausgemachtes Olivenöl, eine Flasche Chianti und Grundzutaten wie getrocknete Hülsenfrüchte dürfen auf der *credenza* (Küchenanrichte) eines toskanischen Haushalts nicht fehlen.

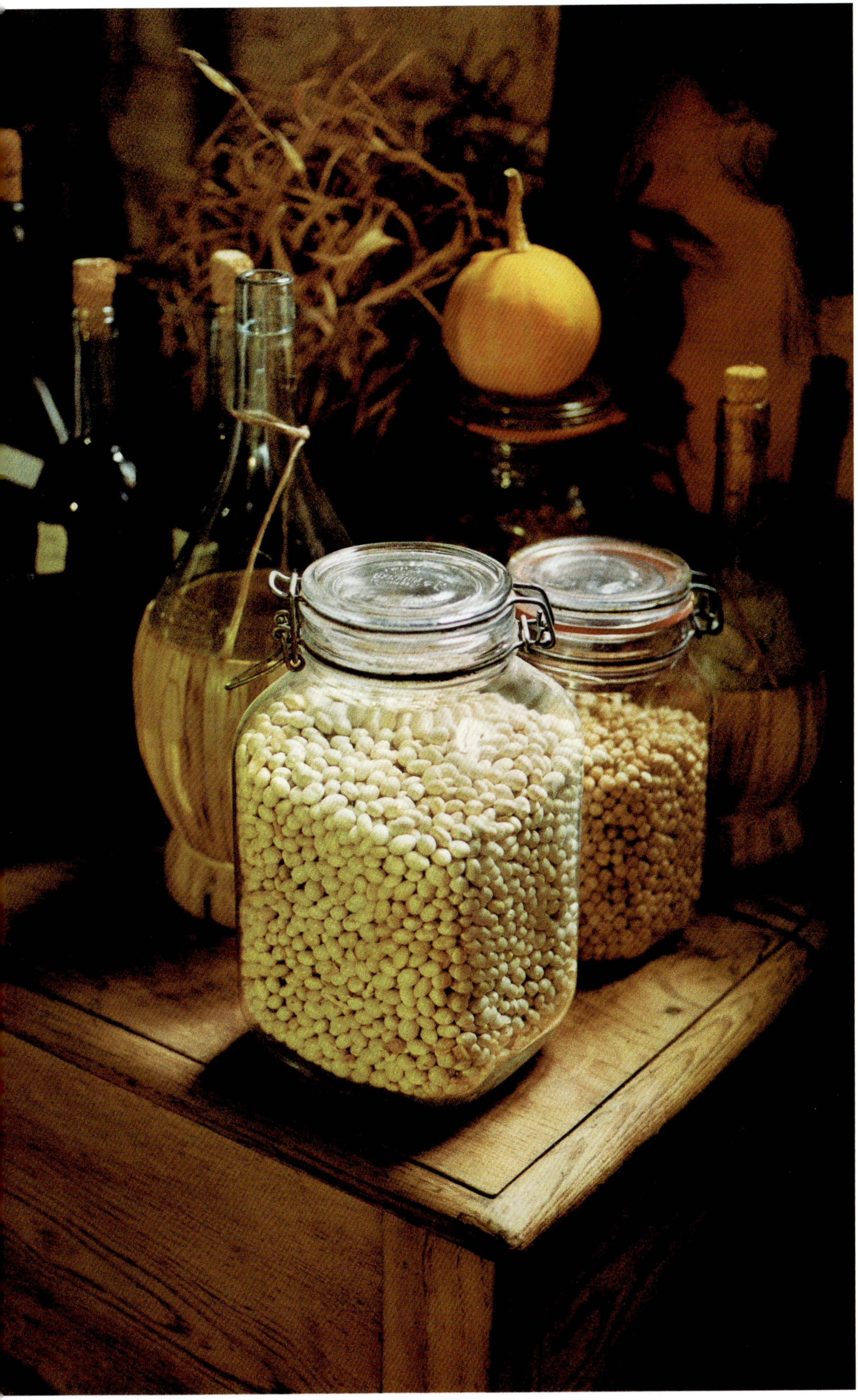

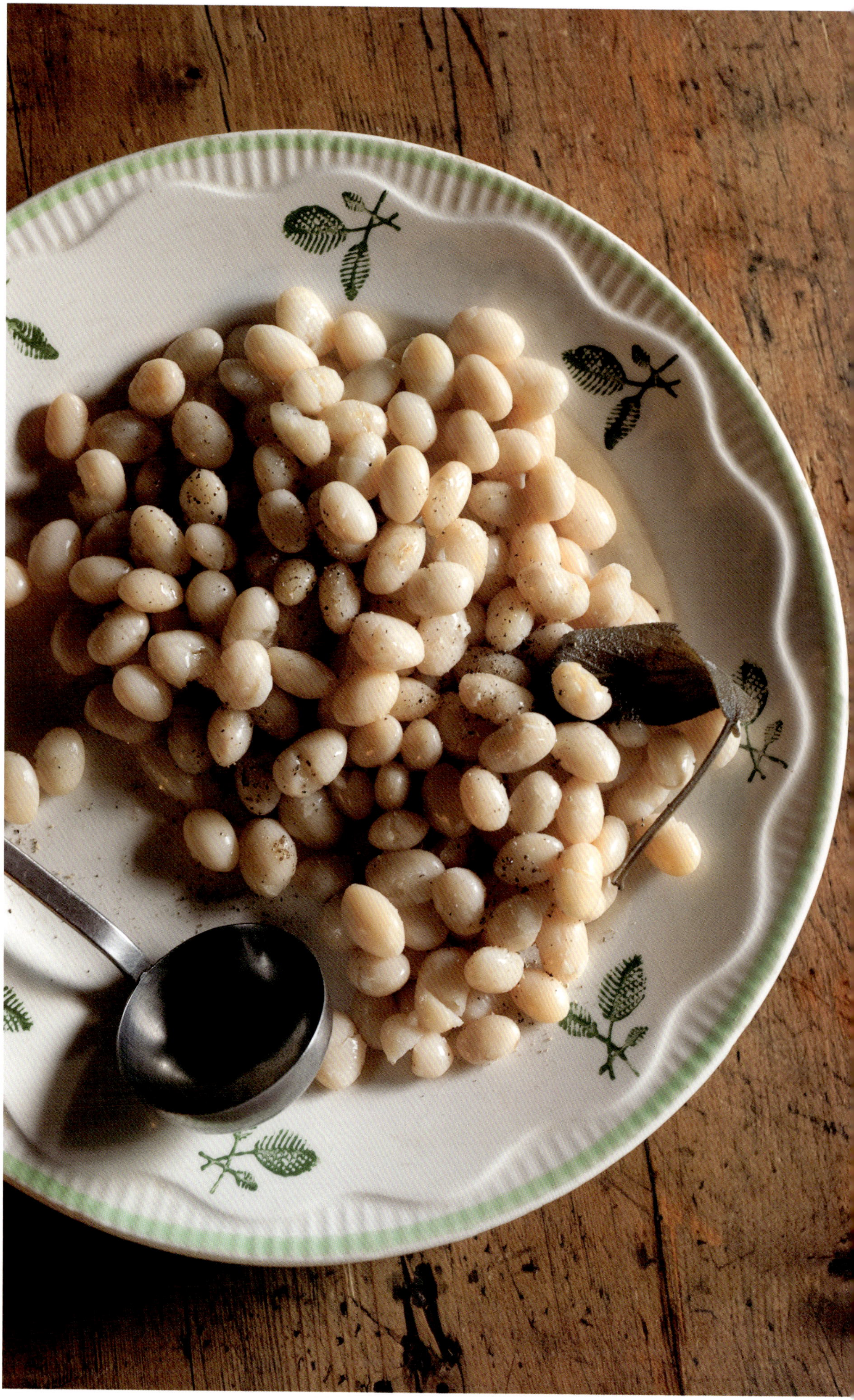

FAGIOLI NEL 'FIASCO'

Bohnen in der Flasche

Bohnen bereitete man in der Toskana früher in Korbflaschen zu, die zum Garen in den holzbefeuerten Brotofen gelegt wurden. Sobald das Feuer erloschen war, legte man die Flasche in den noch heißen Ofen und ließ sie dort über Nacht. Am nächsten Morgen waren die Bohnen perfekt gegart.

Vorbereitungszeit: 15 Minuten +
Einweichzeit über Nacht
Kochzeit: 5 Stunden + 15 Minuten Ruhezeit
Für 6 Personen

Die Bohnen in eine große, hitzebeständige Flasche füllen – vorzugsweise mit großer Öffnung wie z. B. bei Milchflaschen. Öl, Knoblauch, Salbei, Pfefferkörner und eine Prise Salz hineingeben und mit Wasser bedecken. Das Wasser sollte 1 cm höher stehen als die Bohnen. Ein Küchentuch mehrmals falten und auf den Boden eines großen Topfes legen.

Die Flasche auf das Küchentuch legen und den Topf mit so viel Wasser auffüllen, dass es die Flasche von allen Seiten umgibt. Auf niedriger Stufe 5 Stunden garen, dabei nach Bedarf mehr heißes Wasser in den Topf (nicht in die Flasche) nachfüllen. Den Herd ausschalten und die gegarten Bohnen 15 Minuten ruhen lassen. Dann in eine vorgewärmte Servierschüssel geben, mit Olivenöl beträufeln, salzen und pfeffern und sofort servieren.

— 500 g getrocknete Cannellini- oder Zolfino-Bohnen, über Nacht in Wasser eingelegt und abgetropft
— 100 ml Olivenöl, plus etwas zum Beträufeln
— 1–2 Knoblauchzehen
— 6 Salbeiblätter
— 4 schwarze Pfefferkörner
— Salz und Pfeffer

INDEX

Kursiv gesetzte Begriffe sind italienische Rezeptnamen.

A
Agnello al testo 40
Äpfel
  Coniglio alle mele 43
  Kaninchen mit Äpfeln 43
Arista al finocchio 73
Artischocken 69, 125, 154 *siehe auch* **Kardy**
  Garmugia 70
  Garmugia 70

B
Baccalà 187
  Baccalà con le cipolle 188
  Stockfisch mit Zwiebeln 188
Béchamelsauce
  Kardy-Auflauf 214
  Sformato di gobbi 214
Bistecca alla fiorentina 138
Blumenkohl
  Blumenkohlpfanne 107
  Cavolfiore in umido 107
Bohnen
  Bohnen in der Flasche 267
  Emmer-Suppe aus Garfagnana 66
  Fagioli nel fiasco 267
  Farinata 88
  Farinata 88
  Garmugia 70
  Garmugia 70
  Minestra di farro della garfagnana 66
  Ribollita 234
  Ribollita 234
  Sorana-Bohnen 81
  Zolfino-Bohnen 264
Brot 254
  Cacciucco alla livorgnese 182
  Cacciucco nach Livorneser Art 182
  Crostini di cavolo nero 60
  Crostini mit Palmkohl 60
  Crostini rossi alla chiantigiana 84
  Falsche Kutteln 160
  Frittatine in trippa 160
  Meeresfrüchtesuppe aus Viareggio 63
  Pappa col pomodoro 130
  Ribollita 234
  Ribollita 234
  Rote Crostini nach Chianti-Art 84
  Tomatensuppe mit Brot 130
  Toskanisches Brot 254

C
Cacciucco 180
  Cacciucco alla livornese 182
  Cacciucco nach Livorneser Art 182
Cantucci 108
  Cantucci 115
  Cantucci 115
Cappone con i gobbi 240
Castagnaccio alla pistoiese 95
Cavolfiore in umido 107
Cavolo nero *siehe auch* **Palmkohl**
Cecina 190
Chianina-Rind 251
Chianti 146–150
  Crostini rossi alla chiantigiana 84
  Rote Crostini nach Chianti-Art 84
Cinghiale in umido 208
Cinta-Senese-Schwein 225–226
Coniglio arrosto all'aretina 260
Coniglio in porchetta 212
Crostata di ricotta garfagnina 74
Crostini
  Crostini di cavolo nero 60
  Crostini mit Palmkohl 60
  Crostini neri all'aretina 256
  Crostini rossi alla chiantigiana 84
  Rote Crostini nach Chianti-Art 84
  Schwarze Crostini nach Aretina-Art 256

D
Desserts
  Zuccotto 144
  Zuccotto 144
  Zuppa inglese con spumoni al caramello 118
  Zuppa inglese mit Karamellschnee 118

E
Eier
  Falsche Kutteln 160
  Frittatine in trippa 160
Emmer
  Emmer und Kastanienmehl 64
  Emmer-Suppe aus Garfagnana 66
  Minestra di farro della garfagnana 66
Ente
  Pappardelle con anatra 259
  Pappardelle mit Ente 259
Erbsen
  Garmugia 70
  Garmugia 70

F
Fagiano in salmi alla toscana 210
Fagioli nel fiasco 267
Faraona 160
Faraona ai porcini 163
Farinata 88
Fegatelli 263
Fenchel
  Arista al finocchio 73
  Coniglio in porchetta 212
  Fegatelli 263
  Kaninchen in porchetta 212
  Schweineleber 263
  Schweinelende mit Fenchel 73
Fisch
  Baccalà con le cipolle 188
  Cacciucco alla livorgnese 182
  Cacciucco nach Livorneser Art 182
  Stockfisch mit Zwiebeln 188
Fleisch
  Agnello al testo 40
  Arista al finocchio 73
  Bistecca alla fiorentina 138
  Cappone con i gobbi 240
  Cinghiale in umido 208
  Coniglio alle mele 43
  Coniglio arrosto all'aretina 260
  Coniglio in porchetta 212
  Emmer-Suppe aus Garfagnana 66
  Fagiano in salmi alla toscana 210
  Faraona ai porcini 163
  Fasanenragout nach toskanischer Art 210
  Frittiertes Hähnchen im Teigmantel 91
  Garmugia 70
  Garmugia 70
  Gefüllter Sellerie nach Prato-Art 104
  Geschmortes Kaninchen nach Aretina-Art 260
  Haschee mit Kartoffeln 100

Im testo gebratenes Lamm 40
Kaninchen in porchetta 212
Kaninchen mit Äpfeln 43
Kapaun mit Kardy 240
Lesso rifatto con patate 100
Minestra di farro della garfagnana 66
Pappardelle con anatra 259
Pappardelle mit Ente 259
Peposo 134
Perlhuhn mit Steinpilzen 163
Pollo al sugo con i 'rocchini' 166
Pollo fritto in pastella 91
Rindersteak nach Florentiner Art 138
Schweinelende mit Fenchel 73
Sedani ripieni alla pratese 104
Tarte mit gefüllten Zucchiniblüten 216
Tortino di fiori di zucca ripieni 216
Toskanischer Pfeffertopf 134
Wildschwein-Schmortopf 208
Frittatine in trippa 160

G

Gamberi in dolceforte 185
Garmugia 69
  Garmugia 70
  Garmugia 70
Garnelen 50
  Cacciucco alla livorgnese 182
  Cacciucco nach Livorneser Art 182
  Gamberi in dolceforte 185
  Garnelen süßsauer 185
  Meeresfrüchtesuppe aus Viareggio 63
  Pancotto di Viareggio 63
Geflügel
  Cappone con i gobbi 240
  Fagiano in salmì alla toscana 210
  Faraona ai porcini 163
  Fasanenragout nach toskanischer Art 210
  Frittiertes Hähnchen im Teigmantel 91
  Kapaun mit Kardy 240
  Pappardelle con anatra 259
  Pappardelle mit Ente 259
  Perlhuhn mit Steinpilzen 163
  Pollo al sugo con i 'rocchini' 166
  Pollo fritto in pastella 91
Gemüsesauce
  Geschichtete Polenta mit Gemüsesauce 30

Polenta pasticciata con il sugo finto 30
Gnudi 202

H

Hähnchen
  Cappone con i gobbi 240
  Frittiertes Hähnchen im Teigmantel 91
  Hähnchen in Sauce mit Selleriebällchen 166
  Kapaun mit Kardy 240
  Pollo al sugo con i 'rocchini' 166
  Pollo fritto in pastella 91
Honig
  Honig aus Lunigiana 44
  Panforte di Siena 244
  Panforte di siena 244
  Spongata di pontremoli 46
  Weihnachtskuchen aus Pontremoli 46

I

Innereien
  Crostini neri all'aretina 256
  Fegatelli 263
  Geflügellebersauce 205
  Gefüllter Sellerie nach Prato-Art 104
  Kutteln nach Florentiner Art 142
  Schwarze Crostini nach Aretina-Art 256
  Schweineleber 263
  Sedani ripieni alla pratese 104
  Sugo di fegatini 205
  Trippa alla fiorentina 142

J

Jagd in der Maremma 206
  Maremmana-Rinder 199–200

K

Kaffee
  Torta rustica di noci e caffè 192
  Walnusskuchen mit Kaffee 192
  Zuppa inglese con spumoni al caramello 118
  Zuppa inglese mit Karamellschnee 118
Kalb
  Gefüllter Sellerie nach Prato-Art 104
  Sedani ripieni alla pratese 104

Kalmar
  Cacciucco alla livorgnese 182
  Cacciucco nach Livorneser Art 182
  Meeresfrüchtesuppe aus Viareggio 63
  Pancotto di Viareggio 63
Kaninchen
  Coniglio alle mele 43
  Coniglio arrosto all'aretina 260
  Coniglio in porchetta 212
  Geschmortes Kaninchen nach Aretina-Art 260
  Kaninchen in porchetta 212
  Kaninchen mit Äpfeln 43
Kapern
  Crostini rossi alla chiantigiana **84**
  Crostini neri all'aretina 256
  Rote Crostini nach Chianti-Art 84
  Schwarze Crostini nach Aretina-Art 256
Kardy
  Cappone con i gobbi 240
  Kapaun mit Kardy 240
  Kardy-Auflauf 214
  Sformato di gobbi 214
Kartoffeln
  Agnello al testo 40
  Haschee mit Kartoffeln 100
  Im testo gebratenes Lamm 40
  Lesso rifatto con patate 100
  Peposo 134
  Toskanischer Pfeffertopf 134
Käse
  Pecorino 82
  Raviggiolo 230
  Raviggiolo 230
Kastanien
  Castagnaccio alla pistoiese 95
  Emmer und Kastanienmehl 64
  Esskastanien 92
  Kastanienkuchen nach Pistoia-Art 95
Kichererbsen
  Cecina 190
  Kichererbsenkuchen 190
Kuchen
  Castagnaccio alla pistoiese 95
  Cecina 190
  Crostata di ricotta garfagnina 74
  Großmutters Kuchen 172
  Kastanienkuchen nach Pistoia-Art 95

Kichererbsenkuchen 190
Panforte di siena 244
Pisaner Kuchen 170
Ricotta-Tarte aus Garfagnina 74
Spongata di pontremoli 46
Torta della nonna 172
Torta pisana 170
Torta rustica di noci e caffè 192
Walnusskuchen mit Kaffee 192
Weihnachtskuchen aus Pontremoli 46
Kutteln 141

L

Lamm
Agnello al testo 40
Im testo gebratenes Lamm 40
Lardo 32
Agnello al testo 40
Arista al finocchio 73
Emmer-Suppe aus Garfagnana 66
Garmugia 70
Garmugia 70
Im testo gebratenes Lamm 40
Lardo di colonnata 32
Minestra di farro della garfagnana 66
Schweinelende mit Fenchel 73
Lesso rifatto con patate 100

M

Mandeln
Cantucci 115
Cantucci 115
Panforte di siena 244
Panforte di siena 244
Mangold
Ribollita 234
Ribollita 234
Meeresfrüchte
Cacciucco nach Livorneser Art 182
Gamberi in dolceforte 185
Garnelen süßsauer 185
Meeresfrüchtesuppe aus Viareggio 63
Pancotto di Viareggio 63
Minestra di farro della garfagnana 66
Mortadella 102
Gefüllter Sellerie nach Prato-Art 104
Sedani ripieni alla pratese 104
Muscheln
Meeresfrüchtesuppe aus Viareggio 63

Pancotto di Viareggio 63

N

Nudeln, selbst gemacht
Pappardelle con anatra 259
Pappardelle mit Ente 259
Testaroli al pesto 28
Testaroli mit Pesto 28
Nüsse
Cantucci 115
Cantucci 115
Panforte di siena 244
Panforte di siena 244
Testaroli al pesto 28
Testaroli mit Pesto 28
Walnusskuchen mit Kaffee 192
Torta rustica di noci e caffè 192

O

Olivenöl 12, 13, 55, 249
Oliven 9, 10–11, 54, 56–7, 246

P

Palmkohl 58
Crostini di cavolo nero 60
Crostini mit Palmkohl 60
Farinata 88
Ribollita 234
Pancotto di viareggio 63
Panforte di Siena 242
Panforte di siena 244
Pappa col pomodoro 130
Pappardelle con anatra 259
Pasta, selbst gemacht 201
Pappardelle con anatra 259
Pappardelle mit Ente 259
Pici all'etrusca 238
Pici nach Etrusker Art 238
Pecorino 82
Farinata 88
Farinata 88
Pici all'etrusce 238
Pici nach Etrusker Art 238
Peposo 134
Perlhuhn mit Steinpilzen 163
Pesto
Testaroli al pesto 28
Testaroli mit Pesto 28
Pici all'etrusca 238
Pilze 78
Faraona ai porcini 163
Perlhuhn mit Steinpilzen 163

Pinienkerne 168
Castagnaccio alla pistoiese 95
Kastanienkuchen nach Pistoia-Art 95
Pisaner Kuchen 170
Spongata di pontremoli 46
Testaroli al pesto 28
Testaroli mit Pesto 28
Torta pisana 170
Weihnachtskuchen aus Pontremoli 46
Polenta
Farinata 88
Geschichtete Polenta mit Gemüsesauce 30
Polenta pasticciata con il sugo finto 30
Polenta pasticciata con il sugo finto 30
Pollo al sugo con i 'rocchini' 166
Pollo fritto in pastella 91

R

Raviggiolo 230
Ribollita 234
Ribollita 234
Ricotta
Crostata di ricotta garefagnina 74
Gnudi 202
Ricotta-Spinat-Klößchen 202
Ricotta-Tarte aus Garfagnina 74
Rind
Bistecca alla fiorentina 138
Cinghiale in umido 208
Garmugia 70
Garmugia 70
Peposo 134
Rindersteak nach Florentiner Art 138
Tarte mit gefüllten Zucchiniblüten 216
Tortino di fiori di zucca ripieni 216
Toskanischer Pfeffertopf 134
Wildschwein-Schmortopf 208
Rosinen
Castagnaccio alla pistoiese 95
Crostata di ricotta garefagnina 74
Gamberi in dolceforte 185
Garnelen süßsauer 185
Kastanienkuchen nach Pistoia-Art 95
Ricotta-Tarte aus Garfagnina 74

S

Salbei
Agnello al testo 40
Cacciucco nach Livorneser Art 182
Coniglio in porchetta 212
Emmer-Suppe aus Garfagnana 66
Fagiano in salmi alla toscana 210
Faraona ai porcini 163
Farinata 88
Fasanenragout nach toskanischer Art 210
Frittierte Salbeiblätter im Teigmantel 87
Gnudi 202
Haschee mit Kartoffeln 100
Im testo gebratenes Lamm 40
Kaninchen in porchetta 212
Lesso rifatto con patate 100
Minestra di farro della garfagnana 66
Perlhuhn mit Steinpilzen 163
Ricotta-Spinat-Klößchen 202
Salvia fritta in pastella 87
Salvia fritta in pastella 87
Schokolade 109
Schwein
Arista al finocchio 73
Cappone con i gobbi 240
Cinghiale in umido 208
Fegatelli 263
Kapaun mit Kardy 240
Schweineleber 263
Schweinelende mit Fenchel 73
Wildschwein-Schmortopf 208
Schokolade 109
Sedani ripieni alla pratese 104
Sellerie
Gefüllter Sellerie nach Prato-Art 104
Hähnchen in Sauce mit Selleriebällchen 166
Pollo al sugo con i 'rocchini' 166
Sedani ripieni alla pratese 104
Sformato di gobbi 214
Sorana-Bohnen 81
Spinat
Gnudi 202
Ricotta-Spinat-Klößchen 202
Stockfisch *siehe auch*
Baccalà
Sugo di fegatini 205

T

Testaroli 26
Testaroli al pesto 28
Tintenfisch
Cacciucco alla livornese 176, 180–2
Tomaten 128
Pappa col pomodoro 130
Tomatensuppe mit Brot 130
Torta della nonna 172
Torta pisana 170
Torta rustica di noci e caffè 192
Tortino di fiori di zucca ripieni 216
Trippa alla fiorentina 142
Trüffeln 159

V

Vin Santo 108, 118
Coniglio alle mele 43
Crostini neri all'aretina 256
Geflügellebersauce 205
Kanninchen mit Äpfeln 43
Schwarze Crostini nach Aretina-Art 256
Sugo di fegatini 205

W

Walnüsse
Castagnaccio alla pistoiese 95
Kastanienkuchen nach Pistoia-Art 95
Testaroli al pesto 28
Testaroli mit Pesto 28
Torta rustica di noci e caffè 192
Walnusskuchen mit Kaffee
Wein 12
Agnello al testo 40
Baccalà con le cipolle 188
Cacciucco alla livornese 182
Cacciucco nach Livorneser Art 182
Chianti 146–151
Chianti 146–151
Coniglio alle mele 43
Coniglio arrosto all'aretina 260
Coniglio in porchetta 212
Crostini neri all'aretina 256
Fagiano in salmi alla toscana 210
Falsche Kutteln 160
Fasanenragout nach toskanischer Art 210
Frittatine in trippa 160
Frittiertes Hähnchen im Teigmantel 91
Geschmortes Kaninchen nach Aretina-Art 260
Hähnchen in Sauce mit Selleriebällchen 166
Kaninchen in porchetta 212
Kaninchen mit Äpfeln 43
Kutteln nach Florentiner Art 142
Im testo gebratenes Lamm 40
Meeresfrüchtesuppe aus Viareggio 63
Pancotto di viareggio 63
Pappardelle con anatra 259
Pappardelle mit Ente 259
Peposo 134
Pollo al sugo con i 'rocchini' 166
Pollo fritto in pastella 91
Schwarze Crostini nach Aretina-Art 256
Spognata di pontremoli 46
Stockfisch mit Zwiebeln 188
Toskanischer Pfeffertopf 134
Trippa alla Fiorentina 142
Weihnachtskuchen aus Pontremoli 46
Wildschwein
Cinghiale in umido 208
Wildschwein-Schmortopf 208
Wirsing
Ribollita 234
Ribollita 234
Würste und Fleischprodukte 225–228

Z

Zeri-Lamm 36
Zolfino-Bohnen 264
Zucchini 154
Ribollita 234
Ribollita 234
Zucchiniblüten
Tarte mit gefüllten Zucchiniblüten 216
Tortino di fiori di zucca ripieni 216
Zuccotto 144
Zuppa inglese con spumoni al caramello 118
Zwiebeln 125
Baccalà con le cipolle 188
Stockfisch mit Zwiebeln 188

Edel Books
Ein Verlag der Edel Germany GmbH
Titel der Originalausgabe: Tuscany
Deutsche Erstausgabe 2015, Edel
Germany GmbH, Neumühlen 17, 22763
Hamburg
www.edel.com

Diese Ausgabe erscheint bei Edel
Germany GmbH, Deutschland, als
Lizenzausgabe von Phaidon Press
Limited, Regent`s Wharf, All Saints
Street, London, N1 9PA,
Großbritannien
©2015 Phaidon Press Limited
www.phaidon.com

Tuscany basiert auf *Il cucchiaio d'argento Cucina Regionale*, Erstveröffentlichung 2008, und auf *Il cucchiaio d'argento*, Erstveröffentlichung 1950, 8. Auflage (überarbeitet, erweitert und neu gestaltet 1997)
© Editorial Domus S.p.a

Dieses Werk ist urheberrechtlich geschützt. Die dadurch begründeten Rechte, insbesondere die des Nachdrucks, der Funksendung, der Speicherung in Datenverarbeitungsanlagen, der Wiedergabe auf fotomechanischem, elektronischem oder ähnlichem Wege bleiben Phaidon Press Limited vorbehalten.

Projektkoordination der deutschen Ausgabe: Nina Schnackenbeck
Übersetzung ins Deutsche: Wiebke Krabbe, Damlos; Susanne Lück, Köln
Lektorat: Sebnem Yavuz, Erpel
Satz & Redaktion der deutschen Ausgabe: trans texas publishing services GmbH
Texte: Mario Matassa
Fotografien: Edward Park
Illustrationen: Beppe Giacobbe
Design: Sonya Dyakova

Der Verlag dankt Alberto Bellotti, Hilary Bird, Sara Bryant, Mary Consonni, Clelia d'Onofrio, Linda Doeser, Carmen Figini, Jamie Hazeel, Silvia Marilli und Daniela Silva für ihre Beiträge in diesem Buch.

Original title: *Tuscany*
©2011 Phaidon Press Limited
This edition is published by Edel
Germany GmbH under licence from
Phaidon Press Limited, Regent`s Wharf,
All Saints Street, London, N1 9PA, UK
©2015 Phaidon Press Limited.

All rights reserved. No part of this publication may be reproduced, stored in a retrieval system or transmitted, in any form or by any means, electronic, mechanical, photocopying, recording or otherwise, without the prior permission of Phaidon Press.

ISBN 978-3-944297-15-6

Printed in China

ANMERKUNGEN ZU DEN REZEPTEN

Wenn nicht anders angegeben, wird immer frisch gemahlener schwarzer Pfeffer verwendet.

Falls nicht anders angegeben, sind Gemüse und Früchte immer mittlerer Größe, Eier haben immer Größe L.

Sofern nicht anderweitig präzisiert, wird immer Vollmilch verwendet.

Knoblauchzehen sollten groß sein; andernfalls durch zwei kleine ersetzen..

Mit „Prosciutto" ist ausschließlich roher, luftgetrockneter Schinken, meist aus Parma oder San Daniele, gemeint.

Vorbereitungs- und Garzeiten können aufgrund unterschiedlicher Ofen- und Herdleistung nur Richtwerte sein. Bei Verwendung eines Umluftofens entsprechende Ofentemperaturen dem Handbuch des Herstellers entnehmen.

Zum Test, ob Frittierfett heiß genug ist, einen Würfel altes Brot hineingeben. Wenn er in 30 Sekunden bräunt, liegt die Temperatur bei etwa 180–190 °C, die genau richtig ist für die meisten Zubereitungen. Um Fettspritzer und Verbrennungen zu vermeiden, das Frittiergut immer langsam ins heiße Fett geben, möglichst langärmelige Kleidung tragen und das Frittiergut nie unbeaufsichtigt lassen.

Einige Rezepte enthalten rohe oder nur leicht gegarte Eier. Solche Gerichte sollten von Senioren, Kindern, Schwangeren, Rekonvaleszenten und anderen Personen mit geschwächtem Immunsystem vermieden werden.

Alle Löffelmaße sind gestrichene Maße.
1 Teelöffel = 5 ml; 1 Esslöffel = 15 ml.